高等院校小学教育专业教材

小学教育心理学

主编 易 莉

副主编 郑友芬 严正辉

中国石油大学出版社
CHINA UNIVERSITY OF PETROLEUM PRESS
山东·青岛

图书在版编目（CIP）数据

小学教育心理学 / 易莉主编. -- 青岛 : 中国石油大学出版社, 2023.7
ISBN 978-7-5636-7875-4

Ⅰ. ①小… Ⅱ. ①易… Ⅲ. ①小学 – 教育心理学 Ⅳ. ①G44

中国国家版本馆CIP数据核字(2023)第187099号

书　　名	小学教育心理学 XIAOXUE JIAOYU XINLIXUE
主　　编	易　莉
策划统筹	高建华（电话　0532 – 86981536）
责任编辑	高建华（电话　0532 – 86981536）
责任校对	朱纪寒（电话　0532 – 86981529）
封面设计	赵志勇
出 版 者	中国石油大学出版社 （地址：山东省青岛市黄岛区长江西路66号　邮编：266580）
网　　址	http://cbs.upc.edu.cn
电子邮箱	gaojianhua6@163.com
排 版 者	青岛幔际信息有限公司
印 刷 者	临沂日报社印刷厂
发 行 者	中国石油大学出版社（电话　0532 – 86981536，86983437）
开　　本	787 mm × 1 092 mm　1/16
印　　张	19.25
字　　数	460千字
版 印 次	2023 年 7 月第1版　2023 年 7 月第1次印刷
书　　号	ISBN　978-7-5636-7875-4
定　　价	49.80元

前言 Preface

小学阶段是人生的一个重要阶段,它是发展学生认知能力、培养学生人格的重要时期。小学教师要有效完成教育教学任务,必须了解和掌握小学生的心理发展特点和规律、个体差异等各种因素,探索促进小学生成长的措施和策略。小学教育心理学是一门研究小学教育情境中学与教的基本心理规律的科学,能为小学教师的教育实践提供帮助。

本教材在编写过程中借鉴了古今中外教育学家、心理学家的理论思想,整合了教育心理学领域最新研究成果,系统地阐述了教育、教学过程中的心理学问题,体现出一定的科学性和系统性。同时,充分融入思政内容,发挥教材内容对学生价值引领的重要作用。另外,教材在编写中,加入案例和练习题,体现出教材的应用性和实践性。

本教材内容共分为六部分,分别为"绪论""小学生心理""小学生学习心理""影响小学生学习的心理因素""小学教学心理""小学教师心理"。第一部分"绪论"主要阐述教育心理学的定义、产生与发展历程,小学教育心理学的研究对象与研究内容、研究原则与研究方法及学习小学教育心理学的意义。第二部分"小学生心理",主要阐述了心理发展、小学生认知发展与社会性发展的一般特点,以及小学生心理的个别差异与因材施教等内容。第三部分"小学生学习心理",分三章阐述学习本质及其理论、小学生分类学习心理、小学生的问题解决能力与创造力培养。第四部分"影响小学生学习的心理因素",分两章分别阐述小学生学习动机与兴趣、小学生学习迁移与学习策略。第五部分"小学教学心理",分两章阐述小学教学设计、小学课堂管理。第六部分"小学教师心理",分两章阐述小学教师角色与成长、小学教师的心理特征与心理健康。这样，本教材便形成了系统、完整的小学教育心理学体系。

本教材是西昌学院“课程思政”示范课程成果。每章首先明确教学目标、教学重难点以及教学内容，以便合理分配教学资源。每章中穿插了教学案例，便于学生更好地理解知识，并充分融入思政内容，注重以专业知识培养学生的思想道德情操。每章末安排了能力训练的内容，便于学生巩固和强化所学知识。本教材适用于高等院校小学教育专业学生、小学教师及教育管理人员等。

本教材由易莉组织编写，各章分工如下：第一章、第二章、第九章、第十章、第十一章由易莉编写，第三章、第四章、第八章由严正辉编写，第五章、第六章、第七章由郑友芬编写。

本教材在编写过程中，参考了国内外大量的文献资料，在此对所引用文献资料的作者表示诚挚的感谢！

由于时间、水平有限，书中难免存在不足之处，敬请同行、专家以及广大读者给予批评指正。

易 莉

2023 年 3 月

目录 Contents

第一部分　绪论

第二部分　小学生心理

第三部分 小学生学习心理

第四部分 影响小学生学习的心理因素

第五部分　小学教学心理

第六部分　小学教师心理

第一部分 绪论

第一章 小学教育心理学概述

- **教学目标**：了解小学教育心理学的研究对象和内容，了解教育心理学的发展历程，掌握小学教育心理学的研究原则与方法，认识学习小学教育心理学的意义。
- **教学重点**：小学教育心理学的研究对象、研究内容、研究方法、学习意义。
- **教学难点**：小学教育心理学的研究对象和研究内容。
- **教学内容**：

（1）小学教育心理学的研究对象和研究内容。

（2）教育心理学的产生与发展历程。

（3）小学教育心理学的研究原则与研究方法。

（4）学习小学教育心理学的意义。

内容提要

- 小学教育心理学概述
  - 小学教育心理学的研究对象与研究内容
    - 教育心理学的定义及学科特点
    - 小学教育心理学的研究对象
    - 小学教育心理学的研究内容
  - 教育心理学的产生与发展历程
    - 教育心理学产生的时代背景
    - 教育心理学的发展
    - 小学教育心理学的发展
  - 小学教育心理学的研究原则与研究方法
    - 小学教育心理学的研究原则
    - 小学教育心理学的研究方法
  - 学习小学教育心理学的意义
    - 丰富教育心理学的理论
    - 为教学实践提供理论支持
    - 促进小学教师自身的发展
    - 促进小学教育改革

社会发展需要小学教育的不断创新与改革,而有效的小学教育教学改革必须以小学生的心理发展规律、学习规律和年龄阶段特征为基础。小学教师要有效地完成培养小学生的任务,必须了解小学生心理发展的规律和特征,运用心理发展的规律进行教育教学,才能促进小学生的全面发展。因此,研究教育与小学生心理发展的相互作用、学习与教学的相互作用是小学教育心理学的主要任务。

第一节 小学教育心理学的研究对象与研究内容

小学教育心理学是教育心理学的一个分支,是将教育心理学的理论和观点应用到小学教育实践中的产物,因此,要了解小学教育心理学的研究对象与内容,就要先了解教育心理学的定义及学科特点。

一、教育心理学的定义及学科特点

(一)教育心理学的定义

教育心理学是心理学与教育学相结合的产物。自从有了人类社会,便出现了以传递人类知识经验和改善人类本性为目的的教育。心理学是研究心理现象的科学,其中心理现象包括个体心理现象和群体心理现象。教育情境中,个体心理现象包括学生和教师的认知、动机、情绪、能力、人格等,群体心理现象包括学习心理、教学心理、同伴关系、师生关系、班级管理等。教育心理学的奠基者桑代克提出,教育心理学主要研究人类的本性,及这种本性是如何通过后天的学习与教育发展变化的,从而产生个体差异。

教育心理学就是研究教育情境中的学与教的基本心理规律的科学。

教育心理学主要探讨学生学习过程中的心理规律和影响学生学习的各种心理因素,如学习动机、学习迁移、师生关系、教师心理、教学心理、学与教之间的相互作用等,最终目的在于促进学生学习。

(二)教育心理学的学科特点

教育心理学是一门交叉学科,具有区别于其他学科的独特性。从学科范畴来看,教育心理学既具有心理学的特点和规范,又具有教育学的理论特征。从学科任务来看,教育心理学是一门研究教育学和心理学理论的基础学科,研究现实教育环境中学与教情境中的心理与行为,因此,它又是一门应用性很强的学科,具有指导教学实践中教学主题心理行为的特点。从学科属性来看,教育心理学既具有自然科学的某些特征,要运用诸如实验法等自然科学的某些方法和手段进行心理行为研究;也具有明显的认知社会科学色彩,它的主要研究对象是教学情境中的人,因此在研究人的发展问题上离不开社会科学的指导。

教育心理学是一门交叉学科,主要表现为心理学与教育学的交叉、基础科学与应用科学的交叉、自然科学和社会科学的交叉。因此,在研究教育心理学时要注意其独有的学科特点,注重从范畴、任务、属性等方面对某些心理行为进行研究,从而更好地了解教育情境下的心理行为。

二、小学教育心理学的研究对象

小学教育心理学就是研究小学教育情境中学与教的基本心理规律的科学。

小学教育心理学研究小学生在教育影响下培养道德品质、掌握知识和技能、发展智力和个性的心理现象；研究小学教育教学过程中小学教师心理活动的规律、小学教师的教育和教学设计与模式；研究小学生的个别差异以及与之相应的教育方法，并阐明教育与小学生心理发展的相互作用，以及教育工作中的其他方面的心理学问题。

三、小学教育心理学的研究内容

目前国内小学教育心理学的研究内容主要包括七个方面：小学教育心理学概述、小学教育心理学的基本理论、小学生学习心理、小学教学心理、小学教学评价、小学教师心理、小学管理心理等。小学教育心理学的具体研究范畴是围绕学与教相互作用的过程而展开的。学与教相互作用的过程是一个系统过程，该系统包括小学生、小学教师、小学教学内容、小学教学媒体和小学教学环境五种要素，将学习过程、教学过程和评价反思过程这三种活动过程交织在一起。

（一）学习与教学的要素

1. 小学生

在小学教学情境中，小学生是学习的主体，是小学教育过程中最活跃、最丰富多彩的变量，任何小学课堂都必须通过小学生才能起作用。小学阶段是发展个体认知能力、培养个体人格的重要时期。小学生这一要素主要从两个方面影响该阶段的学与教的过程。一是个体心理差异。即使是同一年龄、同一性别的小学生，其知识经验、认知能力、学习方式、兴趣爱好、学习习惯等也可能存在明显差异。二是群体心理差异。包括年龄差异、性别差异、社会文化差异等。以年龄差异为例，小学生的心理发展具有不同的阶段性，不同年龄的小学生群体在思维水平、记忆能力、品德等方面存在明显差异。小学教育心理学研究的主体是小学生，因此最重要的研究点应该着眼于小学生。小学阶段最重要的任务是学习，因此需对小学生的学习动机、知识技能的掌握、学习迁移与知识应用能力、学习策略等进行探讨，全面揭示小学生的学习心理，进而更好地制定有效的教学策略，指导小学生学习。此外，小学阶段是道德品质发展的关键时期，良好的道德品质有助于小学生人格的形成以及良好行为习惯的养成。小学生的思想品德的形成和发展需要教师的正确引导和培养，其中包括道德认识、道德情感、道德意志和道德行为的形成和发展。

小学教育心理学只有针对小学生学习心理进行全面探讨，才能指导并解决小学教育实际中的各种心理学问题。小学学校教育面临很多实际问题，如小学生良好心理素质的培养问题、新形势下如何提高小学德育工作成效问题、离异家庭子女社会性发展与教育问题、学习困难小学生转化问题等，教育心理学工作者应运用本学科中的相关原理开展应用型研究，并在此基础上提出有益的观点和建议，为教育实践服务。

2. 小学教师

在小学教育过程中，需要按照特定的教育教学目标来有效地组织教育教学，小学教师在其中起关键作用。教学过程中小学教师不仅要利用自己的人格、品德等潜移默化地影响小学生,还要懂得因材施教,指导小学生学习。同时,小学教师自身也应是学习者,要善于学习,善于总结。小学教育心理学对小学教师的研究常涉及敬业精神、专业知识、专业技能、教学风格等方面。

在实际的教学活动中,小学教师是整个教学活动的主导者,他们制订教学计划,确定教学内容,实施教学策略,引导小学生学习,管理小学生在学习中的行为。作为教学活动的主导者,小学教师不仅要传授知识,制订教学计划以及提高教学水平,还应积极地寻求角色定位,认识到自己角色的重要性,在小学生中树立威信,并与小学生搞好关系,关心小学生的成长,关注自身素质的提高以及自我价值的实现。

3. 教学内容

教学内容是学与教相互作用过程中有意传递的主要信息,一般包括课程标准、教材和课程等。教学内容是由社会发展所提出的要求决定的。小学教育心理学需研究在一定的社会条件、社会体系下,不同的小学要给小学生传授什么样的社会经验和知识,设置什么样的课程,对小学生进行什么样的思想教育,把小学生培养成什么样的人等问题。

4. 教学媒体

教学媒体是教学内容的载体,是教学内容的表现形式,是师生之间传递信息的工具,如实物、口头语言、图表、图像、动画等。教学媒体往往要通过一定的物质手段如书本、板书、投影仪、录像、多媒体、计算机等实现。传统教学媒体一般有黑板、粉笔、教科书等。现代教学媒体主要指电子媒体:一是硬件或现代教学设备,即用以储存和传递教学信息的多种教学机器;二是软件,又叫教材,即录制或承载了教学信息的各种片、带、软盘等。小学教育心理学关注小学课堂中教学媒体对教学内容的呈现方式和容量、教学组织形式以及对小学生学习方法的影响等。

5. 教学环境

教学环境是一个由多种不同要素构成的复杂系统。广义的教学环境是影响学校教学活动的全部条件,包括物理环境和心理环境。狭义的教学环境特指班级内影响教学的全部条件,包括课堂纪律、班级规模、座位模式、班级氛围、师生关系、同学关系、校风班风等。教学环境是小学生所接触到的社会环境的主要组成部分,影响小学生认知能力、情感态度和社会性的发展。小学教师要想增强教学效果,就要为小学生创设生动、丰富的教学环境。如何创设教学环境以及教学环境对小学生的学习有什么影响等,是小学教育心理学关注的内容。

(二)学习过程

学习过程是小学生在教学情境中通过与老师、同学以及教学信息的相互作用而获得知识、技能和改变态度的过程。小学生的学习过程是小学教育心理学研究的核心内容。学习过程的内容包括学习的实质、类型、动机、迁移等。学习是小学生自己建构知识的过程。这个过程,需要针对小学生的学习动机、已有知识经验、学习方式、学习特点等,调动其学习积极性,激发其学习动机,实现教学目标。

(三)教学过程

教学过程即教学活动的展开过程,是小学教师根据一定的社会要求和小学生身心发展的特点,借助一定的教学条件,指导小学生主要通过认识教学内容从而认识客观世界,并在此基础上实现自我发展的过程。

教学过程是一种特殊的认识过程,也是一个促进小学生身心发展的过程。在教学过程中,小学教师除了考虑小学生的基础外,小学生的学习特点也是完成教学目标必须考虑的因素。小学教师选择教学方法时必须考虑小学生心理发展的一般规律,如注意、记忆、思维发展等规律,以及学校中的个体差异,做到因材施教。此外,小学教师还需进行教学管理,调节教学过程,以确保教学的有效性。

(四)评价反思过程

评价反思是教师以学生和自身活动为思考对象,对学生和自己做出的行为、决策以及由此所产生的结果进行审视和分析的过程,是一种通过提高参与者的自我决策水平来促进能力发展的途径。每个教师在教学风格、个性、适应性以及对学生的期望等方面存在很大的差异,评价反思过程能够促进教师认识到自己教育教学的成功与不足,对优化教育教学,提高教育教学水平起到非常重要的作用。评价反思过程包括在教学之前对教学设计效果的预测和评判,在教学过程中对教学的监测和分析,在教学之后的总结和反思。

在学与教的过程中,上述五个因素共同影响三个过程,而且三个过程交织在一起,相互影响。小学生的学习过程是以自身先前掌握的知识和学校的发展水平为基础的,是在教学过程背景下进行的,学习的进展随教学质量的变化而变化。反过来,教学过程要以学习过程为基础而进行,并且随着小学生学习进展情况不断做出调整。同时,教学过程还需根据教师自身的特点、教学内容的难易、教学媒体和环境的情况加以调节。评价反思过程随学习过程和教学过程的进行而侧重于不同方面,反过来又促进学习和教学过程。

第二节　教育心理学的产生与发展历程

教育心理学作为一门独立的学科,其产生与发展经历了一个曲折的过程。尽管教育心理学思想古已有之,但它是19世纪政治、经济、教育与心理科学发展的产物。教育心理学的发展遵循学科发展的一般规律,最初附属于普通心理学或融合于发展心理学,后来发展成一门独立的学科并形成了比较完整的体系。

一、教育心理学产生的时代背景

(一)19世纪政治、经济和教育的发展

19世纪是人类社会近代史上发展的一个重要时期。在西方,这一时期的特点是,随着1640年英国资产阶级革命的开始,资产阶级民主革命运动和民族运动蓬勃发展,腐朽的封建制度迅速土崩瓦解,资本主义经济得到了繁荣发展。19世纪后半期,英国已被称为“世界工厂”,占据了世界工业的垄断地位。在北美洲,早在1776年,北美殖民地人民就掀起了推翻英国殖民统治,建立独立民族国家的斗争,并于1783年获得了胜利,成立了美利坚合众国,从而使资本主义经济在北美得到了广泛的发展。18世纪末,法国爆发了资产阶级革命,为资本主义经济的发展扫清了障碍。从19世纪50年代开始,意大利和德意志的资产

阶级革命运动和民族运动走向了新的高潮，在20世纪60年代末70年代初完成了国家统一。在俄国，沙皇于1861年签署了关于废除农奴制度的宣言和《农民改革法令》。1861年，美国爆发的南北内战最终废除了南方的奴隶制度。日本于1868年开始了“明治维新”改革运动。所有这些，为资本主义的发展开辟了道路。到19世纪60年代末，欧美各大国家先后完成了资产阶级各项革命，确立了资本主义的完全统治地位，资本主义世界市场的形成过程也大体完成。

随着资本主义政治、经济的发展，社会迫切要求普及文化教育，迫切需要具有文化科学知识、能掌握资产阶级国家及其科学管理机器大生产的通识人才和大量的熟练工人。于是，19世纪后半期，许多资本主义国家的教育界相继进行了一系列破除封建等级教育以利于资本主义发展的改革。当时，一些主要的资本主义国家先后实行了初等义务教育制度。1870—1890年，美国有半数的州陆续实行了小学义务教育。自1891年起，英国规定实行初等免费教育。1882年，法国以法令的形式规定6～13岁为义务教育期。自1824年起，德国废除了贵族化的预备学校，所有儿童均进入共同的基础学校学习四年。1872年，日本明治政府颁布了第一个教育改革法令，规定儿童6岁入小学，并实行强迫入学制。俄国自19世纪60年代废除农奴制后，在国民教育制度方面也进行了某些改革，学校逐渐增多。所有这些改革都促使教育在社会生活中所占的比例日益增加。

随着教育事业的蓬勃发展，作为按特定社会中特定阶级的要求而传递人类文化和文明的教育过程本身，也越来越引人注目。当时，一些教育家从他们的教育实践中探索到，为了使受教育者的身心向着他们所期望的方向发展，必须了解和研究受教育者的学习活动和规律，以改善教育过程的组织，提高教育工作的效力。他们逐渐认识到，心理学知识对教育工作者来说非常必要。瑞士教育家裴斯泰洛齐，曾主张教师要研究学生的本性，并提出“教育心理学化”的口号，这在客观上推动了教育心理学的产生。

（二）19世纪心理科学的发展

教育心理学的发生，同当时心理科学的发展是密切相关的。心理科学的发展，为教育心理学的产生提供了可能。心理学在19世纪以前已有悠久的历史，但它一直都附属于哲学，它作为一门独立的学科是在19世纪后半期开始的。这一方面是由于当时社会生产及文化教育事业发展的推动，另一方面是由于当时自然科学的发展对心理科学产生了很大的影响。自然科学应用实验、测量的方法所获得的成就，刺激着心理科学去应用这些工具来为本学科的发展广泛收集必要的资料。当时陆续出现了一系列应用试验与测量来研究心理学问题的尝试，如德国的亥姆霍兹对反应时的测定及对视觉、听觉的研究，韦伯、费希纳的心理物理学研究，英国高尔顿的自由联想实验，等等。到了1879年，德国著名心理学家冯特在莱比锡大学建立了心理学实验室，对感觉、知觉、注意与联想等进行实验研究，由此促进了心理科学的迅猛发展。

关于心理测验，其最初是由英国心理学家高尔顿提出的，他早在1869年就用统计的方法研究能力的遗传问题，他在《遗传的天才》一书中，以一种量表来测量人的能力。在他看来，人的智力是不同的，其差异来自遗传，而且人的智力是可以测量的。后来，他和他的学生一起创立了统计学，为测量学的兴起奠定了基础。高尔顿的心理测量思想，给美国心理学家卡特尔以很大的影响。卡特尔认为,心理学若不依据实验与测量,绝不会有自然科学的准确性。在他的倡导下,心理测量在心理学研究中逐渐推广应用起来,并与心理实验一起成为当时心理科学迅猛发展的两大支柱。

二、教育心理学的发展

教育心理学在19世纪末成为一门独立的学科。它经历了两次发展高潮:一次是在20世纪初,从历史悠久的教育心理学思想发展成一门独立的学科;另一次是在20世纪五六十年代,教育心理学走出发展的低谷,逐渐走向成熟和完善。

(一)西方教育心理学的发展

19世纪末,美国社会涌入了大量移民,学龄儿童也随之增多,但各地的学校因规模有限,一时间无法接收所有的儿童入学,大部分学龄儿童游荡在社会上,受到美国童工法的限制,他们不能在社会上就业,给社会的稳定和发展带来了严重的隐忧。为缓解这一社会矛盾,美国政府扩建公立学校,并制定入学法,使这些学龄儿童回归学校。虽然社会矛盾得以缓解,学校教育体系却因此问题频发,运用心理学方法解决青少年问题成为当时社会的迫切需要。1836年,威特默在宾夕法尼亚州建立了世界上第一家心理诊所,向学习行为有问题的儿童提供心理服务,以此开创了学校心理学的先河。1915年,康涅狄格州聘请格塞尔为学校的心理学家,他是世界上第一个成为学校心理学家的人。之后,心理学在学校的运用如雨后春笋般地发展起来。1946年,美国心理学会第54届年会成立了学校心理分会,从此,心理学在学校的运用成为一门独立的学科被社会认可,并有了全国性的专门机构。

20世纪20—50年代是教育心理学的重要发展时期,教育心理学吸收了发展心理学、学科心理学的研究成果,对人的社会适应能力、心理卫生展开研究,提出了程序教学和机器教学,推动了教育教学改革。到20世纪60年代中期,随着托尔曼的符号定型论与格式塔认知学派的兴起,教育心理学的理论主要有桑代克的试误说、巴甫洛夫的经典条件反应说、斯金纳的操作条件反应说、格思里的接近条件说、赫尔的内驱力降低理论等。格式塔认知心理学思想影响教育心理学的主要理论有托尔曼的认知符号理论、班杜拉的观察学习理论、苛勒的顿悟说、皮亚杰的认知建构与发展理论、布鲁纳的认知发现说、奥苏贝尔的认知同化说、加涅的学习条件论、海德和韦纳的归因理论等。所有的这些理论推动了整个西方教育心理学的发展,教学方法和教学手段的改进引发了人们学习心理学的兴趣,这也为心理学的进一步完善奠定了基础。20世纪60年代,人本主义教育思想逐渐渗透到教育心理学领域中,形成了著名的教育心理学流派 - 人本主义流派,代表人物有马斯洛、罗杰斯等,其主要教育思想为重视人的自尊、人的价值观。罗杰斯“以人为中心”的理论是人本主义心理学教育观的核心和基础,该理论冲破了传统教育模式和美国现存教育制度的束缚,把尊重人、理解人、相信人提高到了教育的首位,促进了当代西方教育改革运动的发展。

十月革命后,苏联教育心理学界尝试用马列主义观点来改造教育心理学,但是直到20世纪30年代,苏联的教育心理学主要用从普通心理学研究中获得的材料去解释学校生活中的实际问题。20世纪30年代以后,苏联教育心理学的发展主要体现在对理论观点的探索方面。20世纪40—50年代末,苏联教育心理学的显著特点是重视结合教育教学实际进行研究，广泛采用自然实验法和教育经验总结法，综合性的研究占主导地位，其主要贡献是研究了学科心理和知识的掌握方法。苏联的教育心理学家们虽然把马列主义作为指导教育心理学的理论基础，反对机械地把动物学习理论运用到人类的教育情境中，但是由于过分强调马列主义的作用，没有表现出一定的灵活性和创造性，因而出现对西方的教育心理学矫枉过正的倾向，甚至对整个教育心理学理论问题的研究也有所忽视。

（二）中国教育心理学的发展

教育心理学是由西方引入中国的，但我国早在春秋战国时期就有了教育心理学思想，比如论述环境与教育对儿童成长作用的："性相近也，习相远也。"（《论语·阳货》）"譬犹练丝，染之蓝则青，染之丹则赤……夫人之性，犹蓬纱也，在所渐染而善恶变矣。"（王充《论衡·率性篇》）论述主动学习："业精于勤，荒于嬉；行成于思，毁于随。"（韩愈《进学解》）论述学习的重要性："不学自知，不问自晓，古今行事未之有也。"（王充《论衡·实知篇》）论述学习动机作用："为学须先立志。志既立，则学问可以次第著力。"（朱熹《朱子全书》）论述学习目的："学至于行之而止矣。"（《荀子·儒效》）论述学习循序渐进原则："学者读书，先于易晓处沉涵熟后，切已致思，则他难晓者，涣然冰释矣。若先看难处，终不能达。"（陆九渊《语录》）论述因材施教："与人论学，亦须随人分限所及……""如草木之始萌芽，舒畅之则条达，摧挠之则衰痿"。（王阳明《传习录》）其中以孔子的思想最为著名，他提出的诸如发展论、差异论和知学论思想，均是实践与思想相结合的产物。孔子认为：学习有七个阶段，立志、博学、审问、慎思、明辨、时习、笃行，这与现代学习的五个过程（动机、感知、理解、巩固和应用）对应。除孔子外，孟子也提出了这方面的见解，如循序渐进、专心致志、持之以恒。韩愈认为学习有三个阶段：打基础、深造及大成阶段。朱熹认为学习的意义在于可以"穷理"，可以"变化气质"。我国古代的这些教育心理思想虽有一定的合理性，但缺乏相关的实证研究依据。

20 世纪二三十年代，我国教育心理学主要是追随西方潮流，翻译和介绍了多种版本的教科书。这个时期，我国早期心理学家廖世承于 1924 年编写了我国第一本《教育心理学》教材。中华人民共和国成立后，我国教育心理学的发展出现了明显的转折，即由原来的向西方教育心理学学习转变为向苏联教育心理学学习，并根据马列主义的原理和方法对以前的教育心理学进行了改造，进而建立起了我国的教育心理学体系。同时，我国的教育心理学工作者努力以辩证唯物主义为指导，结合我国的教育教学实际开展了许多研究。由于从事教育心理学研究的人员不断增加，以及对教育心理学研究的不断深入和成果的不断涌现，1962 年中国心理学会成立了教育心理学专业委员会。1963 年，潘菽主编了中华人民共和国成立后的第一本《教育心理学》，我国的师范院校运用此教材相继开设了教育心理学课程。"文革"期间，我国教育心理学的教学和研究工作被迫中断，基本处于停滞阶段。改革开放后，我国的师范院校相继恢复开设教育心理学课程，教育心理学的研究机构、队伍和领域都得到了空前的发展，并由原来的一边倒向苏联过渡为既向苏联学习也向西方学习。改革开放以来，国外许多著名的教育心理学家的主要论著被翻译成中文，我国学者在批判吸收其研究成果的基础上，结合我国的教育教学实际，开展了独立的教育心理学研究，编写了一大批有我国特色的教育心理学专著。

案例

廖世承及其《教育心理学》

廖世承，教育家、心理学家。他专研教育心理学，把科学方法应用于中国的教育领域。他倡导的教育实验运动，推动了中国教育走向现代化、科学化，许多教育教学研究在中国现代教育史上具有奠基意义。廖世承著有《教育心理学》《测验概要》《教育测验和统计》《中国职业教育问题》等。

廖世承在清华大学学习三年，获得了公费留学的资格。家族希望他学银行、工程这些专业。但他从发展民族教育的需要出发重新考虑专业，看着满目疮痍的国家，不顾家族反对，改选了在当时只能当穷教师的教育学，如他后来所说“教育是改造旧社会、建设新社会的有力工具”，他选择了教育作为救国的工具。在布朗大学，廖世承攻读教育学和心理学，在四年内读完六年课程，成为该校第一个获得博士学位的亚洲学生。回国后，他的爱国之心化作教育的信念：“中国人要办好自己的学校——光我中华！”因为这份信念，他拒绝了多份工作上的邀约，而是选择了创立不久的光华大学。

“中国土地如此之大，人口如此众多，政治如此黑暗，人心如此陷落，专凭教育救国，哪里救得过来。但是除去教育，又向哪里去找。”廖世承对国情有着清醒的认识，他选择在教育领域深耕，希望通过自己的努力，为这个国家带来一些改变。在华东师范大学教育学系教授杜成宪看来，廖世承极大地推进了中国20世纪二三十年代教育科学化的发展——他身上的科学特征尤其明显。杜成宪说：“廖世承先生所学的教育心理学更偏于理科，其中涉及的测量、测验及实验属于工具类基础性学科，这与同时代偏文的许多教育学者是截然不同的。”

廖世承回国后，自然也将四年间掌握的科学方法带回了国内，他积极倡导和推行智力测验和教育测验，是20世纪20年代在我国推行智力测验和教育测验的杰出代表。他参与创办南京高师心理实验室，这是我国最早的心理实验室之一；与著名教育家陈鹤琴合作编制的测验法，连美国测验专家麦柯尔也不得不承认，其水平至少与美国的水平相当，有许多比美国还优。

“教育测验刚引入国内，意义是积极的，它可以用来测量学生的学力，以科学的方法认识人在认知水平上的差异，进而因材施教，为当时的学制改革，特别是实行分科制和选科制时进行能力分组奠定了基础。”杜成宪谈及的正是廖世承推行教育测验的初衷：办学者不察学生的个性差异，不去研究适应个性的方法，把“智者、愚者、程度高者、低者、知识丰富者、缺乏者，强纳之于一炉”，必会使教授困难，效率低下，程度下降，天才埋没。

除了智力测验，廖世承的测验同样重视对性格和品性等非智力因素的测量。他认为，智力对人类有重要意义，但一个人的成功不仅仅是甚至主要不是因为智力。高智力的人在生活中可能没有成功，因为他们缺少特定的、对成功来说不可缺少的素质。而智力平常的人也可能取得突出的成就——如果他们有良好的道德意识。在教育学者张民选看来，廖世承先生把中国的非智力因素的研究提前了60年。

五四运动后，西方的各种思潮、方法大量涌入，冲击着国内传统的教育框架。尽管接受过西方教育，但廖世承并不迷信西学，他没有将多年留学所得直接照搬到国内的课堂上——他有着理科生的视角，坚持先做实验，用事实说话，如他所说“从事教育的人当注意实地研究，不应作趋势论调。实验有效，然后再谋推行”。当时，美国刚刚兴起的教学方式道尔顿制传入国内，众多学校积极效仿，甚至形成了不照其做就是落后的风气。廖世承想到的是，设置两个平行班，一个采用道尔顿制教学，一个延续传统的班级制，做对照研究。道尔顿制鼓励学生自学，教师辅助，但实验结果显示，这种教学方式虽有利于个人能力的发展，但弊端也很明显，在基础知识的普及上不如传统的授课方式，对于当时的中国并不适合。廖世承的实验结果，给了盲目追求西方教学理念的人们一个清醒的认识，更唤起了教育界的实验兴趣，推动了中国教育现代化、科学化的步伐。值得一提的是，《东大附中道尔顿制实验报告》发表多年后，日本、苏联等国也相继否定了道尔顿制。

廖世承“凡教育上之新学说和新设施，皆采择而实验之”，从课程教材编制到学校管理，都以实验的方式给出最佳答案。他接手的两所中学可以迅速成为全国中等学校的翘楚，与此不无关系。1924年，廖世承基于各种教育实验、测验实践以及国内外最新的教育心理学研究，编著出版了《教育心理学》，这是我国最早的高师教科书，而廖世承也被学界公认为我国教育心理学科创始人。

“他在中国现代教育史上的重要地位，在于他立足于教育实践，在一个个具体的实践需求迫切的教育课题中提出了自己的独到主张，最终达到了理论创新的效果”，对于廖世承在教育领域的学术贡献，张民选曾这样概括。

正是廖世承对国家命运的关注，在教育心理学领域的深耕，极大地推动了我国教育心理学的发展，他为该领域的发展做出了巨大贡献。

三、小学教育心理学的发展

小学教育心理学是心理学与小学教育相结合的产物。小学教育心理学作为一门独立的心理学分支学科，诞生于19世纪末20世纪初。19世纪末，实验心理学的兴起极大地推动了儿童教育问题的研究，当时欧洲一些教育家和心理学家开始利用实验、统计以及测量的方法研究儿童身心发展以及教育上的一些问题。在对儿童的身心发展过程和特点进行研究后，他们提出教材和教法应心理化，教学活动应个性化；他们在开展智力测验的基础上，提出运用测验来了解小学生的智力水平，把测验广泛应用于班级教学组织、课程的制定、教材的编制、教学方法的改革等方面。

20世纪20—50年代是小学教育心理学的发展时期。发展的总趋势是，广泛汲取心理学各领域和各流派的理论观点、方法和成果，并将其纳入小学教育心理学自身的结构体系之中。大约在20世纪60年代，小学教育心理学进入了建立其系统的理论体系的时期，致力于阐明如何有效地教和如何有效地学的问题；各派兼收并蓄，不再因彼此的明显分歧而坚持理论之争；加强与小学教育实践的密切联系，切实解决各种实际问题。小学教育心理学经过近百年的发展，目前呈现如下发展趋势：

（一）转变教学观念，关注教与学，教育心理学兴起

小学教育心理学研究从S–R范式转向认知范式，特别是建构主义学习理论促成了教学观念的转变，教学重心从课程转向小学生认知，帮助小学生发展适合于各种学科的学习策略。20世纪50年代以前，小学教育心理学研究集中于学习；20世纪60年代受布鲁纳课程改革思想的影响，小学教育心理学研究开始转向教学，关注实际教学问题，1969年加涅提出了教学心理学概念，教学心理成为教育心理学最具活力的研究领域；现代小学教育心理学不仅关注小学生学、小学教师教，还关注小学生学习的认知过程和小学教师对认知过程发展的促进。

（二）关注影响教育的社会心理因素

关注学习使研究者认识到：学习过程受多种因素的影响。许多学者由此开始重视社会心理因素对教育的影响，如韦纳的归因理论、班杜拉的社会学习理论。

（三）注重实际教学策略和元认知研究

小学教育心理学研究从实验室转向教学实际，更关注学与教的有效性，各种学习策略与元认知成为研究的热点与方向。当前，小学教育心理学在学科教学研究中，密切结合学习策略、教学策略、问题解决策略以及元认知理论，以解决相关学科教学的有效性问题。

第三节　小学教育心理学的研究原则与研究方法

小学教育心理学是教育心理学领域的一个重要分支，也是教育心理学在小学教学实践中的具体运用。因此，小学教育心理学首先要遵循教育心理学研究的原则，并结合小学生的身心发展特征以及小学教育实践成果，选择适宜的方法进行研究。

一、小学教育心理学的研究原则

（一）客观性原则

客观性原则是指教育心理学研究要贯彻实事求是的精神，即根据教育心理学现象的真实状态来研究其本质、规律与机制。

坚持客观性原则就是在进行教育研究时要避免个人的主观臆断、虚构和夸张等，要从科学问题出发，采用科学的方法探索某一教育现象产生的原因、内部过程及其可能产生的变化，用事实阐明教育教学问题，从而揭示教育教学规律。

在小学教育心理学研究中，要根据小学生的社会生活和教育条件以及小学生的个体状态进行研究，通过对客观刺激、心理过程以及行为反应的探索揭示各种心理现象的本质。研究者在实际研究过程中要注意：

1. 研究计划制订的客观性

在制订研究计划时，研究者要从客观实际出发，坚持实事求是的态度。具体表现为：①要对小学生的身心状况及社会教育条件进行全面分析，把握小学生的心理发展规律，找准要研究的问题，有针对性地解决小学生所面临的问题。②在制订研究计划时要清楚地认识到现阶段研究所具备的条件。如在采用实验法或调查法时，要考虑是否拥有可开展实验的资源，实验室器材是否完善可用，研究人员是否专业以及研究经费是否充足，还要考虑被试如何选择，是否有相关人员支持等。这些都是实际研究过程中会面临的问题，只有充分考虑这些因素，从客观实际出发才能合理地制订研究计划，为下一步研究做好准备。

2. 资料收集与采集的客观性

在收集资料的过程中，研究者要根据实际的研究内容、步骤以及预期的结果如实而详尽地记录作用于被试的各种刺激以及被试的外显行为，不能凭主观经验去推测被试的行为反应，也不能擅改被试的行为反应，研究者必须真实记录所观察到的。此外，数据的采集过程应尽可能做到客观准确，利用被试的口头报告、教师的判断以及档案资料采集等，确保收集到的第一手资料客观、准确和全面。资料收集和数据采集的客观，有助于研究者数据处理和行为分析更精准，这样研究者才能真正把握教师和小学生的心理规律。

3. 结果处理和分析的客观性

对资料的处理和分析应尽可能地根据客观标准来进行，如采用专业的数据分析软件，或者征询多位专家对结果的分析。当所得的结果与研究假设相违背或不一致时，更应该谨慎地处理，不能为了验证自己的假设而肆意篡改数据或编造结论。

（二）教育性原则

教育性原则指在小学教育心理学的研究过程中所采用的研究方法和研究手段应以促进小学生心理健康发展为目标。一切教育研究都必须符合教育的要求，不能违背小学生身心发展规律，或者有害于小学生心理健康。

小学教育心理学研究的目的不仅是得到研究结果，更重要的是解释小学生的心理发展规律，从而为小学生的身心健康发展提供帮助和指导。具体而言，要贯彻小学教育心理学研究的教育性原则，研究者应在以下工作中做出努力：

（1）研究课题和方案的选择与设计不仅要重视教育教学质量的提高，还要关注小学生良好品德的形成和人格的培养。因此，小学教育心理学的研究要始终紧扣教学和小学生这两个方面。

（2）在研究实施过程中，要重视各研究环节，根据小学生的年龄特征选择符合该年龄阶段小学生个性特点的研究主题，重视小学生的身心发展需要，在研究过程中，尽量使参与的小学生能获得有意义的教育，坚决避免给小学生的成长带来负面影响和伤害。这与心理学研究的道德性原则也是一致的。

（三）系统性原则

系统性原则指研究心理学问题要从实际教学情境出发考察个体的心理与行为，在整体、动态和发展中探讨各心理因素之间的关系，从而认识整个心理结构。

人的心理过程是一个统一的、复杂的、动态的、发展的以及有层次的系统。因此，小学教育心理学应该从教育系统整体出发，全面系统地探讨个体的心理发生发展规律，避免片面、静止以及孤立地理解这些心理现象，对人的心理进行分层探讨，揭示出支配人的心理层次的规律。对小学教育中的心理现象做动态分析，以探明心理现象产生的原因、过程及作用机制。研究过程中贯彻系统性原则，研究者应做到以下几点：

1. 理论与实际相结合

小学教育心理学的研究应从我国小学教育事业所面临的实际问题出发，充分考虑小学生的实际需要，解决教育教学中出现的各种问题。同时，研究者要充分利用已有的教育理论基础为教育实践服务，用理论指导实践，用实践获得的资料进一步丰富理论基础。

2. 一般与个别相结合

小学生心理发展是普遍性与特殊性的结合，既具有一般儿童普遍的心理特点，如小学期是思想品德、创新能力和学习活动发展的关键时期，但在这些能力的培养过程中，又各自具有不同的发展速度和先后顺序。因此，在小学教育心理学的研究过程中，既要看到小学生的一般性，更要关注每一个个体。

3. 内外因相结合

人的心理发展是由内外因相结合而决定的，内因是心理发展最根本的原因，外因是次要因素，内因决定外因，外因通过内因起作用。小学教育心理学的研究要求研究者既要看到外部客观因素对心理变化产生的影响，又要研究内部的生理和心理因素对教育行为的影响，只有用整体、系统的观点对内外因加以综合分析，才能全面准确地探索教育规律和小学生的心理发展规律。

4. 纵向研究与横向研究相统一

系统性原则还要求研究者在研究中把纵向研究和横向研究统一起来，不仅要解释个体心理发展各年龄阶段的特征，包括学习、记忆、想象、思维等，探讨小学生在纵向发展上各自具有的共性，还要从横向研究探讨小学生的个体差异，对比他们各自心理发展的差异性。从横向和纵向来研究个体的心理发展，既看到不同阶段的年龄特征，又看到各年龄特征的个体差异，可以全面而细致地研究小学生的教育心理问题。

二、小学教育心理学的研究方法

在对小学生的心理研究中，常会因为研究目的、时间、地点等条件的不同采用不同的研究方法。因此，在进行具体研究之前，有必要根据研究需要选择相应的研究类型。

（一）研究类型

在现有研究中，把研究类型主要分为两类：一类把心理学研究分为横断研究、纵向研究和聚合交叉研究，另一类分为整体研究和分析研究。

1. 横断研究、纵向研究和聚合交叉研究

（1）横断研究。横断研究和纵向研究是根据研究的时间来划分的。横断研究是在同一时间内对某个年龄段或某几个年龄段的小学生的心理发展水平进行研究比较。现有研究大都采用这种类型。例如，要研究小学四年级学生的阅读理解能力，可以给一组10岁的小学生一段阅读材料，让他们阅读之后回答问题，得出这一年龄阶段小学生的不同层次的阅读水平。又如，要研究小学生的数学运算能力，可以让7岁的小学生运算100以内的数字，最后得出这一年龄阶段小学生的运算水平。横断研究的优点在于能在同一时间内对大量的研究对象进行考察，能收集到大量的研究资料，并且可以在较短的时间内得出同一年龄或不同年龄小学生心理发展水平的特点，并从中分析出各阶段小学生的心理发展规律，获得的信息量大，经济且费时短。横断研究也存在一些不足，主要是只能探讨小学生某一阶段的心理发展规律，无法获得个体发展趋势或发展变化的数据资料。

（2）纵向研究。纵向研究是对一个研究对象或一些研究对象的心理发展进行较长时间的追踪研究，以考察研究对象连续的心理发展过程，从而揭示研究对象的心理发展规律。例如，要研究小学生的注意力的发展过程，可以从一年级开始，对其进行长期、系统的观察，直到小学阶段结束，通过观察研究总结出小学生的注意力的特点和规律，提出提高小学生注意力的有效措施。纵向研究能系统、详尽地考察小学生的某一心理发展的连续过程以及量变质变的规律。然而，纵向研究也具有一定的局限性：一是纵向研究的时间较长，不易同时进行大量的研究，并且纵向研究的花费较大；二是纵向研究需要对某一或某些研究对象进行长期调查，所以研究对象容易流失，并且其心理特征会随时间而发生某些不易控制的变化；三是反复测查可能影响初试的发展，影响研究对象的情绪，从而影响数据的可靠性；四是纵向研究中影响研究对象的各种条件不易被查明，因而不易对研究对象进行前后比较。

（3）聚合交叉研究。聚合交叉研究是将横断研究和纵向研究结合在一起的研究方法。例如，林崇德使用这一方法对小学生数的概念与运算能力发展开展了研究。选取了450名一年级到三年级的小学生，运用课堂测验或数学竞赛的方式，对研究对象进行观察和问卷调查。然后利用三年时间进行纵向追踪，在三年时间内完成了对一年级至五年级小学生的全部追踪研究，不仅缩短了时间，还获得了有关小学生数的概念和运算能力变化的数据。

聚合交叉研究克服了横断研究和纵向研究的不足，吸取了它们各自的长处，既能够进行大面积测查，克服了纵向研究样本少、受时间限制等问题，又能掌握心理发展的连续过程及其特点，使发展研究充分考虑到发展过程的复杂性，同时兼顾教育与发展的关系。

2. **整体研究和分析研究**

（1）整体研究。整体研究也叫系统研究，是把儿童心理作为一个整体结构来进行研究，从整体上把握儿童身心发展的特点与规律。例如，要对小学生的智力发展水平进行考察，就可以对他们的注意能力、记忆能力、想象能力、思维水平等进行全面考察。整体研究方法可以了解小学生身心发展的全貌，便于找出心理发展的规律，为教育者提供指导。然而，这种类型的研究比较复杂，需要从理论上和设计上做足准备才行，否则容易顾此失彼，无法充分而深刻地看到发展的全貌。

（2）分析研究。分析研究是对小学生发展中某一个别的、局部的、比较小的问题进行深入的研究。这种类型的研究能比较细化地探讨小学生的心理特征，是现有研究中比较常用的方法。例如，在整体分析中，研究者想要考察小学生的智力发展情况，可以从各方面入手进行考察；而分析研究中只需要关注其中的一方面，如可以研究小学生的创新思维发展能力，或者对他们的记忆能力进行考察。分析研究便于对某一心理机能进行比较深入的考察，能详细地发现小学生这一机能的特点和规律。然而，这种类型的研究容易忽视整体的作用，会把小学生的心理发展特征片面化，而不能看到整体与局部的关系。

在心理研究中，整体研究和分析研究都是必要的。一方面，人的心理发展是一个整体，各心理机能之间是相互影响、相互制约的，从整体上把握心理发展的过程能更好地从宏观上了解心理发展的规律与本质；另一方面，各心理发展机能又是相互独立的，各自分属于不同的研究范畴，只有对各部分进行深入研究才能更好地把握整体。所以，在研究小学教育心理学过程中，要重视整体与局部的相互结合，并在正确方法论的指导基础上正确地处理整体与局部的关系，全面、细致和深入地研究小学生的身心发展特征。

（二）具体研究方法

研究小学生的心理规律不仅要遵循研究的基本原则，还要根据小学生的身心发展特点采用符合他们心理发展规律的方法。目前，运用较多的研究方法主要有观察法、调查法和实验法。

1. **观察法**

观察法是指在一定环境下有目的、有计划地对被观察者言行举止进行系统的观察、记录和分析，以此来判断被观察者心理活动的方法。

1）观察法的分类

由于观察的目的不同，现阶段对观察法的分类主要有以下几种：

（1）参与观察法与非参与观察法。根据观察者是否参与被观察者的活动把观察法分为参与观察法与非参与观察法。参与观察法是指观察者和被观察者一起生活、学习和工作，在密切的相互接触和直接体验中倾听和观察他们的言行。运用此法时观察者要避免让被观察者觉察到自己正在被观察，并且在积累被观察者的资料和数据时要非常谨慎。非参与观察法则不要求观察者直接进入被观察者的日常生活中，即观察者通常置身于被观察者的世界之外，作为旁观者了解事物的发展动态。这种方法能及时记录被观察者的行为表现，客观地分析被观察者的行为特征。非参与观察法是一种使用较为普遍的方法。

（2）全面观察法和重点观察法。根据观察内容把观察法分为全面观察法和重点观察法。全面观察法是指观察被观察者在一定时期内全部的心理表现。全面观察法由于要观察被观察者较多的心理行为表现,因此观察的时间比较长。例如,学校要了解小学生的创造能力而对小学生的日常学习活动各方面进行观察,这就是运用了全面观察法。重点观察法是指有重点地观察被观察者在一定时期内某一活动过程的心理行为表现。例如,教师要了解小学生在课堂上主动回答问题的行为表现,会在上课期间有意识地对小学生的举手行为进行观察和记录。全面观察法和重点观察法是根据不同的研究目的来划分的,因此在实际的教育研究中要根据不同的研究课题和研究目的来进行选择。

(3)长期观察法和定期观察法。根据观察实践把观察法分为长期观察法和定期观察法。长期观察法一般历时几周、几个月甚至几年,相当于一种纵向研究,有时也称日记法。长期观察历时较长,耗费的人力、物力、财力较大,但得到的研究结果更具有说服力。定期观察法是指为研究被观察者的某种心理特点而进行定期的观察。例如,为研究四年级小学生的同伴交往能力,可以每周观察一次,每次观察一小时,观察若干次,并把所有的观察材料加以记录和分析。定期观察法能在较少的人力、物力、财力耗费的基础上了解被观察者的某种心理活动,具有一定的实用性和可操作性。目前的许多研究采用定期观察法来研究儿童的心理发展状况。

(4)直接观察法和间接观察法。根据观察方式把观察法分为直接观察法和间接观察法。直接观察法是指对所发生的事或人的行为的直接观察和记录。在观察过程中,观察者所处的地位是被动的,也就是说观察者对所观察的事件或行为不加以控制或干涉。例如,观察者要了解不同年级小学生的品德发展水平,在课堂上对不同年级小学生的表现进行观察和记录。而间接观察法是指在教育心理学中观察者借助仪器对被观察者的心理行为表现进行观察,这种观察法可能是由于实验目的,或者实验条件不允许观察者进行直接或现场观察而需要借助一定的仪器,如录音笔、摄像机等,这种方法较少受观察者个人因素的影响,能比较客观地总结被观察者的行为表现。

2)观察法的优缺点

观察法是通过观察被观察者的行为表现来探讨被观察者的心理活动规律的一种方法,在小学研究中使用得较为普遍。

观察法的优点主要体现在:一是获得的材料比较真实。观察法在自然环境下对被观察者的言语行为进行观察,能观察到被观察者在自然状态下的行为表现。二是可以同时对多个年龄阶段的被观察者进行观察,并且被观察者没有受到其他外界因素的干扰,因此获得的资料信息比较丰富,被观察者的表现更自然,研究结果不会受到影响。三是观察法是观察者对被观察者当前的行为进行的观察,具有即时性,能够捕捉到正在发生的现象,同时也能收集到一些无法言表的材料。四是适用面非常广。观察法不仅能用于不同年龄段的小学生,还可以对小学生的各种心理特征和心理活动的行为表现进行观察,可广泛用于小学教育心理学的研究中。

观察法虽然在研究小学生心理活动方面能给观察者带来方便,但观察法也有许多缺点。一是观察者只能被动地观察被观察者的行为表现,往往难以观察到自己想要的资料,并且被观察者的反应不一定是普遍的反应,而有可能是偶发的;二是观察法难以控制其他无关因素的影响，这需要观察者具备一定的分析、过滤信息的能力，并且观察者也比较难以收集资料，这在一定程度上为研究带来了很大的困难；三是观察法观察到的只是外部行为，并没有直接测量到被观察者的心理活动过程，因此观察法带来的只是相关性的结论，而不能得出因果结论，这也是许多实证研究选择实验法而非观察法的原因。

3）使用观察法的注意事项

观察法是一种较为简单的心理学研究方法，但是该种方法受到许多因素的影响，如观察者的期望效应、被观察者的实验效应等。因此，在具体的实施过程中观察者还是应该对以下几个方面加以注意：一是观察者要选择特定的观察内容，观察面不宜太广，选择具有代表性的对象即可；二是观察时最好选择合适的观察仪器，随时记录被观察者的行为变化，最好使用一些录音、录像器材；三是观察的时间不宜过长，可以采用时间抽样的方法，对同一种行为可以进行重复的观察验证；四是在实施观察法时最好不让被观察者知道他们在被人观察，以免影响他们的真实行为，如可以使用单盲实验，即采用单向玻璃进行观察，以此降低被观察者觉知的可能性。

2. 调查法

调查法是指为了达到研究目的，通过多种方式对被调查者的某一心理行为进行多方面的数据搜集，并做出分析、综合，从而了解被调查者的心理活动的方法。

调查法的方法和途径非常多，如采用问卷来调查小学生的学习状况，或者采用面对面交谈的方式来搜集信息。现有调查法主要有访谈调查法和问卷调查法。

1）访谈调查法

访谈调查法简称访谈法，是指调查者通过与被调查者直接交谈，了解被调查者的心理状态的研究方法。在访谈调查时，调查者与被调查者常常进行面对面的交流，有时也采用电话访谈或网络访谈的形式。访谈中，调查者可能会采用结构化或者半结构化的问题对被调查者进行询问，以此获得想要的资料和结果。此方法针对性强，灵活方便，并且真实可靠，便于深入了解人或事件的多种内部和外部原因。然而访谈法也有一些缺点，如需要花费较大的人力、物力以及时间；访谈法需要调查者具有较为专业的访谈能力，能根据被调查者的回答进行灵活应变；此外，访谈法的调查范围比较窄，一次只能对几个被调查者进行访谈。面对面访谈、电话访谈和网络视频访谈三种形式中，以面对面访谈的效果为最好，网络视频访谈效果次之，电话访谈效果相对较差。

2）问卷调查法

问卷调查法简称问卷法，是用书面问题让被调查者填写，从而调查被调查者的某一种心理和行为活动的方法。例如，要考察小学生的阅读兴趣或阅读能力，可以采用问卷的形式进行调查，然后对收集的资料进行分析并得出结论。

问卷法的优势体现在：一方面，问卷法简单方便，能在同一时间收集到大量的样本数据，使得被调查者具有广泛性和代表性，能够克服小样本不具有推广性的缺点；另一方面，问卷法能获得第一手资料，比较直接，针对性强，同时能测试出被调查者的心理状况，同质被调查者可以进行反复测量。问卷法主要存在以下不足：一是被调查者的主观性过大，需要被调查者对调查问题真诚作答，有些被调查者容易受自我防御心理的影响而不愿意根据自己的真实情况填写，从而影响调查结果的真实性；二是问卷调查的社会称许性过大，被调查者可能会根据社会所期望的方向作答，会导致研究结果失真；三是问卷法需要被调查者具备一定的自我意识能力和文字能力，在对低年级的小学生进行问卷调查时存在一定的阅读困难；四是问卷法的设计比较复杂，相对于观察法更加困难，因为问卷法在信度和效度上都令人质疑，并不一定能真实地测量到被调查者的内心状态。

对小学生使用问卷调查法，在编制问卷时应该注意许多问题：一是针对小学生的问卷题目不宜过多，问卷题目过多会给小学生带来认知负担，降低可信度；二是在编制问卷题目过程中，要求文字浅显易懂，表达清晰明确，适合小学生的年龄特征；三是在编制问卷时要采用一定数量的检测项目用于检测小学生是否真实作答，并且要尽量避免社会称许性问题；四是问卷编制好以后要先在一定范围内进行试测，检验问卷的信效度，在保证信效度的前提下才能进行正式的施测。

3. 实验法

实验法是指实验者在严格控制实验条件的情况下，操纵教育情境中的一些变量，并借助专门的实验仪器设备来研究实验对象的心理现象的方法。

1）实验法分类

实验法通常分为实验室实验法和自然实验法。

（1）实验室实验法。实验室实验法是指在特定的实验室环境下，借助专门的实验仪器来探究某些心理学现象的方法。实验室实验法要求严格控制实验条件，尤其对无关因素的控制尤为严密，对实验对象的某些心理行为都是采用精密的仪器，如眼动仪、测谎仪、脑电仪等来进行记录。实验室实验最主要的特点在于严格控制实验条件，所获得的实验数据更加真实可靠。同时，实验室实验还能得出因果性的结论，这比观察法和调查法具有更强的说服力。然而，实验室实验法是在实验室进行的，脱离了实际的生活环境，人为性较大，其得出的结论缺乏生态性，也难以推广到其他的情境中去。这种实验方法难以全面真实地考察到实验对象的心理现象。

（2）自然实验法。自然实验法是指在日常教育学习环境中，根据研究目的，控制某些条件，以观察实验对象心理活动表现的研究方法。例如，为了探讨各年级小学生的口头表达能力和书面语言表达能力发展的水平，则可以结合教学时间针对不同年级的小学生编制一系列的阅读材料，要求学生学习完这些阅读材料以后完成相应的背诵和书写作业，对小学生的背诵和书写作业情况进行整理和分析，可以看出不同年级小学生的口头表达能力和书面语言表达能力的发展水平，以及应采取什么样的策略才能更好地促进小学生的书面语言表达能力和口头表达能力的进步。自然实验法的优点主要表现在：与实验室实验法相比，更加接近教育实际情况，能比较好地反映教育过程中心理现象的真实情况并解决其中的心理问题；同观察法相比，具有较强的主动性和较高的严密性。虽然它是在尽量保持教育过程的实际情境下进行的，但它又通过控制和改变某些变量而给实验对象心理活动以必要的影响，使之发生预期的变化，所以有利于实验者得到所需要的实验结果。自然实验法在教育心理学研究中应用颇广。

2）实验法的优缺点

实验法通过控制实验条件，操纵实验对象的某些心理变量来探讨某种因素对实验对象心理行为的影响。

与其他研究方法相比，实验法具有以下优点：一是实验法严格控制实验环境，避免了无关因素对实验结果的影响，获得的资料是实验者真正想要的结果，因此实验法的针对性更强；二是实验法是实验者按照实验目的严格设计的，因此实验可以随时进行重复验证；三是实验法控制了其他无关因素的影响，因此可以得出因果关系明确的结论。

实验法也存在一定的局限性：一方面，实验法缺乏一定的生态效度，人为性过大，导致实验结果的外部效度低。实验法研究的环境是人为设置的，这些人为设置的环境增强了实验者对于研究的控制力，有利于确立明确的因果关系，但同时意味着研究离现实比较远，实验室中的社会过程不能代替现实世界中的社会过程。另一方面，实验法容易受主观因素的影响，实验对象的期望可能导致实验对象向别人所期望的方向改变。在实验研究中，实验者可能会有意无意地给实验对象某种暗示，某些实验对象会有意去迎合实验者的期望，可能出现实验对象的行为受到实验者影响的情况，造成一种虚假的因果关系。

4. 其他研究方法

1）个案研究法

个案研究法是对某一个体或某一群体的问题进行持续研究的方法。该方法通常用来对某些教育心理问题产生和发展的原因进行剖析，并提出相应的解决措施。个案研究优势与纵向的追踪研究相结合，系统地记载被试某些心理活动的发展状况。个案研究比较适用于特殊的案例，如探讨小学生的特殊能力、学习困难儿童的发展特点、超常儿童以及具有问题行为的儿童等。研究中要求研究者对个案的材料收集齐全，并有针对性地了解个案的问题状况，提出有意义的意见。在个案研究过程中，研究者除了应了解个案的各种情况，还应多与这些个案进行交流与合作，与他们建立良好的关系，这样才能获得真实的资料，进而使得研究更加顺利。

2）作品分析法

作品分析法是通过被研究对象的作品来分析其心理活动的一种方法。被研究对象的作品包括作文、日记、绘画、手工艺品、学科作业等，研究者可以通过分析其中一种作品来了解被研究对象的心理特征。例如，要了解小学生的言语和思维发展水平，可以通过对小学生的作文和日记进行分析了解；要分析小学生的理想和道德水平，则可以通过分析他们的绘画作品来实现。作品分析在现有的研究中应用较少，因为这种方法需要研究者具有较高的作品分析能力，同时作品分析方法主观性较强，较难真正地反映出被研究对象的学习心理特征。

在进行小学教育心理学研究中，使用的方法通常并不是单一的，而是根据研究需要和研究目的选用。一般是综合采用多种方法，如以某种方法为主，以其他方法为辅，或者交错地使用多种方法。多种方法的配合使用更能有效地了解小学生的心理与行为。

第四节　学习小学教育心理学的意义

一、丰富教育心理学理论

小学教育心理学是教育心理学的一个重要分支,它是把教育心理学的理论知识应用到小学教育中而形成的,其中包含了小学生的学习动机、学习策略、知识技能、创造能力、思想品德以及班级群体等内容,这些内容都采用教育心理学所倡导的方法与过程来进行探讨。在对学生心理行为现象进行考察的过程中,教育心理学理论得到了充分的运用,而且小学阶段独特的年龄特征也为教育心理学提供了新的研究问题与研究重点,这必将进一步丰富教育心理学理论。

二、为教学实践提供理论支持

小学教育心理学重点在于探讨小学阶段学生的各种心理和行为规律,包括这一年龄段所共有的个性特征,即小学生的身体、心理、学习问题,包括学习动机、学习策略、学习迁移等,小学生的品德发展问题以及小学生在群体活动,如班集体中的行为表现。通过对这些问题的深入研究,可以帮助教育实践者了解小学生的心理发展规律,进而为制定相应的教学目的、教学内容、教学方法和教学计划提供理论支持。此外,研究和学习小学教育心理学也能为小学教师了解小学生的差异性提供依据。例如,小学教师在分析小学生阅读能力差的原因时,不会单单认为是小学生不努力而导致阅读能力下降,小学教师会从小学生的学习策略和学习动机方面进行分析,找到真正的原因,并采取相应的引导和训练策略,加强小学生阅读能力训练。因此,学习小学教育心理学不仅能为小学教师在教学实践中提供一定的指导,还能为小学生遇到的学习问题提供有针对性的解决方法,达到因材施教的目的。综合起来看,小学教育心理学通常在如下方面为小学教育提供理论指导:①确定教学目标;②了解小学生的特点;③运用学习过程的心理规律;④教学方法的选择与执行;⑤教学测量与评价。

同时,小学教育心理学对教育实践具有描述、解释、预测和控制的作用,其在教学实践中能够起到如下几个方面的作用:①帮助小学教师准确地了解小学生的学习等问题。小学生学习困难的原因是多方面的,通过小学教育心理学的学习,可以为小学教师全面了解小学生的情况尤其是小学生学习困难的成因提供方法和依据。②为实际教学提供科学的理论指导。小学教育心理学为实际教学提供了一般性的原则或技术,小学教师可结合实际教学情况将这些原则转变为具体的教学程序或活动。同时,有助于小学教师针对教育现象形成新的科学知识。③帮助小学教师预测并干预小学生的学习。利用小学教育心理学原理,小学教师不仅可以正确了解、分析小学生,还可以采取相应的干预措施,达到预期的结果。④有助于小学教师因材施教。小学生的原有知识水平是达到教学目标的出发点和教学依据,教育心理学可以为小学教师提供了解小学生已有知识、经验和水平的方法,从而有针对性地采取措施,有的放矢,因材施教。⑤帮助小学教师结合实际教学进行研究。小学教育心理学不仅为实际教育活动提供一般性的理论指导,还可以帮助小学教师进行教学研究。

三、促进小学教师自身的发展

在小学教育中，小学教师肩负着重要职责。“工欲善其事，必先利其器”，小学教师要做好自己的工作，必须学好小学教育心理学。

小学教师是小学教育教学活动的主导，不仅为小学生传授知识，还为小学生的成长提供指导。随着我国对教育事业的日益重视，现阶段小学教师角色发生了重大变化，小学教师不但应该充当传道授业解惑的角色，而且应该在开发小学生的潜能，培养小学生的创新思维和创新能力，以及掌握先进的学习策略上，发挥重要的引导作用。现代教学对小学教师教学提出了更高的要求，所以小学教师不仅要进一步巩固和加深对科学知识的掌握，把最先进的学习方法传授给小学生，不断改进和创新自己的教学方法，努力加强自身建设，还要根据教学需求和时代特点与时俱进，提升教学能力、教学水平和教学素质。同时，小学教师还要不断地加强自身修养，因为其道德素质和形象直接影响小学生的道德发展。尤其是小学生，正处于道德发展的关键期，小学教师良好的言行举止能为小学生提供好的榜样。所以，小学教育心理学为小学教师规范自身言行举止提供了一定的指导。只有具备充足的知识储备和良好的道德修养的小学教师才有助于小学生的良性发展，才能为教育事业的蒸蒸日上提供保障。

小学教育心理学中所揭示的学习规律，原则上也适合于小学教师自身的学习。小学教师的知识更新、道德提升、人格完善都是通过学习实现的。小学教师如能够自觉地运用小学教育心理学的有关原理，就可以大大提高学习成效。例如，小学教师可以运用动机原理来进行自我激励，以增强学习积极性；运用认知过程的有关知识，提高信息加工与储存能力，完善个人的认知结构；运用心理卫生知识和心理辅导技术，以增进个人的心理健康等。

四、促进小学教育改革

教育改革是当代教育事业的头等大事。当前小学教育存在各种问题，例如，教学手段仍然单一落后；教学计划与教学内容与小学生的实际学习状况并不匹配；教学模式相对滞后，不能有针对性地组织教学环节等。学习小学教育心理学有助于解决小学教育中存在的问题，促进教育改革取得更大成效。因为小学教育心理学不仅探讨学生在小学阶段的年龄特征，包括他们的能力、思维和性格等，还提供了小学阶段学生的学习状况，包括学习动机、学习策略、知识技能掌握、创新心理和品德心理等。小学生的这些身心特征和学习特征能为教育改革提供一定的参考，从而提高教育改革的科学性和有效性。此外，小学教育心理学还涵盖了小学教学设计和小学教师心理等内容，这些内容较为全面地阐述了小学教师在实际教学活动中应该如何组织教学内容，以及如何控制自己的行为和正确认识自己的角色，这在一定程度上为教育改革的进一步发展提供了实践基础。

能力训练

一、单项选择题

1. 教育心理学研究(　　)中学与教及其相互作用的基本心理学规律。

A. 教育情境　　B. 学校情境　　C. 教学情境　　D. 学习情境

2. 教育心理学的研究对象是(　　)。

A. 学校教育中教与学的心理活动

B. 学校教育中教与学及其相互作用的心理规律

C. 学校教育中人的本性及其改变规律

D. 以上答案都不正确

3. 教育心理学成为一门独立学科的标志是(　　)。

A. 1903 年,桑代克出版《教育心理学》

B. 1883 年,霍尔发表《儿童心理学的内容》

C. 1905 年,比纳－西蒙编制《比纳－西蒙智力量表》

D. 1879 年,冯特创立第一个心理学实验室

4. 被誉为“教育心理学之父”的人是(　　)。

A. 霍尔　　B. 鲍德温　　C. 詹姆士　　D. 桑代克

5. 中国第一本教育心理学翻译著作是 1908 年房东岳翻译的日本小原又一所著的(　　)。

A.《教育心理学》　　B.《教育心理学概论》

C.《年龄和教育心理学》　　D.《教育实用心理学》

6. 1924 年,编写了我国第一本《教育心理学》教科书的教育家是(　　)。

A. 房东岳　　B. 廖世承　　C. 潘菽　　D. 陈琦

7. 20 世纪 60—80 年代,对我国师范院校影响最大、使用最广的教育心理学教材由(　　)编写。

A. 房东岳　　B. 廖世承　　C. 潘菽　　D. 陈琦

8. 教育心理学和其他科学都应遵循的基本原则是(　　)。

A. 系统性原则　　B. 教育性原则

C. 客观性原则　　D. 分析和综合原则

9. 教育心理学研究要求研究者牢记被试的心理是不断发展变化的,应该采用动态、变化的指标进行衡量,这遵循了教育心理学研究的(　　)原则。

A. 发展性　　B. 整体性　　C. 系统性　　D. 教育性

10. 下述研究方法中,对条件控制最严格的是(　　)。

A. 观察法　　B. 自然实验

C. 问卷调查及相关法　　D. 实验室实验

11. 实验法的主要特点是(　　)。

A. 简便易行　　B. 严格控制　　C. 定量研究　　D. 探讨相关关系

二、辨析题(先判断正误，再简要概括理由)

1. 教育心理学是研究学校情境中学生学习的心理学规律的科学。(　　)

2. 教育心理学只是一门理论性的基础学科。(　　)

3. 教学就是传递知识。(　　)

4. 教师掌握了某学科的专业知识就能教好这门学科。(　　)

5. 学习《教育心理学》的目的就是取得教师资格证。(　　)

三、简答题

1. 教育心理学的发展趋势是什么?

2. 教育心理学研究的原则是什么?

四、论述题

论述学习小学教育心理学的意义。

第二部分

小学生心理

第二章 小学生心理发展

- **教学目标**：了解心理发展理论，掌握认知发展的一般特点、社会性发展的一般特点以及个别差异与因材施教。
- **教学重点**：小学生认知发展的特点、社会性发展的特点、个别差异与因材施教。
- **教学难点**：小学生心理的个别差异与因材施教。
- **教学内容**：

（1）心理发展理论。

（2）小学生认知发展的一般特点。

（3）小学生社会性发展的一般特点。

（4）个别差异与因材施教。

内容提要

- 小学生心理发展
  - 心理发展
    - 心理发展概述
    - 心理发展理论
  - 小学生认知发展
    - 认知发展概述
    - 小学生认知发展的一般特点
  - 小学生社会性发展的一般特点
    - 小学生社会认知
    - 小学生人际关系
  - 小学生心理的个别差异与因材施教
    - 人格
    - 认知风格差异与教学
    - 性别差异与教学

一般来说,人的心理发展同其他事物的发展过程一样,是一个从低级到高级、从简单到复杂、从量变到质变的过程。随着小学生年龄的增长,在新的学习生活的影响下,他们的心理不断发展,表现出一些新的特点。掌握这些特点,对于小学教师教育教学工作十分必要。

第一节 心理发展

一、心理发展概述

(一)心理发展的含义

心理发展是指个体从出生、成熟、衰老直至死亡的整个生命进程所发生的一系列心理变化。

(二)人的心理发展的特点

1. 连续性和阶段性

心理发展是由量变到质变的过程,表现出连续性和阶段性。

(1)心理发展是连续的、渐进的。某种心理在发展中未出现新质变时,是一个量的积累过程,这种积累就表现为心理发展的连续性。

(2)心理发展的连续过程由具体发展阶段组成。当心理发展的量积累到一定程度就会产生质变,使心理发展表现出阶段性。

2. 方向性和顺序性

在正常条件下,心理发展总是具有一定的方向性和顺序性。受环境、教育、文化、主体动机等影响,各发展阶段可以提前或推迟,但先后顺序不变,更不能逆转;各阶段按从低到高顺序发展,前一阶段是后一阶段的发展基础,前后两个阶段有一定交叉。

3. 不均衡性

一方面,心理各成分在发展速度、起始时间、达到的成熟水平方面是不同的。例如,生理方面,神经系统、淋巴系统成熟在先,生殖系统成熟在后;心理方面,感知成熟在先,思维成熟在后,情感成熟更后。另一方面,同一机能系统特性在发展的不同时期有不同的发展速度。

鸟类印刻、恒河猴社会性发展、人类语言习得、哺乳动物双眼视觉等实验证实了心理发展关键期的存在。所谓关键期,是指身体或心理的某方面机能和能力最适宜形成的时期。

案例

母亲印刻现象

劳伦兹(奥地利)发现,小鸭和小鹅通常将出生后第一眼看到的对象当作自己的母亲,并对它产生偏好和追随反应。他把这种现象叫"母亲印刻现象"。心理学家将“母亲印刻现象”发生的时期称为动物认母的关键期。关键期最基本的特征是：只发生在生命中一个固定的短暂时期。如小鸭的追随行为出现在出生后24小时内，超过这一时间“印刻”现象就不明显。

恒河猴“依恋”实验。哈洛及同事做了这样一个实验：将刚出生一天的恒河猴与母亲分开165天，让它同两个母亲——铁丝妈妈和布料妈妈在一起。铁丝妈妈胸前挂有奶瓶，而布料妈妈则没有。虽然小恒河猴同铁丝妈妈待在一起能喝到奶，但它宁愿不喝奶，也愿同布料妈妈待在一起。哈洛的结论是：身体接触对小恒河猴的发展甚至超过哺乳的作用——只有在有饮食需要时，小恒河猴才会去找铁丝妈妈，其余大部分时间依偎在布料妈妈身边。由此，心理学家认为，这一结论对人类婴儿同样适用。

研究发现：关键期的开始和结尾阶段，个体对环境的敏感度较低，中间阶段最高。因此，关键期是实施教育影响最有利最有效的时期。抓住关键期，实施正确及时的教育影响，能起到事半功倍的效果；若错过了关键期，再发展不是不可能，只是较费力。

4. 共同性和差异性

个体心理发展的方向和程序都有共同的发展路线，表现出大致相同的年龄特征。但受遗传、环境、教育等影响，心理发展在速度、心理机能优势、个性特征等方面又存在个体内和个体间的差异。

二、心理发展理论

心理发展理论是关于心理发展过程、性质、特点及机制的系统学说。教育要能有效地促进学生心理发展，就必须与学生的心理特点相适应，这就要求教育者掌握有关心理发展的理论。

（一）皮亚杰的认知发展理论

皮亚杰是瑞士著名的心理学家，发生认识论的创始人，其认知发展理论被公认为20世纪发展心理学上最权威的理论。

1. 基本观点

皮亚杰认为，人发展的本质是适应环境，发展是个体主动与环境相互作用的结果。这种相互作用是通过主体的图式在不断同化与顺应中达到平衡的过程。

图式指个体对世界的知觉、理解和思考的方式。个体最初的图式源于先天遗传，表现为一些简单的反射。为应付周围世界，个体逐渐丰富和完善认知结构，形成一系列图式。同化指个体将环境刺激纳入主体原有图式，加强和丰富原有图式，引起图式量的变化。顺应指个体原有图式无法适应新环境时，通过改变、调整原有图式或建立新图式以适应环境的过程。发展就是由顺应导致的。平衡指个体同化和顺应之间的平衡过程。

皮亚杰认为，图式变化通过同化和顺应完成，个体在同化和顺应环境的过程中，在平衡与不平衡的交替中不断建构和完善认知结构，实现认知发展。

2. 影响认知发展的因素

（1）成熟。成熟即有机体的成长，为个体发展提供了可能性和必要条件。

（2）经验。包括：①物理经验，即关于客体的知识，是客体特性的反映，是通过简单抽象活动获得的直接经验。②数理逻辑经验，即主体自身动作协调的经验，如把 10 粒石子排成一行数，无论从哪端开始数，其结果都是 10。

（3）社会环境。他人与个体的社会交往和教育影响。主动性是个体获得社会经验的重要前提。

（4）平衡化。个体认知发展的内在动力，是影响认知发展最重要的决定性因素。其作用：①成熟、经验和社会环境的作用须加以协调，协调作用正是平衡化的功能；②各阶段认知结构的形成与发展，是连续不断的同化和顺应的自我调节活动，这种自我调节是平衡化的实质。

3. 认知发展阶段论

皮亚杰把个体从出生到成熟的认知发展分为依此发展的四个阶段。每个阶段都形成了与前一阶段不同的认知能力，这标志着个体获得了适应环境的新方式。

（1）感觉运动阶段（0 ～ 2 岁）。特点：儿童通过感知觉与运动间的关系获得动作经验；语言和表象尚未完全形成。发展成就：①获得客体永恒性观念（9 个月 ～ 1 岁），即当某物体从视野中消失时，儿童知道该物体仍然存在。客体永恒性是更高层次认知活动的基础，表明儿童开始在头脑中用符号来表征事物，但还不能用语言和抽象符号为事物命名。②目标定向行为（或称延迟模仿，近 2 岁时出现），即能凭借记忆模仿他人或动物的动作。

（2）前运算阶段（3 ～ 7 岁）。运算指个体的内部智力或操作。特点：①儿童能通过表象符号进行思维活动，但思维缺乏逻辑性；②具体形象性；③思维不可逆性；④尚未获得物体守恒的概念；⑤自我中心主义。发展成就：①动作图式符号化，即具有了使用字词、手势、标记、想象等符号的能力；②语言迅猛发展。

（3）具体运算阶段（8 ～ 11 岁）。特点：有抽象概念，遇到问题时能按一定逻辑法则进行推理，但离不开具体情境或熟悉经验的支持。发展成就：①思维具体，有守恒性和可逆性；②去自我中心主义。

（4）形式运算阶段（11 岁以后）。特点：思维摆脱了具体事物的束缚。发展成就：①假设演绎推理；②命题推理；③组合推理。

4. 认知发展理论的教育意义

（1）将同化与顺应结合达到平衡，可帮助学生发展已有图式和创建新图式。

（2）考虑儿童认知发展水平，可帮助教师识别学生是否达到掌握某教学内容的认知水平，进而合理设置恰当的教学目标。

（3）强调认知发展的积累，要求教学建立在学生已有的知识结构上，能整合新旧知识。

（二）精神分析学派的人格发展理论

精神分析学派产生于 19 世纪末 20 世纪初，是西方心理学主流派别之一，是一种心理治疗的理论体系和方法，代表人物主要有弗洛伊德、埃里克森等。

1. 弗洛伊德的人格发展理论

弗洛伊德是奥地利心理学家、精神病医师,精神分析学派的创始人。

1)人格结构理论

弗洛伊德认为,人格由本我、自我和超我构成。

(1)本我。本能的我,处于潜意识,为社会伦理道德不容,是人格结构最原始的部分,出生时就已存在,其成分是人的基本需求,受快乐原则支配。

(2)自我。现实的我,在学习和环境中发展起来,是本我和外界环境的调节者,遵循现实原则。

(3)超我。道德化的我,从自我中分化和发展,是儿童时期对父母道德行为的认同、对社会典范的效仿和接受文化传统、价值观念、社会理想而逐渐形成的,由道德理想和良心构成,是人格结构中的最高部分,受完美原则支配。

2)人格发展理论

人的一生由五个心理发展阶段组成:

(1)口腔期(0 ~ 1 岁)。原始欲望的满足主要靠口腔的活动获得。若受限制,可能会在成年后形成如下特征:行为表现为贪吃、酗酒、吸烟、咬指甲等,性格表现为悲观、依赖、洁癖等。

(2)肛门期(2 ~ 3 岁)。原始欲望的满足主要靠大小便排泄时产生的快感获得。若管制过严,可能会在成年后形成如下特征:冷酷、顽固、刚愎、吝啬等。

(3)性器期(4 ~ 6 岁)。原始欲望的满足主要靠性器官获得。此时幼儿喜欢触摸性器官,已能辨别性别并以父母中的异性为"性爱"对象,出现恋母情结或恋父情结。

(4)潜伏期(7 岁~青春期)。7 岁后,儿童兴趣范围扩大,由对身体和父母的感情转向周围事物,原始欲望呈潜伏状态,此时男女儿童间的情感较疏远,多呈男女分离趋势。

(5)两性期(青春期后)。个体性器官成熟,两性差异开始显著,性的需求转向相似年龄的异性,开始有两性生活的理想和婚姻家庭的意识,性心理发展日趋成熟。

贡献:①发现了潜意识,拓宽了心理学研究领域;②从生物学角度理解人格发展有一定启发作用,促进了性科学的发展;③注意到心理发展的阶段性及教育在各阶段的作用。

问题:①把本能和欲望看作一切行为的基础和动力,忽视了意识、理性的作用,片面夸大了潜意识的作用;②夸大性欲在人活动中的作用,把性本能看成人活动的主要动力,把活动看成性本能的表现,不符合实际;③将人格理论的心理学基础局限于非健康人群身上,影响了人格理论的一般性。

2. 埃里克森的人格发展理论

埃里克森是美国著名的发展心理学家和新精神分析学家。

1)埃里克森的人格发展理论

针对弗洛伊德人格发展理论存在的问题,埃里克森指出:一是心理发展是内在本能与外部文化和社会要求相互作用的结果,而非本能产物;二是儿童是主动的探索者,并非被动地受环境影响;三是人格发展并非止于青春期,而是终其一生;四是发展健康人格是人发展应追求的目标。他认为,儿童人格发展是逐渐形成的过程,须经历一系列不变的阶段,每个阶段都存在发展的危机,若个体能合理、成功地解决每个阶段的危机,就会形成积极人格；反之，会形成消极人格，导致人格向不健全方向发展。

按人的一生经历的生理成熟和社会要求，他将人的一生分为八个阶段：

（1）信任感—不信任感（0～1.5岁）。主要任务是发展对外界的信任感，如果不能满足婴儿需要或常对婴儿采取不一致态度，婴儿就会认为世界是危险的，他人不值得依赖。

（2）自主感—羞怯感和怀疑（2～3岁）。随生理成熟，儿童有了控制自己行为的愿望和能力，希望自主行动，学会照顾自己。当儿童认为自己在他人眼中不是好孩子时会产生羞怯感，当他们认为自己受制于人时会对自己的能力产生怀疑。

（3）主动感—内疚感（4～5岁）。儿童精力旺盛，常做一些超出自己能力的事，其目标或行为常与父母的要求相冲突，令儿童感到内疚。

（4）勤奋感—自卑感（6～11岁）。正值小学阶段，是自我发展的关键期。在求学过程中，儿童须学会适应学校生活，遵守学校的规章制度，达到一定的学习和活动标准。只有勤奋学习，努力进取，才能学会应掌握的知识和社会技能，体验到成功感；若学习和交往屡遭失败，则会产生自卑感，就可能回避现实，对今后的人格发展产生不利影响。

（5）自我同一性—角色混乱（12～18岁）。青少年面临职业选择、交友、承担社会责任等问题，由于不能肯定自己是什么样的人，便产生了“我是谁？”的疑问。在探索自我的过程中，若能将自己与承担的角色同一起来，就会顺利度过青春期，否则会感到迷惘、痛苦。

（6）亲密感—孤独感（19～25岁）。与他人建立亲密的感情关系，体验友谊和爱情，若无法建立亲密的感情关系，会感到孤独。

（7）繁殖感—停滞感（26～60岁）。热心承担社会责任，关心家庭，养育后代。不愿或无力承担这种责任的人会变得颓废迟滞或以自我为中心。

（8）完美感—绝望感（60岁后）。回首往事，若觉得一生充实、有意义会产生完美感；若对往事感到悔恨，会产生悲观情绪。

2）埃里克森人格发展理论的教育意义

一是适当的教育有利于儿童人格健康发展。教育必须符合儿童的心理特点，满足其心理需求。家庭和学校为儿童设计的教育只有达到这样的要求，才能有利于儿童成长。二是帮助学生建立勤奋感，克服自卑感。教师须具有积极的学生观并对学生行为多做积极评价，才能帮助学生建立勤奋感，克服自卑感。三是化解自我同一性和角色混乱的危机。青少年处于剧变时期，教育者应尊重其独立性，让其独立完成力所能及的任务；应关注同伴的交往和影响；鼓励青少年自我教育。

（三）维果斯基的认知发展理论

维果斯基是苏联心理学家，主要研究儿童心理和教育心理，与鲁利亚、列昂节夫并称为心理发展的社会文化历史理论学派（或社会文化历史学派、维列鲁学派）。

1. 内化理论

内化指从社会环境中吸收观察到的知识为个体所利用的过程。维果斯基认为，一切心理机能最初都是在人与人的交往中，以外部动作形式表现出来，再经多次重复、变化逐步内化为智力动作的。

2. **最近发展区理论**

维果斯基认为,教育对儿童发展起主导和促进作用。他将儿童发展分为两种水平:一是现有发展水平,即独立活动时能达到的解决问题的水平;二是可能发展水平,即儿童还不能独立完成任务,但在成人帮助下能达到的较高的解决问题的水平。

最近发展区就是儿童现有发展水平与可能发展(潜在发展)水平间的差距。教学应着眼于学生的最近发展区,为学生提供带有难度的内容,调动学生的积极性,发挥其潜能,超越其最近发展区而达到下一发展阶段的水平,然后在此基础上进行下一个发展区的发展。

3. **支架式教学**

教学支架指在儿童解决超过自己当前知识水平的问题时,教师给予的支持和指导。目的是让学生能独立完成任务,顺利通过最近发展区。

维果斯基认知理论的教育意义:一是儿童通过外部对话加以内化来学习,二是提出最近发展区概念对教育的启示,三是语言和思维密切而复杂地联系在一起。

维果斯基关于儿童心理发展的思想在心理学界产生了巨大影响。他强调心理起源受社会文化和社会发展规律制约及儿童心理的发展对教学的依赖关系等,对研究儿童心理具有积极的借鉴作用。

第二节 小学生认知发展

一、认知发展概述

(一)认知发展的含义

认知指那些能使个体获得知识、解决问题的操作方法和能力。这种对认知的解释,既包含了一种动态性的加工过程(认识),也包含了一种静态性的内容结构(知识)。而认知发展是指个体获得知识和解决问题的能力随时间的推移而发生变化的过程和现象。从信息加工的观点来看,认知发展就是人的信息加工系统不断改进的过程,既包括感知、思维、记忆、言语等认知过程及其品质的发展,也包括认知结构的发展及解决问题等能力的发展。

(二)认知发展的特征

瑞士心理学家皮亚杰提出的认知发展阶段具有以下特征:①连续性和阶段性。认知发展是一个内在结构连续组织和再组织的过程,过程的进行是连续的,但由于各种因素的相互作用,心理发展表现出明显的阶段性。②结构性。认知发展的每个阶段都有其独特的、相对稳定的认知结构,它决定该阶段的主要认知特征,并与其他认知发展阶段相区别。③次序不变性。认知发展各阶段是从低到高逐渐出现的,这个次序是不能改变的,前一阶段是后一阶段的必要条件,后一阶段是前一阶段质的飞跃。由于环境、教育、文化以及主体的动机等各种因素的影响,具体到每个儿童的认知发展,则可能提前或推迟。④交叉性。在认知发展过程中,两个阶段之间不是截然分开的,而是有一定的交叉。

（三）认知发展的阶段

皮亚杰的认知发展观的要点有：认知发展产生于儿童对物质世界的直接反应和积极操作；认知发展有赖于每个儿童头脑中特有的心理结构，即图式，也反映在图式的变化上；认知发展的变化是通过适应和组织两个过程实现的。适应，是个体直接操作外部环境来建构图式以适应环境，它是对外的。组织，是个体在头脑中重新统合已有图式来建构内部联系更紧密和心智功能更有力的新图式系统，它是内生的。人从出生到成人的认知发展不是一个数量不断增加的简单累积过程，而是伴随着认知结构的不断重构，彼此衔接，依次发生，不能超越也不可逆转。认知发展可分为四个阶段（见表 2-1）。

表 2-1　皮亚杰认知发展阶段

阶　段	年　龄	该阶段主要特征
感知运动阶段	0 ～ 2 岁	①获得客体永恒性观念（9 个月～ 1 岁），即当某物体从视野中消失时，儿童知道该物体仍然存在。②目标定向行为（或称延迟模仿，近 2 岁时出现），即能凭借记忆模仿他人或动物的动作
前运算阶段	3 ～ 7 岁	①能通过表象符号进行思维活动，但思维缺乏逻辑性；②具体形象性；③思维不可逆性；④尚未获得物体守恒的概念；⑤自我中心主义
具体运算阶段	8 ～ 11 岁	有抽象概念，遇到问题时能按一定逻辑法则进行推理，但离不开具体情境或熟悉经验的支持
形式运算阶段	11 岁后	思维摆脱了具体事物的束缚，能够进行抽象思维和纯符号思维。该阶段能进行假设演绎推理、命题推理、组合推理

二、小学生认知发展的一般特点

（一）小学生感知的发展①

1. 感觉的发展

感觉是人脑对直接作用于感觉器官的客观事物的个别属性的反映。儿童感觉的发展主要在视觉、听觉、运动觉等方面。研究表明，6 ～ 7 岁的儿童脑重量已达到成人的 90%，大脑皮层的枕叶、颞叶、顶叶、额叶逐渐成熟，但感觉和知觉的发展还没有完成。

1）视觉的发展

儿童视觉的发展主要表现在颜色视觉、视敏度和视觉感受性等方面。儿童的颜色视觉随着年龄的增长而不断发展。研究发现，6 岁儿童已能分辨黄、红、橙、绿、白、蓝、紫等颜色，但正确率较低，对同一颜色的深浅难以辨认，但通过训练可以提高。例如，有实验用颜色深浅不同的 20 个毛线团对 20 个孩子进行训练，每天训练 20 次，每次按颜色深浅顺序排列 5 遍，如果出现了错误就纠正。经过 4 天训练，结果为：红色能辨别 12 种，黄色能辨别 10 种。还有研究认为，对儿童加以训练，视觉的感觉能力可以提高 60% 以上。颜色的辨别能力在整个视觉活动中占有很重要的地位。

① 冯维．小学心理学 [M]．重庆：西南师范大学出版社，2013：22.

视敏度是指视觉辨别物体细节的能力,即视力。小学阶段,儿童的视力调节能力已有较好的发展,10 岁儿童眼球晶状体屈光度的变化幅度最大,调节能力最强。小学阶段,儿童的视觉感受性获得显著发展。如 7 岁儿童的颜色感受性为 100%,而 10 ～ 12 岁儿童和 7 岁儿童比起来,增长率可提高 60%。在视觉和听觉方面,7 ～ 15 岁儿童的差别感受性的增长要比绝对感受性的增长高很多倍。小学阶段,儿童的视觉可塑性非常强,应抓住机会,多给予儿童视觉方面的训练,帮助其视觉能力的发展。

2)听觉的发展

儿童的听觉感受性同样随着年龄的增长而不断增长。研究表明,儿童辨别音调高低的能力从 6 ~19 岁有显著提高,见表 2–2。

表 2–2　各年龄阶段辨别音调能力

年龄 / 岁	辨音能力 /Hz
7	1.4
8	1.6
9	2.6
10	3.7
19	5.2

从表 2–2 可以看出,小学生的听觉在学校教育影响下不断得到发展。听觉发展也包括小学生在学习语言过程中,正确地分辨各种语音,如 sh 和 s、ch 和 c、d 和 t、n 和 l,以及汉语中四声的辨别、近音字的区分等；音乐学习中,精确地分辨各种音调、音强、音色等。这些都体现了小学生声音感知能力的发展。

3)运动觉的发展

在运动觉方面,身体关节肌肉运动的感觉,特别是手的运动觉的发展,对于儿童学习具有重大意义。因为书写、绘画、体操等动作都需要手的运动觉的发展。

小学阶段,儿童手部的关节肌肉虽然有了显著发展,但未完全成熟。他们的腕骨、掌骨、指骨等的成熟要到 14 ～ 16 岁才能完成。小学生手的骨骼、肌肉的发展,为手的运动觉的发展提供了物质基础。小学教师要循序渐进地对小学生进行有关训练,比如写字练习,以培养小学生手的运动的精确性和灵活性,这对以后空间知觉的发展和动机技能的学习都是非常重要的。

2. 知觉的发展

知觉是人脑对直接作用于感觉器官的客观事物的整体属性的反映。人们通常把知觉分为空间知觉、时间知觉和运动知觉。小学生的空间知觉和时间知觉的发展较为明显。

1)空间知觉

空间知觉是人脑对物体的大小、形状、方位和距离等空间特性的反映。总体而言,小学生的空间知觉能力随年龄增长而增强,在空间能力的加工方式、加工精确性及加工策略上均存在性别差异,而加工速度不存在性别差异。[①]

① 许燕,张厚粲．小学生空间能力及其发展倾向的性别差异研究 [J]. 心理科学,2000(2):160–165.

刚入学的儿童对几何图形及概念已有初步了解,掌握几何图形和几何概念与儿童的“接近程度”有关。如对梯形图形的认识不如其他图形,是由于儿童平时不常接触梯形的缘故。在方位知觉上,小学生能较好地辨别前后、上下、左右等方位知觉,但对左右方位的辨别未达到完善程度。因为左右方位与其他方位相比较而言,相对性更加突出,常常要和具体事物相联系,才能辨别。据调查,6 岁儿童在执行“向左转”的口令时有 30% 的儿童不能完成。一般来说,要到 9 ～ 11 岁,儿童才能在抽象概括水平上掌握左右概念的相对性。

2)时间知觉

时间知觉是对客观现象的顺序性和延续性的反映。儿童的时间知觉要比空间知觉发展得慢些。小学生对于与自己的生活学习活动关系密切的时间概念比较容易掌握,如一节课、上午、下午等;对比较小的时间概念,如几分钟、几秒钟等和比较大的时间概念,如一星期、一个月、一年等不容易掌握。

总的来说,小学生的知觉发展呈现以下几个特点:

(1)知觉的目的性增强。刚入学的小学生还具有学前儿童的特点,在知觉过程中,无意性、情绪性仍很明显,往往会受客观的无关因素,如强烈的刺激、感兴趣的对象、情绪色彩很浓的对象等的影响,从而转移了知觉的目标。随着入学后的常规训练和学习活动的开展,小学生的知觉目的性得到了发展。到了中年级,小学生在一定程度上能排除情绪的干扰,逐渐支配自己的知觉过程。高年级小学生知觉的有意性明显,他们善于从知觉对象中分出基本需要知觉的东西,并能有效地观察事物。

(2)知觉的持续性加强。儿童知觉的持续性和稳定性是随着年龄增长而提高的。有人认为,5 ～ 7 岁儿童的知觉持续时间大约为 15 分钟。7 ～ 10 岁的儿童则可达到 25 分钟。如果小学教师善于安排和组织教学活动,小学生是完全可以坚持 40 分钟课堂学习的。好动是小学生的天性,小学教师要善于培养小学生知觉的持续性。

(3)知觉的精确度更高。刚入学的小学生,往往只限于对事物外表的认知,而不会仔细地进行观察,如一年级的小学生很容易把相似的数字(如 6 和 9)、字母(如 b 和 d)和文字(如王和主)混淆起来。他们不善于看出事物的主要方面和特征以及各部分的联系。中高年级的小学生逐渐学会比较精确地分析事物的特征,学会区分事物的主要特征和次要特征,学会概括各部分间的关系。总之,小学生的知觉分析综合能力是从笼统的、不精确的分析与综合逐步发展到精确的、精细的分析与综合水平。

(4)整体知觉不断发展。低年级小学生在知觉事物时,往往只限于对部分的认知,而不能从整体上全面地把握事物。例如,向儿童展示一些图形,虽然每个图形看上去似乎是一个整体,但它们的个别部分描绘得很突出。观察儿童是对部分做出反应还是对整体做出反应。结果发现,5 ～ 6 岁儿童只对部分进行反应,回答“两只长颈鹿”“两根胡萝卜”等;而 7 ～ 8 岁儿童对部分和整体都有反应。不过,这时儿童往往还未把部分和整体连结起来。一般来说,直到 8 ～ 9 岁,儿童才能把各个部分同时整合为一个整体。

(二)小学生记忆的发展

记忆是人们在头脑中积累和保存个体经验的心理过程,是人脑对外界输入信息进行识记、保持和再现的过程,其中再现包括再认和回忆。记忆在人的生活中具有重大意义。有了记忆,人类才能积累知识,丰富经验。没有记忆,一切心理现象都不可能发展。小学教师经常会对小学生提出一系列的记忆要求,促进其记忆力的发展。

1. 小学生记忆量的发展

小学生记忆量的发展主要表现在记忆广度和记忆保持时间两个方面。

记忆广度是指儿童在单位时间内所记住材料的最大数量。儿童记忆广度随年龄的增长而不断扩大。研究表明,学前儿童和小学儿童同时识记 15 个单词,学前儿童平均只能识记 3 ～ 5 个,而小学儿童平均能识记 6 ～ 8 个。高年级小学生所能记忆的材料的数量增加较快。

记忆保持时间指从识记材料开始到能对材料回忆之间的间隔时间。儿童记忆保持时间随着年龄的增加而延长。此外,儿童记忆保持时间的长短还受很多因素的影响,例如,儿童是否对材料感兴趣,对记忆对象的感知是否清晰,记忆对象能否引起儿童的情绪体验,以及对识记材料是否理解等。一般而言,凡是儿童感兴趣,能引起儿童强烈情绪体验的或儿童易于理解的事物,其记忆保持时间较长一些。小学教师在教学中应注意这些因素。

2. 小学生记忆质的发展

小学生的记忆能力正发生着本质的变化,主要表现为:

1)小学生无意记忆和有意记忆的发展

无意记忆是指没有明确目的,且不需要付出意志努力的记忆;有意记忆指有预定目的,并付出意志努力的记忆。

低年级小学生的记忆是无意记忆占主导地位。实验研究发现,在幼儿和低年级小学生中存在明显的记忆偶发现象,当我们要求儿童记住某样东西时,他往往会同时记住和这样东西同时出现的其他东西。例如,把画有各种熟悉物体的图片呈现给小学生,图片颜色各异,要求他们记住卡片上的物体并复述出来。结果发现,低年级小学生不仅能够复述呈现在卡片上的物体的名称,对图片颜色的复述成绩也很好。偶发记忆现象是无意记忆的一种表现,小学教师可以巧妙地利用这种现象来促进小学生的学习。例如,学字词时,字词上都标有拼音,这样小学生在通过有意记忆记住字词的同时,又利用无意记忆巩固了拼音的读写。

小学生的有意记忆在三年级以后逐渐占主导地位。1983 年,北京师范大学心理学儿童心理组和天津师范大学教科所儿童心理组在写作研究中分别比较了二年级与四年级小学生的有意记忆与无意记忆正确回忆的百分比,发现二年级小学生的有意记忆为 43%,无意记忆为 42.8%;四年级小学生的有意记忆为 51.5%,无意记忆为 43.8%。这说明,到小学四年级两者差别明显,学习目的逐渐明确,记忆的自觉性、积极性日益增强。四年级小学生有意记忆的成绩开始超过无意记忆的成绩,记忆中的偶发现象也开始减少。到了小学高年级,小学生有意记忆的发展逐步赶上了无意记忆的发展。总之,随着年龄增长,小学生记忆的目的性、抗干扰性越来越强,且渐渐能够自己确定记忆任务,为完成越来越繁重、复杂的学习任务提供了保证。

2)小学生机械识记和意义识记的发展

机械识记是指没有理解材料或事物意义,依据其外部联系而进行的识记。意义识记是在理解材料或事物的基础上,依据其内在联系,运用已有的知识经验而进行的识记,即理解识记。

低年级小学生由于抽象逻辑思维尚未发展，不善于对记忆的材料进行思维加工，因而较多地运用机械识记。例如，小学生在刚学汉语拼音时，大多能按字母表的顺序流畅地读出拼音字母，当你从中挑出一个字母让他们认读时，却常常读不出。这时，他们会回到字母表的开头处，沿着字母表的顺序找，一直读到那个字母的位置才恍然大悟。这就是典型的机械识记。随着知识经验的丰富、言语和思维的发展，小学生的意义识记日益增强，他们学会了用多种记忆方法和策略来促进意义识记。这些方法和策略包括复述和组织。

复述是小学生常采用的记忆方法。1969 年，弗拉维尔曾做过一个实验，他向小学生展示了一系列卡片，要求他们记住卡片上的内容。结果发现，当展示图片时，有一半左右的二年级小学生和所有五年级小学生在自言自语地复述。这说明，小学生已经能够使用复述策略进行意义识记。但不同的是，低年级小学生倾向于从头到尾地复述和再三重复，而高年级小学生大多是把同类的或有联系的东西放在一起重复。这说明高年级小学生记忆过程出现了组织倾向。

组织是一种重要的意义识记策略。它是指将学过的材料分门别类地加以整理，是材料条理化、概括化、系统化的过程。例如，在记单词表时，他们会把床、桌子、椅子等词用“家具”一词来概括，把牛、羊、兔、老虎等词用“动物”一词来概括。经过分类和概括，原来琐碎的内容就组合成了较大的信息块，称为“组块”。组块的形成会增加记忆的容量和记忆的稳定性。

整个小学阶段，小学生机械识记和意义识记都有不同程度的发展。我国学者对小学二年级和四年级小学生机械识记和意义识记的效果进行比较发现，小学生意义识记的效果优于机械识记，并且两种识记都随着年级增高而发展。

3）小学生形象记忆和语词记忆的发展

形象记忆是以感知过的事物的形象为内容的记忆。语词记忆是以对事物的关系以及事物本身的意义和性质为内容的记忆。前者与人的形象思维密切相关，后者与人的抽象思维密切联系。小学生的知识经验较少，形象思维占优势，以形象记忆为主。

小学阶段是小学生由以形象记忆为主逐步过渡到以词的逻辑记忆为主。儿童记忆的发展，只是在不同年龄阶段二者所占的优势不同。低年级小学生的形象记忆占优势，他们对具体形象材料的记忆效果优于对言语材料的记忆效果。有人曾经将长度相同的一篇故事和论述文读给一年级小学生听，然后进行测试，结果是故事内容的保持量远远超过论述文的保持量。我们都注意到在小学低年级课本中，配有很多与课文内容相应的插图，这些插图形象直观、色彩鲜明，它们的作用就是帮助小学生记忆课文中的言语和符号材料。随着年级升高，小学生对抽象言语材料识记的增长率逐渐超过了对具体形象材料识记的增长率，但他们对抽象言语材料的记忆仍然以具体事物为基础，只有到了中学以后，他们的抽象记忆才可以摆脱具体事物的支撑。

4）瞬时记忆、短时记忆和长时记忆的发展

当客观刺激停止使用后，感觉信息在极短的时间内保存下来，这种记忆叫瞬时记忆或感觉记忆，它是记忆的开始阶段。瞬时记忆的储存时间为 0.25 ～ 2 秒。感觉信息如果受到注意，就进入短时记忆。短时记忆的保持时间为 5 秒 ～ 2 分钟，容量为 7 ± 2 个组块。

长时记忆是信息经过深度加工后，在头脑中保留下来，储存时间从1分钟到很多年，甚至终生不忘，容量巨大。由此可见，这三种记忆在保持时间和记忆容量方面存在本质差异。1986年，许智权对小学生瞬时记忆广度的研究结果表明，小学阶段随着年级的升高，小学生对三种记忆材料（数字、字母、部首）的瞬时记忆广度增加。1988年，陈辉对小学生短时记忆的研究结果表明，小学生的短时记忆容量受记忆材料、年龄等因素的影响，无论何种性质的记忆材料，五年级小学生短时记忆容量都比二年级的大。

3. 小学生记忆能力的发展

1）再认能力的发展

再认，即当过去经验过的事物再次出现时仍能被认识。1977年，德克斯和奈瑟研究发现，小学生的再认能力随着年龄的增长而发展。1978年，曼德勒和鲁滨逊更具体地研究了小学生在特定情景下再认能力的年龄差异。他们给小学一年级、三年级、五年级小学生出示一些有多种家具的照片，每个年级的被试分为两组。第一组被试看到的家具照片摆放与真实生活情景相似；第二组被试看到的家具照片摆放是随机的，与生活情景有差别。结果发现，第二组被试的再认成绩没有表现出明显的年龄差异；第一组被试的再认成绩随年龄的增长而提高。这说明年长儿童比年幼儿童更善于利用已有的知识经验去指导当前的记忆活动。

2）回忆能力的发展

回忆是过去经验过的事物不在眼前而在头脑中再次重现并加以确认的过程。由于回忆不存在原有刺激物的提示作用，因此，回忆比再认困难。回忆分为两类：一类是线索回忆，指回忆有某种较为具体的外在线索的帮助；另一类是自由回忆，指回忆的线索较为笼统或抽象。一般来说，小学生回忆能力随年龄的增长而提高，对外在线索的依赖性越来越小。

3）元记忆的发展

元记忆是人对自己记忆和记忆过程的认识。例如，如果儿童意识到他们的记忆是有局限的，有些东西比另一些东西更容易记忆，有些策略比另一些策略更有效，儿童就有了元记忆，这种能力是随着年龄的增长而发展的。有研究表明，7岁以下的儿童意识不到记忆策略对他们记忆的用处，即使他们知道有意义联系的记忆内容比没有意义联系的记忆内容更容易记忆，他们也说不出原因。7～9岁的儿童能够认识到复述和组织策略对记忆都有效，11岁的儿童已能认识到组织策略比复述更加有效。这说明年龄越大的儿童越有能力去了解自己的记忆过程，较强的元记忆能力使他们能选择更适合的策略来完成任务，也能更好地监测自己的记忆过程。

（三）小学生想象的发展

想象是在客观事物的影响和言语的调节下，对已有的表象进行改造并重新组合成新形象的心理过程。小学生的想象能力随着生活经验的不断丰富，并在学校教学的影响下不断得到发展。

1. 从无意想象发展到有意想象

在小学低年级教学中经常可以看到，随着客观情景和条件的变化，事物的某些非本质属性往往会促使小学生产生自由联想或出现开小差的现象。有位小学教师上数学课时举例说："妈妈吃了4块糖，弟弟吃了2块糖，妈妈比弟弟多吃几块糖？"小学生哄堂而起说："妈妈不会这样的。"这就是低年级小学生的自由联想的表现。到了小学高年级，由于在教学中小学教师要求小学生按照教学内容进行各种想象活动，如作文课的写作、数学课的解题，所以有意想象迅速增长，想象能力的稳定性不断得到发展。

2. 从再造想象发展到创造想象

再造想象就是根据某一事物的图样或图解式的言语描述在头脑中产生跟原来客观事物的形象比较接近的新形象，即原有事物在头脑中的"复制品"。创造想象则是大脑将原有表象进行组合、加工改造成独特的新形象。低年级小学生以再造想象为主，想象的内容最初往往具有实在事物的复制和简单重现的性质，创造加工成分不多，如在复述或游戏中，他们常常重复或模仿成人的动作。随着年龄的增长，知识经验的不断积累，表象的不断丰富，创造想象日益发展起来，例如，许多学校针对高年级小学生开设"小小科学家"之类的兴趣班，自己动手创造一些小工艺和模型设计；在写作中，不再重复教师或课文所叙述的内容或故事，不再一味地仿照例文，而是能创造出故事的新内容和新形象。

3. 从以幻想成分为主逐步过渡到以符合现实为主

越是年级低，小学生的幻想成分越多。幼儿园的儿童和一年级的小学生由于认识水平低，因此他们以幻想为主，想象常脱离现实，往往把他们所认识的事物随意加以扩大或缩小，甚至可以随自己的主观意向而变动，他们往往把幻想当做现实。所以他们喜欢童话故事，对童话、神话信以为真，并被描述的情节感染。随着教学活动的发展和思维水平的提高，小学生的想象到了三年级以后逐步过渡到以现实为主的阶段。他们的兴趣逐步从对童话故事的迷恋转为喜爱那些富于现实性的英雄故事、游记、惊险小说等，想象的内容逐步走向精确、完整，逐渐符合客观现实。

（四）小学生思维的发展

思维是客观事物在人脑中的概括和间接反映，它反映事物的内在联系和发展变化的规律。如前所述，皮亚杰认为儿童的思维既有连续性又有阶段性，发展阶段既不能逾越，也不能逆转，他将思维发展分成四个阶段，小学生正处于"具体运算阶段"，这一阶段出现的标志是"守恒"概念的形成。该阶段的儿童已经能够进行逻辑思维，具有了抽象概念，能够进行逻辑推理。

总的来说，小学生的思维具有思维系统的多维性、思维发展的动态性、思维方向的可逆性等特点。

1. 思维系统的多维性

儿童思维系统的发展是从种属系统的分析综合发展到按问题的需要进行分析、归类和组合。例如，学前儿童提出的问题多数是"这是什么？""那是什么？"，是以种属系统来认识客观事物的。小学生则可以按问题需要来组合各种知识，在不同的要求下可以有不同的组合归类方式。例如，对于白色的长方形玩具，他们既可以把它归入"白色"物体一类，也可以把它归入"长方形"物体一类。这说明他们可以从多个维度对事物进行分类，这是思维发展的重要指标。按种属系统来归类概括或按需要来重新组合，思维就发生了变化。在小学识字教学中，形声字、同音字等归类，就是根据不同要求来处理同一个字、同一个词的。因此，它对于思维系统的发展可以起到良好的促进作用。

2. 思维发展的动态性

小学生的思维由形象思维向抽象思维过渡，这是思维发展过程中的“飞跃”。

儿童入学后的分析、综合、比较能力都有了较大幅度的提高，他们逐渐学会了同时考虑事物变化的多种因素和条件并加以分析、比较。但小学生特别是低年级小学生基本是以具体形象思维为主，需要借助具体事物的表象来解决问题。例如，在数学的计算中，小学生往往需要实物或手指的帮助才能运算，他们对事物的概括多是直观形象水平的概括，往往注意的是事物的外部的、直接的、具体形象的特征，即直观形象水平，如关于“鸟”的概念，他们可以概括为“鸟是会飞的”。

随着年龄增长以及智力的发展和知识的积累，到了三四年级，小学生的抽象思维能力有了明显的发展。一般认为，小学生思维发展的关键年龄大约出现在四年级（10 ～ 11 岁）。这一阶段的小学生，他们思维中的直观形象水平虽然仍占重要比重，但抽象成分有所增加，成为直观形象水平向抽象概括水平过渡的阶段，他们能区分出事物之间的本质区别，能离开事物的形象进行抽象。例如，弗拉维尔曾经做过一个实验，他先让儿童看一辆红色的玩具小汽车，然后当着儿童的面将汽车置于过滤镜下，使之看起来好像是黑色的。当问儿童汽车的颜色时，3 岁儿童回答是“黑色的”，而 9 岁儿童回答是“红色的”。这说明，处于小学阶段的儿童能对事物的本质特征进行反应。所以，小学四年级是小学生思维从直观形象进入本质抽象的“中间地带”，也是关键阶段。

随着儿童抽象思维的发展，思维的基本过程逐渐完善。到了小学高年级，小学生思维中的具体形象成分逐渐减少，抽象逻辑成分日益增加，抽象逻辑思维逐渐占主导地位。正因为如此，高年级小学生才逐渐学会分出概念中本质与非本质的东西，掌握初步的科学定义，能够根据抽象的前提进行推理。1995 年，刘建清研究发现，9 ～ 12 岁小学生的类比推理能力的发展较为迅速，能够考虑事物变化的多种因素和条件，能够在概念和表象的基础上进行更高水平的分析、综合和比较。

3. 思维方向的可逆性

这是守恒观念出现的关键。一般情况下，小学生的思维方向，开始都是顺向的，然后才逐步发展到逆向。所谓逆向，就是按事物发生过程或动作发生的顺序来思考。逆向就是从事物结果追溯到原因或从当前追溯到过去。低年级小学生基本处于低级的顺向思维阶段。所以小学一年级应用题多是从顺向开始。例如，“姐姐买了 8 支笔，给了弟弟 3 支，还剩几支？”这是顺向应用题，小学生比较容易理解和运算。又如，“姐姐给了弟弟 3 支笔，还剩 5 支，姐姐原来买了几支笔？”这是逆向应用题，这类应用题看来是很简单的 10 以内的加法，但是由于它不符合低年级小学生的思维方向，因此一年级小学生大部分不会做。随着年龄的增长，小学生的逆向思维才日益发展。

（五）小学生言语的发展

言语是人们在交际和活动中应用语言的过程和产物。言语一般分为三类：口头言语、书面言语和内部言语。小学生在学前已初步具备了口头表达的能力，入学后不仅口头表达能力得到了进一步的发展，而且书面言语和内部语言表达能力也迅速发展起来。

1. 小学生口头言语的发展

口头言语有两种形式：对话言语和独白言语。对话言语指两个或多个人直接进行交际的言语活动，具有精确性、简略性和应变性。独白言语是说话者独自进行的言语活动。据研究，6 岁儿童已掌握了 2 500 ～ 3 500 个口头词汇，这些词汇量能够保证儿童同成人的正常交际，为以后的学习奠定了基础。二至三年级的小学生独白言语发展起来，四至五年级的小学生口头言语表达能力初步完善，并合乎一定的语法规则。[①]

小学教师要有意识地培养小学生的口头言语能力，如利用看图说话、口头造句、回答问题等机会，不仅要求小学生能准确发音、语调正确，而且要求小学生能够恰当地选择词汇，组织材料，连贯表达且使表达合乎言语规则。

2. 小学生书面言语的发展

书面言语指用文字表达的言语。儿童真正掌握书面言语是从小学开始的。最初，小学生的书面言语落后于口头言语；约从四年级开始，书面叙述的词汇量和相应年级口头叙述的词汇量的比例为 106：76，书面言语的发展逐渐超过口头言语，主要表现在识字、阅读和写作等方面。

1）识字

识字，即对文字符号的识别和理解。学前期为儿童的识字准备了最初条件，进入小学后，识字活动占据了小学生的大部分时间。各年龄段的小学生都能胜任教学对他们的识字要求，且发展趋势良好。黄仁发对我国小学生识字量的研究表明，小学一年级的识字率为 81.75%，五年级为 97.11%。但小学生的识字发展不平衡，年级越低，优劣的两极分化越大。

掌握字形是识字过程中的重难点。2000 年，舒华等对小学生识字的研究发现，小学生很早就意识到汉字的结构以及声旁和形旁在表音、表意功能上的分工。随着年级的升高，声旁一致性对猜测不熟悉汉字读音的影响增强；小学四年级语文能力较强的小学生已经开始意识到声旁的一致性，六年级小学生几乎具备了声旁一致性的意识。

2）阅读

阅读是一项由多种心理因素构成的复杂的心理活动过程。低年级小学生由于识字不够熟练以及知识经验的限制，常常是一个字或一个词地读，还不能整句阅读。随着年龄的增长，小学生逐步学会读出整个词或句子，但因对词或句子还缺少精确的分析和理解，所以常发生念错或理解不清楚甚至错误的情况。有资料表明，二年级小学生对读双字词的书面形式有了初步的感性认识；到了小学高年级，小学生能将读出的音和对词句的理解统一起来，能流畅地朗读，但还很不完善。

3）写作

写作是书面言语的高级形式。小学生写作的发展经历三个阶段：一是准备阶段。低年级小学生主要是口述，如口头造句、看图讲述等。二是过渡阶段。一方面，从口述向书面叙述过渡，即写话；另一方面，从阅读向写作过渡，如模仿写作文、改写、缩写等。三是独立写作阶段。小学生根据题目的要求自己独立写文章，这要中年级以后才能做到的。小学生

---

① 冯维 . 小学心理学 [M]. 重庆：西南师范大学出版社，2013:40.

的写作能力以一定的口头表达能力和阅读能力为基础，也与他们对语法、修辞记忆写作技巧的掌握有关。小学教师通过训练小学生的写作构思技能，可以促进他们写作水平的提高。①

3. 小学生内部言语的发展

内部言语是一种自己发出的言语，是思考时的言语活动。内部言语的最大特点是言语发音的隐蔽性。小学生内部言语的发展大致经历三个时期：出声思维时期、过渡时期和无声思维时期。初入学的小学生，还不会在脑中默默思考，在读课文或计算数学题时，往往是“唱读”或边自言自语边演算。通过小学教师的培养与训练，小学生逐步学会应用内部言语进行无声思维。

启发小学生独立思考是培养小学生内部言语能力的重要方法。小学教师在教学中要有意识地指导小学生如何去思考问题，也要给小学生创造独立思考的机会。例如，小学教师提出问题后，不要求小学生立即回答，而是让他们“想一想”。内部言语是抽象逻辑思维形成的重要标准，它是与抽象逻辑思维、独立思考、默读和自觉行动联系密切的一种高级的言语能力。随着小学生自我意识的发展，到了高年级时其内部言语得到迅速发展。但应注意，人的内部言语的发展不是在小学阶段就能全部完成的，它需要人的终生努力。

（六）小学生注意的发展

注意的品质包括注意的范围、注意的分配、注意的稳定性、注意的转移。在良好的教育影响下，小学生注意的品质在有意注意的过程中不断发展并表现出不同的特点。

1. 注意范围的发展

注意的范围，即注意的广度，指较短时间（约几秒钟）内感知客体对象的数量。心理实验的结果表明：小学生能看到 2 ～ 3 个客体，成人能看到 4 ～ 6 个客体。小学生注意的广度相对较窄，随着年龄的增长、知识经验的丰富而逐渐扩大。

注意的范围大小和一个人的知识经验有关。由于小学生经验较少，他们注意的范围要比成人小，尤其是低年级小学生注意的范围更狭窄。例如，低年级小学生在阅读时经常是一个字一个字地阅读，他们注意的范围较小。随着知识经验的增长、阅读技能的形成，到了小学高年级，小学生开始以词为单位进行阅读，再逐渐扩大到整个句子。注意范围的大小，还和知觉对象的特点有关。知觉的对象排列越整齐，越有规律，比较集中，注意的范围就越大，如小学生对颜色相同的字母比对颜色不同的字母注意的范围要大一些。因而，材料的性质和组织方式是影响注意范围的重要因素。材料的适当组织有利于注意范围的提高，在实际教学中，小学教师将分散的笔画组织成字，或将单个的字组织成词，或将词连接成适当的句子，都会提高小学生注意的范围。

2. 注意分配的发展

注意的分配指同一时间内将注意分配给两种或两种以上不同对象的能力。例如，学生边听讲边做笔记。儿童对注意的分配随年龄而发展，但发展较为平缓。低年级小学生特别是一年级小学生，明显地表现出不善于分配注意的现象。例如，刚学写字的儿童，常常将注意力集中在写字上，而忽略了坐的姿势，或拿铅笔的姿势不对等。这说明低年级小学生在

① 伍新春．小学六年级学生写作构思策略培养的实验研究 [J]. 心理发展与教育，2001（4）:52–56，64.

同一时间的注意只能集中在一种对象上,还不能对注意进行有效的分配。随着学习活动和其他活动范围的扩大,小学生逐渐发展了注意分配的能力。到了小学高年级,由于经常性的学习行为习惯训练,注意的分配有了很大的发展。

3. 注意稳定性的发展

注意的稳定性指在一定时间内把注意力集中保持在某一事物或某种操作活动上。小学生注意稳定性的发展速度超过幼儿期和中学阶段。小学生注意稳定性随年龄增长而增长,7 ～ 10 岁约为 20 分钟,10 ～ 12 岁约为 25 分钟,12 岁以上约为 30 分钟。注意的稳定性除了和年龄有关外,也存在性别差异,女生的稳定性一般高于男生。

一般来说,小学生尤其是低年级小学生的注意稳定性较差,他们容易被新颖、奇特、突发的无关刺激吸引,容易分心。

小学教师要有意识地让小学生在活动中交替使用不同的感官和运动器官,使他们保持长久的注意,这样也能减少疲劳,有益于小学生的身心健康发展。另外,让小学生明确他们所进行活动的任务目的也有利于小学生注意的稳定性。只要教师把一堂课组织得很好,小学生在 45 分钟以内是能够保持注意稳定,以较好的精神状态坚持听课的。

4. 注意转移的发展

注意的转移就是有意识地把注意力从一种对象(或活动)上转移到另一种对象(或活动)上来。小学生注意转移的能力较差,如小学生下课时玩游戏,上课时难以把注意力从游戏活动上转移到上课活动上来。在教育和教学活动的影响下,随着小学生的神经系统发育的逐步完善以及个体知识经验的积累和智力的发展,到了三、四年级,小学生的注意转移能力逐渐得到发展。

总的来说,小学生注意发展的特点主要有三个方面:

(1)无意注意占优势,有意注意在发展。在个体发展中,无意注意的发展先于有意注意。低年级小学生的认识活动往往依赖于无意注意,主要受到刺激物的性质、强度等的影响。如新奇、鲜艳的图像,有趣的情节以及教师形象生动的语言等均容易引起小学生的注意。而且,小学生所注意的往往是他们直接感兴趣的读、写、算等学习过程,是学校开展的活动以及小学教师本身,而不是活动的结果、知识能力方面。四、五年级小学生的有意注意逐渐发展起来,并占据主导地位。中、高年级小学生在一定程度上能自己组织和控制自己的注意,但就整个小学阶段来说,无意注意仍起着一定的作用。学校教育教学活动对小学生有意注意的发展起了较大的作用;小学教师向小学生提出要求,并创造条件让小学生逐步学会按照教学任务的需要自觉地组织和维持自己的注意。

(2)对具体材料的注意占优势,对抽象材料的注意在发展。小学生,特别是低年级的小学生的抽象思维正处于初步发展时期,具体形象思维还占有相当优势。因此,直观的、具体的事物比较容易吸引小学生的注意,而抽象的概念或道理,不太容易引起小学生的注意。小学生一般还不能把注意力集中在事物的主要的、本质的方面,而常把注意力分散到一些具体的次要方面,并常被一些不相干的或新奇的细节吸引。随着年级的升高,出现了以词为基础的第二信号系统和抽象逻辑思维能力的发展,他们对抽象的教材内容的注意也逐渐发展起来。

（3）注意常有明显的情绪色彩。小学生由于大脑与神经系统活动的内抑制能力没有充分形成，因而一个兴奋中心的形成往往波及其他器官的活动，导致面部表情、手脚乃至全身都会配合活动。注意的外部表现明显，常流露出多种多样的情绪色彩。如听得入神时，面部表情显出一本正经的样子；听得高兴时喜形于色，笑逐颜开；听得非常激动时，会情不自禁地手舞足蹈起来。小学生注意的这一特点，给我们的启示是：教学中小学教师如能及时掌握小学生情绪的表现，可以判断小学生是否在认真听讲。教学中能引起情绪色彩的材料、小学教师生动的语言等容易“稳住”小学生的注意。随着年龄的增长，小学生对情绪控制的能力增强，情绪外露也就不那么明显了。

第三节　小学生社会性发展的一般特点

社会性发展指个体在其生物特性的基础上，在与社会生活环境相互作用的过程中，掌握社会规范，形成社会技能，学习社会角色，获得社会需要、态度、价值，发展社会行为，从而更好地适应社会环境。儿童进入小学以后，开始接受正规系统的学校教育，他们通过课堂学习获得许多社会规则和行为规范，通过参加各种社会集体活动和与师生、同伴交往发展社会技能，学会控制自己的行为，他们的社会性发展也呈现新的特征，集中表现在社会认知和人际关系等方面。

一、小学生社会认知

社会认知是个体对自己、对他人、对人际关系的理解和认识，随着年龄的增长而发生变化。儿童的社会认知在婴儿期就已得到了萌芽和初步发展。进入小学后，其内容变得更加复杂起来，在对他人、人际等方面的认识上都有了迅速发展。

（一）对自己的认知

个体对自己的认知主要表现在自我评价和自我体验两个方面。

1. 自我评价

儿童自我评价能力在幼儿期已经产生，进入小学以后，儿童的评价对象、评价内容和评价范围进一步扩大。1987 年，哈特研究发现，小学生的自我评价往往涉及学业成绩、运动能力、社会接纳性、身体外表、行为表现五个独立的领域，这表明小学生的自我概念结构向多元化发展。8 ～ 11 岁，儿童自我概念的描述和评价的依据从具体情感、态度、外表特质向重视人格转变。进入青春期，他们的自我概念变得更为抽象。但对小学生而言，身体外表依然是他们进行自我评价所依据的最重要因素。哈特 1982 年的研究还表明，小学生的自我评价与教师评价、同伴评价较为一致，这表明小学生已能较客观地评价自己。

1982 年，我国学者王宪清认为，小学生的自我评价有以下特点：从受外部条件的制约过渡到受内部道德认识的制约，大约从四年级起，小学生开始运用道德原则来评价自己和他人的行为；从注重行为的直接后果过渡到注重行为的动机，转折年龄在 9 岁左右；从注重行为的直接后果过渡到注重行为或后果的性质；从对具体行为的评价到有了一定的概括程度的、涉及某些个性品质的评价。

2. 自我体验

自我体验指自我意识中的情绪、情感方面,如自尊感、内疚感、羞愧感和自豪感等。在整个小学阶段,小学生的自我体验与自我评价的发展具有很高的一致性,随着小学生自我评价能力的提高,他们的自我体验也越来越深刻。

在小学生的自我体验中,最值得重视的是自尊感。自尊感是自我意识中具有评价意义的情感成分,是与自尊需要相联系的对自我的态度体验。它是个体对自身价值的评价,会随时间而变化。儿童在小学低年级刚开始进行社会比较时,其自尊会有所下降;四年级以后他们的自尊会稳步上升,青春期后他们会有自信和自豪的表现。自尊需要得到满足,将会使人感到自信,体验到自我价值,并产生积极的自我评价。有研究表明,高自尊感与生活满意感和幸福感相关,低自尊感则与压抑、焦虑、学校生活和社会关系不适应相关。

(二)对他人的认识

个体对他人的认知,表现在对他人行为的意图动机、对他人的人格特征、对他人的社会身份等方面的理解上。学龄初期,小学生对“与己异类”的人群会持有消极的态度和偏见。学龄中期,小学生能以不同的方式进行社会分类,偏见会下降。总的来说,小学生对他人的认知从了解他人的外部具体特征向了解他人的一般心理特征发展。

(三)对人际关系的认知

儿童对权威关系的认知反映了儿童对成人 – 儿童关系的认识特点。1971 年,达蒙采用道德两难故事法研究了 4 ～ 10 岁儿童权威认知的发展。结果发现,5 ～ 6 岁儿童把权威看成“必须服从的内在权利”,因为权利具有完全的优势、较强的社会威力或身体力量。8 岁左右,儿童开始出现一种比较成熟的看法,认为权威是一种相互关系,应该服从权威,因为他们对自己有所帮助。到 9 岁时,儿童服从权威基本是自愿的和合作的,权威和地位低下的人具有相同的权利。到 11 或 12 岁时,儿童认为权威关系是完全合作性的,是由一致或同意建立起来的,并与特殊的情境有关。由此可见,儿童权威认知的发展是一个逐渐走向成熟的过程。

儿童对友谊的认识逐渐发展。6 ～ 7 岁的儿童认为朋友就是一起玩耍的伙伴;9 ～ 11 岁的儿童强调相互同情和相互帮助,认为忠诚是朋友的重要特征,朋友关系应该是比较稳定的,选择朋友的依据开始转向积极的人格特点(如勇敢、善良或忠诚)及志趣相投。

二、小学生人际关系

与儿童社会性发展紧密联系的有两种主要的人际关系。一种是纵向的等级关系,即和比自己有更大智慧的人形成依恋关系。这种等级关系最明显的例子是亲子关系,其次是师生关系。等级关系的特点是通过交流,由年长的个人对儿童予以控制,而儿童也服从控制,在这种意义上,年长者(父母或教师)基本是给予者,儿童基本是接受者。这种关系能让儿童情绪上安定,同时学习社会技能。另一种是横向的平等关系,即和自己有同样社会能力的人的关系,同伴关系是这种横向联系的例子。这种横向的同伴关系使儿童学会与和自己各方面相等的人相互协调,掌握与同伴协作和竞争的复杂情况,建立亲密的朋友关系。

（一）小学生的亲子关系

儿童入学后，与父母的关系发生了很大的变化，表现为儿童与父母的交往时间、交往内容和交往方式都有所改变。

交往时间上，与学前期相比，儿童与父母在一起的时间相对较少，父母关注儿童的时间也相对减少；儿童对父母的依恋和依恋程度减弱。一项研究表明，5 ～ 12 岁儿童的父母比学前儿童的父母在教导儿童、与儿童谈话、为儿童阅读、与儿童一起做游戏等方面花费的时间减少了一半。入学后的儿童与同伴、教师的联系逐渐增多，对父母的依恋不如婴幼儿那样强烈，也不像青少年那样独立。

在交往内容上，小学生的父母更多关注孩子的学业和品德，如辅导学习、检查作业，与孩子讨论学校发生的事情，讨论同伴交往问题、日常行为举止的适当性等。这个时期，亲子间开始转向复杂问题的处理，许多问题可能导致亲子间感情上的变化。因此，这些无论对父母还是对孩子来说都是新的考验。

在交往方式上，父母的控制性在小学阶段开始减弱，由直接控制逐步转为引导、教育儿童自我控制和自我监督。研究表明，随着年龄的增长，儿童开始独立思考问题。虽然很大程度上他们还摆脱不了对父母的依赖，想寻求父母的指导，但越来越倾向于自己做决定。这一时期，父母有三个主要职责：一是在一定距离里监督和引导儿童的行为，二是有效地利用与儿童直接交往的时间，三是加强儿童的自我监督和教儿童知道如何寻求指导。不过，总体上，小学阶段儿童与父母仍然保持着亲密关系，父母仍是孩子安全的“避风港”。

（二）师生关系

师生关系是师生间建立的一种多层次的立体结构模式，是小学生人际关系的一种重要形式。师生关系对小学生的学校适应、社会性行为、自我意识、学习成绩等均有显著的影响。

1. 小学生对教师的态度

小学生是带着对教师无比崇敬和敬畏的心理步入校门的。低年级小学生视教师为绝对权威，对教师言听计从，教师的话甚至比家长的话更有权威性。但随着年龄的增加、小学生的独立性和评价能力的发展，小学生对教师的态度开始发生变化。特别是三年级以后，小学生不再无条件地服从、信任教师了。他们开始对教师做出评价，得出“教师的话不一定都对”的结论。同时，对不同的教师会表现出不同的喜好。调查发现，小学生最喜欢的往往是“讲课有趣、喜欢体育运动、严格、耐心、知识丰富、能为学生着想”的教师，四、五年级是师生关系发生重大变化的时期。究其原因，是小学生社会认知能力不断提高，对教师的认知也更带着批判性的眼光，开始客观评判教师的行为。

2. 教师对小学生的影响

小学教师对小学生的影响体现在小学教师对小学生的期望上。期望是对人或事物的未来状况所做的推断。小学教师一般根据小学生的性别、身体特征、家庭状况、兴趣爱好、学业表现等信息来形成对学生的期望。根据罗森塔尔效应的规律，在教育过程中，教师应针对学生的个别特点有恰当的期望。

罗森塔尔还指出，自我实现预言效应的发生是受多种因素影响的。但是，一般而言，教师如果能与学生形成良好的师生关系，营造一种温馨的学习气氛，对学生的成绩给予及时和正确的反馈，教给他们更多或更难的知识，给他们更多的机会去做出反应和提出问题，那么就会在很大程度上提高学生的水平，实现教育者的预期。

（三）小学生的同伴关系

在儿童社会化发展的过程中，同伴的作用不可低估。儿童与同伴的关系在原则上是一种平等关系。随着年龄的增长，当儿童进入同伴领域后，才发现相互影响的可能性。于是，儿童逐渐从对父母的服从中挣脱出来，更多地与同龄伙伴交往。

1. 同伴关系的变化

同伴关系是儿童除亲子关系外的一种重要社会关系，是儿童实现社会化的重要手段。进入小学以后同伴交往的形式及特点都产生了新的变化。

1）明显的依从性

儿童对同伴的依从性有一个明显的变化，同伴影响的发展呈倒马鞍形，两头低，中间高，即幼儿园的儿童最少依从，7 ～ 10 岁的儿童最易依从，而再大一些的儿童甚至成人在依从性上居中。

在小学生中，同伴之间的相互影响很大，绝大多数小学生宁愿选择与大多数同伴一致的行为，即使知道不正确也要符合，即使是高年级小学生也有一些人是如此。1950 年，贝伦德研究了儿童对同龄伙伴压力的反应。他让 7 ～ 13 岁儿童参加了一个简单的测验，测验时每次一人，要求其比较 12 对卡片上的各线条的长度。他们已在班上参加过这种测验。但在进行第二次测验时，被观察儿童在一间有 8 个同班最聪明的孩子在内的屋里，而这 8 个聪明孩子事先都被通知在 12 个回答中做错 7 个。实验结果发现，所有被观察儿童中有半数左右的儿童受同伴压力的影响做出了错误回答，尽管这些儿童在第一次测验时都已做出了正确回答。当这些儿童感到同伴压力而做了错误回答时，内心是苦恼不安的，但在外部行为上仍表现出对同伴的遵从。这与儿童寻找同伴的强烈冲动，但又害怕被同伴抛弃的心理有关。同龄人的一致意见对儿童产生较大的心理压力，迫使儿童放弃自己的想法去依从同龄人。总之，小学生同伴关系是从初入学的自我中心状态，发展到低、中年级小学生的普遍依从，再发展到高年级小学生的社会独立性增强，能较为灵活地协调同伴间的关系。这种发展是与儿童认知发展水平相一致的。

2）情感因素强烈

在小学生的同伴交往中，情感因素十分重要，超过了理智因素。在对小学生择友心理的调查中发现，占第一位的友谊标准是“同忧愁、同欢乐，相互关心”，情感成分居于突出地位。所以，有时在小学生中会出现为朋友去做不应该做的事，或帮助朋友欺骗老师和家长的行为。

3）不稳定性

小学生的同伴交往随意性较大，且受外部客观因素的影响显著，因此稳定性差。在小学生中，彼此接近、共同活动、接触频繁是交友的重要因素。而一旦客观情境发生变化，他们之间的友好关系就会中断。

2. 小学生的同伴交往

同伴交往是小学生社会性发展的一种重要手段,在小学生活中占据了重要地位。小学生的同伴交往主要分为友谊关系和同伴团体两个方面。

1)小学生的友谊

友谊指与同伴、同学等建立起来的一种特殊亲密关系,即朋友关系。1980年,美国著名儿童心理学家塞尔曼的研究表明,小学阶段的友谊属于双向帮助阶段,小学生对友谊的交互性有一定的了解,但功利性体现仍然明显,此时的小学生还不能做到共患难。

小学时期同伴交往的一个比较明显的特点是个体之间可以建立比较亲密的、稳定的同伴关系。一项多达800人的调查发现,78%的三至五年级小学生至少有一个互选的好朋友,55%的小学生有一个最好的朋友;此时的小学生也很重视与同伴建立友谊关系;当朋友在场时,其学习和活动会更加快乐。不过,在对友谊和朋友的认识上,不同年龄阶段的小学生存在差异。例如,1997年,我国学者李淑湘、陈会昌和陈英和采用结构访谈法对我国6～15岁小学生对友谊特征的认识状况做了研究,结果发现小学生对友谊特性的认知发展有明显的年龄差异:6～8岁只能认识友谊特性中一些外在的、行为的特征,之后才逐渐认识到那些内在的、情感的特征,并且是与外在的特征一起走向深入的。

小学生的友谊从不稳定发展到相对稳定。低年级小学生的友谊还没有很好地发展起来。他们的友谊通常建立在外部生活环境相同和偶然共同兴趣的基础上,如同坐一桌,一起跳橡皮筋等,所以,他们之间的友好关系很容易受到外部因素的影响。中年级开始,小学生之间逐渐形成了建立在共同兴趣基础上的比较持久的友好关系。中、高年级小学生选择朋友逐渐从外在因素转向内在因素,如性格好、学习好、互相关心、有共同兴趣爱好等。

此外,在友谊关系上,男女小学生存在显著的差异。三至五年级的女孩的好朋友个数比男孩多;在描述朋友关系时,女孩比男孩更多地描述到关心、亲密、冲突解决等方面的内容;男孩在与朋友活动和游戏上明显多于女孩;在对朋友之间的冲突解决上,女孩认知高于男孩。

2)小学生的同伴团体

同伴团体,是个体之间遵循一定的规则、完成共同的目标、执行一定的行为标准的多人结合体。小学时期是开始形成同伴团体的时期。同伴团体具有以下显著特点:在一定规则基础上进行相互交往;限制其成员的归属感;具有或明或暗的行为标准;在共同目标下形成了一定的组织,这种组织的结构可能是松散的,也可能是严密的。小学期间的同伴团体对小学生具有重要影响,它为小学生提供了学习与同伴交往的机会。在团体活动中,小学生学习处理各种关系中的社会问题,学会按照同伴团体的标准建立合适的反应模式来组织自己的行为,社会交往技能进一步扩展和提高。同伴团体还可以为小学生提供形成和评价自我概念的机会,同伴的拒绝与接受反应使小学生对自己有了更清楚的认识。

小学生的同伴团体,按照其组织方式可以分为两大类:有组织的集体和自发的团体。有组织的集体一般是在学校或者其他组织帮助下形成的。小学生的集体主要是班集体。刚入学的小学生,还没有形成真正的集体,最多算是人为编凑的、松散的集合。到了一年级,小学生的集体关系和集体意识才初步形成。二年级的小学生已能明确意识到自己是班集体的一员,逐步把集体的要求转变为自己的要求,把班集体的利益看作自己的利益。这个时期，班级小学生逐步分化。与此同时，班集体内部成员开始出现分化，一部分小学生成为集体活动中的积极分子，另一部分小学生成为班集体中的基本群众，这时班集体的组织和纪律得到巩固和加强，形成真正意义上的集体。随着年级的递升，小学生集体活动的范围逐步扩大，小学生更能够处理个人和集体的关系，能够自觉服从集体，维护集体的利益。因此，小学生的集体意识越来越强。

自发团体的结构相当松散，形式也多种多样。低年级小学生中还没有形成小团体，但也可看到班上一些小学生常在一起玩或相互帮助，表现出结伙行为。但他们的结伙行为偶然性较大，如因上学同路、座位靠近等，结合不稳定。到了小学中年级，由于小学生对事物的兴趣、态度和看法日益分化，他们逐渐具备了结伙的心理基础，并逐渐分化出集团的首领，开始形成小团体。在小学生的小团体中，一般有主要人物，男生一般是体育尖子、学习好的学生，女生则主要是学习好、肯为大伙办事的人。小团体的活动男生一般以冒险、猎奇等户外活动为多，女生则多为读书、趣味活动等室内活动。自发团体按其倾向性不同，可分为亲社会团体、反社会团体和非社会团体等类型。亲社会团体，如学雷锋小组、社会公益小组等，有助于培养小学生良好的道德品质。反社会团体，如盗窃团伙、抢劫团伙等，对个体的发展危害极大。而非社会团体是置身于社会问题之外、建立在共同的娱乐活动基础上的组织，如学习兴趣小组、舞蹈小组等。

总之，无论是有组织的集体，还是自发形成的团体，都对小学生的个性发展产生重要影响。因此，在教育中，应该重视小学生的同伴团体。一方面，积极建设正规集体；另一方面，要合理引导小学生向健康的团体发展，避免不良同伴团体的形成。

（四）小学生的异性关系

青春期以前的小学生，都倾向于选择同性同伴。但是，在小学生的同伴交往中，还会出现一些有趣的现象。有些男生尤其是低年级男生，常常采取制造事端的方式与女生接触，如课间把女生的文具藏起来，在课桌中间画一条界线等等，表明这些男生对女生特有的兴趣。随着年龄的增长，男生会表现出微妙的变化，如表现出拘谨、腼腆、故意漠不关心等。男女生开始对异性同伴产生朦胧的神秘感和渴望。异性学生之间充满神秘感，互相吸引，互相欣赏，这是儿童走向成熟的表现，也是容易产生问题的症结所在。

高年级小学生正处于性别角色分化和性意识急速发展的时期，其发展一般经历以下过程：

1. 对性知识和异性的探求和了解

进入青春期后，随着第二性征的出现，两性身心差异拉大。自我性意识觉醒使小学生对异性颇感好奇、敏感，迫切希望掌握性知识，对自己和异性的生理变化进行探求和了解。小学生对性知识和异性的了解渴望主要指向男女生殖器的构造、性生理现象、生殖及性行为、解脱性烦恼的方法等。

2. 对异性的疏离与排斥

小学生对异性的兴趣与爱恋，有一个逐渐产生、发展的过程。其前兆往往表现为对异性的疏离与排斥。青春初期，由于对异性、角色的心理认同感增强，以及对第二性征发育现象的不安与烦恼，不少小学生对异性产生心理封锁，同性交往趋向增强。同时，由于完全缺乏与异性交往的技巧，对异性的陌生、畏惧感尚未消除，不安和羞涩使一些小学生以反向的方式来表达自己对异性的关注，就出现了常见的“心相近而形相远”的现象。

3. 对异性的关注与接近

进入青春期的男女生，随着生理发育的日益成熟及对性知识的掌握，对异性产生好感、爱慕，并渴望与之接近、交往，这是极为正常的心理。对异性向往的心理发展结果便是接近异性的行为，其表现主要为：一是修饰打扮自己，以良好的自我形象吸引异性的注意。这一阶段开始注意自己的衣着打扮、容貌身姿者明显增多，且女生多于男生。二是以各种理由接近异性，以男子气或女性化表现来博取异性的喜欢。男女生愿意一起活动、游玩、运动、学习，主动接近异性者增多。

4. 对异性的追求与爱恋

随着对异性的关注增多，小学生会感受到异性吸引的情感撞击。当这种心理较为专一地指向某一异性时，便进入了纯洁、朦胧、幼稚的所谓早恋阶段，并产生相应的追求行为。小学生心里萌发的异性吸引想法，是性心理和性生理走向成熟的必然结果，是一种正常的自然表现。对小学生而言，异性同学间的正常交往不但有利于学习的进步，而且有利于个性的全面发展。一般来讲，既有同性朋友又有异性朋友的小学生，往往性格比较开朗，为人诚恳热情，乐于帮助同学，自制力也比较强。而那些只有同性朋友的小学生，往往缺乏健全的情感体验，不具备与异性沟通的社会交往能力，社会范围和生活圈子也比较狭小，人格发展不甚完善。

渴望、喜欢与异性交往是青春期小学生性心理发展的必然。有些小学生因为缺乏与异性交往的技能和经验，影响了与异性正常的接触和交往，出现异性交往的问题：一是交往过度。造成这一问题的原因，除了生理发育的必然，还反映出学校、家庭教育的问题。如在单亲家庭孩子身上表现得比较明显，这是因为孩子缺乏父爱或母爱，就会从异性身上寻求满足。有些男孩就会从异性身上寻求温暖和理解，女孩则寻找关心和依靠。二是交往紧张。很多孩子特别是女孩子本来性格活泼，喜欢结交朋友，但由于对正常的异性交往和早恋的区别没有正确的认识，在与异性交往时顾虑重重，直至产生退缩行为，正常的活动也不敢参与，造成异性交往障碍。

第四节　小学生心理的个别差异与因材施教

发展小学生个性，既要关注小学生的差异，也要承认小学生的差异。因此，小学教师的责任就是为存在不同差异的小学生创设适当的学习环境，因材施教，以此培养小学生优良的个性。

个别差异指个体在先天素质的基础上，通过后天的活动形成的人与人之间的差别，泛指人与人在体质、生理、心理、社会性等方面的差异，心理学上一般指个体的心理差异。它是影响学习的重要内部因素。个别差异主要表现为人格差异、认知差异、智力差异和与心理有关的性别差异。

一、人格

人格指个人在社会化过程中形成和发展的思想、情感及行为的特有统合模式，包括个体独具的、有别于他人的、稳定而统一的各种特质或特点的总体。人格具有独特性、统合性、功能性、稳定性等特点。人格差异（个性差异）指个体在稳定的心理特征方面的差异。这种差异主要表现在气质和性格上。

（一）气质差异

气质指个体表现在心理活动的速度、强度、灵活性、指向性等方面的一种稳定的心理特征。

1. 气质类型学说

气质类型指气质特征的特殊组合模式。关于气质类型从古到今有许多分类，影响较大的是体液学说和高级神经活动类型学说。

1）体液学说

古希腊医生希波克拉底认为，人体有血液、黏液、黑胆汁、黄胆汁四种体液。每种体液对应一种气质，血液占优势的人为多血质，黏液占优势的人为黏液质，黄胆汁占优势的人为胆汁质，黑胆汁占优势的人为抑郁质。这种划分虽然缺乏科学依据，但一直沿用至今。

2）高级神经活动类型学说

巴甫洛夫认为，兴奋和抑制是神经活动的基本过程。兴奋和抑制有三个指标：活动的强度、平衡性和灵活性。据此，巴甫洛夫将神经活动分为兴奋型、活泼型、安静型、抑郁型，并与体液学说的四种气质类型相对应：

（1）强、不平衡（兴奋型）—— 胆汁质。兴奋强于抑制，易冲动，神经质，对自己的行为难以控制。

（2）强、平衡、灵活（活泼型）—— 多血质。个体能根据刺激调整自己的活动，适应性较强。这是健康、充满活力的神经系统类型，对恶劣的心理、社会环境有较高的抵抗力。

（3）强、平衡、不灵活（安静型）—— 黏液质。个体行为惰性较强，不容易迅速适应变化的环境。

（4）弱——抑郁型。个体神经细胞脆弱，易产生神经的保护性抑制，适应生活有一定困难，易表现出神经官能症病状。

2. 气质的特点

（1）感受性。对外界刺激的感觉能力，是神经活动强度特性的表现，可根据引起心理反应的最小刺激来判断。

（2）耐受性。人接受外界刺激在时间和强度上的承受能力，也是神经活动强度特征的反映，可根据注意的稳定性、思维活动的坚持性、对强刺激的耐受性来判断。

（3）反应的敏捷性。对刺激做出反应的速度，是神经活动灵活性的表现，可根据动作、语言、记忆速度等来判断。

（4）行为的可塑性。根据外界变化改变自己适应性行为的可塑程度，是神经活动灵活性的表现，可根据适应的难易、情绪表现、行动和决断快慢等来判断。

（5）情绪的兴奋性。以不同速度对微弱刺激产生情绪反应的特性，可根据其兴奋性来判断。

（6）倾向性。心理活动、语言和行为动作反应是内部还是外部的特性，是内倾和外倾的总称，神经活动的兴奋性强属于外倾，神经活动的兴奋性弱属于内倾。

了解气质类型应注意：①生活中单一气质类型的人不多见，多属中间状态；②任何气质都有积极和消极两个方面，无好坏之分；③任何气质都可形成不同的品质；④气质是先天的，其本身不能决定人的社会地位和贡献。

3. 气质类型

（1）胆汁质型。兴奋性占优势，有理想，有抱负，有韧性，有独立见解；为人热情直率，快言快语；精力旺盛，思维敏捷，行动迅速，行为果敢。但任性、冲动、自负、傲慢；易激动、粗暴，好发脾气，难以自制，感情用事；不愿受人指挥而愿意指挥别人。

（2）多血质型。好动、外向，反应迅速，富有朝气；为人热情，亲切开朗，情感丰富，善于交际；有较强的活动与语言表达能力；聪明好学，肯动脑筋，思想活跃，环境适应能力强；兴趣广泛。但情绪多变，富于幻想，易于浮躁；做事轻举妄动，考虑问题欠周到，缺乏耐力和毅力。

（3）黏液质型。安静、稳重、踏实，自制力强；性情平和；办事认真、细心、沉着冷静、有条不紊。但语言动作迟缓，不易暴露内心活动；表现不灵活，适应能力差；迟钝、冷淡、固执。这类学生平时安静、守纪律，竞争意识不强，不惹是生非且勤奋，易被教师忽视和遗忘。

（4）抑郁质型。观察敏锐，善于想象和体察别人不易发现的问题；情绪发生慢，体验感强；学习认真，思想深沉，办事踏实稳重；外表温柔、安静，不爱表现。但为人缺乏热情，敏感多疑，多愁善感，缺乏自信，常为小事而动感情。

4. 气质差异的教育意义

小学教师能否根据小学生的气质差异采取不同的教育方式，是教育成功与否的关键。

1）正确对待不同气质类型的小学生

了解小学生的气质类型，区别对待小学生，帮助小学生发展积极品质。

2）教育小学生正确认识自己气质的优缺点，不断改善自己的气质

气质稳定但仍可改变。小学教师应指导小学生剖析和认识自己气质的优势与不足，加强自我修养，不断进行自我探索，发展气质中的积极因素，成功监控气质的发展。

3）根据小学生的气质类型开展个别教育

（1）多血质型小学生的教育。①要创造条件发挥其灵活善变、足智多谋等品质，防止精力分散、行为草率、散漫、轻浮、任性等；②平时严格要求，让其有机会参加各种活动，磨炼其意志的坚韧性、情绪的稳定性；③重视培养其稳定的学习兴趣和踏实、吃苦耐劳、注意力集中、敢于面对困难、百折不挠等精神；④帮助其养成有目标、有计划、有要求做事的良好习惯；⑤对个别沾染不良习气的小学生要严厉批评，使其在压力前承认并改正错误。

（2）黏液质型小学生的教育。①多给其活动的机会，鼓励其参加；②引导其多与人交往，培养合作精神和交往能力，以克服自身消极淡漠、与世无争、萎靡不振等问题；③对这类犯错误的小学生，教育时要注意方式方法，用暗示手段、旁敲侧击方法或借助事实启发其认识错误，并给予充分的时间改正错误。

（3）胆汁质型小学生的教育。①要肯定其热情豪放、机智勇敢、思维敏捷、积极主动等优良品质，防止粗暴、高傲、任性、情绪易变等发生；②引导其认识控制情绪的必要性，掌握控制情绪的方法，锻炼其毅力、耐力和稳定性；③尽量不在公开场合批评他们，避免矛盾激化，需在其冷静后动之以情，晓之以理，导之以行，帮助其正确认识缺点和错误并改正。

（4）抑郁质型小学生的教育。①多发挥其办事认真细致、善于思考的优势，防止自卑、怯懦、多疑和多愁善感等出现；②在能接受的范围内常引导其多与同学交往，鼓励其参加各种集体活动，使其在交往与活动中树立自信心，并体会到学习和交往的乐趣；③及时表扬、奖励其成绩、见解，不断提高其积极性和自信心；④发现其缺点或错误，切忌公开、直接批评和指责，用个别谈心、暗示、侧面启发的方式委婉指出，以维护其自尊和增强其改正缺点、错误的勇气。

小学教师要正确认识自己气质的优势和不足。小学教师应了解自己的气质特点，尽量避免自己气质中的消极因素对小学生产生不利影响。同时，要了解气质对形成良好教学风格的教育意义。

（二）性格差异

性格指个体对现实的稳定的态度和与之相应的习惯化行为方式，是个性的核心，也是个人区别于他人的集中表现。

1. 性格与气质的关系

气质与性格是人的不同心理特征，既有区别，也有密切联系。

（1）区别。①从起源看，气质是先天的，是神经类型的自然表现；性格是后天形成的，是个体与环境相互作用的产物。②从可塑性看，气质可塑性小而性格可塑性大。③气质是行为的动力特征，与行为内容无关，没有好坏之分；性格指向行为内容，与社会环境相联系，有好坏之分。

（2）联系。①性格与气质相互渗透制约，高级神经活动是它们的生理基础；②气质按自己的动力方式渲染性格特征，使性格独具特色，性格在一定程度上又掩盖和改造气质，使气质服从于生活、实践的要求；③不同气质的人能形成相同类型的性格，相同气质类型的人能形成不同类型的性格。

2. 性格的结构特征

性格是多种特征按不同特点的组合。

（1）态度特征。现实生活对人的多方面影响，形成了人对现实生活的态度体系，进而构成了人对现实的性格特征。①对社会、集体、他人态度的性格特征。积极的：爱国、助人、正直、诚实、热情、同情心等。消极的：自私、懒惰、虚伪、粗暴、冷漠等。②对学习、劳动态度的性格特征。积极的：勤劳、认真、细致、俭朴、创新等。消极的：懒惰、马虎、粗心、保守、浪费等。③对自己态度的性格特征。积极的：谦虚、自信、严于律己等。消极的：骄傲、自卑、放任、自暴自弃等。

（2）意志特征。个体有意识地调节行为，克服困难以达到目的的特征，表现在个体行为的目的性、自制性、果断性、坚韧性等方面。

（3）情绪特征。表现在个体情绪活动的强度、稳定性、持久性、主导心境等方面。积极的：情绪稳定、情绪深刻、心境愉快等。消极的：抑郁、焦虑、情绪不稳定、过分冲动等。

（4）理智特征。表现在感知觉、记忆、思维等认知过程中的性格特征。

3. 性格类型

（1）按心理活动倾向分。①外向型。感情外露，为人开朗活泼，关心外部事物，处事不拘小节，遇事当机立断，比较善于交际，但自我克制与坚持性较差。②内向型。感情细腻，处事谨小慎微，做事不露声色，喜欢独来独往，为人耐心诚恳，遇到紧急情况泰然自若，能自我控制，沉着冷静，但有时显得优柔寡断，反应缓慢，一般不善交际，较孤僻，难以适应环境。

（2）按心理活动机能分。①理智型。善于用理智控制情绪，自我克制能力强，能尊重客观条件，遵循法则，冷静观察事物，不感情用事，但易压抑情感，显得冷漠和缺乏个性，做事畏首畏尾，裹足不前，当理智被不健康的意识控制时表现为虚伪、见风使舵等。②情绪型。情绪体验较深刻，易受情绪左右，爱恨强烈，处事有魄力，但做事凭兴趣，易犯"冷热病"，注意力不稳定，兴趣容易转移。情绪冲动时做事不考虑后果，高兴时积极主动，任劳任怨，烦闷时熟视无睹，置之不理。

（3）按心理活动独立性分。①独立型。意志较坚强，善于独立发现和解决问题，勇于坚持自己的主张，有主见。②顺从型。依赖别人，按别人要求办事，易受暗示，独立性差。

4. 小学生性格差异及教育对策

1）小学生性格差异

1990 年，朱智贤研究发现，小学生的性格发展随年龄的增长而变化，但其发展速度表现出不平衡、不等速的特点。二至四年级为性格发展的稳定时期，小学生的性格发展较慢；四至六年级为性格的快速发展期，小学生的性格发展较快，性格特点日益丰富；到了六年级，青春期小学生身心的巨变对性格发展产生深刻影响，因此，小学六年级是小学生性格发展的关键期。

小学生的性格总体遵循由低到高的发展趋势。小学生性格的情绪特征不断发展，情绪的强度发展很快，在六年级出现高峰。性格的意志特征的发展曲线是平直的，性格的理智特征的总体趋势是二至四年级呈稳定发展，四至六年级呈迅速发展。2000 年，高华研究发现，在好奇心的性格特征上，二、四、六年级小学生相互间的均数比较差异非常显著，说明各年级小学生的好奇心发展迅速。而进取心的性格特征是二年级小学生发展迅速，进入四年级后则发展缓慢，但较之二年级有很大的进步。二、四、六年级小学生在独立性的性格特征上差异不显著。学习成绩好的小学生具有强烈的独立性、好奇心和进取心的性格特征，女生的进取心强于男生。

2）教育对策

在小学生的各种课内外的学习活动中，各种性格特征往往又会以不同的结合方式表现出来，有时以某一性格特征为主，有时又以另一性格特征为主。由于各种性格特征之间存在一定的内在联系，小学教师有时就可以根据小学生的某一性格特征推知他在其他某种场合下可能的表现。这样就可以把引导工作做到活动的前面，防止不良行为的出现。

教学中，小学生的性格常常影响他们对知识和技能的掌握。例如，一个小学生有刻苦、顽强的性格特征，尽管学习基础不好，但是能取得较好的成绩；另一个小学生虽求知欲强，但独立性较差，容易受暗示，在学习中就难以取得好成绩。针对他们的不同情况，需采取不同的措施。如鼓励前一个小学生形成刻苦学习的精神，在基础知识方面适当补漏；对后一个小学生需加强独立性培养，引导他独立思考和解决问题。这样，他们的学习成绩就都能得到较大幅度的提高。根据儿童性格上的缺陷，有的要从放低要求、提高成绩出发，培养和增强其学习信心；有的要在知识上帮其查漏补缺；有的要改变包办做法，让儿童自己克服一些困难；有的要严格要求，培养其持久性和自制能力。

还要根据小学生的性格差异，帮助他们形成积极的性格特质。小学生的性格是复杂多样的，除表现为性格特征的差异外，还表现为性格积极因素和消极因素的并存。例如，一个小学生热情，乐于助人，但做事虎头蛇尾；又如，一个小学生在学校表现勤奋，爱劳动，能自制，回到家里却懒惰、任性等。因此，对小学生的性格不可轻易下结论，要进行全面了解和分析，抓住其性格的本质方面，综合分析，做出正确鉴定。只有这样，教育才能真正做到有的放矢。

案例

王羲之自幼酷爱书法，几十年来锲而不舍地刻苦练习，其书法艺术终于达到了超逸绝伦的高峰，被人们誉为“书圣”。

王羲之7岁那年，拜女书法家卫铄为师，学习书法。王羲之临摹卫书一直到12岁，虽已不错，却总是觉得不满意。在听老师讲历代书法家勤学苦练的故事时，对东汉“草圣”张芝的书法产生了钦羡之情，并决心以张芝的“临池”故事来激励自己，不断督促自己勤学苦练。

王羲之练习书法很刻苦，连吃饭、走路都在练习，真是到了无时无刻不在练习的地步。没有纸笔，他就在身上画写，久而久之，衣服都被划破了。有时，他练习书法达到忘情的程度。一次，他练字竟忘了吃饭，家人把饭送到书房，他不加思索地用馍馍蘸着墨吃起来，还觉得很有味。当家人发现时，他已是满嘴黑墨了。

王羲之常临池书写，就池洗砚，时间长了，池水尽黑，人称“墨池”。现在绍兴兰亭、浙江永嘉西谷山、庐山归宗寺等地都有被称为“墨池”的名胜。为了练好书法，他每到一个地方，总是跋山涉水四下钤拓历代碑刻，积累了大量的书法资料。他在书房内、院子里、大门边，甚至厕所的外面，都摆着凳子，安放好笔、墨、纸、砚，每想到一个结构好的字，就马上写到纸上。他在练字时，凝眉苦思，以至废寝忘食。

正是因为他几十年锲而不舍地刻苦练习，他的书法艺术才达到了前无古人、后无来者的高度，他成为人们学习的榜样。而他的成功也说明，任何成功的取得，都是和刻苦努力分不开的。

二、认知风格差异与教学

认知风格(认知方式、认知模式)指个体喜好的、持续一贯的、带有个性特征的加工处理信息的方式,是认知策略和认知倾向的总和。其中,认知倾向指个体的学习情绪、态度、动机、坚持性以及对学习环境、学习内容等方面的偏爱。

(一)认知风格的构成要素

认知风格的构成可从生理、心理、社会三个层面进行分析。

(1)生理要素。主要指个体对外界环境的生理刺激、对一天内的时间节律及接受外界信息的不同感觉通道的偏爱。如生理刺激方面,有人需在安静环境中学习,有人则喜欢听着音乐学习;在时间节律方面,有些人喜欢清晨学习,有些人则喜欢在晚上或深夜学习。

(2)心理要素。包括认知、情感和意动。认知要素具体表现在认知过程中归类的宽窄、信息的继时性加工与同时性加工、场依存性与场独立性、分析与综合、沉思与冲动等方面。情感要素具体表现在理性水平的高低、学习兴趣或好奇心的高低、成就动机水平的差异、内控与外控以及焦虑性质与水平的差异等方面。意动要素则表现为学习坚持性的高低、言语表达力的差异、冒险与谨慎等。

(3)社会要素。包括个体在独立学习与结伴学习、竞争与合作等方面表现出的特征。如有些人喜欢独立学习,有些人喜欢和他人一起学习。

(二)认知风格差异

认知风格差异指个体在加工处理信息方式上存在的差异。这些差异既包括认知过程差异,也包括人格形成和认知能力与功能差异。认知风格差异是影响教学活动的最根本因素。

1. 认知风格的类型及教育意义

1)场独立型与场依存型

美国心理学家赫尔曼·威特金(按个体认知倾向性把认知风格分为二种:一是场独立型。判断客观事物有自己内部的参照,不易受外部因素影响和干扰。二是场依存型。判断客观事物倾向于以外部参照为依据,难以摆脱环境因素的影响,其态度和自我知觉易受他人特别是权威的影响和干扰,善于察言观色,注意并记忆言语信息中的社会内容。场独立型和场依存型与教学的关系可从两个方面进行考察:

(1)从学生学习上看,场依存型和场独立型与学生学习有密切关系。一是场独立型学生偏爱自然科学,数学成绩较好,两者呈显著正相关,学习以内在动机为主;场依存型学生偏爱社会性学科,学习更多依赖外界反馈,对人比对事感兴趣。因为数学和自然科学更需要独立思考,不考虑或少考虑社会关系及其影响。二是场独立型学生善于运用分析的知觉方式,场依存型学生偏爱非分析的、笼统的或整体的知觉方式。三是场独立型学生倾向于冲动、冒险,凡事以个人意志为主;场依存型学生较为谨慎,不愿冒险。四是场独立型学生喜欢独立进行学习活动,有自我定义的学习目标,能对内在强化做出反应,喜欢对自己的学习进行规划和重新构造,愿意发展自己的学习策略。场依存型学生倾向于小组学习,即频繁地与同伴和教师互动,需高水平的外在强化指导,需在学习活动中有明确的目标和结构。

五是场独立型和场依存型学生的差异影响学生职业选择和大学生课程选修。一般来说，场独立型学生倾向于选择理工科院校或课程，场依存型学生倾向于选择人文学科或教育学科。六是场独立型和场依存型学生的差异影响学生对教学的偏好：场独立型学生独立学习能力较强，容易适应结构不严密的教学方法；场依存型学生独立学习能力较差，更喜欢结构严密的教学方法。但这两种差异对学习成绩造成的影响差异不大。

（2）从教师教学方法看，一是场独立型教师喜欢数学和自然学科，讲课注意教材的结构和逻辑，偏向于使用较正规的教学方式；而场依存型教师对教材的结构不讲究，喜欢与学生相互作用，喜欢讨论。如果师生风格相同，教学效果就好。二是场独立型教师趋向于指引的和以任务为定向的教学，而场依存型教师则趋向于不指引的和以学生为定向的教学。三是教师认知方式显著影响对学生的期望。场独立型教师对学生评价严格，要求较高；而场依存型教师评价学生较宽松，要求低。四是师生在场依存型或场独立型上匹配与不匹配对学习影响方面，当师生认知风格类型完全匹配时，学生学习适应性（指学习成绩、学习态度、师生关系等）最好；不匹配的学生学习适应性较差；部分匹配的学生学习适应性居中。五是学生成绩与师生的场定向有关，场独立型教师教出来的学生比场依存型教师教出来的学生收获更多，达到的成熟性随师生认知方式的不同结合而发生变化。

2）沉思型和冲动型

杰罗姆·凯根按认知反应速度和准确性把认知风格分为：①沉思型。特点是反应慢、精确性高。在解决问题时，不急于求成，而是在深思熟虑的基础上分析各种可能性，解决问题强调精度而非速度，错误率较低。其信息加工策略多为细节性加工方式。这类学生的阅读能力、记忆能力、推理能力、创造力等较强。②冲动型。在解决问题时，往往缺乏多方面思考，急于求成，一般错误率较高。其信息加工策略多为整体加工方式，完成需做整体解释的学习任务时，成绩较好。但存在阅读困难、学习能力缺失、成绩不太好等问题。

研究发现：沉思型学生与冲动型学生相比，表现出具有更成熟的解决问题的策略，能提出更多的不同假设；能较好地约束自己的行为，忍受延迟性满足，比冲动型学生更能抗拒诱惑。此外，沉思型学生与冲动型学生的差别还在于，沉思型学生容易自发或在外界的要求下对解答做出解释；冲动型学生则很难做到，即使外界要求必须做出解释时，他们的回答也往往是不周全、不合逻辑的。

学习方面，沉思与冲动两种方式存在明显差异。一般来说，沉思型学生阅读成绩好，再认测验及推理测验成绩也好，且在创造性设计中成绩优秀；而冲动型学生往往阅读困难，较多表现出学习能力缺失，学习成绩常不及格。不过，在某些涉及多角度的任务中，冲动型学生表现较好。

由于阅读、推理之类的任务需仔细分辨概念，因而粗心大意的学生处于不利地位，尤其是当一个问题的答案不能直接得到，需要从一开始就仔细阅读材料，注意分析各种可能的条件时，更是如此。为了帮助冲动型学生改正他们的缺点，心理学家着手创造一些训练方法，对他们的不良认知方式进行纠正。研究表明，单纯提醒学生，要他们慢一些做出反应，对他们并无帮助。但通过教他们具体分析、比较材料的构成成分，注意并分析视觉刺激，对改善他们的冲动型认知行为较为有效。也有人让冲动型学生大声说出自己解决问题的过程，进行自我指导，当获得连续成功以后，由大声自我指导变成轻声低语，而后变成默默自语。目的是训练冲动而又粗心的学生有条不紊、细心地进行学习和解决问题。这种具体训练收到了较好的效果。

3）整体性策略和系列性策略

英国心理学家戈登·帕斯克按解决问题的方法把认知风格分为：①整体性策略。学生解决问题时倾向于使用较复杂的假设，每个假设同时涉及若干假设。具有这种策略的学生，在学习中的视野较宽，不是遇到问题就立即着手一步一步地解决。②系列性策略。学生解决问题时倾向于把精力集中在一步步的策略上，提出的假设一般较简单，每个假设只包括一个属性。具有这种策略的学生在学习中一般把重点放在解决一系列具体问题上，通常按顺序一步一步地前进，只是在学习结束时才对所学内容形成较完整的看法。

4）内倾型和外倾型

瑞士心理学家卡尔·荣格按反应倾向把认知风格分为：①外倾型。行为指向外部世界，思维受客观事实支配，情绪外露且起伏较大，比较乐观。②内倾型。按个人价值观和标准评判外部事件，思维受个人对事物的理解和看法影响，情绪一般不外露且变化不大。外倾和内倾这两种性格与学生学业成绩确实存在关系，但这种关系并不是直接的。

5）辐合型和发散型

美国心理学家吉尔福特按探索问题答案方向把认知风格分为：①辐合型。个体在解决问题过程中常表现出辐合思维特征，即搜集或综合信息、知识运用逻辑规律，缩小解答范围，直至找到最适当的唯一正确答案。②发散型。个体在解决问题的过程中常表现出发散思维特征，即个人的思维沿着不同的方向扩展，使观念发散到各有关方面，最终产生多种可能的答案，甚至产生有创见的新观念。

2. 认知风格的情感、意动要素及教育意义

认知方式的情感、意动要素涉及多个方面：

1）同时性加工和继时性加工

达斯等人根据脑功能研究把认知方式分为：①同时性加工。在解决问题时，采取宽视野的方式，同时考虑多种假设并兼顾解决问题的各种可能。达斯等人认为，同时性加工风格是右脑的优势。②继时性加工。在解决问题时，个体一步一步分析问题，每个步骤只考虑一种假设或一种属性，提出的假设在时间上有明显的前后顺序。达斯等人认为，继时性加工风格是左脑的优势。

同时性和继时性不是加工水平的差异，而是认知方式的差异。

2）内控性和外控性

“控制点”概念最早由海德提出，心理学家罗特根据控制源（个体对行为或事件结局的一般性看法）把认知方式分为：①内控性。相信自己从事的活动及结果由自己决定，自己的能力和努力能控制事态发展。②外控性。相信自己受命运、运气、机遇和他人摆布，即外部力量主宰自己的行为。个体的不同控制源主要通过影响个体的成就动机、投入任务的精力、对待任务的态度和行为方式、对奖励的敏感性及惩罚或分数的意义、责任心和对待教师的态度等而影响学习。

3）正常焦虑与过敏性焦虑

焦虑是对当前或预计对自尊心有潜在威胁的情境的反应倾向。按焦虑性质把焦虑分为：①正常焦虑。由客观情境对个体自尊心可能构成威胁而引起的一般性焦虑。它不是指适当水平的焦虑，可能过高或过低，这取决于自尊心受到威胁的程度。②过敏性焦虑。由自尊心遭到严重伤害而引起的焦虑。受伤害程度越强，过敏性焦虑水平越高。

焦虑对学习产生的影响主要取决于学生能力的高低。一般来说，随着小学生能力的逐步提高，焦虑对学习成绩的影响会失去其消极作用。此外，就学习情境压力与焦虑的关系来看，一般是焦虑水平低者在压力大的学习情境下学习效果较好，而焦虑水平高者则适合压力较低的学习情境。

4）高坚持性与低坚持性

学习坚持性指学生遇到学习困难与障碍或外界无关刺激影响时坚持努力的程度。按学习持续时间可把学习坚持性分为：①高坚持性。学习有耐心，有探索精神，喜欢富有挑战性的学习任务；面对学习困难和学习挫折不气馁，坚持不懈，克服困难，勇往直前，直至完成学习任务。②低坚持性。学习自觉性不理想，学习兴趣易变，不喜欢有较大难度的学习任务，不能承受学习挫折，一旦遇挫就会灰心后退。他们的学习行为需要更多的外部督导和通过与他人的合作完成。

小学生坚持性的高低受到学习情境、学习任务的吸引程度、学习态度、动机水平以及成人榜样等多种因素的影响。此外，小学教师或家长可以通过提供积极的反馈来改善小学生的坚持性，尤其是根据小学生的个人目标进行反馈，效果更佳。

总之，认知方式没有好坏之分，只是表现为小学生对信息加工方式的某种偏爱，主要影响小学生的学习方式。智力是影响学习的重要因素，是学习成绩的一个可靠预测指标，但智力并不影响学习能否发生，主要影响学习速度、数量、巩固程度和学习的迁移。

三、性别差异与教学

关于男女生学习心理条件和素质是否存在差异，一般智力比较研究有四种观点：

（1）男生优于女生。卡迈特用经修订的比纳－西蒙量表测验中小学生，发现男生的一般智力普遍优于女生。

（2）女生优于男生。韦斯勒通过其成人智力测验量表智力测验标准化样本，发现每一年龄组中的女性的一般智力优于男性。

（3）男女无差异。在男女智力平均差异方面，大部分研究结果显示无显著差异。

（4）男女各有所长。“阶段差异论”认为，男女智力发展变化与年龄特征有密切关系，两性间的差异表现出明显的阶段性。普瑞森的研究表明，在14岁以前女生的一般智力优于男生，在16岁以后男生的一般智力占优势。

男女生一般智力存在较大差异的观点缺乏有力证据，但许多研究表明：男女生在某些具体能力上确实存在差异。性别差异研究中的“局部差异论”认为：男女生在智力总体水平上无明显差异，但在构成智力结构的某些方面存在不同程度的差异，如语言文字表达方面女生优于男生，但空间思维、数学能力方面男生优于女生。不过这种差异存在明显的阶段性，即在青春期以前，女生略优于男生，但在高中和大学阶段，尤其是在学习高等数学方面,男生数学能力明显优于女生。

空间想象方面,根据美国心理学家瑟斯顿研究,男生空间认知能力明显高于女生,尤其是在心理旋转和空间知觉方面。但对此研究仍有人提出了异议,认为不能一概而论男生的空间认知能力一定比女生强,个体间还存在很大差异。况且男女生学习的心理条件和素质不完全是由生理解剖特点所致,相当部分是由后天社会性别环境和性别教育所致。所以,小学教师在教学和指导小学生学习上要科学、客观地正视他们的性别学习差异,采取科学的指导方法提高小学生的学习效果。

能力训练

一、单项选择题

1.决定个体的外显和内隐行为并使其与他人的行为有稳定区别的综合心理特征,是(　　)。

A.人格　　B.性格　　C.态度　　D.认知风格

2.人格具有多层次、多维度、多侧面,有低级与高级、主要与次要、主导和从属之分。这是描述个性的(　　)。

A.整体性　　B.独特性　　C.稳定性　　D.社会制约性

3.一个人不依活动目的和内容而转移的典型的、稳定的心理活动的动力特性是(　　)。

A.个性　　B.性格　　C.气质　　D.能力

4.气质类型是(　　)的外部表现。

A.心理过程　　B.对事物的态度

C.高级神经活动类型　　D.认识倾向

5.高级神经活动类型特性在年龄很小时(　　)。

A.几乎没有什么表现　　B.表现不特别明显

C.表现很明显　　D.人与人之间无差别

6.具有核心意义的心理特征,也是人与人之间的差异体现的是(　　)。

A.气质　　B.性格　　C.需要　　D.动机

7.教育应当根据人的气质差异因势利导,对此陈述不正确的一项是(　　)。

A.胆汁质的人脾气暴躁,应当采取暗示性的教育,以防引起他的逆反心理

B.抑郁质的人比较敏感,教育者要引导其积极思想,防止他产生自卑心理

C.黏液质的人很固执,教育起不了什么作用,要顺其自然

D.多血质的人灵活多变,易于教育,但要防止他重蹈覆辙

8. 个体在认知活动中加工和组织信息时所显示出来的独特而稳定的风格，称为(　　)。

A. 性格　　B. 认知风格　　C. 学习策略　　D. 定式

9. 有些学生习惯用有格作业纸，这样才能将作业写整齐，这体现了教育心理学中的(　　)理论。

A. 场独立型　　B. 场依存型　　C. 继时性加工　　D. 同时性加工

10. 下列(　　)认知风格是采用整体性策略。

A. 冲动型　　B. 沉思型　　C. 场独立型　　D. 场依存型

二、辨析题(先判断正误，再简要概括理由)

1. 人格的独特性是一个人与他人内在的区别，所以也叫人格的差异性。(　　)

2. “江山易改，秉性难移”说明气质是不可改变的。(　　)

3. 场依存型的学生更多地希望得到老师和同学的认同。(　　)

4. 场独立型的小学生比场依存型的小学生更容易在学习中获得成功。(　　)

5. 场独立型学习风格优于场依存型学习风格。(　　)

三、简答题

1. 性格差异的教育意义是什么?

2. 认知风格的类型有哪些?

四、论述题

论述气质差异的教育意义。

第三部分 小学生学习心理

第二章 学习本质及其理论

- **教学目标：**了解人类学习的特点、学生学习的特点，识记学习、有意义学习、强化、观察学习、先行组织者、掌握学习等概念，列举学习的分类，掌握小学生学习的特点，分析行为主义学习理论、认知主义学习理论、人本主义学习理论、建构主义学习理论。
- **教学重点：**学习本质。
- **教学难点：**建构主义学习理论。
- **教学内容：**

（1）学习本质。

（2）学习理论。

内容提要

- 学习本质及其理论
  - 学习本质
    - 学习的内涵
    - 学习的特点
    - 学习的分类
  - 学习理论
    - 行为主义学习理论
      - 经典条件反射理论
      - 联结学习理论
      - 操作条件反射理论
      - 社会学习理论
    - 认知主义学习理论
      - 顿悟学习理论
      - 认知发现学习理论
      - 认知同化理论
    - 人本主义学习理论
    - 建构主义学习理论
      - 知识观
      - 学习观
      - 学生观
      - 师生的角色
      - 学习环境
      - 教学设计

案例

鲁迅13岁时，祖父因科场案被逮捕入狱，父亲长期患病，家里越来越穷，他经常到当铺当掉家里值钱的东西，再到药店给父亲买药。有一次，父亲病重，鲁迅一大早就去当铺和药店，回到私塾时已经开始上课了。老师生气地说："十几岁的学生，还睡懒觉，上课迟到。下次再迟到，就别来了。"

鲁迅听了点点头，没有为自己做任何辩解，低着头默默回到自己的座位上。

第二天，他早早来到私塾，心里暗暗许下诺言："以后一定要早起，不能再迟到了。"

以后的日子里，父亲的病更重了，鲁迅更频繁地到当铺去当东西，然后到药店去买药，家里很多活落在了鲁迅肩上。他每天天不亮就早早起床料理家事，然后再到当铺和药店，之后又急急忙忙地跑到私塾去上课。虽然家里负担很重，可是他再也没有迟到过。

在那些艰苦的日子里，每当他气喘吁吁地准时跑进私塾，他都会觉得开心，心想："我又一次战胜了困难，又一次实现了自己的诺言。我一定加倍努力，做一个信守诺言的人。"

什么是学习？学习是怎样发生的？学习有哪些类型和规律？心理学家对这些问题的大量研究形成了各种各样的学习理论。掌握学习理论不仅有助于小学教师准确了解小学生的学习情况，科学预测、干预和指导小学生的学习，还有助于小学教师结合实际研究和设计教学，提高教与学的效率和质量，促进小学生学习能力的提高。

第一节　学习本质

无论是简单的知觉学习还是复杂的思维学习都存在复杂的心理过程，这就需要我们正确认识和掌握学习的本质、特点及类型。

一、学习的内涵

1885年，德国心理学家艾宾浩斯的《记忆》一书开创了学习研究的先河。其后，学习逐渐成为心理学研究的专门领域。但不同心理学流派关于学习的定义有不同的观点，其中影响最大的是行为主义心理学和认知心理学。

行为主义心理学认为，人与动物没有本质上的区别，任何学习都是由经验引起的相对持久的行为变化，如警犬能协助警察破案，但家犬就没有这种行为。用行为变化定义学习，可使学习成为能观察和测量的概念,这是其优点。但学习就一定能导致行为变化吗?如两个小学生通过玩积木训练都学会了各种玩法,但一个小学生获得的结论是“好玩”,另一个小学生获得的结论却是“能促进自己思考”。这种认识上的变化就很难通过观察行为来获得。所以,用行为变化来说明学习的本质并不完全可靠。

认知心理学在上述定义的基础上进行了修正。加涅在《学习的条件与教学理论》一书中认为,学习是因经验或练习引起的人的心理倾向和能力的持久变化,这种变化不能简单地归结于生长过程。仅用内部变化定义学习也存在问题,因为内部变化不能直接观察,只能通过外部行为表现来推测学习是否发生,但这种推测可能不准确甚至是错误的。鲍尔和希尔加德在《学习论》一书中把学习定义为“主体在特定情境中由重复经验引起的行为或行为潜能的相对持久的变化”,认为“这种变化不能根据先天反应倾向、成熟或暂时状态解释”。这就说明学习导致的变化既有看得见的行为变化也有看不见的思想变化,这就更接近于学习本质。

在此把学习界定为:学习是主体与环境相互作用引起的行为或行为倾向的相对持久变化,是人与动物共有的现象。

理解学习的含义需要注意下列问题:一是学习一定会造成某种变化,无论这种变化能否被观察到;二是学习造成的变化是相对持久的,偶然的变化不是学习造成的;三是学习造成的变化由经验或练习导致,必须排除生理成熟或先天反应倾向导致的变化。

二、学习的特点

学习是人和动物普遍存在的现象,是有机体适应环境的有效手段。人类学习有其自身的特点。

(一)人类学习的特点

辩证唯物主义认为,人与动物存在本质区别。因此,人类与动物的学习也存在本质区别。

1. 社会性(或间接性)

人类学习既要在社会生活和实践中获得直接经验又要获得社会历史经验(间接经验),但以获得间接经验为主,即对抽象的语言文字等符号系统(第二信号系统)建立条件反射;动物学习则限于通过自身活动获得直接经验,即对具体的信号系统(第一信号系统)建立条件反射,不可能获得内容和形式丰富的间接经验。

2. 以语言为中介

人类学习是以语言为中介进行的。语言是抽象化和概括化的事物和事物间关系的信号,它扩大了人类掌握社会历史经验的可能性,使人类既能掌握具体经验也能掌握抽象概括的间接经验;而动物因为没有像人类一样的语言,学习只能是对刺激做出直接的反应。正因为如此,维果斯基指出,儿童以语言为中介才促成了低级心理机能向高级心理机能的转化。所以,以语言为中介进行学习是人类学习与动物学习的本质区别。

3. 积极主动性

人类学习既是有目的、自觉、主动地认识世界、适应环境的过程,也是积极作用于环境、改造世界和自己的过程；动物学习只是被动、盲目地适应环境的过程。

总之，人类与动物的学习是根本不同的，用动物学习说明人类学习会从根本上抹杀人类学习的社会性。

（二）学生学习的特点

学生处于身心发展的不成熟期，其学习与一般人类学习既有共性，也有其特殊性。只有充分认识到学生学习的特殊性，教育教学才能真正促进学生的学习和发展。学生学习具有下列特点：

1. 间接性

学生学习不排除直接经验的获得，但以掌握间接经验为主。学生掌握间接经验能缩短认识客观世界的过程，把学习与社会历史联系在一起，为自身发展奠定良好的基础。

2. 接受性

接受性是学生学习的根本特点。学生学习是在教师的指导下，有目的、有计划和有组织地系统接受间接经验的过程。这一过程能避免人类认识上的曲折性和反复性。

3. 被动性

学生学习是主动建构经验和意义的过程。当学生不能意识到当前学习与将来实践的关系时，就需要教师培养和激发学生的学习动机，提高学生学习的主动性和积极性。

4. 巩固性

学生在有限的时间内学习大量的间接经验容易遗忘，这就需要学生及时复习才能巩固所学的间接经验。

（三）小学生学习的特点

与大中学生相比，小学生学习既具有学生学习的一般特点，又具有其年龄阶段所独有的特点。钟以俊在《现代学习原理与学法指导》一书中将其概括为：

1. 直观－操作性

小学生的思维具有具体形象性，其学习主要是通过实物、模型及其形象性言语感知、操作获得基本经验。在教育教学活动中，恰当的直观方式与操作活动能促进小学生思维由具体形象性向抽象逻辑性转变。

2. 指导－模仿性

小学生的学习方式还没有定型，其学习是在小学教师的指导下，通过模仿小学教师教授活动及同伴活动获得基本经验等。因此，小学生良好的学习习惯的形成有赖于小学教师的指导。

3. 基础－再现性

小学生的学习以获得和再现最基础、最基本的知识经验、行为规范、态度并将其内化为个体经验为主，而不是掌握前沿性知识或创造、发现新知识。这一特点并不排斥小学生创造性的培养。因为小学生在系统的知识学习中，既能掌握创造所需的基本知识与技能，又能学习前人创造的科学方法和态度。

小学生学习的上述特点要求小学教师重视培养其良好的学习习惯和正确的学习态度，重视引导小学生掌握基本的学习策略和学习方法，使其初步具备学会学习的能力。

三、学习的分类

学习的分类是教师确定教学目标、选择教学方法、指导和评价学生学习的依据。由于学习存在学习对象、内容、形式和水平等方面的区别，这就可以用不同的标准对学习进行分类。目前，比较有代表性的学习分类如下：

（一）加涅的分类

美国教育心理学家加涅从两个维度对学习进行了分类。

1. 根据学习层次（或水平）分类

1965 年，加涅在《学习的条件》一书中把学习分为八种类型：

（1）信号学习。相当于经典条件反射，是有机体对某种刺激信号做出的一般性反应，是最简单的学习。信号学习取决于有机体先天的神经组织，包括不随意反应和情绪学习。其学习过程是"刺激—强化—反应"。如儿童看见闪电就捂起耳朵，表现出恐惧，这种恐惧就是由信号学习引起的。

（2）刺激 - 反应学习。相当于操作性条件反射。强化在这类学习中起关键作用。其学习过程是"情境—反应—强化"。如儿童因帮助他人获得表扬，多次以后变得乐于助人了。

（3）连锁学习。又称系列学习，是一系列刺激与反应的联合。个体先习得单个刺激—反应的联结，再按特定顺序反复练习，通过获得必要的强化最终将单个刺激—反应联结联系起来构成一个整体。如学习蛙泳，先分别学会手臂划水并夹水、蹬腿并夹水、抬头呼吸三个动作，最后通过大量的练习将这三个动作组成一个和谐的整体动作。

（4）言语联想学习。其实质是连锁学习。如学生将单个语词按一定语法规则组成句子，形成语词的联合。

（5）辨别学习。识别和区分多种刺激异同并做出反应，既包括简单的辨别，如对不同形状、颜色的物体做出不同反应，也包括复杂的多重辨别。如对形近字、近音字做出正确反应。

（6）概念学习。对刺激进行分类并对同类刺激做出相同反应。这种反应基于事物的某些特征而做出，其实质是对同类事物的共同关键特征做出反应。如概括出三角形、圆的定义。

（7）规则学习。又称原理学习，即理解和掌握概念间的关系，学习概念间的联合。如各种公式、定律、定理的学习。

（8）解决问题学习。又称高级规则学习，即在各种条件下应用原理或规则解决问题。

上述八类学习是由低级到高级、从简单到复杂的。其中，前三类学习是简单的反应，为人和动物所共有，后五类学习是人类所特有的。1985 年，加涅又将上述八类学习概括为连锁学习、辨别学习、具体概念学习、定义概念学习、规则学习和高级规则学习六类。

2. 根据学习结果分类

1977 年，加涅又依据学习结果将学习分为五种类型：

（1）言语信息学习。记忆用言语信息传递的内容，是关于"是什么"的学习。言语信息学习又分为三小类：一是符号记忆，包括对人名、地名、单词等的记忆，如知道江西又名"赣"，葡萄的英文为"grape"等；二是事实记忆，如知道"北京是中国的首都""麻雀是一种鸟"等；三是有组织整体的知识记忆，如记忆数的整除知识、四季成因等。

（2）智慧技能学习。学习运用概念和规则加工处理外界符号和信息，是关于“怎么做”的学习。这类学习以学习辨别、概念、规则、问题解决为主。辨别是最基本的智慧技能，在此基础上能形成复杂的概念、定义、规则及解决问题的能力等高级智慧技能。

（3）认知策略学习。学习运用如何学习、记忆、思维的规则支配学习、记忆或认知行为并提高认知的能力。认知策略学习就是学习对内调控认知活动的特殊技能，如学生用谐音联想法记忆圆周率、用思维导图学习历史等。

（4）态度学习。形成影响行为选择的内部状态或倾向。如爱祖国、关注社会发展、乐于助人、学习认真刻苦等。

（5）动作技能学习。学习完成动作、协调骨骼和肌肉活动的技能技巧。动作技能学习离不开认知学习，因为动作技能由一整套步骤或动作构成，学习某个动作技能必须掌握组成动作技能的规则和程序。

上述五类学习不存在等级和顺序关系，是不同范畴的学习，体现了人类学习的特点，尤其符合学生学习的性质。

（二）布卢姆的分类

1956年，美国教育家布卢姆在《教育目标分类学·认知领域》一书中把教育目标分为认知、情感和动作技能三大领域。依据这一教育目标分类将学习分为三种类型。

1. 认知领域的学习

认知领域的学习由低到高分为六个层次：

（1）识记。记忆学习过的知识，包括识记具体事实、概念、原理、方法、过程、理论等知识，是最低层次的学习。常用词如说出、背诵、辨认、回忆、指出等。

（2）领会。把握知识的意义，包括转换（用自己的话或用与原先不同的方式表达所学内容）、解释（对某一信息进行说明或概述）、推断（对事物的发展趋势的推测）三种方式。常用词如描述、解释、选择、区别、归纳、举例说明、列举等。

（3）运用。将所学的概念、原理、原则、方法等知识运用于新情境，解决实际问题。运用以识记和领会为基础，是较高水平的理解。常用词如运用、计算、改变、说明、证明、利用等。

（4）分析。把复杂的知识整体分解为各组成部分并理解各部分间的联系。包括各部分的区分、各部分间关系的分析、对复杂知识组织结构的认识，如区分因果关系、识别观点等。分析比运用复杂，既要理解知识内容又要理解其结构。常用词如分类、比较、评论、猜测、举例说明、图示等。

（5）综合。将零散的概念或知识、原理、原则与事实等统合成知识整体。如写一篇文章、拟一项计划或概括出材料的抽象关系。综合强调创造能力。常用词如编写、设计、提出、排列、组合、建立、形成、重写、归纳、总结等。

（6）评价。依据某种标准对材料进行价值判断，如判断某结论有无充分证据支持，评价某文章的水平与价值等。评价是最高层次的学习，它要求超越原有的学习内容，综合多方面知识并基于一定的标准才能做出。常用词如鉴别、讨论、评价、判断、总结、证明等。

2. 情感领域的学习

情感领域的学习由低到高分为五个层次：

(1)接受。对某种现象和刺激的感知,是最低层次的学习。

(2)反应。主动注意刺激对象。

(3)价值判断。对接触的事情、现象或行为感到有价值,表现出积极的态度。

(4)价值组织。个体评价事物价值时发展自己的价值系统。

(5)个性化。将价值系统内化,成为个性的一部分并按信念行事。

3. 技能领域的学习

技能领域的学习由低到高分为七个层次:

(1)知觉。了解物体的性质和关系,包括感官刺激、线索选择、转换三部分。

(2)心向。心理准备状态,包括心理、身体和情绪三个方面,为某动作做准备。

(3)引导的反应。在别人的指导下表现出的明显动作,包括模仿和尝试错误。

(4)机械练习。反复练习所学动作,养成习惯。

(5)复杂的反应。个体能表现复杂的动作和行为。

(6)适应。表现为配合状态调整的能力。

(7)创作。创作出新的行为方式及动作。

(三)奥苏贝尔的分类

1978 年,美国教育心理学家奥苏贝尔在《教育心理学——认知观点》一书中从两个维度对学习进行了分类。

1. 根据学习方式分类

根据学习方式把学习分为两种类型:

(1)发现学习。由个体自己从学习材料中发现意义的学习。如 2.5 ~ 3 岁的幼儿能掌握人称代词“你、我、他”的含义,但这三个词的含义不能通过告知方式获得,因为他们不能理解“我”表示自己、“你”表示对方、“他”表示第三方。但在与他人的交往中,幼儿逐步掌握了“你、我、他”三个代词,表明他们在实践中发现了这三个代词的含义。

(2)接受学习。通过告知的方式获得知识及意义的学习。如妈妈拿着一个苹果对幼儿说“苹果又叫‘apple’”,多次重复后问幼儿“苹果又叫什么?”,幼儿就会说“apple”,表明幼儿习得了苹果的英文名称。奥苏贝尔认为,接受学习是学生课堂学习的主要形式。

2. 根据学习性质分类

根据学习性质也将学习分为两种类型:

(1)机械学习。学生通过反复背诵学习材料的学习。如记忆人名、地名、年代等。

(2)有意义学习。学习符号代表的知识并用于解决问题。有意义学习又分为符号表征学习(学习单个符号或一组符号的意义,包括符号和符号指称的人、事、物或性质)、概念学习(掌握一类事物的本质特征)、命题学习(掌握概念间的关系,是有意义学习的核心成分)、概念和命题的运用(在简单情境中的运用)、解决问题与创造(概念和命题在复杂情境中的运用)五小类。

(四)冯忠良的分类

我国教育心理学家冯忠良等人在《教育心理学(第 2 版)》一书中,根据学习内容把学习分为三种类型:

1. 知识学习

知识学习指通过心智活动接受和占有知识，在头脑中建立相应的认知结构的学习。知识学习通过领会、巩固与应用三个环节完成，解决个体的认识问题，即解决知与不知、知之深浅等问题。

2. 技能学习

技能学习指了解和掌握活动法则与活动结构、执行方式，获得动作的执行经验，解决会不会等问题。

3. 行为规范学习

行为规范学习指把外在的行为要求转化为主体行为需要的内化过程，包括对行为规范的依从、认同、信奉三个阶段，涉及认识、执行和情感问题，比知识、技能学习更复杂。

此外，根据人类学习使用的感官将学习分为视觉型、听觉型、动觉型三类，根据学习主体将学习分为动物学习、人类学习、机器学习三类，根据意识水平将学习分为内隐学习、外显学习两类，等等。

第二节　学习理论

学习理论是心理学家对学习的本质、过程、机制、条件及影响因素等的系统阐述。不同的心理学流派对学习有不同的看法，这就形成了不同流派的学习理论。

一、行为主义学习理论

行为主义学习理论产生于20世纪初，以巴甫洛夫、桑代克、斯金纳、班杜拉等为代表。该理论认为，学习是刺激与反应的联结。

（一）经典条件反射理论

巴甫洛夫是苏联著名的生理学家、心理学家、高级神经活动学说的奠基人，条件反射理论的创立者。

巴甫洛夫认为，借助于某种刺激与反应间的已有联系，有机体经过练习可建立另一种中性刺激与同样反应间的联系。根据这一假设，巴甫洛夫进行了狗分泌唾液的实验研究并建立了经典条件反射理论（如图3-1所示）。

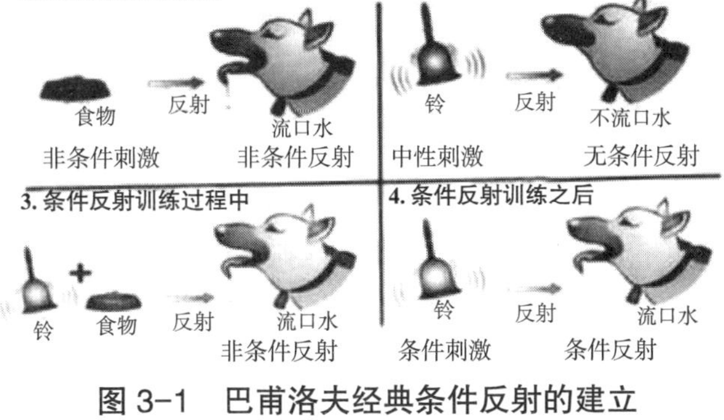

图3-1　巴甫洛夫经典条件反射的建立

1. 学习的实质

巴甫洛夫认为,所有学习都是联系的形成,而联系的形成就是思想、思维、知识。因此,学习的实质就是大脑皮层暂时神经联系的形成、巩固与恢复过程。

2. 学习的规律

学习是条件刺激与条件反射之间形成巩固联系的过程。这一过程包含下列学习规律:

(1)获得与消退。获得指条件刺激与无条件刺激多次结合能加强条件反射;消退则指对条件反应不再重复呈现无条件刺激,即不予强化,反复多次后已形成的反应会逐渐消失。

(2)泛化与分化。泛化指有机体对类似条件的刺激也能做出相同条件反应的现象,分化则指有机体能区分与条件刺激相似的刺激的现象。泛化和分化是互补的,泛化对事物相似性做出反应,分化则对事物差异性做出反应;泛化能促进学习迁移,分化则能对相似情境做出不同反应。

巴甫洛夫作为传统心理学领域外对心理学发展影响最大的人物之一,利用条件反射方法对人和动物的高级神经活动做了各种推测,发现了人和动物学习的基本机制,为行为主义心理学的建立提供了科学基础。正如华生所说,经典条件反射理论是行为主义学说和方法论的“拱门下的拱心石”。

(二)联结学习理论

美国教育心理学家桑代克最早运用科学实验的方法系统研究学习规律,是联结学习理论的创始人。1903 年,桑代克的《教育心理学》被公认为教育心理学成为独立学科的标志,他也被誉为“现代教育心理学之父”。

迷箱实验:将一只饿猫放入迷箱中,猫可从箱内看到箱外的食物(如图 3-2 所示)。猫为逃出迷箱获取箱外食物,必须学会触动箱内的某种特殊装置,如按压踏板或拉动绳线,使箱门打开。猫最初在箱内表现出乱跳、撕咬栏杆、碰撞箱壁等盲目、尝试性的无关动作,偶尔碰到踏板或拉动绳子而打开箱门,得到箱外食物。通过多次反复实验,猫逐步减少了盲目、随机、无效的动作,最后一被放入箱内即能很快触动装置把门打开。①

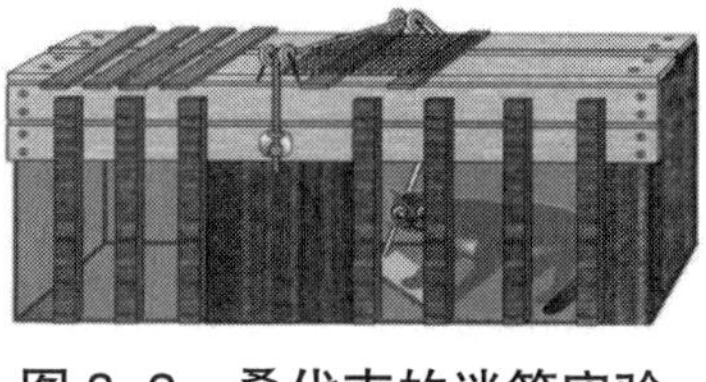

图 3-2 桑代克的迷箱实验

1. 学习的实质

桑代克发现,随着实验次数的增加,猫打开迷箱的时间逐渐减少,由此提出了联结学习理论,或尝试-错误说。1898 年,他在《动物的智慧:对动物的联系过程的实验》一文中将这一理论总结为:动物的学习是一个渐进的盲目尝试、逐步减少错误的过程,是情境(迷箱内部结构)与正确反应(拉绳开门)间建立联结的过程,即 S-R 联结。

① 简妮·爱丽丝·奥姆罗德. 学习心理学:第 6 版 [M]. 汪玲,廖凤林,罗峥,译. 北京:中国人民大学出版社,2019:43.

2. 学习的规律

桑代克认为，学习的实质就是建立刺激与反应的联结，学习过程就是“尝试—错误—再尝试”的往复过程。这一过程遵循三条基本规律：

（1）准备律。当学生具有某种学习心向时，学习就会产生满意感，反之则会产生烦恼感。如小学教师不提前告知小学生就进行突袭式考试就没有遵循准备律。准备律把准备（学习心向）视为一种动机，某种活动能否引起学生的兴趣，关键在于它能否满足学生的需要。

（2）练习律。刺激与反应的联结经过练习就会牢固，不练习就会减弱，长时不练习联结的力量就会变小。桑代克认为，练习律由两个次律组成：一是应用律，已形成的联结加以应用会变强；二是失用律，已形成的联结不应用会变弱。如学生不断复习和练习学过的知识，就会更加牢固地掌握这些知识，否则就会逐渐遗忘。

（3）效果律。刺激与反应建立的联结伴随满意时力量会增强，伴随烦恼时力量会削弱。如学生在学习过程中获得的各种正面或负面的反馈意见会加强或减弱其在头脑中已形成的某种联结。

桑代克是第一位从事动物学习实验研究的心理学家，其联结学习理论对西方教育心理学产生了巨大影响。一是桑代克依据动物学习实验结果系统阐述了学习的过程和规律，这成为西方最早、最系统的学习理论；二是桑代克的动物学习实验研究为后人研究学习奠定了基础；三是桑代克推动了教育心理学学科的独立。但联结学习理论也受到了各种批评。一是以生物学和本能论为学习理论基础，把复杂的学习过程简单等同于刺激与反应联结，抹杀了人类学习的社会性和能动性；二是把人类的学习简单化为“试误”，忽视了认知、观念和理解等心理因素的作用，具有机械主义倾向；三是把学习视为刺激与反应的直接联结，忽视了研究学习的内在过程，对行为主义产生了深刻影响；四是联结学习理论源于动物学习实验研究，没有真正揭示人类学习的本质。

（三）操作条件反射理论

美国教育心理学家斯金纳是对学习心理学影响最大的行为主义心理学家，他在巴甫洛夫经典条件反射理论的基础上创立了操作条件反射理论。

斯金纳将有机体行为分为应答性行为和操作性行为，认为应答性行为是由特定刺激引起的不随意反射性反应，操作性行为是不与特定刺激联系的、有机体自发的随意反应。因此，条件反射就可分为刺激性反射（经典条件反射）和反应性反射（操作性或工具性条件反射）。他将重点放在操作条件反射上，认为有机体的多数行为是操作性行为，这种行为在实际的学习情境中更具有代表性。

斯金纳认为，人或动物为达到某种目的会采取一定行为作用于环境，当行为后果对自己有利时就会在以后重复出现这种行为，不利时这种行为就会减弱或消失。因此，人们可以用正强化来影响他人的行为。这就是操作条件反射理论或称强化理论、行为修正理论。操作性或工具性条件反射，是指有机体通过自身活动或操作使行为受到强化而建立的条件反射。

1. 学习的实质

斯金纳认为，学习的实质是行为反应概率的变化，强化在其中起重要作用。所谓强化，就是指通过某一事物或事件增强或削弱某种行为的事件或过程，其作用是按照人的心理过

程和行为规律对人的行为给予导向并加以规范、修正、限制和改造,

斯金纳箱(如图 3-3 所示)实验:1938 年,斯金纳改进了桑代克的迷箱装置,设计出了斯金纳箱。箱壁的一边有一个供按压的操作杆,操作杆旁的箱壁上有一个小孔,通过小孔能看见箱外的食物释放器和食物。动物在箱内按压操作杆就能从小孔中获得食物。将一只禁食 24 小时的小白鼠放入箱内,小白鼠开始在箱内到处乱窜乱跳,偶尔按压到操作杆得到了一粒食物。小白鼠开始可能并没有注意到食物落下,但若干次重复后就形成了“压杆取食”的条件反射。

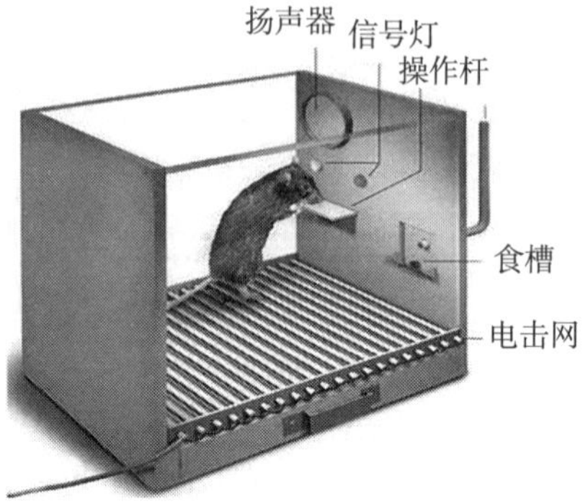

图 3-3　斯金纳箱实验

2. 学习的规律

斯金纳认为,人或动物为达到某种目的会采取一定的行为作用于环境,当行为后果对他有利时,该行为就会重复出现,否则就会减弱或消失。因此,学习具有下列规律:

(1)正强化。对个体的某种行为给予愉快刺激以增加反应概率的过程或事件,也称积极强化。如学生上课举手发言,老师表扬了他,以后他举手发言的次数就会增加。

(2)负强化。对个体的某种行为撤销一个厌恶刺激以增强行为反应概率的过程或事件,也称消极强化。如放学后小明主动写作业,妈妈免除了他不喜欢的家务活,以后放学后他也会主动写作业。

(3)惩罚。伴随个体某种特定行为施加厌恶刺激(如体罚、谴责),以消除或抑制此类行为再次出现的过程。如做错事打屁股或被告知成绩糟糕就禁止看电视。

(4)自然消退。个体以前被强化过的行为再次出现时若不再给予强化,这类反应在将来的发生概率就会降低。如某学生努力学习是为了获得物质奖励,但如果多次获得好成绩而没有获得物质奖励,学习热情就会下降。

斯金纳把强化看作增强反应概率的手段,认为强化是塑造行为、保持行为强度不可缺少的关键。教育的目的是塑造行为,而强化是塑造和保持行为的关键手段。因此,小学教师要善于运用表扬、奖励等积极手段,引发和保持小学生良好的行为。要慎用惩罚手段,因为从长远看惩罚是无效的,它只能说明不应该做什么,而不能说明应该做什么和如何做。所以,惩罚只会使个体用一种行为代替另一种行为,而不能让小学生学到良好的行为。但表扬、奖励等也不能用得太多,否则会削弱其强化效用。

3. 强化的程序

斯金纳认为,有机体学习的速度和效果在一定程度上取决于强化程序。为此,他将强化程序分为两大类:

（1）连续性强化。对个体的每次反应都给予强化，其缺点是不强化行为会消退。

（2）非连续性强化。对有机体部分合乎要求的反应给予强化。非连续性强化又分：①定时距强化，把固定时间作为强化的条件，在一个时间间隔以后再强化反应。按这种强化程式经过一段时间的训练后，一般紧跟在强化之后的反应比例趋于减少，只是在接近规定时间间隔时反应的比例才会增加。②变时距强化，各次强化的时间间隔随机变化。其特点是反应比例具有稳定性，比固定间隔的程式要高些。③定比例强化，把反应次数作为调节强化时间的条件，在一个固定反应次数以后再强化。这种强化程式比采用固定时间间隔的强化程式能产生较高的反应比例，且如果从低比例的强化开始，逐渐增加强化的比例，行为就可以建立起来。④变比例强化，强化和反应的次数之间的联系是随机的，有时反应两次给予强化，有时五次十次给予强化。这种强化程式的反应比例高，效果也较好。

斯金纳认为，不同的强化程式既可以解释各种社会现象，也能提高生产率，促进学生学习；对不同行为采用不同强化程式能最大限度地发挥强化的作用，促使期望行为的形成。

4. 程序教学

斯金纳试图把动物的学习规律运用到教学上，认为教学应机器化、程序化，以改变传统教学的不合理状况来适应现代社会的需要。他将强化理论运用于教学实践，建立了程序教学理论。所谓程序教学，就是将学科知识按其内在逻辑联系分解为一系列知识项目，使其前后衔接，逐渐加深，让学生按顺序逐一学习并及时反馈和强化，以掌握知识的教学。

强化学习理论发展了联结学习理论，一是描述行为及揭示行为成分的相互联系较前人进步。斯金纳将强化视为形成和改变行为的最根本力量，注重强化手段的使用和科学安排，这对教育极具参考价值。二是补充、完善了经典性条件反射理论，对理解复杂心理现象具有积极意义。斯金纳将学习视为建立在经典条件反射基础上的操作性行为，更接近人的复杂行为和学习活动，他总结的学习规律和提出的教学主张对学习和研究教育心理学有积极意义。三是倡导的程序教学符合教学改革的时代要求，促进了教学手段的现代化。但其局限性也明显：一是斯金纳反对有机体内部状态对学习和行为的影响，过分注重可控的、能观察的行为，是片面的；二是将学习视为外部操作行为，忽视了人类学习的内部过程和条件，否定了人的能动性，其理论基础是机械唯物主义的还原论思想；三是程序教学以机械论思想为指导，强调对教学的机械控制，这不利于学生独立思考能力的发展和创造能力的培养。

（四）社会学习理论

美国心理学家班杜拉反对行为主义关于学习的极端观点，认为以往的学习理论通常用物理方法来建构学习理论体系，忽视了社会变量对人行为的制约，对研究人的行为不具有科学说服力。他认为，人总是生活在一定的社会环境中，研究人的行为必须在自然社会情境中进行。因此，他特别强调人的行为与环境的相互作用。在吸取了认知学习理论观点后，班杜拉在 1977 年提出了融合认知主义、行为主义等理论的社会学习理论。该理论由下列几个子理论构成：

1. 交互决定论

班杜拉指出，行为主义坚持人的行为受环境控制，其实质是环境决定论；人本主义坚持人的本能、驱力和特质等内部事件决定人按某些固定方式行事，其实质是个人决定论，或称单向决定论。在班杜拉看来，“行为、人的因素、环境因素实际上是作为相互连接、相互作用的决定因素产生作用的”（如图 3-4 所示）。

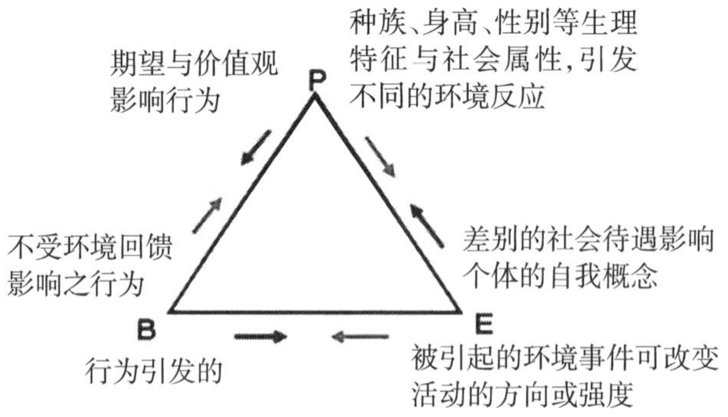

（B——行为，P——主体，E——环境）

图 3-4 三方互动原因中三类决定因素

（1）环境是决定行为的潜在因素。环境影响人的行为甚至起决定性作用，但这种影响只是潜在的，只有与人结合并被适当的行为激活时，环境影响才能发挥作用。

（2）人和环境交互决定行为。人既不是完全受环境控制的被动反应者，也不是为所欲为的完全自由者，人与环境是交互的。环境的各种外部因素通过影响自我调节过程来建立和发展自我反应能力。

（3）行为是三者的相互作用。环境、人和行为的相互关系和作用是交互决定过程，而不是其中两者的连接或两者间双向的相互作用。

交互决定论在众多行为因果观中独具特色，其独特处就在于区分了人的行为与认知因素，强调了认知因素在行为中的决定作用，在行为主义框架内确立了认知的地位。同时，这一观点注意到了人的行为及其认知因素对环境的影响，避免了行为主义的机械环境论倾向。

2. 观察学习论

班杜拉认为，人的行为是后天习得的。其方式有两种：一是由直接经验获得行为反应，刺激 - 反应就属于此类；二是观察示范者习得行为。但人通过直接的行为反应结果进行学习是有限的，这种学习不可能是人类学习的主要方式，人的行为主要是通过观察榜样习得的。所谓观察学习，就是通过观察他人的行为表现及其结果发生的学习。

（1）观察学习的对象。班杜拉认为，凡能成为个体观察学习对象的都称为榜样或示范者。榜样既可以是人，也可以是以符号形式存在的人、事、物等。理想的榜样应具备五个条件：一是榜样示范特点突出、生动、鲜明；二是榜样示范符合个体的年龄特征；三是榜样行为对个体具有可行性，这是最基本的条件；四是榜样行为具有可信任性；五是榜样行为具有感人性，能使个体产生心理共鸣。

（2）观察学习的类型。班杜拉将观察学习分为三类：一是直接的观察学习，个体对示范行为进行简单的模仿；二是抽象的观察学习，个体从示范行为中概括出一般的行为规则或原理；三是创造性观察学习，个体从不同的示范行为中抽象出不同行为的特点形成新行为。

（3）观察学习的过程。班杜拉将观察学习的过程分为四个阶段：一是注意。观察学习始于个体对示范行为的注意。二是保持。个体用言语、形象将获得的信息转换为表象并保存起来。观察学习的最高水平是运用符号组织和复述示范者的活动，再将其付诸外部行动。三是运动再现。个体把记忆表象转换为行为并根据反馈调整行为，做出正确反应。反应包括认知组织、反应启动、反应监察和依靠信息反馈进行调整等环节。个体是否再现示范者行为取决于个体记忆的完整性及是否具备再现示范行为的技能，个体的监控和反馈能力则决定示范行为的准确性。四是动机。个体能再现示范行为后，直接强化、自我强化、替代性强化是影响其能否继续再现示范行为的基本力量。这三种强化方式是个体再现示范行为的动机。

（4）强化的类型。班杜拉将强化视为影响示范行为再现的力量。为此，他把强化分为三类：一是直接强化，对个体行为反应及时给予强化，如小丫将垃圾扔进垃圾箱受到了老师表扬，于是她会再次将垃圾扔进垃圾箱；二是自我强化，个体对自己的行为反应给予强化，如自己觉得自己表现不错，奖励自己一个棒棒糖；三是替代性强化，个体通过观察他人的行为后果受到强化，如小红看见小丫将垃圾扔进垃圾箱受到了老师表扬，于是小红也将垃圾扔进垃圾箱，“杀鸡儆猴”也属于此类强化。

3. 自我调节理论

自我调节是个体将行为结果与预期目标进行对照，评价并调节行为的内在过程。

班杜拉认为，自我调节由自我观察、自我判断和自我反应构成。自我观察是个人根据某种标准观察自己行为表现的过程。其作用：一是提供必要信息，确定符合标准的行为和评价正在进行的行为；二是注意自己的思维模式和行为，促进自我指导的发展。但自我观察受时间的近似性、反馈信息、动机水平、行为价值、观察到的结果等因素影响。自我判断是个人为自己的行为确立目标并以此判断行为与标准间差距以及引起肯定或否定自我评价的过程，受判断标准、活动价值、个人归因等因素影响。自我反应是个人评价自己行为后产生的自我满足、自豪、自怨、自我批评等体验，是个人满足兴趣和发展自尊的基础。

班杜拉认为，有四个因素影响自我调节：一是社会影响，个体不坚持自我行为标准并为之努力，可能会受到他人的“负性反应”影响；二是对现实情境的预测，个体约束自己为达到目标而努力，他会估计到随之而来的境遇；三是个人得益，个体可能从改变不良行为中获得实际好处；四是示范者影响，看到他人因自律而成功会直接影响到自己自律的动机与方法。

总之，班杜拉认为，人不是单纯的外部影响的反应者，而是主动的选择者、组织者，能依据自我生成的诱因和后果对自己的行为施加某种影响；自我调节能使个体行为变得更有主动性和选择性。

4. 自我效能感理论

自我效能感是个体对自己在特定情境中是否有能力操作行为的期待。班杜拉将期待分为结果期待和效果期待。结果期待是个体对自己的某种行为导致结果的推测；效果期待是个体对自己是否有能力完成某种行为的推测和判断，这种推测和判断就是自我效能感。

班杜拉认为,自我效能感的高低直接决定个体活动的动机水平的高低。而影响和改变自我效能感的因素较复杂:一是直接经验,个体多次成功会提高自我效能感,多次失败则会降低自我效能感;二是替代性经验,观察到别人在某类问题上取得成功会增加自己处理此类问题的自我效能感;三是言语劝说,他人暗示、说服性告诫、建议、劝告以及自我规劝能提高自我效能感;四是情绪和生理状态,在危险场合或负荷较大的情况下,情绪易被唤起,高度的情绪唤起和紧张的生理状态会降低成功预期水平;五是情景,当个体进入陌生而易引起焦虑的情境时,会降低自我效能感水平与强度。

社会学习理论源于行为主义学习理论,却融合了行为主义、认知主义和人本主义等学习理论,并结合社会因素,用信息加工和强化等观点解释学习的过程和机制,开创了教育心理学研究的新领域。社会学习理论的贡献在于:一是吸收了认知心理学的研究成果,结合强化理论与信息加工理论,用认知心理学术语分析观察学习的过程和作用,提出了替代强化、自我强化、三元交互、自我效能等概念,改变了传统行为主义仅重视"刺激—反应",忽视中枢过程的倾向,使解释人类行为的参照点发生了重大转变。二是把学习心理学研究与社会心理学研究结合在一起,注重社会因素的影响,提出了观察学习、间接经验、自我调节等概念,促进了学习心理学的发展。三是以人为研究对象避免了行为主义把由动物实验结论推广到人的错误倾向,使其理论观点更具说服力。但社会学习理论也有明显不足:一是该理论由不同的部分构成,各部分之间缺乏有机的内在统一;二是该理论以儿童为研究对象建立的,但忽视了儿童不同发展阶段对观察学习的影响;三是该理论能解释间接经验的获得,但对复杂的陈述性知识和程序性知识的获得、理性思维的形成缺乏说服力;四是该理论虽强调认知对行为的影响,但没有探讨个体的内在动机、内心冲突、建构方式等因素对行为的影响。

二、认知主义学习理论

认知心理学重视研究个体的内部心理活动,强调已有知识和认知结构对个体的决定作用,认为学习是由经验引起的认知结构的相对持久的变化。

(一)顿悟学习理论(顿悟学习说)

顿悟学习说又称完形学习说、格式塔学习说,是格式塔心理学关于学习的学说。格式塔心理学的代表人物是德国心理学家韦特海墨、苛勒、考夫卡。

格式塔心理学认为,格式塔(或完形)是一种心理结构,是机能上相互联系和作用的整体结构,是对事物关系的认知。1913—1917年,苛勒通过黑猩猩问题解决行为的实验研究,提出了第一个认知学习理论——顿悟学习说。

箱子实验(如图3-5所示):把一只黑猩猩放在一个大笼子里,笼顶悬挂着香蕉,地上有箱子。简单问题情境:只需黑猩猩用一个箱子就能拿到香蕉。复杂问题情境:需将几个箱子叠起来才能拿到香蕉。复杂问题情境的实验有两个可利用的箱子。当黑猩猩看到香蕉时,最初的反应是用手去拿,但拿不到,它就会把箱子移到香蕉下站在箱子上拿香蕉,但仍拿不到。这时,它坐在另一个箱子上休息。突然,黑猩猩跳起来搬起自己坐过的箱子并将它放在香蕉下的箱子上,迅速登上重叠的箱子拿到了香蕉。三天后,苛勒改变了实验情境(接棒实验),黑猩猩仍然能用前几天的经验解决新问题。

图 3-5 黑猩猩搬箱子实验

1. 学习的实质

苛勒通过黑猩猩问题解决行为实验指出,人和高等动物的学习不是对个别事物做出个别反应,而是对整个情境做出有组织的反应。因此,学习的实质就是个体对问题情境的整体知觉和理解,是个体在内部构造完形的过程。

2. 学习的过程

苛勒认为,学习是知觉经验中旧结构的豁然改组、新结构的豁然形成,而不是盲目地尝试错误。黑猩猩面对问题情境,在初次获取食物不成功后,没有表现出盲目地尝试错误,而是坐下来观察整个情境后,突然领悟(顿悟)后再采取行动。

3. 学习以意识为中介

苛勒认为,情境的变化会使个体的知觉经验在结构上出现某些"缺口"和"缺陷",这时大脑会产生渡过"缺口"、弥补"缺陷"、完结"图形"的再组织倾向。这种组织和再组织形成完形的过程就是学习。所以,刺激与反应不是直接联系的,二者以意识为中介,即"刺激—意识—反应(S—O—R)"。如当人遇到某一棘手的问题时,不可能立即获得解决问题的方案,而是需要通过种种分析,运用相关知识和技能,才能获得问题的答案。

顿悟学习说是现代认知学习理论的先驱,作为最早的认知学习理论,它反对行为主义学习理论的机械性和片面性,主张学习以意识为中介而非刺激与反应的直接联结,强调观察、顿悟和理解等认知因素在学习中的重要作用。这就肯定了个体的主体性和能动性,这是积极的、值得肯定的。但该学说从主观唯心主义立场出发,把学习归因于有机体自身的"组织活动"和"完形"的出现,这就否定了学习是对客观现实的主观能动的反映过程。同时,将"尝试与错误"和"顿悟"对立起来,使"顿悟"具有了先验论倾向,这是错误的。

(二)认知发现学习理论

认知发现学习理论又称认知结构学习理论,其倡导者是美国心理学家布鲁纳。布鲁纳反对用研究动物行为获得的结果解释人类的学习,而是把研究重点放在学生获得知识的认知过程和教师促进学生"发现"知识的问题上。

1. **学习的实质**

布鲁纳认为,认知结构是一套类别和类别编码系统,任何知识都是按类别编码系统排列和组织的。学习的实质就是个体将新信息与已有认知结构相联系,积极构成知识体系,主动形成认知结构的过程。教学的目的就是促进个体通过"发现"理解学科结构,进而建构良好的认知结构。

2. **学习的过程**

布鲁纳将学习过程分为三个阶段:一是知识获得,个体通过获得新知识提高已有知识水平;二是知识转化,个体用不同方式把新获得的知识转化为另外的形式以适应新任务,从而学到更多知识;三是知识评价,个体对知识转化的检查,可核对处理知识的方法是否适合新任务,对知识的运用是否合理。

布鲁纳认为,教师在教学过程中应明确需要建构的认知结构要素,采取有效措施帮助学生通过获得、转化、评价去掌握新知识,使学科知识结构转变为学生的认知结构,使书本知识转化为学生自己的知识。

3. **教学原则**

布鲁纳认为,教学的目的是让学生理解学科结构,建构良好的认知结构。所谓学科结构,是指构成一门学科最基本的概念、原理、事实、态度和方法,学生掌握了学科结构就能把学科知识联系为一个整体。因此,教学必须遵循四条原则:

(1)动机原则。内在动机是维持学习的基本动力。布鲁纳认为,儿童有三种基本内在动机:一是天生的好奇内驱力,它能使儿童求知欲旺盛;二是胜任内驱力,它能使儿童对能胜任的活动保持兴趣并在改造环境和解决问题中获得满足;三是互惠内驱力,它能满足儿童与他人和睦相处的需要,在学习中同样重要。这三种内在动机具有自我奖励的作用,其效应是长期的,教师如果能促进和调节学生的探究活动,就可以激发学生的内在动机,推动学生有效达到学习目标。

(2)结构原则。布鲁纳认为,儿童具有动作再现、图像再现和符号再现三种表征系统,任何知识结构都可以通过这三种表征系统呈现。为促进学生学习和理解知识,教师选用呈现形式时应考虑学生的年龄、知识背景和学科性质。

(3)序列原则。教学是引导学生通过一系列问题陈述或知识结构,提高知识掌握、转化和迁移能力的过程。每门学科的不同序列对学生来说有难有易,在特定条件下,任何具体序列总是取决于不同因素,如过去所学知识、智力发展阶段、材料性质、个别差异等,安排序列必须根据经济原则考虑学生的智力发展历程以及学生处理能力的局限性。

(4)强化原则。为提高学习效率,学生必须获得反馈。反馈对学习起强化作用,规定适当的强化时间和步调是教学成功的重要一环。同时,强化要发挥作用,反馈必须被学生理解。当然,教学的目的是促进学生自我学习,学生必须逐渐形成自我矫正的能力。

4. **学习方式**

布鲁纳认为,发现学习是最佳的学习方式,既能提高学生的智慧潜能、培养学生的直觉思维,又能培养学生的内在动机;既能培养学生的发现技巧,又有利于学生记忆、保持和提取知识。为此,教师应为学生提供一定的学习材料,创设问题情境,引导学生掌握独立发现和解决问题的方法。

小学教师要促进小学生认知结构的发展就必须深入分析教材，明确学科的基本概念、原理及其关系，引导小学生去发现学科结构，促进知识结构的形成。同时，要激发小学生的好奇心和好胜心，培养小学生的内部动机；注意运用反馈原理，促进小学生自我反馈，提高小学生学习的自觉性和能动性。

布鲁纳一生致力于将学习理论应用于教育实践，因对教育改革的贡献而闻名于世，是继杜威之后对美国乃至世界教育影响较大的心理学家。其贡献在于：一是认知－发现理论克服了行为主义学习理论依据动物实验结果推论人学习的缺陷，把学习视为主动形成认知结构的过程，突出了学习的主动性。二是倡导发现学习和结构教学既促进了学习理论发展，又推动了教学改革和学生能力培养。此外，布鲁纳倡导的螺旋式课程对课程改革也产生了积极影响。但该理论的局限性也很明显：一是过分重视结构化知识的学习，忽视了与生活和实践的联系；二是虽然强调概念和原理学习，但仅仅对人工概念的形成进行了实验研究，缺少原理学习实验研究；三是过分强调发现学习而否认接受学习，夸大了学生的学习能力，何况发现学习费时费力，在教学实践中影响了学习的进度，更何况并非所有学科都能运用发现学习等。

（三）认知同化理论

奥苏贝尔认为，学习是新旧知识的相互作用，学生已有知识在新知识获得过程中起决定性作用，学习过程是学生认知结构中已有观念对新知识的同化过程。所谓同化，就是新知识与已有认知结构中起固定作用的知识或观念之间的相互作用。

1. 学习的实质

奥苏贝尔认为，学生的课堂学习是有意义的学习。有意义的学习是指符号代表的新知识与学生认知结构中已有适当观念能够建立非人为的、实质性的联系的一种学习方式。

非人为联系指一种合理的、别人可理解的、自然的而非主观强加的关系。如 3 岁幼儿说 “Thank you”，当不知道它的意义时，幼儿只能用类似汉语 “三克油” 的发音来表达，即通过读汉语联想英文单词，这是人为的联系，只有真正理解了它的含义时才是非人为的联系。

实质性联系指新的符号或符号代表的观念与学生认知结构中的观念完全等值，但能用不同的语言来表达，其关系不变。如小学生学习 “2×5=10”，如果小学生能确定 5 个 2 之和是 10，就表明这个小学生认知结构中的原观念（5 个 2 之和是 10）与 “2×5=10” 这一新观念建立了实质性的联系。否则，小学生就只能通过机械背诵乘法口诀记住 “2×5=10”，这就没在新旧观念间建立起实质性的联系，这种学习就没有心理意义，仅仅是 “言语连锁” 学习。

2. 有意义学习的条件

奥苏贝尔认为，同化是有意义学习的心理机制，有意义学习需具备三个条件：

（1）学习材料本身具备逻辑意义。材料的逻辑意义指学习材料本身与人的学习能力范围内的有关观念可以建立非人为性和实质性的联系。

（2）个体具有有意义学习的心向。有意义学习的心向指个体能积极主动地在新知识与已有适当观念间建立联系的倾向性。是否具有有意义学习的心向决定了个体能否进行有意义学习，能否将学习材料的潜在意义转化为实际意义（即获得心理意义）。缺乏有意义学习心向的学生一般不会主动寻求新旧知识间的联系，而是机械地死记硬背。

（3）个体认知结构中有同化新知识的适当观念。奥苏贝尔认为，原有知识的可利用性、新旧知识间的可辨别性、原有知识的稳定性和清晰性是影响有意义学习的主要因素。原有知识的可利用性指学生已有认知结构存在能与新知识发生意义联系的适当观念，这些观念对理解新知识起固定作用。新旧知识间的可辨别性指新学习材料与原有起固定作用的知识间的分化程度，若新旧知识差异小而不能区分，那么新旧知识就容易混淆，新知识就会被原有知识取代或被简单地理解成原有知识而失去新意义。原有知识的稳定性和清晰性指学生对原有知识的理解是否明确无误、是否已巩固，若学生原有知识意义模糊、似是而非或不熟练，它就不能为学习新知识提供有力的固着点，甚至还会造成新旧知识的混淆。

3. 学习方式

奥苏贝尔认为，课堂学习的主要形式是有意义的接受学习。有意义的接受学习的心理过程包括：一是找到同化新知识的有关观念；二是找到新知识与认知结构中起固定作用观念间的相同点；三是找到新旧知识的不同点，使知识不断分化。

4. “先行组织者”教学策略

奥苏贝尔认为，促进有意义学习的最有效策略是利用适当的引导性材料定向和引导当前学习的新内容，这种引导性材料称为“组织者”。在介绍学习内容前用语言文字表述或用适当媒体呈现出来的“组织者”称为“先行组织者”，也就是教师在讲授新知识前为学生提供的相关的包摄性广、清晰稳定的引导性材料。“先行组织者”有助于学生建立有意义学习的心向，能帮助学生认识当前学习内容与原有认知结构的实质性联系，能有效促进有意义学习的发生和意义的保持。

认知－同化理论揭示了学生学习的本质——有意义的接受学习，贡献在于：一是将学生学习视为新旧知识相互作用的“同化”过程，这一过程既是记忆知识，更是理解和掌握知识的过程，这种解释可靠且可信。二是对学习实质、条件等的阐述严谨且有说服力，学生学习以有意义的知识、已有知识经验和有意义学习的心向为基础，这三者是有意义学习的充要条件，缺一不可，否则不能称为有意义学习。三是有意义的接受学习是学生学习的主要方式是正确的，因为学生在教师指导下获得知识最经济、最快捷、最有效。四是“先行组织者”教学模式是教师课堂教学普遍采用的教学模式之一。在奥苏贝尔之前，广大教师已自觉或不自觉地在使用这种教学模式，奥苏贝尔却通过科学实验验证了该教学模式并进行了理论概括。但该理论也存在局限性：一是该理论适合于解释学生的陈述性知识学习，难以解释程序性知识学习。建立在该理论基础上的教学模式仅适用于知识教学，在能力培养、技能训练等方面存在不足。二是课堂学习和阅读是学生学习知识的两条途径，但奥苏贝尔仅重视课堂中的接受学习和教师讲授，忽视学生阅读和教师对阅读的指导。三是学生的知识学习和能力提高是同步进行的，教师在传授知识的同时也在培养学生的能力，但奥苏贝尔只强调知识的学习和教学，忽视开发学生的智力和能力培养。四是该理论是思辨的产物，缺乏科学实验支持，对知识获得的解释有一定说服力，但对知识保持的解释有较多的主观臆测成分，缺乏客观证据和实验检验。五是该理论仅重视知识迁移而忽视学习策略迁移，而实践经验表明,学习策略的迁移往往比具体知识的迁移更具有普遍性和意义性。

三、人本主义学习理论

人本主义学习理论的代表人物是美国心理学家马斯洛和罗杰斯。人本主义心理学重视人的本性及其与社会生活的关系,试图从全人教育角度出发阐述学习者的成长历程以发展人性,注重启发学习者的经验和潜能以促进其自我实现。

(一)学习的实质

人本主义心理学认为,学习是学习者在实际活动中自发、有目的和有选择地发挥潜能,通过自我发现、自我评价和自我创造理解外界情境,“形成”有意义的知识或经验的有价值的活动。因此,学习的实质就是学习者形成与获得经验的过程。

(二)罗杰斯的学习理论

罗杰斯是人本主义学习理论最重要的代表。1969 年他在《自由学习》一书中全面阐述了以“学习者为中心”的意义学习理论。该理论对西方现代教育产生了重要影响。

1. 学习的类型

罗杰斯将学习分为无意义学习和有意义学习两类。

无意义学习指学习的行为和内容没有个人意义,不涉及情感的、处于个体生活经验之外的、只关注心智的学习,也可以说是通过他人灌输进行的认知学习。罗杰斯认为,这种学习类似于无意义音节的学习,是一种“在颈部以上”的学习,只会导致身体与心理、情感与理智的分离,这种“唯有认知学习是重要的”是“现代教育的悲剧之一”。

有意义学习指在个体的行为、态度、个性及其在选择行动时发生重大变化的学习,也可以说是学生通过自己的亲身经历来获得经验。因此,有人把罗杰斯的有意义学习称为经验学习。罗杰斯认为,有意义学习发生于个体的内在需要,与个体生活经验融合,遵循机体评价逻辑,具有个人意义,是完整的人的学习。

罗杰斯主张有意义学习的原因:一是每个人都有天生的学习潜能与倾向。这种潜能与倾向使人生来就对世界充满好奇,这种好奇推动儿童进行有意义学习并从中获得奖赏。二是有意义学习发生于对学习内容的个人意义的认识。学习内容是否有个人意义不在于教材本身而在于学习者对教材的认知,如果学习者认识到教材能满足好奇心和提高自尊感就会乐于学习。三是有意义学习是主动自发、自我评价的学习。罗杰斯反对不顾兴趣与需要的“逼迫式”教学,认为有效、合理、正当的学习是学习者自动自发的学习,由学习者自由选择方向、探索结果并独立检查、求助、调整,自己对学习过程负责。四是有意义学习在存在较少威胁情境中才有效。罗杰斯指出,学习者在学习与生活中无法避免威胁,但学习者如果处于被理解和支持的安全环境中,忧虑和恐惧就会大大减少甚至完全消除。五是有意义学习发生于面对和处理现实问题的过程中。学习者遇到的社会、道德、个人、科学等问题最易引发探索欲望,教学必须承认现实问题的意义,学习者也必须在面对和处理不断变化的社会、生活过程中学会认识自我、信任自我、适应变化并推动变化。

2. 有意义学习的要素

罗杰斯认为，有意义学习包括四个要素：

（1）个人参与。学习是整个人（情感和认知）投入的活动。

（2）自我发起。学习即便由外界推动或刺激引起，追求发现、获得、掌握和领会的感觉却来自学习者内部。

（3）渗透性。学习能使学习者的行为、态度乃至个性发生变化。

（4）自我评价。学习者最清楚学习是否满足自己的需要、是否有助于获得自己想要知道的东西、是否明了自己原来不甚清楚的某些方面。在罗杰斯看来，自我评价是使自我发起的学习成为负责的学习的重要手段，当学习者必须对确定哪些准则重要、学习目标是什么以及在何种程度上达到了目标负起责任时，就真正学会了对自己及自己的发展方向负责。

3. 有意义学习的条件

罗杰斯认为，现代教师应从传统的选择者、组织者、计划者、指导者、决定者和评价者角色转向促进者、鼓励者、帮助者、辅导者、合作者和朋友角色，成为学习者学习的"催化剂"，为学习者提供学习资源和创设促进学习的气氛，让学习者决定如何学习，而不是为学习者确定发展方向、教学习者学习知识和如何学习。为此提出了实现有意义学习的条件：

（1）全面了解学习者。教师应通过对话等渠道全面了解学习者，理解其内在兴趣并提供适当条件，以促进其自发的有意义学习。

（2）澄清学习和生活目的。教师应帮助学习者澄清学习和生活目的，以调动其内在的学习动力，引发其自愿自动地学习，而不是将他人观念强加于学习者。

（3）充分信任学习者。教师应充分信任学习者，让学习者自由学习，积极肯定、支持学习者的选择并给予必要、适时的帮助。

（4）建立真诚的人际关系。促进学习者学习的关键不在于教师的教学技巧、专业知识、课程计划、视听辅导材料、演示和讲解、大量的图书等，而在于特定的心理气氛，这些心理气氛存在"促进者"与学习者的人际关系之中。因此，教师要善于建立无条件关怀的真诚人际关系。

（5）教学活动生活化、个性化。教学活动应围绕学习者关心的问题进行；设置问题情境，引发学习者对现实问题的思考与参与；学校走向社区生活，利用社会进行实践性教学，使学习者更好地参与社会。

4. 有意义学习的方法

罗杰斯认为，自由学习是有意义学习的核心。有意义学习有下列基本方法：

（1）从真实问题开始。要让学习者学会做自由自主和自我负责的人就必须让学习者面对真实问题。

（2）提供学习资源。作为"促进者"的教师应将主要时间用在搜集和提供学习材料上，而非组织教案和讲解，除书刊、文献、影片等物质资源外，教师应重视活的资源——人，应引导学习者认识家长、社区居民在某些方面的优势，也应告诉学习者教师本人的学识、经验、专长及何时能提供帮助。提供各种学习资源能产生新的学习方式，满足学习者的需求。

（3）使用合约。合约是一种有助于学习者在自由学习气氛内保证学有所得并对学习承担责任的方式。它允许学习者在课程规定范围内制定目标、计划自己想做的事并确定最终评价准则，在给予学习者自由的同时也让其明白自己应实现的目标，把督促和评价工作还给学生。合约包括期限、一般格式、收集资料、给予反馈、如何评价学习者、推广六个要素。

（4）利用社区学习资源。学习者利用社区资源与人交流，进行社区项目研究等，从而成为知识的探索者。

（5）同伴教学。学习者间的指导与被指导。

（6）分组学习。把学习者分为自我指导组和传统学习组，学习者可自由选择，自由进出。同时，在自我指导组内依据学习者的兴趣或爱好、课题再分组，充分调动学习者学习的自主性。

（7）探究训练。学会探索比掌握知识更有价值，教师在教学中设置探究环境，为学习者探究活动提供资源、时间、条件，使学习者能自主发现。

（8）程序教学。编制合理、使用恰当的程序有助于学习者直接体验到满足感，掌握知识内容，理解学习过程，增强自信心。

（9）会心小组（交友小组）。主要在于培养集体精神，促成小组内坦诚、相互支持的情感氛围，减少小组生活中可能存在的对学习者的威胁。

（10）自我评价。由学习者负起考核自己的责任，学习者自己选择特定的学习目标，确定评价标准，执行评价。这是有意义学习的一个条件。把评价权同时也是自我负责的责任交给学习者，不仅是道德意义上的进步，更是促成其自我成长，保证个别化学习，提高学习成效的有效措施。

（三）师生关系

马斯洛认为，情感交流是人最基本的行为。良好的师生关系能激发出学生的自我潜能。罗杰斯认为，促进学习的关键在于建立真诚的情感型的师生关系。这种关系：一要真实或真诚，教师要表现真我，没有任何矫饰、虚伪和防御，师生间以诚相待；二要尊重、关注和接纳，教师要尊重学生的情感和意见，关心学生的方方面面，接纳学生的价值观念和情感表现；三要移情性理解，教师要了解学生的内在反应，了解学生的学习过程，扮演促进者、帮助者、辅助者、合作者、朋友等角色。

总之，人本主义学习理论克服了行为主义的机械学习论、精神分析的悲观发展论和认知主义的唯智论，促进了教育教学的革新。人本主义学习理论的优点为：一是对学生持积极乐观的态度，主张尊重和理解学生，创设自由、宽松、快乐的学习气氛，激发学生学习的积极性；二是重视学生的内心世界，主张为学生着想，使其感受到学习的乐趣，以有利于开发学生的潜能；三是重视师生人际关系与感情对学生的影响，既强调学生的个别差异与自我概念，又重视师生人际关系与感情的作用，促进教师心理理论研究；四是重视有意义学习与过程学习，主张“做中学”和学会学习，有利于消除师生间、学做间、目的和手段间的对立，使学习成为学生的乐趣。但人本主义学习理论的缺陷也十分明显：一是其哲学基础与方法论具有唯心主义色彩。人本主义学习理论体系建立在存在主义、现象学、性善论基础上，研究方法来自心理咨询工作，对学习的认识多是推理和猜想，缺乏实验和实践验证。二是夸大了学生天赋潜能和倾向的作用,忽视了社会和文化环境与教育的作用,具有遗传决定论性质。三是过分强调学生的中心地位影响了教育与教学的效能,以学生为中心必然会忽视教学内容的系统性和教师的主导作用,进而影响教育与教学的质量。四是低估了社会与教育影响的力量。五是把教师视为学生的"侍人""非指导者""促进者"等,在实践中往往会削弱教师的作用。

四、建构主义学习理论

建构主义也称为结构主义,是关于知识和学习的理论,源于维果斯基、皮亚杰、布鲁纳等人的认知学说。建构主义认为,学习是学习者基于原有的知识经验生成意义、建构理解的过程,这一过程是在社会文化互动中完成的。

(一)知识观

知识观是人们关于自然、社会、人与自然、人与社会的知识的看法和观念,影响人的学习和学校教学活动。建构主义对知识的看法主要有:

1. 知识不是对现实的纯客观反映

世界是客观存在的,人们对事物的理解却由个人的原有经验决定。不同人因原有经验不同,对同一事物的理解也不同。

2. 知识不能绝对准确地概括世界法则

知识是一种符号系统,不是对事物绝对真实的表征,更不是问题的最终答案,仅是对客观世界的解释或假设,往往随认识的深入而不断变革、升华和改写。

3. 知识不能以实体形式存在于个体之外

虽然语言符号赋予了知识外在形式,学习者对知识的真正理解却基于自身的经验,在特定情境中建构属于自己的知识,否则就只能死记硬背或生吞活剥。

(二)学习观

学习观是人们对学习或经验获得的基本看法和观念。建构主义认为,知识是学习者在一定情境中借助于他人帮助和利用必要的学习资料通过意义建构而获得的经验。

1. 学习是主动建构意义的过程

学习不是学习者被动接受信息的过程,而是学习者根据自己原有经验主动选择、加工和处理外部信息,建构意义的过程,这种建构是无法由他人代替的。

2. 学习意义的获得以原有知识经验为基础

学习是学习者利用原有的知识经验认识和编码新信息、建构自己的理解的过程,原有知识经验又因新知识经验的获得而发生调整和改变。

3. 同化和顺应是认知结构发生变化的途径或方式

同化是认知结构的量变,顺应则是认知结构的质变,认知水平发展是"同化—顺应—同化—顺应"循环往复和"平衡—不平衡—平衡—不平衡"的相互交替,学习是新旧经验的双向作用过程。

（三）学生观

学生观是人们对学生本质属性和特征的基本看法和观念，制约教育者对学生的态度和方法，在一定程度上影响教育目标、内容、方法等。

1. 教学不能无视学生已有的知识经验

任何学生都有十分丰富的经验世界，都有自己的认知兴趣和认知风格，对任何事情都有自己的看法，并不是空着脑袋走进教室的。一方面，教学不是简单的知识"填灌"，不能无视学生已有的经验，应把学生的已有知识经验作为新知识的生长点，引导其从原有的知识经验中"生长"出新的知识经验；另一方面，教学也不是简单的知识传递，而是知识的处理和转换，应重视学生对各种现象的理解，倾听其看法，思考其想法，并以此为据引导其丰富或调整自己的解释。

2. 学生对问题的看法和理解差异是一种教学资源

教学是师生之间、学生之间的共同探索，并在探索中相互交流、质疑的过程。学生看待和理解问题的差异是一种教学资源。

（四）师生角色

建构主义学习观和学生观决定了师生角色的改变。建构主义倡导以学生为中心，但不忽视教师的主导作用。

1. 教师是学生建构知识的忠实支持者

教师应从知识权威转变为学生学习的辅导者，成为学生学习的高级伙伴或合作者；应给学生提供复杂的真实问题，不仅要开发或发现问题，还要认识到复杂问题的多种答案，激励学生对问题解决提出多种观点；应创设良好的学习环境，鼓励学生通过实验、独立探究、合作学习等方式进行学习；应保证学习活动和学习内容的平衡；应向学生提供元认知工具和心理测量工具，培养学生评判性的认知加工能力，以及建构知识和理解的心理模式；应认识教学目标；逐步减少外部控制，增加学生自我控制的学习过程。

2. 教师是学生建构知识的积极帮助者和引导者

教师应激发学生的学习兴趣，引发和保持学生的学习动机；通过创设符合教学内容要求的情境和提示新旧知识间的联系线索，帮助学生建构知识意义；为使意义建构有效，应尽可能组织学生开展协作学习，使学生展开讨论和交流并引导学生的协作学习过程，使之有利于意义建构。

3. 学生是教学的积极参与者和知识的积极建构者

学生在真实情境中完成学习任务需使用新的学习风格和认知加工策略，形成知识与理解的建构者心理模式。因此，教学应为学生提供更多的管理自己学习的机会；应注意使机会永远处于维果斯基的"最近发展区"，并为学生提供一定的辅导，让学生用探索法和发现法建构知识意义；使学生主动搜集和分析有关的信息，对问题提出各种假设并努力验证；要求学生善于把当前的学习内容与已有的知识经验联系起来并认真思考；联系和思考是意义建构的关键，最好的效果是与协商过程相结合。

（五）学习环境

学习是学生在真实情境中的合作学习。理想的学习环境应包括下列要素：

1. 情境

学习情境须有利于学生建构新的意义，创设有利于学生建构意义的情境是教学设计最重要的环节。

2. 协作

师生间、生生间的协作应贯串于整个学习过程。协作在收集与分析学习资料、提出与验证假设、反馈自我学习进程、评价学习结果、最终建构意义中具有十分重要的作用。

3. 交流

交流是协作过程最基本的方式或环节。协作过程本身就是交流过程，在这个过程中，每个学生的想法都为学习群体共享，交流是推进每个学生学习进程的重要手段。

4. 意义建构

意义建构是教学过程的最终目标，教学就是帮助学生深刻理解当前的学习内容所反映事物的性质、规律及该事物与他事物间的内在联系。

（六）教学设计

建构主义强调学生是认知的主体和知识意义的主动建构者，教师是学生意义建构的帮助者和促进者。在建构主义学习环境下，教师的任务不是直接向学生传授知识，而是设计有助于学生主动建构意义的学习情境。

总之，建构主义学习理论是继行为主义、认知主义等学习理论之后对教育理论与实践产生了广泛影响的学习理论，被誉为当代教学心理学的一场“革命”，不仅丰富和深化了学习理论研究，还成为指导21世纪教学改革的重要理论。其优点：一是拓展了学习研究的领域，既重视课堂学习也重视日常生活中的学习。二是深化了对知识、学习本质等的认识。建构主义学习理论摒弃了行为主义的客观反映论立场，突出了学生意义建构的主体性。三是推动了教育信息技术的发展。一方面，现代教育信息技术借助建构主义教学设计思想开发了人性化、高效实用的教学软件；另一方面，建构主义学习理论又在多媒体信息技术支持下将学习、教学理念转化成教学行为、教学产品等，扩大了自身的影响。四是有力地促进了教学改革。建构主义学习理论重视教育教学实践，在实践中创立了抛锚式、支架式、随机进入式等教学模式并成功开发出不少教学软件，对传统教学模式产生了前所未有的冲击。但建构主义学习理论并不是一个特定的学习理论，是多种观点的统称，其体系并不完善，存在诸多局限：一是关于知识、学习等观点具有明显的唯经验主义倾向，属于典型的主观唯心主义不可知论，既与科学精神相背也与科学教育目标相悖；二是过分强调学生学习的个别性和独特性，否定了相同经验学习的共同性；三是强调学习知识的情境性、非结构性和教学的具体性、真实性，否认了知识的逻辑性与系统性，这既不利于学生掌握客观世界的本质特征和规律性联系，也不利于学生的后续学习和发展；四是过分强调学生“学”的“主体”地位，教师仅在学生学习活动中发挥“中介”作用”，无疑会忽视、削弱教师作用的发挥，不利于系统知识的传授，甚至使教学偏离目标。

能力训练

一、单项选择题

1. 学生学习的根本特点是(　　)。

A. 接受性　B. 巩固性　C. 间接性　D. 被动性

2. 要求学生分辨勇敢和鲁莽、谦让和退缩是刺激的(　　)现象。

A. 获得　B. 分化　C. 泛化　D. 消退

3. 快下课时，学生躁动起来，老师说:“如果大家认真听课，我就不安排额外的作业了。”学生顿时安静了下来。老师使用的方法现象属于(　　)。

A. 正强化　B. 消退　C. 负强化　D. 惩罚

4. 学生学习“长方形的周长 = (长 + 宽) *2”，这种学习属于(　　)。

A. 连锁学习　B. 原理学习　C. 辨别学习　D. 概念学习

5. 小芳妈妈乐于助人，受其影响小芳也常关心和帮助同学，小芳的学习属于(　　)。

A. 潜伏学习　B. 模仿学习　C. 建构学习　D. 观察学习

6. 布鲁纳认为，学生掌握学科的基本结构的最好方法是(　　)。

A. 掌握学习　B. 发现学习　C. 接受学习　D. 有意义学习

7. “先行组织者”教学策略是给学生提供(　　)。

A. 认知图表　B. 新知识　C. 认知框架　D. 认知技能

8. 掌握学习理论认为，学生学习能力的差异不决定他能否成功掌握教学内容，而在于他(　　)才能达到教学内容的掌握程度。

A. 积极学习　B. 花多少时间　C. 自觉学习　D. 智力水平

9. 程老师在交流经验时强调学生学习主动性的重要性、合作学习以及教师对学习情境创设的重要性。程老师可能更支持(　　)学习理论。

A. 联结主义　B. 认知主义　C. 人本主义　D. 建构主义

10. 董老师希望尽可能满足学生爱与被爱的需要。其做法体现了学生管理的(　　)取向。

A. 人本主义　B. 行为主义　C. 认知主义　D. 建构主义

二、辨析题(先判断正误，再简要概括理由)

1. 人的任何行为变化都是由学习引起的。(　　)

2. 负强化的目的在于减少反应发生的概率。(　　)

3. 对学生不能用惩罚的办法来教育。(　　)

4. “杀鸡儆猴”属于班杜拉社会学习理论中的直接强化。(　　)

5. 建构主义认为教学就是知识的传递。(　　)

三、简答题

1. 学生学习的特点是什么?

2. 小学生学习的特点是什么?

3. 有意义学习的条件是什么?

四、材料分析题

1. 阅读下列材料,回答问题。

中低年级小学生容易混淆形近字而出现错误。为预防出现这样的错误,小学语文教师在教形近字“大、犬、太、天、夭”时,一般采用“辨析比较”“区分异同”“以旧带新”等方法帮助小学生观察易出错误的部位,以区分形近字的不同之处。

问题:运用经典条件反射理论的有关规律对材料进行简要分析。

2. 阅读下列材料,回答问题。

某小学生养成了不良的学习习惯,当同学们都在认真学习时,他总爱摆弄玩具或做其他事情。老师观察到这种情况后宣布“如果被发现没有在学习,就不能进行课间休息,而应继续学习”,且不和学生讨价还价。若干次后,该生为了不被惩罚,课堂学习的自觉性和意识逐渐提高。

问题:运用强化理论对材料进行简要分析。

第四章　小学生分类学习心理

● **教学目标**：了解知识的作用和类型，技能的特点、作用和类型，品德的心理结构；识记陈述性知识、程序性知识、策略性知识、技能、品德等概念；列举陈述性知识和程序性知识的表征方式、陈述性知识的同化模式、动作技能和智慧技能形成理论、品德学习的心理过程；掌握小学生知识学习的一般过程；分析影响小学生品德形成的因素、小学生良好品德的培养方法。

● **教学重点**：陈述性知识的学习。

● **教学难点**：程序性知识的学习。

● **教学内容**：

（1）小学生的知识学习。

（2）小学生的技能学习。

（3）小学生的品德学习。

内容提要

- 小学生分类学习心理
  - 小学生的知识学习
    - 知识概述
    - 陈述性知识的学习
    - 程序性知识的学习
    - 策略性知识的学习
  - 小学生的技能学习
    - 技能概述
    - 技能形成理论
    - 影响小学生技能形成的因素
    - 小学生的技能培养
  - 小学生的品德学习
    - 品德概述
    - 品德学习的心理过程
    - 影响品德形成的因素
    - 小学生良好品德的培养
    - 小学生品德不良的矫正

小学阶段是小学生发展的奠基时期。小学生既要学习和掌握基础知识、基本技能，又要发展和培养各种基本能力，养成良好的思想道德品质。这就要求小学教师掌握不同类型的学习理论和方法。

第一节　小学生的知识学习

案例

1910 年，周恩来在东北铁岭上小学，后转到沈阳东关模范小学。1911 年的一天，正在上课的魏校长问同学们："你们为什么要读书？"同学们纷纷回答：为父母报仇，为做大学问家，为知书明礼，为让妈妈、妹妹过上好日子，为光宗耀祖，为挣钱发财……周恩来发言时说："为中华之崛起！"魏校长一惊，又问了一次，周恩来加重语气说："为中华之崛起而读书！"

童年时的家庭变故使周恩来比同龄人更加成熟。周恩来出生的第二天外祖父去世了，不到半岁被过继给因生病没有子女的小叔父做嗣子，可不久小叔父也去世了。1907 年，周恩来的生母万氏、养母陈氏也相继因病去世，10 岁的周恩来作为长子就操办起养母的丧事，并用船把养母的遗体从清江浦运回淮城和小叔父合葬。家庭变故让童年的周恩来比同龄人更早体会到失去亲人的痛苦、生活的艰辛和人情的冷暖，10 岁时就开始料理家务。

生活的艰辛促使童年的周恩来改变当时的状况。周恩来的祖籍是浙江绍兴，祖辈在淮阴、淮安当县官。祖父生前不事生产不买地，只有房产。到父辈时家庭开始衰落，叔父当师爷，父亲在外做文书，家中常常入不敷出。周恩来从小就懂得生活的艰难，特别是为给生母、养母治病常常把家里值钱的物件拿去典当换钱买药。童年生活的艰辛让周恩来从小就体谅到父辈的不易，没钱维持正常生活的艰辛也让他早早懂得了柴米油盐的来之不易，过上好日子的朴素想法在周恩来心里扎下了根。

周恩来的幼年、童年生活中，四位女性的早期教育让他知书明礼。生母万氏生于官宦家庭，为人善良、性格爽朗、美丽端庄，处事精明干练，排难解纷能力强，对幼年周恩来的基本礼仪、人情来往、主持公道、操持家务、做事认真细致以及人生观的形成产生了重要影响。养母陈氏知书达礼，喜好安静，较早对周恩来进行文化启蒙教育，经常给他讲故事，教他认字学文化，还送他到私塾读书。乳母蒋氏是贫苦农民，周恩来出生后就做周恩来的乳母直到离开淮安去东北，周恩来跟着蒋妈知道了农事和农民的艰苦生活。八婶母杨氏是周恩来生母和养母去世后抚养他的人，对周恩来影响很大，周恩来对八婶母的感情也很深。四位女性对周恩来的基本生活能力的培养、处事经验的积累、人生观的形成、性格的养成都有很大的影响。

参观关忠节公祠和日俄战争遗址让周恩来认识到落后就要挨打。清末抗英名将关天培是淮安人，淮安城内建有关忠节公祠，周恩来少年时常随养母陈氏到公祠里参观，养母给他讲解关天培抗英为国捐躯的故事，这让少年周恩来对民族英雄产生崇敬之情。到东北上学期间，周恩来随同学到奉天南郊魏家楼小住，参观日俄战争遗址，听当地老人讲述日俄战争的经过和中国人民饱受的苦难，这让他知道了落后就要挨打、被侵略、国破家亡的道理。他幼小的心灵萌生了为中华崛起、解救人民于水火之中的豪情壮志。

周恩来小时候在淮安除得到养母的教育外，还在私塾读书学文化，到东北求学开始接触西学。1946年9月，周恩来接受美国记者李勃曼采访时说："十二岁那年，我离家去东北，这是我生活和思想转变的关键，没有这一次的离家，我的一生一定也是无所成就，和留在家里的弟兄辈一样，走向悲剧的下场。""从受封建教育转到受西方教育，从封建家庭转到学校环境。"在东北上学，周恩来开阔了眼界，知道了外国的一些情况，也初步看到了国弱民穷受欺凌的国内状况。当听到辛亥革命推翻清朝统治的消息后，他率先剪去象征清朝臣民的辫子。于是在魏校长问同学们为何读书时，他能自然而然地说出"为中华之崛起而读书"的励志名言。

周恩来从小学时立志"为中华之崛起而读书"，到南开学校毕业时与同学们互赠"愿相会于中华腾飞世界时"的留言，到日本留学又回国参加五四运动，再到欧洲勤工俭学又回国投身于革命……就一直为中华之崛起而奋斗。周恩来少年定下初心，并为之奋斗了终生。

掌握知识是小学生学习最基本、最主要的任务。什么是知识？知识有哪些类型？不同类型的知识是如何表征的？怎样学习不同类型的知识？这些都是小学教育心理学研究的重要问题。

一、知识概述

知识泛指人类在社会实践中获得的、经提炼升华的系统认识，是人类共同的财富，往往具有客观性，属于哲学认识论研究的范畴。心理学却侧重于探讨个体知识的来源、产生过程、表征方式等。认知心理学将知识界定为：个体与客体相互作用，在头脑中形成的主观表征，即主客体相互作用获得的经验。

（一）知识的作用

个体要有效完成某项任务，仅有能力不够，还须具有相应的知识。知识具有下列作用：

1. 个体活动的定向工具

知识能够指导和调节人的活动。一是任何活动都有一定的方向，而活动方向则由活动的目的决定。个体在确定活动目的时,需要辨认活动的条件和情境并预测各种可能的变化。这均需要有关知识。二是任何活动都需要通过一系列动作作用于对象,这就需要有关动作、动作对象及其变化的知识。所以,知识是活动的定向工具。

2. 个体能力的构成要素

知识不仅是自我调节机制不可缺少的要素,也是能力结构中不可缺少的成分。能力作为调节和控制活动的稳定的心理要素,其培养和提高有赖于知识、技能的掌握、概括化、系统化。任何教学都不能离开知识空谈能力培养,必须把能力培养建立在掌握大量知识的基础上。

3. 制约个体问题解决的水平

问题解决涉及大量的专门知识。研究表明:个体须具备5万～20万个相关知识组块才能成为某一领域的专家。所以,问题解决能力取决于个体相关知识的多少及性质和组织结构。

(二)知识的类型

不同领域有不同的知识分类。就心理学而言,一般根据以下几个标准对知识进行分类:

1. 感性知识和理性知识

根据反映深度将知识分为感性知识和理性知识。感性知识指反映事物外部特征和外部联系的知识,包括感知和表象两种水平;理性知识指反映事物本质特征与内在联系的知识,包括概念和命题两种形式。

2. 具体知识和抽象知识

根据抽象程度将知识分为具体知识和抽象知识。具体知识指具体有形、通过直接观察获得的知识,能用具体事物表示;抽象知识指从众多具体事例中概括出的具有普遍适用性的概念或原理。

3. 具体知识、方式方法知识和普遍原理知识

根据教育目标将知识分为具体知识、方式方法知识和普遍原理知识。具体知识指称具体事物的符号,包括术语知识(关于具体符号指称物的知识)和具体事实知识(关于日期、事件、人物、地点等的知识);方式方法知识指有关组织、研究、判断、批评等方式方法的知识,介于具体知识与普遍原理知识之间,包括惯例知识(关于对待、表达各种现象和观念的独特方式的知识)、趋势和顺序知识(关于时间方面各种现象发生过程、方向和运动的知识)、分类和类别知识(关于类别、组别、部类及排列的知识)、准则知识(关于检验或判断各种事实、原理、观点和行为依据的知识)和方法论知识(关于某特定学科领域和调查特定问题、现象使用的探究方法、技巧和步骤的知识);普遍原理知识指将各种现象和观念组织成体系和模式的知识,包括原理和概括的知识(关于概括各种现象的特定抽象要领的知识)、理论和结构的知识(关于某种复杂现象、问题或领域提供的清晰、完整和系统的观点的重要原理和概括及其相互关系的知识)。

4. 陈述性知识和程序性知识

根据表征方式或状态将知识分为陈述性知识和程序性知识。陈述性知识指反映事物状态、内容及发展变化原因,说明事物是什么、为什么和怎么样,可用口头或书面言语清楚陈述的知识,又称描述性或记忆性知识。程序性知识指反映活动具体过程和操作步骤,说明做什么和怎么做的实践性知识,又称操作性、步骤性或过程性知识,主要涉及做事的策略和方法,实质上是关于办事的操作步骤和过程,与实践操作密切联系,具有动态性质。

另外,人们常常提到的策略性知识属于程序性知识范畴。策略性知识指个体调控认识活动以提高认知操作能力的知识,是关于如何运用陈述性知识和程序性知识学习、记忆或解决问题的一般方法的知识,如学习时如何有效记忆、上课时如何集中注意力等。

就教育来讲,知识分类既是设计课程目标、课程结构和建构课程内容的基础与理论(影响课程结构的呈现方式和课程知识的选择组织),又是教师形成一定教学理念的依据(影响教师教学设计的科学性、操作性,影响教学方法和评价方式,最终影响教学效率和质量),还是促进学生学习有效性的保证(影响学生的学习方式方法和学习效率)。

二、陈述性知识的学习

陈述性知识主要用来说明事物的性质、特征和状态,区分和辨别事物,具有静态性质,一般通过记忆获得,是知识学习的基础。

(一)陈述性知识概述

陈述性知识反映事物的状态、内容及发展变化的原因,是说明事物是什么、为什么和怎么样的知识。

1. 陈述性知识的表征方式

表征指信息或知识在心理活动中的表现和记载方式,既是对客观事物的反映又是心理活动进一步加工的对象。表征包括内容与形式两个方面。内容是表征的实际信息,形式则是表征内容的方式。一般来说,相同的内容可以用不同的形式来表征,例如,"中国的首都是北京" 和 "北京是中国的首都" 表征的内容相同。相同的形式也可以表达不同的内容,如 "他在上课",如果 "他" 指教师,则表示 "他" 在讲课; 如果 "他" 指学生,则表示 "他" 在听课。

陈述性知识的表征有下列四种方式:

1)概念

概念是同类事物共同属性和特征的概括,是事物的简单表征形式。1969 年,美国心理学家柯林斯和奎林的研究表明: 相关概念按逻辑的上下级关系构成具有层次性的网络系统,这一网络系统分级贮存相应概念(如图 4-1 所示)。每一级概念水平只贮存该级概念独有的特征,同一级水平各概念的共同特征则贮存于上一级概念水平上。这种分级贮存可以节省贮存空间,提高学习成效,体现认知的 "经济原则"。

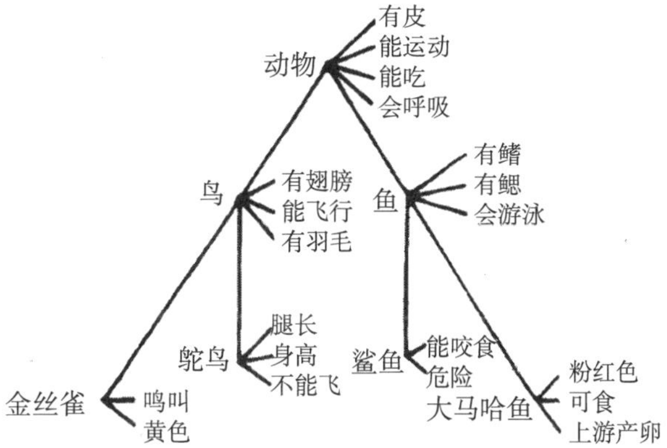

图 4-1　柯林斯和奎琳的语义层次网络模型

2）命题

命题是意义或观念的最小单元，用于表述一个事实或描述一种状态，通常由一个关系和一个以上的论题组成，关系对论题起限制作用。如“小明走了”这一句话，“小明”是论题，即命题涉及的话题，“走了”是命题的关系，这就对小明的其他情况做了限制，使人只关注“小明走了”这一情况。

一个命题只能有一个关系，但论题可以不止一个。如“小明读书”，命题的关系仅有一个“读”，论题却有“小明”和“书”两个，“读”对这两个论题做了限制，说明在“小明”和“书”之间发生的情况是“读”而不是其他。

命题用语句表达，一个语句可以包含一个或多个命题。如“同学们正在热烈讨论数学问题”至少包含三个基本命题：同学们正在讨论问题、讨论是热烈的、问题是数学方面的。命题虽由语句表达但不等同于语句。语句代表的是交流观念的方式，而命题则代表观念本身，个体用命题（语句的意思）而不是语句（确切的词语）将观念储存于头脑。如果命题间具有相互关系则构成命题网络。

3）表象

一般情况下，人们用命题表征知识，但有时也用表象表征知识。命题表征事物的抽象意义，表象则表征事物的知觉特征。加涅认为，表象是对事物物理特征做出连续保留的一种知识形式，是保存情景信息与形象信息的重要方式，这是命题做不到的。如判断“麋鹿比狮子大”这一说法的正误，用麋鹿和狮子在头脑中的表象进行比较就比用命题本身做出判断容易得多。所以，命题是一种断续、抽象的表征，而表象是一种连续、模拟的表征，特别适合工作记忆对空间信息和视觉信息进行经济性的表征。

4）图式

图式是人脑中有组织的知识结构。概念、命题和表象适合表征意义小的观念，不适合表征意义较大且有组织的信息。认知心理学认为，图式是对事物规律性的编码形式，这种规律性可以是知觉性的，也可以是命题性的。加涅认为，图式有三个特征：一是含有变量，如“人脸”图式一般含有眼、鼻、嘴等要素，但眼可以是蓝色，也可以是黑色，鼻可高可低，嘴可大可小；二是具有层次，如“眼”嵌套于“人脸”中，“人脸”又嵌套于“人体”中；三是能促进推论，如“房子”通过被嵌套的“建筑物”可推论出房子有房顶、墙壁等。

总之，个体的长时记忆系统储存有大量的图式，可以根据需要提取相应的图式，指导个体活动，促进对事物的理解。如果缺乏相应的图式，个体的活动就会受到限制。

2. 陈述性知识的类型

加涅把陈述性知识视为言语信息并将其分为由简到繁的三类：

（1）符号。各种事物的名称或标记。

（2）事实。表明两个或两个以上事物间关系的言语陈述，有具体和抽象之分。前者如“西安是世界闻名的游览胜地”，后者如“科学技术是生产力”。

（3）有组织的知识。由多个事实联结的整体，如学生形成某地形地貌特点的知识。

（二）陈述性知识学习的类型

奥苏贝尔根据知识的存在形式和复杂程度，将陈述性知识的学习分为三类：

1. 符号表征学习

符号表征学习指学习单个符号或一组符号的意义，主要是词汇学习，也就是学习单词代表的对象，其学习方式是记忆。

一般来讲，单词代表的对象是约定俗成的。符号表征学习的心理机制是在学习者的认知结构中建立符号与它代表的事物或观念的等值关系。如作为某事物符号的生字生词，对初学的儿童来说完全没有意义，但在多次重复学习和练习中，儿童就会逐渐建立起生字生词符号与它代表的实际对象的等值关系，这时才能说儿童获得了生字生词符号的实际意义。

2. 概念学习

现代心理学认为，概念和表象是知识的基本单元，是人思维的主要形式。小学生知识掌握的基本方式就是掌握概念。掌握概念既能提高小学生的认识能力，又能帮助小学生简化知识使知识条理化，还能扩充小学生知识组块的容量。

1）概念的含义

概念是用某符号标志的具有共同本质属性的同类事物或其特性的观念。小学生的概念往往与表象联系在一起，离开了事物的具体表象，小学生很难获得概念。

任何概念都由名称、定义、特征和实例构成。小学生既可以从实例中获得概念的定义和名称，也可以通过概念的名称理解概念的定义、特征和实例。但概念有多种类型，按抽象程度可分为初级概念（儿童在自己的直接经验中抽象出的概念）和二级概念（儿童通过概念的定义获得的概念），按属性结合方式可分为合言概念（不同概念中的关键属性相加获得概念，如皮衣、毛笔等）、选言概念（在不同的概念中选取一定的关键特征组合成的概念，如艺术家等）和关系概念（根据概念反映事物属性的数量及其它们的相互关系划分出的概念，如方向、贵贱、比值等），按概念获得方式可以分为具体概念和定义概念，按严格程度可以分为科学概念（通过课堂学习获得的概念）和日常概念（在日常生活中形成的概念）。帮助小学生掌握概念的不同分类方法，有利于其概念的学习。

2）小学生概念学习的方式

概念学习的实质是掌握同类事物的共同关键特征。奥苏贝尔认为，概念形成和概念同化是概念获得的两种基本方式。概念形成指学习者从大量同类事物的不同例证中独立发现同类事物的关键特征，其主要方式是发现学习。小学生概念的形成需要两个条件：一是小学生具备辨别正例和反例的能力，二是成人对小学生辨别结果的信息反馈。概念同化指学习者利用认知结构中原有的相关概念理解直接呈现的概念定义，其典型方式是接受学习。同化理论把同化和顺应视为知识的建构机制，例如，赫尔巴特认为，学习是新观念进入原有观念，丰富和发展原有观念并为吸收新观念做准备的统觉过程；皮亚杰认为，心理具有吸收外界刺激并使之成为自身一部分的同化和顺应过程；奥苏贝尔认为，原有认知结构的适当观念对学习新知识具有决定作用。

在奥苏贝尔看来，新知识与认知结构中原有观念存在三种关系：一是原有观念处于上位，新观念是原有观念的下位观念；二是原有观念处于下位，新观念是原有观念的上位观念；三是原有观念和新观念并列。这三种关系构成了三种形式的学习：

（1）下位学习。

下位学习（如图 4-2 所示）又称类属性同化或类属学习，指原有观念的概括性和统摄性水平高于新观念，学习者将新观念纳入原有认知结构，并与相应的观念联系起来的过程，即从一般、普遍到特殊、具体的学习。下位学习分为派生下位学习和相关下位学习。

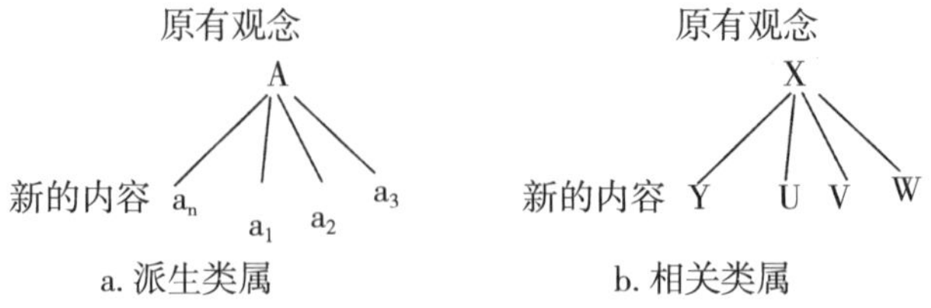

图 4-2　下位学习

派生下位学习又称派生类属学习、派生类属过程，是指新观念是原有观念的特例，完全由原有上位观念派生而获得意义。观念同化的结果是使上位观念外延扩大而内涵不变。如学生掌握了“哺乳动物”概念后学习“鲸”就属于派生下位学习。相关下位学习又称相关类属学习、相关类属过程，指原有观念与新观念只有相关关系，新观念的获得不能由原有观念派生，观念同化的结果是使上位观念的内涵扩大而外延不变。如小学教师在教授“鲸”前小学生已掌握“哺乳动物”的概念，通过学习“鲸”，小学生能更准确地掌握“哺乳动物”的概念。

在派生下位学习中，新知识纳入原有观念中，原有观念只是得到证实或说明，本质不变。但在相关下位学习中，新观念类属于原有观念，原有观念得到扩展、深化、精确化或修改。所以，原有观念是否发生本质属性的改变，是区分上述两类学习的关键。

（2）上位学习。

上位学习（如图 4-3 所示）又称总括性同化、总括性学习，指原有观念的概括性和统摄性水平低于新观念，学习者将新观念纳入原有认知结构并与相应观念联系的过程，也可以说是从一系列具体事物中概括出一类事物的共同本质特征。当认知结构中已形成若干观念，现在要在这些观念的基础上新学习一个包容程度更高的观念时，便产生上位学习。如儿童掌握了“青菜”“萝卜”“菠菜”等概念后学习“蔬菜”概念就属于上位学习。

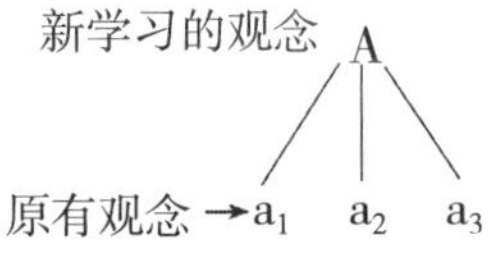

图 4-3　上位学习

（3）并列结合学习。

并列结合学习（如图 4-4 所示）又称类比学习，指新旧观念没有上下位关系，只同原有认知结构中的某些观念具有相吻性，新观念的获得可以用原有观念进行类推或外推，新观念获得后与原有认知结构中的某些观念产生意义上的并列关系。如学习质量与能量、热与体积、遗传结构与变异、需求与价格等概念之间的关系，就属于并列结合学习。

A　→　B—C—D

新学习的观念　　原有观念

图 4-4　并列结合学习

上述同化模式是学习者的内部认知过程。新观念的获得依赖于认知结构中原有的适当观念，新旧观念相互作用的结果是新旧意义的同化，进而就形成了高度分化的认知结构。

3）小学生概念学习的发展水平

章志光将小学生的概念学习分为四种水平：

第一级，具体水平。小学生注意到某对象的可知觉特征并将其从其他对象中区分开且记住该对象。如小学生学习"苹果"概念时可能注意到桌子上一个苹果与别的水果不同，他记住了这个苹果并在头脑里形成了苹果的表象，以后在其他地方看到苹果时就会想起过去记住的苹果的特征，并把它们作为相同的东西来认知。这样小学生就获得了具体的"苹果"概念。研究表明，婴儿就具有这种概念学习能力。

第二级，认同水平。小学生在不同的地方或用不同的方式感知某对象时都将其视为同一对象。这种概念的泛化使小学生的概念学习上升到了一个新台阶，这一水平也是在婴儿期达到的。

第三级，分类水平。小学生能把握属于某对象概念的多个不同例证，既能说出不同例证的区别又能概括出不同例证的共同特征。如小学生将"富士苹果""金帅苹果"都看作"苹果"。

第四级，规范水平。小学生获得了某对象的概念，既能说出该对象的性质、用途、例证及属性，又能列举该对象与其例证的共同特征及区别。如小学生获得了"富士苹果"的概念，能说出"富士苹果"的性质和用途，列举出"富士苹果"的例证及属性，回答"富士苹果"与其他苹果的共同特征及其区别。规范水平是小学阶段概念学习的特点。

上述四种学习水平是从低级到高级连续发展的，前一级是后一级的基础，后一级是前一级的发展。调查发现，小学生的概念学习水平随年级上升而提高。

4）小学生概念学习的发展趋势

根据皮亚杰的认知发展阶段理论，小学生的概念学习具有明显的阶段性特点，介于学前儿童的概念形成和中学生的概念同化之间，属于概念学习的过渡阶段。小学生入学前已在认知结构中储备了一定数量的初级概念，入学后在教师的帮助下，能把已有概念与新概念联系起来建立二级概念，向概念同化过渡。所以，小学生的概念学习具有直观性。

从总体上讲，小学生的概念学习有下列发展趋势：一是概念的具体性减少，抽象性增加。随着小学生知识的增加，其抽象思维能力不断增强，依赖具体实例的概念学习减少。如 1963 年布鲁纳在研究小学生对事物的分类时发现，学前儿童以知觉对象的共同属性为标准，而小学生则以物体的结构和功能为标准，这说明小学生分类的抽象性增加了。二是概念的模糊性减少，精确性增加。随着小学生知识经验的增加，其概念同化水平在不断提高，掌握的概念也越来越准确。三是概念获得的自觉性不断提高。小学生初级概念的获得是自发的，运用概念只注意具体对象。但随着小学生概念同化水平的提高，其获得概念的自发性有所下降，自觉性在不断增强，这种概念获得的自觉性是有限的。

5）小学概念教学策略

概念是小学生学习的重要内容，小学生能否正确、准确地掌握概念往往与小学教师教学密切联系。因此，概念教学要注意以下问题：一是变式策略。变式指通过变化具体材料的样式以突出其本质特征的表现形式。变式能帮助小学生明确事物的本质与非本质属性、特征,防止扩大和缩小概念的外延、颠倒因果关系,发展小学生的归纳能力。如小学教师在讲授“果实”概念时,既要选择可食果实(如苹果、西红柿、花生等),又要选择不可食果实(如橡树子、棉籽等),否则小学生就会把“可食性”作为果实的本质特征。二是比较策略。比较是确定事物之间、事物各部分的属性或特征之间异同的过程。通过比较事物各部分的属性或特征,学生能掌握概念的关键特征和无关特征。如小学生学习“雪山”概念时,可让他们观察各地雪山的图片或录像,通过比较各地雪山的特征,他们就会明白只有常年积雪不化的山才叫雪山。三是例证使用策略。例证有正例和反例之分,正例能帮助小学生明确事物的本质特征,反例则能帮助小学生明确事物的非本质特征。

6)小学生错误概念的转变

错误概念又称另类概念,指小学生已有的与科学概念相违背的概念。小学生的错误概念出现在各年龄段,与其学业水平没有明显的相关性且涵盖各学科。错误概念不只是由理解偏差或遗忘造成的,还与小学生的日常经验相联系。小学生常遇到用已有经验无法解释的问题,新旧经验不一致往往引发认知冲突,为解决冲突就必须调整、改造原有观念以顺应新情境。概念转变指新旧经验不一致而引发的概念改变。错误概念的转变是新旧经验相互作用的集中体现,是新经验对已有经验的影响和改造。如小学生知道 4 比 2 大,但初学分数时可能出现 1/4 大于 1/2 的错误概念,可当他发现 1/2 的西瓜比 1/4 的西瓜大时就会产生认知冲突。面对冲突,小学生需要调整新旧经验解决冲突以建立新的认知平衡。解决认知冲突的途径有多种,如用正确概念替代错误概念,忽视新概念,拒绝新概念,判断不相关信息,将错误概念从所持观念中剥离出来使所持观念不受错误概念的影响,重新解释概念,表面上改变错误概念,其中只有第一个途经是积极的概念转变。

小学生的概念转变受其知识经验、认知能力、学习动机、对知识的态度等因素影响。而概念转变需要具备一定的条件,如对原有概念不满意、新概念具有可理解性、新概念具有合理性、新概念具有有效性等。所以小学教师必须“为概念转变而教”,如营造开放与接纳的课堂气氛、倾听和洞察小学生的经验世界、引发认知冲突、鼓励小学生讨论等。

3. 命题学习

命题学习也称规则学习,是学习若干概念间的关系,其复杂程度高于概念学习。如果小学生没有掌握命题的有关概念,就不可能理解命题。所以,命题学习须以概念学习为前提。

小学生命题学习的方式与概念学习的方式是相同的,这里就不再累述。

(三)陈述性知识学习的过程

我国教育心理学界将陈述性知识学习分为四个阶段:获得、理解、巩固和运用。

1. 陈述性知识的获得

知识获得指新信息进入短时记忆,与长时记忆中的原有知识建立联系并被纳入原有认知结构,从而使人们获得对新信息的理解。知识获得需具备两个条件:一是感性经验丰富,二是对感性经验进行思维加工。知识获得包括知识直观和知识概括两个环节。

1)知识直观

直观指通过对客观事物的直接接触而获得感性认识的一种方式。直观分为三类:一是实物直观，即直接感知实际事物的方式，包括观察实物、标本、参观、实验、实习等。这种直观能给人以真实感、亲切感，有利于激发小学生的学习兴趣，调动学习的积极性。但实物直观难以突出事物的本质，“透过现象看本质”有一定难度。另外，受时空和感官的限制，许多事物难以通过实物直观获得清晰的感性知识，如宇宙天体和人体细胞就难以被直接感知。二是模象直观，即通过直接感知事物模拟形象的方式，包括通过模型、图片、幻灯片、电影、录像、图表、表格、图解等感知。模象直观的对象是人为制作的，一般根据需要排除了事物的无关因素来突出本质要素，利用大小变化、动静结合、虚实互换、色彩对比等方式扩大直观范围，这就能突破实物直观的局限，增强直观效果。但由于事物模象与实际事物存在一定差距，所以使用模象直观应将模象与学生熟悉的事物进行比较，最好将模象直观与实物直观相结合。三是言语直观，即小学教师使用生动形象的语言描绘事物，帮助小学生建立具体表象的形式。言语直观不受时间、地点和设备的限制，能用语调和生动形象的事例激发小学生的感情，唤起小学生的想象，在教学中被广泛使用。但言语直观引起的表象不如实物直观和模象直观鲜明、完整和稳定，所以应尽量配合实物直观和模象直观使用。

直观是教学的手段而不是目的，选择直观手段应以教学目的和任务为依据。小学教师提高直观效果时需要注意以下几个问题：

（1）灵活选用实物直观和模象直观。实物直观真切但难以突出事物的本质特征，模象直观与实际事物有一定距离但有利于突出事物的本质和关键特征。一般来说，在知识学习的初级阶段，模象直观的效果优于实物直观。但当小学生学习有了一定的基础之后，由简化情境进入复杂情境时，就需要使用实物直观了。

（2）加强词汇与形象的配合。增强直观效果既要合理选用实物直观和模象直观，又要加强词汇与形象的结合。因此，一是要提出明确的观察目标，提供确切的观察指导和提示合理的观察顺序。二是要用确切的词汇表述直观的结果，检验直观效果并分化观察对象的各组成要素。三是要根据教学任务选择恰当的词汇与形象结合，如果教学任务是获得精确的感性知识，则词汇与形象结合应以形象直观为主，词汇为辅；如果教学任务是为获得一般的、不精确的感性知识，则词汇与形象结合应以词汇描述为主，形象直观为辅。

（3）正确运用感知规律，突出直观对象的特点。运用直观手段获得有关知识，对直观对象的有效注意和观察是必不可少的，这就需要小学教师正确运用感知规律，突出直观对象的特点。一是强度律，作为知识物质载体的直观对象必须达到一定的刺激强度才能被小学生清晰地感知，所以直观教学应突出对象的重要因素。二是差异律，刺激对象和背景的差异越大，则越容易将对象从背景中区分出来。所以，小学教材编排要恰当处理对象和背景的差异，课堂讲解要突出重点，讲解语言抑扬顿错更能引起小学生的注意，对重点内容应讲得慢一些或做适当的重复，板书设计要突出重点，等等。三是活动律，活动的对象比静止的对象更容易被感知。直观教学应在变化中呈现对象，善于利用现代教育技术作为知识的物质载体，使知识以活动的形象展现在小学生面前。四是组合律，空间接近、时间连续、形状相同、颜色一致的事物容易构成一个被人清晰感知的整体。所以，板书应整洁，教学内容的结构应合理。

（4）培养小学生的观察能力。直观教学的效果取决于小学生的观察能力，必须重视培养小学生的观察能力。一是要让小学生明确观察的目的和任务；二是要教小学生观察的技能和方法，让他们把握合理的观察程序（“整体—部分—整体”）；三是要求小学生做好观察记录或撰写报告。

（5）让小学生充分参与直观过程。在直观教学过程中，应激发小学生积极参与的热情，尽可能让小学生自己动手操作，以改变“教师表演学生观看”的消极被动直观方式。

2）知识概括

知识概括分为感性概括和理性概括两种。感性概括又称直觉概括，是在直观的基础上自发进行的低级概括，不能反映事物的本质特征与内在联系；理性概括是在前人认识的指导下，自觉加工改造感性经验，揭示事物一般、本质的特征与联系的过程。有效进行知识的理性概括是教学关注的主要问题。指导小学生有效概括的教学需要注意以下问题：

（1）配合运用正例和反例。为便于小学生概括事物的本质、规律或特征，教学最好同时呈现若干正例来说明事物，但也要利用机会运用反例进行说明。因为适当运用反例可以帮助小学生排除无关特征的干扰，加深对事物本质的认知。

（2）正确运用变式。小学生在概括时经常出现两类错误：一是把一类或一些事物的共有特征看作事物的本质特征。如对动物进行分类，鲸和鱼类都有生活在水里的共同特征，于是小学生就把“鲸”列入鱼类，这就是把“生活在水里”当作了鱼类的本质特征，不了解鱼类的本质特征是“用鳃呼吸”。二是人为增加或减少事物的本质特征，缩小或扩大了概念。如有的小学生把直线看成处于垂直或水平位置的线，认为处于倾斜位置的线不是直线，人为增加了一个“空间位置”的本质特征，这就缩小了概念外延，其原因是小学教师教学中没有合理地运用变式。提高概括成效需要给小学生提供丰富、全面的感性认识，这就需要重视变式的正确运用。如讲“果实”概念时，既要选择能食用的果实，又要选择不能食用的果实，这才有利于小学生把握果实具有“种子”这一关键属性，舍弃“可食性”等无关特征。

（3）科学比较。概括是在分析、综合的基础上通过比较进行的抽象。比较就是区分对象的本质与非本质的过程。比较有两种方式：一是同类比较，即关于同类事物间的比较，目的是找出一类事物共有的本质特征。二是异类比较，即不同类但相似、相近或相关事物的比较，如“重量”与“质量”、“岛”与“半岛”、“主语”和“谓语”等概念的比较。异类比较不但能使事物的本质更清楚，而且能明确事物的联系与区别，防止知识间的混淆与割裂，有助于知识的系统化。

（4）启发小学生自觉概括。在教学中，为避免小学生死记硬背，小学教师应启发小学生自觉概括，鼓励他们总结。启发小学生自觉概括常用的方法是鼓励他们主动参与问题讨论。讨论时既要鼓励小学生主动提问，又要鼓励小学生主动解答问题。

总之，在概括过程中，小学教师应充分调动小学生思维的主动性，让他们自己归纳和总结，从根本上改变“教师给结论，学生背结论”的被动方式。

2. 陈述性知识的理解

知识理解是小学生运用已有知识经验认识新事物本质、规律的思维过程。理解是巩固和运用知识的基础，是小学生掌握知识的中心环节，其实质是新知识与小学生认知结构中已有的适当观念建立起非人为的和实质性的联系。

知识理解能促进认知结构的改变。小学生理解知识可分为三级水平：一是初级理解水平，即知觉水平的理解，就是能辨认和识别对象并能命名，知道“是什么”，文字符号和词语的学习应达到这种水平；二是中级理解水平，即在知觉水平理解的基础上揭示事物的本质和联系，知道“怎么样”，学习概念、原理、法则等应达到这种水平；三是高级理解水平，在明确“怎么样”的基础上进一步将知识系统化和具体化，把有关事物纳入已有观念中重建或调整认知结构，知道“为什么”。高级理解水平是实现知识的迁移、应用及创造性地解决问题的基础。

影响小学生知识理解的因素是多样的，如经验和感性材料、新旧知识的联系、思维和学习主动性、学习对象的关键特征、知识理解措施等。促进小学生知识理解可采取以下措施：一是激发小学生的学习动机，使其保持积极的学习心向；二是利用直观教学，向小学生提供丰富的感性材料；三是给小学生提供有逻辑意义和联系的学习材料，加强新旧知识的联系；四是善于使用变式，突出学习材料或对象的关键属性和本质特征；五是恰当运用正例和反例，指导小学生概括事物的共同特征；六是启发小学生进行科学比较，自觉概括知识的规律性。

3. 陈述性知识的巩固

知识巩固是通过记忆实现的，无论是知识与技能学习还是问题解决学习与品德学习，都离不开记忆的参与。小学生知识的巩固受记忆的目的性和主动性、知识的数量和性质、知识的组织水平、知识意义的理解和加工程度等因素影响。

知识的巩固常伴随着知识的遗忘。研究表明，小学生对知识加工愈充分愈精细，记忆效果愈好。为加强小学生对知识的巩固，减少遗忘，可采取下列教学措施：

1）复习

短时记忆的信息进入长时记忆的关键是复述，复习就是小学生对所学材料不断进行复述。复习是巩固知识、减少遗忘的有效手段。指导小学生复习要注意以下问题：

（1）及时复习与经常复习相结合。及时复习能阻止识记后的快速遗忘。根据“先快后慢”的遗忘规律，有效复习的时间可做以下安排：第一次是在学习结束后 5 ～ 10 分钟；第二次是在学习的当晚或第二天早上；第三次是在学习的一周后；第四次是在学习的一个月后；第五次是在学习的半年后。但每次复习多少时间需要学生根据自己的实际情况决定。

（2）集中复习与分散复习相结合。在时间和条件大致相同的情况下，分散复习效果优于集中复习，但主要取决于复习材料的特点。一般来说，数量少、难度小的学习材料应集中复习，数量多、难度大的学习材料应分散复习，思考性的学习材料宜集中复习。

（3）反复阅读与尝试重现相结合。单纯反复诵读学习材料不但费时费力，而且效果不好。若在诵读学习材料时试图积极重现，这不但比单纯地诵读学习材料省时省力，而且效果会更好。

（4）复习方式多样化。复习方法单调会使大脑疲劳并产生消极情绪，多样化的复习方式如编提纲、总结、列表、提问等能产生新颖感，激发智力活动的积极性，提高复习效果。多感官协同活动也能改善复习效果。

（5）科学用脑，劳逸结合。学会科学用脑能提高学习效率，取得好的学习成绩。复习首先要保证睡眠充足，使大脑保持清醒状态；其次要劳逸结合，在复习中有适当休息，以免因时间过长而使大脑疲劳，降低识记效率。研究表明：课间休息 10 分钟能使大脑活动效率提高 30%，不同学科交替复习也能提高复习效率。

2)积极遗忘

奥苏伯尔认为,遗忘是知识组织与认知结构的简化过程,也就是用高级观念代替低级观念,提炼和简化认知并减轻记忆负担的积极过程,即积极的遗忘。

小学生的学习主要是有意义地接受学习。在有意义学习过程中,新旧知识的相互作用并非只发生在新意义获得阶段,即使在知识保持阶段新旧知识也在相互作用。通过这种相互作用,小学生在不断遗忘知识细节的过程中提高知识的概括性水平,减轻记忆负担。所以,指导小学生通过概括和总结整理所学习的知识,能提高学习效率。

3)过度学习

过度学习指在学习材料刚能记诵时再继续增加学习次数,达到熟记不忘的程度。过度学习是小学生学习概念、规则和动作技巧的基本方法,如小学教师给小学生布置大量的作业就是为了帮助小学生巩固知识。但学习量并非越大越好,一般为刚达到记诵时学习量的50% 为最佳。学习量太大易导致小学生疲劳和引起他们的厌烦情绪,影响学习效率。

4)精细加工

线索 – 依存理论指出,遗忘是因为信息线索提取缺乏所致,若要顺利提取信息就应在储存信息时增加线索。所以,增强记忆效果就需要对学习材料进行精细加工,通过重新编码、分类组织,将新知识纳入原有认知结构,使新旧知识建立多样联系,形成新的知识网络。这样,知识的层次就更清楚、从属关系就更明确,通过分级储存知识就更有利于记忆而不容易遗忘。

为此,小学教师应重视培养小学生良好的记忆能力,帮助小学生掌握一些基本的记忆策略,如记笔记、提问等。

4. 陈述性知识的运用

知识应用是小学生运用已获得的知识解决新问题或实际问题的过程,其实质是抽象知识的具体化过程。

小学生运用知识包含四个环节。一是审题,即了解题意,弄清条件与问题,明确题目要求等。审题是知识应用的首要环节,只有明确了问题的条件与要求,在头脑中建立起问题映象,才能通过联想和回忆解决问题所需要的知识,找到解决问题的途径和方法。所以,小学教师应帮助小学生养成审题习惯,掌握审题技能。二是联想,即由一种心理过程引起另一种心理过程的现象。就知识运用来讲,联想就是在课题条件和要求下,有关知识在头脑中的重现。小学生要解决当前问题就必须利用已有知识,通过联想重现相关知识。为此,小学教学中要多引导小学生辨别新旧知识间的一致性和差异性,增进小学生对新知识的理解和巩固程度。三是解析,即分析已知未知的内部联系,寻找解决问题的条件、方法,是知识具体化的核心。四是课题类化,即把当前课题纳入同类事物的知识系统以理解当前课题的性质,从已有知识中找到解决课题的途径或方法,是抽象知识具体化的最终环节。

影响小学生知识应用主要有四个因素。一是知识理解和巩固水平。理解得越深刻、全面、准确,应用越能得心应手。二是智力活动水平。不同小学生的智力活动水平存在差异,主要表现在小学生对分析、综合、概括、推理等技能使用的熟练程度及思维、想象等能力的差异上。三是课题的性质。抽象课题易解决,而具体、实际的课题难解决。一般情况下,解答简单课题比复杂课题容易,解答单一课题比综合课题容易,解答文字题比解决实际操作题容易。四是提取信息的线索和解决问题的策略。

知识应用的实质就是知识的迁移。在现代认知心理学中,知识应用和学习迁移属于同一概念。

三、程序性知识的学习

程序性知识主要涉及做事的策略和方法,是在陈述性知识基础上的进一步发展,与操作活动联系密切。

(一)程序性知识概述

程序性知识是个人没有有意识提取的线索,只能借助作业形式间接推论其存在的知识,简单讲就是一套办事的操作步骤,是关于"怎么做"的知识。

1. 程序性知识的表征方式

信息加工心理学认为,程序性知识的表征方式(或建构机制)分为产生式和产生式系统。

1)产生式

产生式是表征程序性知识的最小单位。西蒙和纽厄尔认为,人脑和计算机都是"物理符号系统",其功能是操作符号。计算机之所以能完成各种运算是因为贮存了一系列"如果…则…"形式的编码规则。人经过学习,在头脑中也能贮存一系列"如果…则…"形式的表达规则。这种规则就是产生式,即条件-活动的规则(C-A 规则)。

C-A 规则与行为主义刺激—反应公式(S-R)有相似之处,但也有区别。相似的是刺激(S)出现或条件满足时便产生反应;不同的是 C-A 规则中 C 不是外部刺激而是短时记忆信息,A 不仅包括外显反应,还包括心理活动或运算。

2)产生式系统

简单产生式只能完成单一的活动,复杂的活动则需许多简单的产生式组合成复杂的产生式系统。这种复杂的产生式系统被认为是复杂技能的心理机制。如果说若干命题通过其共同观念形成命题网络,那么产生式则通过控制流而相互形成联系。当一个产生式的活动为另一个产生式的运行创造了所需条件时,则控制流从一个产生式流入另一个产生式。

2. 程序性知识的类型

根据不同标准可以将程序性知识分为不同类型。

(1)按使用范围分为一般的和特殊的程序性知识。一般程序性知识指适用于各种领域的程序性知识,如一般方法或途径;特殊程序性知识指适用于特殊领域的程序性知识,如数学定理不能运用于语文学习。

(2)按自动化程度分为自动化的和可控制的程序性知识。自动化的程序性知识是经充分练习能自动激活的产生式系统的知识,一般不需要思考或用语言表述,运作速度快、准确性高,占用认知资源少;可控制的程序性知识指未达到熟练化的、不能自动激活的产生式系统的知识,一般需要思考或用语言表述,运作速度慢、准确性差,占用认知资源多。

3. 程序性知识与陈述性知识的关系

程序性知识与陈述性知识的联系：一是陈述性知识是学习程序性知识的基础，程序性知识为获取新陈述性知识提供可靠保证；二是陈述性知识和程序性知识的获得是学习中的两个连续阶段。

程序性知识与陈述性知识的区别：一是陈述性知识是关于“是什么”的知识，常用命题、命题网络等形式来表征；程序性知识则是关于“怎样做”的知识，常以产生式、产生式系统的方式来表征。二是陈述性知识是静态的知识，激活陈述性知识需要再现输入信息；程序性知识则是动态的知识，激活程序性知识需要变换和操作信息。三是陈述性知识的激活是有意识的过程，速度慢，需要学习者再认或再现有关事实；程序性知识的激活是自动化信息变换的活动，速度快。四是陈述性知识通过语言传授获得，程序性知识则通过练习和实践获得。五是陈述性知识通过应用、回忆、再认或与其他知识联系等方式表现，程序性知识则通过各种操作步骤表现。

（二）程序性知识学习的类型

加涅将认知技能分为智慧技能和认知策略，认为智慧技能学习是学习运用符号与环境相互作用的技能。可见，加涅将智慧技能的学习等同于程序性知识的学习，并将智慧技能分为辨别学习、概念学习和规则学习三类。

1. 辨别学习

辨别学习是对刺激的不同物理特征做出的反应。信息加工心理学把知觉辨别能力的形成过程看作模式识别能力的习得过程。模式是若干元素集合在一起组成的结构，物体、图像、语言文字或人脸都可看成模式。复杂模式由若干子模式构成，子模式又由若干元素按一定关系构成。模式识别是把刺激信息与长时记忆的有关信息进行匹配，辨认出该刺激属于什么范畴的过程。发展模式识别能力就是习得和保持外界事物的各种刺激模式。

小学教师促进小学生辨别学习需要采取相应的教学方法：一是刺激与反应接近。小学教师在教授辨别技能时，提供的刺激应要求小学生立即做出反应。二是反馈。小学教师对小学生的反应及时给予肯定或否定，促进小学生辨别的分化和精确化。三是重复。包括刺激和反应的重复。

2. 概念学习

辨别反映事物的差异，概念则反映事物的共同点。事物在本质特征上有共同点，在非本质特征上也有共同点，这就给概念学习带来了困难。所以，学习概念不仅要求小学生学习与掌握一类事物的共同本质，还要求他们能排除非本质特征。

3. 规则学习

在认识世界、发现事物内在联系的基础上，获得的计算公式、处理事物的法则或科学原理和定律等都称为“规则”。加涅认为，规则包含两类概念：一类是情境性的，代表情境的某个方面；一类是转移性的，代表操作或运算。如在“功 = 力 × 位移”规则中，“力”和“位移”属于情境性概念，“乘”代表转换性概念。规则学习的形式同样可用前面的同化论解释。

总之，规则学习以概念学习为先决条件，概念学习又以辨别学习为先决条件。辨别是最基本的智慧技能，概念、规则及解决问题等则是高级智慧技能。

（三）程序性知识的学习特点

程序性知识的获得以陈述性知识为基础，再经练习转化为技能。能否熟练运用概念和规则是程序性知识获得与否的标志，而策略性知识则是有效运用程序性知识的支持条件。

1. 以陈述性知识为基础

无论概念形成或概念同化还是从实例到规则或从规则到实例的学习，要正确运用概念或规则，就必须先理解概念或规则。

2. 已有技能是学习的必要条件

高级智慧技能以掌握低级智慧技能为先决条件。因为规则是若干概念的联合，掌握概念是掌握规则的前提。认知策略或策略性知识也由概念和规则构成，其学习也具有同样的特点。

3. 变式练习是陈述性知识向程序性知识转化的关键

不论用何种方式教授概念或规则，小学生理解并能用语言陈述概念和规则，只表明其完成了陈述性知识的学习。而程序性知识的本质在于能在不同情境中应用陈述性知识。所以，变式练习是促进陈述性知识应用的关键。

4. 以运用概念或规则做事为标志

小学生理解并能陈述概念或规则，只能说明其程序性知识学习处于陈述性知识阶段。程序性知识的获得标志应是小学生能运用概念或规则解决问题。

5. 策略性知识是有效运用程序性知识的支持条件

对专家和新手进行比较研究发现：在解题策略的使用上，新手倾向于逆推法，即从目标到已知条件的推理，专家则倾向于采用从已知到目标的推理策略。因此，策略对问题解决的影响显而易见。

根据现代信息加工心理学关于解决问题过程的描述，解决问题过程的每一个环节都离不开认知策略和反省认知。在问题表征阶段，明确问题的条件和目标涉及思维的目的指向性。思维的目的指向性是个体的认知策略和反省认知的最重要标志。在思维目的指导下设计解题计划，也是一种策略应用的过程。最后，监控解题计划的执行，同样是一种策略应用和反省认知的过程。

（四）程序性知识的学习过程

程序性知识的学习过程大致分为三个阶段：

1. 获得陈述性知识阶段

获得陈述性知识是程序性知识学习的首要阶段。学习者首先要理解并能陈述与程序性知识相关的概念、原理、事实和行动步骤等。如小学生不仅听懂了“学习”这一概念，还能用自己的话向其他同学转述这一内容。

2. 陈述性知识转化为程序性知识阶段

通过大量练习，学习者可将某些规则转化为用产生式系统表征和贮存的程序性知识。变式练习是陈述性知识转化为程序性知识的最重要条件。这两类知识以不同的表征方式贮存于长时记忆系统，以备日后提取使用。

3. 自动化阶段

学习者通过进一步的练习和强化，使程序性知识最终进入自动化阶段。在这一阶段，学习者无须意识控制或努力就能准确、快速地自动完成有关活动，最终形成某种技能。

（五）程序性知识的教学策略

程序性知识的学习往往比陈述性知识的学习复杂、困难，主要涉及程序性知识的理解和练习两个方面。

1. 促进程序性知识理解的教学策略

促进小学生对程序性知识的理解，小学教师可采取下列措施：一是示范、理解和让小学生说出并示范动作相结合；二是充分展开并示范各步骤，让小学生更好地观察、理解与模仿，准确把握动作的结构与特点；三是降低示范速度，防止小学生信息负担过重；四是引导小学生回忆并利用已掌握的有关技能，帮助理解新技能，促进技能迁移；五是给小学生提供具体事例。

2. 指导程序性知识练习的教学策略

小学教师指导小学生进行程序性知识的练习时应注意下列问题：一是及时提供反馈信息，二是设计变式练习，三是使身体练习与心理练习相结合，四是教小学生正确选用练习方法，五是激发并维持小学生的练习动机。

四、策略性知识的学习

心理学家对程序性知识有不同看法。加涅认为，程序性知识包括智慧技能和认知策略，二者的区别在于对外做事和对内调控。梅耶则认为策略性知识是与程序性知识并列的知识；程序性知识相当于加涅的智慧技能，策略性知识则是关于如何学习、思维的知识，是关于使用陈述性知识和程序性知识学习、记忆、解决问题的一般方法。

与陈述性知识相比，策略性知识与程序性知识一样都是陈述性知识的运用；与程序性知识相比，策略性知识是概念和规则在不同情境下的运用，但这种运用是一种对内调控的技能，是个人调控自己的认识活动、提高认知操作水平的能力。

（一）策略性知识学习的特点

与程序性知识获得相似，策略性知识的学习也要经历陈述性知识运用、策略练习和策略自觉运用三个阶段。策略性知识的学习有下列特点：

1. 策略性知识是对内调控技能，涉及的概念和规则反映了人类认识的规律

人类的认识活动不能从外部直接观察，因此策略性知识涉及的概念和规则很难通过直观演示教给学生，如用“逆推法”解决几何问题，教师很难用具体实例向学生示范策略的应用。

2. 策略性知识涉及的概念和规则具有概括性和灵活性

如“按一定顺序写作文”这一规则就非常概括，应用时须随描写对象和写作目的而变化。要用这一规则支配认知行为、提高认知活动的效率，短期的训练与教学是难以收到良好效果的，须经过长期、反复的练习与应用。

3. 策略性知识的学习与应用受认知发展水平的制约

智慧技能的获得取决于低一级智慧技能的掌握，而认知策略则与个体认知发展水平相

关,如儿童没有分类概念就不可能应用分类记忆策略。

4. 反省认知成分决定策略性知识的获得

策略性知识的学习,不仅要求学生掌握学习的具体方法、技术,还要求学生了解不同策略适用的条件,学会如何监控策略的执行情况。

(二)策略性知识学习的条件

学生学习既取决于自身因素又受外部条件的影响,掌握策略性知识也是如此。

1. 内部条件

影响学生策略性知识学习的内部因素包括知识背景、反省认知水平、动机水平等。

(1)知识背景。使用策略的目的在于提高信息加工的效率,某领域知识越丰富就越能应用适当的加工策略。

(2)反省认知水平。反省认知是策略性知识学习的关键,也是影响策略迁移的重要因素,反省认知成分的掌握主要取决于个体自我意识的发展水平。一般来说,自我意识的发展水平越低,应用策略达到反省水平就越困难。研究表明,个体的反省认知能力随经验的增加而发展,不可能经过几次教学就能达到目的。这就是学生不易获得策略性知识的原因。

(3)动机水平。过去,有心理学家认为,只要告诉学生学习的方法,他们就能掌握使用学习方法的策略,提高学习成绩。事实上,学生记住了众多学习策略的条文却很难改进学习。策略性知识需要经过大量练习才能迁移到新的任务中,如果学生没有强烈的学习动机,学习策略训练就难以奏效;而且学生的动机决定其选择的策略及使用效果,具有外部动机的学生倾向于选择和使用机械学习策略,具有内部动机的学生倾向于选择和使用有意义和起组织作用的策略;动机强的学生倾向于使用已习得的策略,动机弱的学生对策略使用不敏感。

2. 外部条件

关于学习策略是否"可教"一直存在争议。传统教学一般通过规则运用教授学生有关的学习策略,虽然多数学生知道"怎么学""如何调控学",实际效果却不理想。研究表明:策略学习的教学不能脱离具体学科和内容进行一般的策略训练。

(1)训练方法。这是影响策略性知识学习的重要外部条件。研究表明,通过分析解决问题的实例并将自己的解答过程与专家的解答过程进行比较,能取得更好的训练效果。为此,许多心理学家强调运用有指导性的发现法进行策略性知识教学,即先向学生提供运用策略性知识的实例,通过师生讨论归纳出相关学习策略,然后在教师指导下进行策略性知识应用练习。

(2)变式与练习。促使策略从陈述性知识向程序性知识转化的最重要教学条件是在相似情境和不同情境中练习,因为连续性的练习能帮助学生完成知识转化。

(3)外显的、可操作的训练技术。策略性知识对内的调控活动虽然很难直接观察,但仍可从个体的认知行为中反映出来。如果把认知策略转化为具体可操作的技术来控制学生的认知行为,就有可能培养学生良好的认知或学习习惯,进而培养其认知策略。如提高学生阅读理解能力的SQ3R技术,该技术是一种有效的阅读方法,可以帮助读者更好地理解和记忆所读内容。它的名称代表着五个阶段:扫描(survey)、提问(question)、阅读(read)、回顾(recite)和复习(review)。该技术既可作为阅读教学程序,也可作为阅读策略。

该策略要求学生阅读时按照下列步骤：浏览，就学习材料的关键部分提出问题，带着问题阅读，试着用自己的话回答每个问题，尝试回忆已阅读过的材料。

第二节 小学生的技能学习

案例

“00 后”的徐翔皮肤黝黑、略瘦，高高的鼻梁上戴着最流行的圆框金边眼镜，与人说话有些腼腆。很难相信这个青年会是一位“贴砖高手”。当他伸出双手，你便会理解什么是“功夫不负有心人”。他的双手粗糙得让你难以相信这是属于“00 后”的一双手。

徐翔在大学期间学的是建筑装饰工程技术。2020 年 8 月，“室内装饰设计项目”省赛招募选手，他毫不犹豫地报了名，并在学校选拔中脱颖而出。徐翔坦言，参加省赛时并没有太多想法，只觉得这是一个锻炼自己的机会，希望多学一点知识。

在备战的日子里，学院为他制订了专业训练计划并聘请了师傅一对一进行指导。“那段时间每天都要训练十多个小时，两周休息半天。因为没有基础，所以要加倍努力。日子虽然苦，我却乐在其中。”徐翔说。

作为一个更偏向操作的比赛，当时省赛对初出茅庐的徐翔来说，不但考验技能，而且对身体的综合素质也是一个极大的挑战。为了保证有充足的体能应对长时间的比赛，徐翔每天晚上还要练体能。

为达到精确的要求，备战期间，一个操作往往要重复几百遍，常常还需要跪着操作。“通常一天要连续跪两三个小时。”徐翔说。最难的是切割弧度，对臂力要求很严格，操作也有危险，不能有一丝懈怠。就这样瓷砖贴了一遍又一遍，贴完记录下数值再清理掉，继续重来，直到完全没有误差。

徐翔说：“技能大赛中瓷砖贴面项目的评分标准非常严格，我对自己的要求是 A4 纸不能插进去。贴砖比赛不仅需要反复操作，还需要思考和总结，比如，先计划每一道工序需要多少时间，然后每次完成训练后仔细对比，寻找差距调整方案。”在重复了不知道多少次的操作后，徐翔终于操作自如，而他的膝盖上也磨出了一层茧。

一泥铲、一小锤，一标尺、一把刀，构成了徐翔的全部世界。在当天开放式赛场上，在切割机、打磨机的轰鸣声中，徐翔在两平方米的工位里和来自全省的高手一决高下。

拌砂浆，量墙面，线切割，磨边角……戴着耳塞和安全帽的徐翔驾轻就熟，缜密有序。在备赛的时间里，徐翔每天学习新的技术和重复操作，不断锤炼技能，他拼出的“匠”字也刷新了现场每位观众对“精准”一词的理解。

“每个图形都有精准的尺寸，弧线必须光滑，整个比赛选手们要切割瓷砖近千次。”扬州工业职业技术学院艺术设计学院党总支负责人李乾坤说，虽然徐翔是第一次参加比赛，对手中又有从业几十年的老师傅，但他的悟性很高，而且乐于听取别人的意见并及时消化。

正是凭借这份坚持与努力，在2020年第一届全国技能大赛江苏省选拔赛室内装饰设计项目中，徐翔获得了一等奖，并获得了“江苏省技术能手”证书。

来源：中国江苏网 2021-03-03 10:27，有改动

技能是小学生学习的重要内容之一，帮助小学生培养技能必须了解关于技能的心理学知识与理论。

一、技能概述

技能指个体运用已有知识经验，通过练习形成的智力和身体活动方式的复杂系统。

（一）技能的特点

技能是经过后天练习获得的活动方式，完善化和自动化是技能形成的标志。

1. 技能通过学习或练习形成

技能不同于本能行为，是在后天学习过程中逐步完善的，其熟练程度以完成某一任务花费的时间长短来表示，花费时间越短，说明这种技能越熟练。

2. 技能是一种活动方式

技能由一系列动作及执行方式构成，属于动作经验，不属于认知经验。

3. 技能是合乎法则的活动方式

技能的各项动作要素、执行顺序要符合活动的客观法则要求，不是一般的习惯动作和随意行为。熟练的技能具有流畅性、迅速性、经济性、同时性、适应性等特征。

（二）技能的作用

一是技能作为合法则的活动方式，能够调节和控制动作；二是技能是获得经验、解决问题、变革现实的前提条件；三是技能是能力构成要素之一，是能力发展的基础。

（三）技能、知识与能力的关系

知识、技能与能力紧密联系而又相互区别。

1. 知识、技能、能力的联系

一方面，掌握知识有助于形成技能，掌握的知识和形成的技能则能促进能力的发展；反之，缺乏必要的知识和技能会造成能力发展的障碍。另一方面，掌握知识和形成技能以一定能力为前提，能力制约掌握知识及形成技能的快慢、深浅、难易、灵活性和牢固度。

2. 知识、技能、能力的区别

一是知识、技能与能力三者概括水平不同,知识是人类社会历史经验的总结和概括,技能是对活动方式的概括,能力则是对掌握知识、形成技能的心理活动水平的概括；二是掌握知识和形成技能属于心理活动范畴,而能力则是较稳定的个性心理特征；三是知识和技能达到"举一反三""熟能生巧"的迁移程度就能促进能力的发展。

(四)技能的类型

根据技能的性质和特点,将技能分为动作技能和智慧技能。

1. 动作技能

动作技能是个体通过学习和练习,借助骨骼、肌肉运动实现的完善化和自动化的肢体活动方式。动作技能有三个特点：一是客观性,从动作对象看,动作技能的活动对象是物质性的客体或肌肉；二是外显性,从动作进行看,动作的执行是通过外部显现的肌体运动实现的；三是展开性,从动作结构看,活动的每个动作须切实执行,不能合并、省略。

2. 智慧技能

智慧技能是通过学习和练习形成的、借助内部言语在头脑中进行的合乎法则的认知活动方式。智慧技能有三个特点：一是对象具有观念性,心智活动的对象是客体在人脑中的主观映象；二是执行具有内隐性,心智活动的执行借助于内部言语在头脑内部进行；三是结构具有简缩性,心智活动是不完全的、片段的,是高度省略和简化的。

按概括性可将智慧技能分为一般智慧技能和特殊智慧技能两类。一般智慧技能是多数活动需要的基本能力,往往具有普遍适用性,能保证人有效地认识世界,通常称为认知能力,包括观察力、记忆力、思维力、想象力和注意力,核心是思维能力。特殊智慧技能是从事某种专业所需要的能力。特殊能力有自己的结构,如音乐能力包括区别旋律曲调特点的能力、音乐表象能力、节奏感和音乐辨别能力等。顺利完成活动既需一般能力,也需特殊能力。一般能力是特殊能力发展的基础,特殊能力的发展又能促进一般能力的发展。

二、技能形成理论

现代教育要求教师既要传授科学文化知识,让学生知道"是什么",还要指导学生形成一系列技能,知道"怎么办""如何做",也就是说,教学的关键在于帮助学生将知识化为技能,发展运用知识解决问题的能力。所以,培养学生的能力必须把知识教学和技能训练结合起来。那么,学生的技能是如何形成的呢?

(一)动作技能形成理论

动作技能是通过大量练习某种动作方式而形成的。一般来说,从初学到熟练掌握某种动作方式需要经历相互联系的若干阶段。目前,影响较大的动作技能形成理论有三阶段模型理论和四阶段模型理论两种。

1. 三阶段模型理论

1964 年,美国心理学家菲茨与波斯纳将动作技能形成分为三个阶段：

(1)认知(或定向)阶段。学习者通过观察示范动作了解动作的结构、特点及各种动作的联系在头脑中形成动作表象,但动作呆板、迟缓、不稳定、不协调,多余动作多,需要意识控制。如初学游泳的人,要首先在泳池边观察教练的游泳动作,接着在教练的指导下分别练习手的划水和腿的蹬腿动作。

(2)联系(或模仿)阶段。学习者将注意力从认知转向动作,把个别动作连贯起来,使动作逐步协调,但有时会忘记动作间的联系,动作转换和交替有短暂停顿现象。如初学游泳的人掌握了划水和蹬腿的动作后,试图将手臂、腿脚、头、腹等身体部位动作与换气等动作整合起来形成连贯的动作,但在游泳时身体各部位的动作不协调,往往相互干扰,顾此失彼。

(3)自动化(或熟练)阶段。学习者将各种动作联合成整体巩固下来,动作准确、流畅、稳定、协调,达到自动化程度,意识参与成分减少,多余动作和紧张状态消失,注意范围扩大,能根据情境变化灵活、准确、迅速地调整并完成整套动作。如书法家在完成书法作品时将每个字的起笔、运笔、收笔行云流水般地一气呵成。

2. 四阶段模型理论

我国心理学家冯忠良将动作技能形成分为四个阶段:

(1)操作定向阶段。了解动作的结构与要求,在头脑中建立动作定向映象表象。学习者需要了解做什么和怎么做,也就是既要了解动作信息,又要区分与动作技能有关的各种刺激。

(2)操作模仿阶段。实际再现特定动作方式或行为模式。在此阶段,学习者需要了解基本的动作机制,尝试做某种动作,动作的稳定性、准确性、灵活性、协调性较差;各种动作互相干扰,常有多余动作;主要受视觉控制;不熟练,速度较慢。

(3)操作整合阶段。学习者把模仿动作固定下来并使其相互结合,成为一体化动作。动作的稳定性、精确性、灵活性比前一阶段提高;动作的各个成分趋于分化、精确,相互干扰少,多余动作减少;动觉控制增强,视觉控制减少;疲劳感、紧张感降低。

(4)操作熟练阶段。动作对各种条件有高度的适应性,动作执行达到完善和自动化水平。动作表现出高度的稳定性、精确性、灵活性;动作连续、流畅,高度协调,多余动作消失;注意范围扩大,动作主要受动觉控制;动作具有轻快感。

(二)智慧技能形成理论

目前在我国影响较大的智慧技能形成理论有五阶段模型理论、三阶段模型理论两种。

1. 五阶段模型理论

苏联心理学家加里培林认为,智慧技能形成是从外部物质活动到内部心理活动的过程,此过程经历五个阶段:

(1)活动定向阶段。通过讲解,学生了解认知活动的任务和意义,熟悉活动的程序和方法,形成活动表象,为具体智力活动做好准备。如加法运算的学习,小学教师通过演示让小学生明白加法运算的目的是求几个数的和,了解运算的客体是事物的数量,知道运算操作的程序和方法,懂得运算的关键是进位等,由此在头脑中形成完备的定向映象。

(2)物质或物质化活动阶段。物质活动指对具体实物的运用,物质化活动则是运用实物模象、图片、言语、模型、示意图等进行活动。具体实物或物质化活动能促进学生形成鲜明的记忆表象,加深理解学习的内容,掌握智力活动的方式,发展分析、综合、比较、抽象、概括等能力。如小学生进行加法运算,既可用小木棒演算,也可利用画片中的小木棒演算。通过这种活动,小学生能掌握加法运算的操作程序,学会进位。

(3)有声外部言语阶段。这是认知活动形式的开端。学生摆脱实物演示,借助出声的外部言辞进行智力活动,对动作程序做正确陈述,在表象的基础上实现分析、综合和比较,是智力活动的质的飞跃。此阶段是没有实物做直接依据的智力活动,需经专门的教学训练才能形成。如运算“3 加 2”时,小学生根据题目的数字大声说出“3 加 2 等于 5”。

(4)无声外部言语阶段。以消除嘴唇动作为特征,默不作声地进行智力活动,以默读代替朗读。如运算“3 加 2”时,小学生根据题目的数字在心中默默地念“3 加 2 等于 5”。

(5)内部言语阶段。智力技能形成的最后阶段。特点是智力活动脱离无助或物质化活动的支持;凭简化的内部言语完成认知活动;智力活动迅速,解决问题高效。如小学生演算进位加法时不再默念公式和法则,而是在头脑中出现几个关键词就获得运算结果。

2. 三阶段模型理论

我国心理学家冯忠良将智慧技能形成分为三个阶段:

(1)原型定向阶段。原型是事物的原样,智慧活动有外化的物质原型,即实际操作活动程序、实践模式。原型定向即了解这种实践模式、动作结构、各动作成分及顺序等。此阶段主要是在头脑中形成程序性知识。通过原型定向,头脑中形成了有关活动方式的定向映象,以调节以后的实际心智活动,同时也是心智活动得以产生的基础。

(2)原型操作阶段。原型操作,即根据心智活动的实践模式,把头脑中建立起来的动作程序以外显方式付诸实施。该阶段的活动方式是物质化的、展开的、外显的,并借助于外部言语引导和外部辅助手段,学习者还不能摆脱实践模式,而是依赖实践模式进行活动。

(3)原型内化阶段。心智活动的实践模式向头脑内部转化,借助于内部言语,可在头脑中进行程序化的智慧活动,且能以简缩、快速的形式进行。

三、影响技能形成的因素

技能形成是一个非常复杂的过程,受许多因素影响。

(一)活动模式

技能形成的前提是建立合理的定向映象,建立定向映象则取决于活动模式的有效性。有效的活动模式应符合两个标准:一是实践标准,即该模式是否有效;二是理论标准,即有效性的原因分析。达到这些标准应根据实际考虑活动模式的种类和层次要求。因此,确立活动模式不仅要有效、合理,还应考虑其可接受性,即学习者能否通过该模式形成某种技能。

加里培林等研究表明:在实际教学中,学生活动模式因概括性、完备性和独立性不同可能存在四种典型的定向类型,其学习效果也就存在明显差别。第一种定向类型,学生对活动条件了解不完全但具体,主要通过尝试获得。在此基础上形成的活动很缓慢,有大量错误,且难迁移。完成活动的条件稍有变化,再现活动方式就困难。第二种定向类型,学生对获得条件了解完全但具体,主要由教师提供。在此基础上的活动形成较快且可能没有错误,但活动方式的迁移受限,仅局限于完成类似的动作。第三种定向类型,学生对活动了解完全且概括,这种活动的概括由学生独立完成。在此基础上形成的活动不仅速度快,还可以没有错误且活动方式的稳定性强,迁移范围广。第四种定向类型,给学生提供概括形式的活动方式。此活动方式体系完备且充分,能正确完成类似课题的所有活动。但该定向的基础以现成形式给予,而非学生独立分析提出。

研究表明,四种定向类型的学习效果差别明显。在技能初步形成阶段,第三种定向类型最好,第四种定向类型次之,第一种类型最差;在技能适用范围和灵活应用方面,第四种定向类型最好,第三种定向类型次之,第一种类型最差;在培养学生创造性等方面,第四种定向类型最好,第一种类型次之,第二、三种类型最差。在实际教学过程中,应根据不同的教学目的,选择不同的定向类型。

(二)知识基础

知识可以表现为某种活动的一种定向映象,定向映象的丰富性、准确性直接影响技能的形成过程。安德森认为,技能形成直接来源于陈述性知识转化为程序性知识。大量的实验与经验也表明,技能形成依赖于学习者获得的知识。对专家与新手的比较发现,专家在知识数量与知识组织方面都与新手不同。专家拥有大量某一领域的具体知识,且这些知识是按概括原则(即知识内在联系)组织的。丰富、组织良好的知识促进对新信息的加工,保证了技能形成、发展与应用,同时也促进了各种技能的整合。这为解决复杂问题提供了前提。

(三)教学方法

教学对技能形成具有直接作用,有效的教学能帮助学生形成有效的技能,促使其成为自主而有能力的学生。为帮助学生形成技能,心理学家提出了多种有关学习策略、学习技能的教学方法,如直接教学、交互教学等。

普雷斯利等强调直接教授学习策略,即教师直接讲解学习策略的成分,如构成策略的要素、元认知、有关知识、动机等,并使策略模式化、程序化,学生练习这些策略并接受反馈。

帕林克萨强调交互式策略教学,即在教学初期,教师将学习策略模式化,再由学生应用策略,学生同时扮演教师角色去教同伴学习策略,即进行责任转换,此时教师只是在必要时给予学生帮助。

西蒙斯认为,有效的策略与技能教学应注意七个问题:一是某时期内只教授几种策略或技能并保证成功。很少有证据表明短时间内教授大量策略与技能可以迅速改善学生的学习能力。二是教授策略、技能时,也要教授元认知的有关内容,即告知学生何时何处、为何应用该策略和技能,同时要对策略和技能的应用进行检查、监控。三是维持学习动机。动机强的学生倾向于使用习得的策略,动机弱的学生对策略的使用不敏感。因此,必须让学生清楚地意识到策略的使用确实能提高学习成绩,在策略使用与学习成绩提高之间建立积极的互动关系,才能促进学生对策略的学习与使用。四是结合具体的学习课程进行教学。如结合小学语文课程教授小学生阅读和写作策略,结合数学课程教授小学生推理策略,结合外语课程教授小学生编码和组织策略等。五是注重策略、技能与知识间的交互作用。脱离知识的技能教学不可能成功,应想方设法丰富学生的知识基础。六是无论直接教学还是交互教学,抑或其他形式的教学,都需要教师将策略和技能模式化、程序化,教师可通过

“大声思维”将使用策略和技能的过程外化出来。给学习者提供必要的辅助线索、辅助手段，如记录策略的步骤和执行方式等内容卡片。同时要求学习者整合多种策略，以解决复杂任务。七是策略、技能教学应始终成为教学的重要内容之一，并尽可能地在课堂上创造应用策略与技能的情境，使学习者能掌握、概括并迁移所学的策略与技能。让学习者在熟悉的环境中熟练应用习得的策略与技能，在不熟悉的环境中通过元认知迁移习得的策略与技能。

四、小学生的技能培养

技能学习不仅包括对活动的认识，还包括活动或动作的执行。也就是既要知道做什么和怎么做，还要做出实际动作，其最终目的是要解决会不会做的问题。

（一）小学生动作技能的培养

熟练操作是动作技能形成的标志。熟练的动作技能具有以下特点：一是活动结构改变。动作实现了联合，不再出现动作间的相互干扰，多余动作消失。二是活动速度加快。动作品质发生了变化，变得更准确、协调、稳定和灵活。三是活动调节的视觉控制减弱，动觉控制增强。四是意识减弱，动作接近自动化。

动作技能是小学教育阶段的重要内容之一，培养小学生的动作技能需要注意以下几个问题：

1. 理解任务的性质和学习情境

1982年，辛格等研究表明，学习动作技能首先要正确理解学习情境和任务性质，形成基本判断并采取一定策略。运动技能通常以完成一定任务为目标并在一定情境中进行。为此，小学教师首先要帮助小学生理解学习任务，激发学习动机；其次应向小学生提出明确的目标和要求。

2. 示范与讲解准确

示范与讲解在动作技能形成中具有导向作用，能引导小学生做出规范性动作。为此，小学教师首先要把握示范与讲解的时机，准确进行示范与讲解；其次是讲解要突出重点，言语简洁概括，鼓励小学生发出声音进行语言描述；再次是示范与讲解相结合。

3. 必要适当的练习

任何动作的精确性、速度、协调性都随练习次数的增多逐步提高。小学教师指导小学生练习动作，要注意以下问题：

（1）练习方式。练习方式直接影响动作技能的学习，练习既可以是集中练习也可以是分散练习，既可以是整体练习也可以是部分练习，既可以是模拟练习也可以是实际练习，还可以是心理练习等。

（2）练习量。过度练习是必要的，但不是越多越好，要防止疲劳、错误定型。

（3）克服练习中的高原现象（如图4-5所示）。不同小学生的练习成绩有下列共同点：一是开始进步快；二是中间有明显的、暂时的停顿期（高原期）；三是后期进步较慢；四是总趋势进步，但有时会暂时退步。

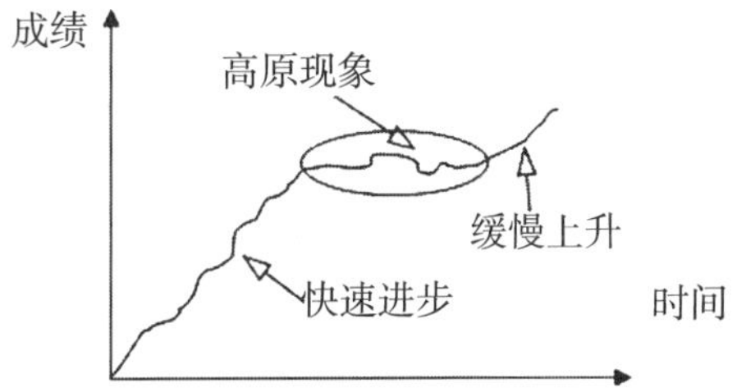

图 4-5　练习中的高原现象

（4）明确练习的目的和要求，掌握相关的基本知识和练习方法，要有计划、有步骤、合理安排练习的时间和次数，及时让小学生掌握练习的结构，练习方式要多样化。

4. 反馈充分而有效

一是内部反馈。小学生自身提供的感觉系统的反馈。二是外部反馈。小学生自身以外的人和事给予的反馈。

5. 建立稳定清晰的动觉

动觉是复杂的内部运动知觉，它反映的是身体运动时的各种肌肉活动的特性，如紧张、放松，而不是外部特性。

（二）小学生智慧技能的培养

智慧技能是人获得经验、解决问题的前提，对人的活动具有调控作用，影响人的能力形成和进一步发展。小学生的智慧技能是在教学中培养起来的。小学教师应采取多种教学措施培养小学生的智慧技能。

1. 正确识别问题类型

问题性质不同，解题的智慧技能也不同。小学生能否正确识别问题类型会影响其智慧技能的运用。若小学生能正确识别问题类型，就能运用相应的智慧技能解决相应的问题。如几何题是关于平面几何的还是关于立体几何的？作文是写记叙文还是议论文？等等。

2. 创设良好的情境，帮助小学生形成完备的定向能力

活动定向对智慧技能形成具有决定性影响。活动定向要求小学生在头脑中形成认知活动及其结果的表象，知道自己应做什么和怎样做。完备的活动定向须具备三个条件：一是完整、正确地了解智力活动的全过程，如作文的过程包括审题（命题）、选材、组织结构、选词组句等；二是概括了解智力活动的方式，如解决“作三角形的高”，其智力活动方式的概括程序是“从任何一三角形的任何一顶点到对边作高”；三是定向由小学生独立提出。良好的智慧活动定向能力是小学生在教学过程中形成并经过迁移建立的，小学教师应重视创设条件为小学生提供和建立起完备的定向基础。一是给小学生提供良好的实践定向模式，二是对小学生进行理解知识和解决问题的思维方式训练和指导，三是培养小学生独立定向的能力。

3. 克服定式的消极影响

定式对当前解决问题既有积极促进作用，也有消极干扰作用。如“九点连线”要求用四条直线把九个点连起来，线与线之间不得断开，笔不得离开纸面，一笔画好。受定式影响，多数小学生认为四条直线不能超过九点的范围（小学生自身经验），最终解决不了问题。但若打破这一定式影响，问题就迎刃而解了。

4. 提供分步练习条件，促使小学生智慧技能形成

练习是智力技能形成的重要条件，但任何一种练习都要经历若干阶段。所以，教学中应给小学生提供分步练习的条件，使小学生的认知活动能展现智慧技能形成的阶段模式，进而促使小学生形成熟练的、自动化的智力技能。

5. 从部分到整体的指导练习

熟练、灵活的智慧技能是在大量的解题练习中形成的，学会从部分到整体的解题方法有助于熟练、灵活的智慧技能的形成。如解决数学问题的解题技能分为审题、解析、列式、运算、验算，作文技能分为审题、立意、布局、谋局、谋篇等。这种复杂的智力技能宜采取从部分到整体的培养方法。

另外，小学教师要指导小学生养成全面观察、分析问题的习惯，掌握洞察问题本质和内在联系的方法，运用变式克服思维定式的影响，促进技能迁移等都是培养小学生智慧技能的措施。

第三节 小学生的品德学习

案例

1955年初秋的一天，侨居美国的著名工程物理学家钱学森携妻子蒋英和两个孩子从旧金山登上“克利夫兰总统号”轮船。抵达香港后，他们受到来自祖国的科学家们的热烈欢迎。随即搭乘火车回到了魂牵梦萦的家乡。

谁能知道，为了实现回国的愿望，这位世界闻名的导弹专家曾经历了5年多的磨难。

钱学森是上海人，1929年毕业于北京师大附中，后进上海交通大学学习，1934年考取清华大学第二届公费留学生并于第二年夏天赴美留学。此后，钱学森在加州理工学院、麻省理工学院学习和工作，由于在空气动力学和超音速飞行方面的卓越成就，36岁时便已成为麻省理工学院最年轻的终身教授。其间，他曾随美国空军顾问团去考察德国的导弹技术，被美国空军授予上校军衔。钱学森在国外事业有成，生活优裕。然而，大洋彼岸祖国的风云变幻时时牵动着他的赤子之心。

1949年10月6日，钱学森夫妇和十几名中国留美学生在加州理工学院附近的一个街心公园共度中秋佳节，他们兴奋地谈起新中国成立的特大喜讯，商议着如何早日回国服务。第二年夏末，钱学森将行李以及重量800千克的图书、笔记本装上即将开往香港的美国“威尔逊总统号”海轮，随即准备全家乘坐加拿大太平洋公司的飞机回国。然而此时，美国已掀起麦卡锡主义的反共浪潮，钱学森被无端地怀疑为共产党。根据美国国防部的指示，美国海关非法扣留了钱学森的行李，移民局通知他不得离境。美国一位海军次长甚至咆哮道："钱学森无论在哪里，都抵得上5个师，我宁可把这家伙枪毙了，也不让他回到中国！"由于政治上的原因，他们不愿意看到一个极具军事价值的世界一流火箭专家回到新中国。9月9日，美国联邦调查局逮捕了钱学森，把他关押在特米那岛上的拘留所进行残酷的折磨。后来，由于钱学森的抗议和美国友人的帮助，移民局不得不将其释放，但仍然对他进行监视。

美国当局的蛮横阻挡并没有锁住钱学森的归国之心，他和夫人蒋英继续采取各种方式进行抗争。

回到加州理工学院后，钱学森便潜心进行工程控制论的研究，1954年30余万字的英文著作《工程控制论》在美国公开出版。钱学森之所以进行这项研究，一方面是以此显示中国人在工程技术上的才华，另一方面则是要让美国当局看到他已经改变了原来致力的喷气推进的研究方向，消除他们不让自己回中国的借口。夫人蒋英是一位在中国出生、曾到德国留学的歌唱家，她十分理解丈夫的处境和心情。那时候，美国联邦调查局的人员经常闯入钱学森的办公室和住地。为了防止意外，她不惜荒废了自己的专业，毅然留在家中操持家务，以便照料丈夫和孩子。在那艰难的岁月里，钱学森总是在家里摆好3只轻便的箱子，以便随时可以动身回国。

1955年6月，钱学森摆脱特务的监视，在一封写在小香烟纸上寄给比利时亲戚的家书中夹带了一封给时任全国人大常委会副委员长陈叔通的信，恳切要求中国共产党和政府帮助他回国。信件很快转送到了周恩来总理的手上。1955年8月1日，中美两国在日内瓦举行大使级会谈，就两国侨民问题进行了具体的商谈。中国方面以释放11名美国飞行员战俘的条件并亮出钱学森来信要求协助回国这一铁证，要求美国方面不再阻挠钱学森等中国留美人员回国。在中国政府的交涉下，美国移民当局最终不得不同意放行钱学森。

由于钱学森的回国效力，中国导弹、原子弹的发射至少向前推进了20年，钱学森也因此被西方人誉为中国的"导弹之父"。

来源：《人民日报(海外版)》2009-5-5 黄小坚，有改动

小学生品德是在一定的社会生活条件下，在与他人的交往中通过观察和模仿形成的。小学教育在小学生品德形成中发挥主导作用。培养小学生良好的品德需要教师掌握个体品德形成和发展的规律以及相应的方法。

一、品德概述

品德是道德品质的简称，指个体按照社会道德准则行动时，对社会、对他人、对自己、对

周围事物表现出的稳定特性或倾向。偶然、暂时的态度和行为表现不是个人的品德。

(一)品德与道德的关系

品德与道德既有区别也有联系。

品德与道德的区别：①道德属社会现象，反映社会经济基础并为其服务，不同社会、阶级、民族、时代有不同的道德准则和要求；品德是个体现象，依赖个体存在，是个体人格的核心。②道德是社会生活的产物，依存于社会，以行为规范的方式反映社会生活，而不以个体存在与否、个体有无符合社会要求的道德品质为转移；品德是社会道德准则、规范在个体身上的部分反映，其发展、形成受社会发展和个体发展规律的制约。③道德是社会学、伦理学研究的主要内容之一，品德是心理学、教育学研究的主要内容之一。

品德与道德的联系：①个体的品德离不开社会道德标准，是社会道德准则在个体身上的具体体现，评价个人的道德品质要依据社会道德规范，离开社会道德准则谈不上个体的道德品质；②个体的品德受家庭、学校、社会的影响，是在个体社会实践活动中逐步将社会道德准则和要求内化后，在个体头脑和行为中的反映；③个体的品德形成既受社会道德风气影响又影响了社会道德风气。

(二)品德的心理结构

个体的品德体现在能影响他人利益时的行为选择中，这种选择与个体的道德认识和道德情感联系在一起。个体的品德心理由四个部分构成：

1. 道德认识

道德认识是对道德行为准则及执行意义的认识，包括道德概念、命题、规则等。道德认识的产物是个人道德价值观念的发展，反过来又影响道德认识。

道德价值观念是对各种涉及他人利益的行为价值的概括，属于道德价值的内容，直接受不同文化背景的影响。我国相关专家研究发现：道德价值主要包括集体、真实、尊老、律己、报答、责任、利他、平等这八个独立的内容。

2. 道德情感

道德情感是人的道德需要是否得到满足而引起的内在体验。个人对自己行为和他人行为做出道德判断都与情感有关。20 世纪 90 年代初研究发现：积极、愉快的心境能促进助人行为。当道德情感成为推动个人产生道德行为的内部动力时，就成了道德动机。

3. 道德意志

道德意志是个体在实现道德目标的过程中，克服困难、排除干扰的意志努力，是支配行为的力量。道德意志与道德行为是密切联系的，离开了道德行为，道德意志就无从表现。

4. 道德行为

道德行为是个体在道德意识支配下采取的实际行动。

上述四个方面相互联系、相互促进和转化。知是基础，行是关键，知行转化是品德的根本问题；而情意则是知行转化的动力。提高道德认识有助于培养道德情感和道德意志；良好的道德情感和坚强的道德意志又有助于提高道德认识，养成高尚的道德行为习惯。同样，道德行为实践又加深和提高道德认识，增强道德情感，锻炼道德意志。

二、品德学习的心理过程

品德学习有别于一般的知识、技能与策略的学习，不仅涉及“懂不懂”“会不会”问题，还涉及“愿不愿”问题。因此，其学习过程更为复杂一些。

（一）依从

依从也称顺从，指在他人的请求下，按照他人要求采取行动的倾向，即接受他人请求，使他人请求得到满足的行为，包括从众和服从。从众指人们对某种行为要求的依据或必要性缺乏认识与体验时，跟随他人行动的现象。一般来说，缺乏自信心的人容易从众。服从指在权威、命令、社会舆论或群体气氛压力下放弃自己的意见，采取与多数人一致的行为。服从可能是自愿的，也可能是被迫的。被迫服从成为顺从，即表面接受他人的意见或观点，外显行为与他人一致，但在认识与情感上与他人并不一致。服从的发生是由于权威的命令或现实的压力。

依从具有盲目性、被动性、不稳定性的特点，往往随情境变化而变化。个体在依从阶段的品德水平较低，却是不可缺少的阶段，是品德发展的开端环节。

（二）认同

认同指个体在思想、情感、态度和行为上主动接受他人的影响，使自己的态度和行为与他人相接近，其实质是对榜样的模仿。认同既可以是偶像认同，即出于对某人或某团体的崇拜、仰慕等趋同心理产生的遵从现象，也可以是价值认同，即个体出于对规范本身的意义及必要性的认识而发生的对规范的遵从现象。认同受榜样特点、榜样行为性质、示范方式等影响，具有不受外界控制的自觉性、主动性、稳定性等特点。

（三）内化

内化指个体的思想观点与他人一致，将自己认同的思想和原有观点、信念融为一体，构成一个完整的价值体系。在这一阶段，个体行为具有高度的自觉性、主动性、坚定性等特点，是个体稳定的品德的形成阶段。

三、影响品德形成的因素

影响个体品德形成的因素比较复杂，大体上可分为内外两大因素。其中能对个体品德产生直接影响的重要因素如下：

（一）态度定式

个体由于过去的经验，对面临的人或事可能有某种肯定或否定、趋向或回避、喜好或厌恶等内心倾向性，这种心理准备常支配人对事物的预料与评价，进而影响是否接受有关信息和接受量。帮助小学生形成对教师、对集体的积极态度定式是使小学生接受道德教育的前提。

（二）道德认知

品德形成与改变取决于个体已有的道德准则、规范的理解水平和掌握程度，取决于已有的道德判断水平。根据皮亚杰和科尔伯格的研究，要改变或提高个体的道德水平，必须考虑其接受能力，遵循先他律而后自律循序渐进的原则。另外，人具有维持平衡和一致性的需要，即力求维持自己的观点、信念的一致以保持心理平衡。当认知不平衡或不协调时内心就会不愉快或紧张，就须改变自己的观点或信念来达到新平衡。所以，认知失调是态度改变的先决条件。实施道德教育不应只注意道德教育的形式而进行道德说教，应结合学生的实际生活和切身体验，晓之以理。

（三）家庭教养方式

小学生的态度与品德与家庭教养方式有密切关系。若家庭教养方式是民主、信任、容忍的，则有助于小学生的优良态度与品德的形成与发展；若家长对待子女过分严格或放任，则孩子更容易产生不良的、敌对的行为。

（四）社会风气

社会风气由社会舆论、大众媒介传播的信息、各种榜样的作用等构成。作为社会成员的小学生不可能与社会隔绝，也无力控制、净化社会环境，再加上选择判断能力有限，社会风气时刻都在影响其道德信念与道德价值观的形成。

（五）同伴群体

归属于某个团体的需要是个体的基本需要，因此班集体、小团体等对小学生都具有一定的吸引力，他们试图使自己的言行态度与同伴群体保持一致，以得到同伴群体的接纳和认可。可以说，小学生的道德行为在很大程度上受他所归属同伴群体的影响。

此外，个体的智力水平、受教育程度、年龄等也对品德的形成和改变有不同程度的影响。

四、小学生良好品德的培养

品德是个体道德自觉的结晶，小学生良好品德的形成是社会公德、家庭美德、职业道德的基础。培养小学生良好的品德既是社会主义道德建设的要求，也是全面发展教育的要求，无论社会、学校、家庭还是小学生自己都应重视良好品德的培养。

（一）培养小学生良好品德的内容

品德是由道德认识、道德情感、道德意志和道德行为构成的整体，培养小学生的良好品德需要选择好切入点，着重教育和培养。

1. 提高道德认识

小学生的道德认识是在掌握道德概念、提高道德评价能力、确立道德信念的基础上形成的。提高小学生的道德认识，需要注意下列问题：

1）掌握道德概念

掌握道德概念是小学生形成道德认识的前提。小学生最初掌握的是非、善恶、美丑等道德概念往往与具体的道德现象相联系，他们从日常的道德现象中获得关于道德的感性经验，在成人评价中形成初级的道德概念。随着道德感性经验的逐步丰富，认知水平的逐渐提高，小学生通过概括逐渐理解社会道德现象及道德规范的本质特征，用较抽象的道德规范评价行为的是非、善恶、美丑并迁移到类似的道德情境中。因此，指导小学生掌握道德概念既要向他们提供具体事例，又要用变式突出道德现象中蕴含的本质特征，恰当定义道德现象，使其准确把握道德概念的实质。

小学生掌握道德概念需注意两种倾向：

第一，克服"意义障碍"。在某些情况下，小学生虽然领会了道德要求，但又"忽视"甚至拒绝接受道德要求。其原因是小学生出现了某种"意义障碍"。所谓意义障碍，是指小学生存在的某些思想或心理因素阻碍了他们对道德要求、意义的真正理解，不能把要求转化为自己的需要。小学生产生"意义障碍"可能基于下列原因：一是道德要求不符合小学生的需要，二是检查道德要求的执行不严格，三是小学生对道德要求的实质产生了误解，四是强制性道德要求触犯了小学生的自尊心，五是小学生感到教育者不公正或没有起到表率示范作用等。

第二，防止小学生掌握错误概念。在掌握道德概念的过程中，小学生可能会由于某些原因掌握一些错误的道德概念，如把尊敬老师误认为"拍马屁"，把向老师汇报某同学的错误言行说成"出卖同学"，把不守纪律当"英雄行为"等。小学教师应防止这些错误概念的形成，一旦形成要采取有力措施加以纠正。

2）道德信念的形成

当人坚信道德观念正确并将其视为行动准则且执行并产生肯定或否定情绪体验时，道德观念才能转化为道德信念。道德信念是道德动机的高级表现形式，它能保证小学生的道德行动表现出坚定性和一贯性。

小学生道德信念的形成一般要经历无道德信念、初步道德信念、自觉稳定的道德信念三个阶段。低年级小学生处于无道德信念阶段，不明确学习的社会意义，不能自觉履行道德义务，其符合道德准则的行为因家长、教师要求或自身的兴趣；中年级小学生处于初步道德信念阶段，他们有认真完成学业、遵守纪律的愿望，但自觉性、坚定性水平较低；高年级小学生处于自觉稳定的道德信念阶段。所以，帮助小学生形成道德信念：一方面，要求教育者言行一致，能成为小学生学习、模仿的榜样；另一方面，要鼓励、支持小学生参与道德实践，积累道德经验。

3）道德评价能力的提高

道德评价能力指个体应用已掌握的道德规范对自己或他人行为进行是非、善恶等评价的能力。

研究表明，小学生道德评价能力发展有其基本规律。一是从他律到自律，即小学生从仿效别人评价到独立评价。一般来说，低年级小学生只能模仿、重复成人评价，往往以成人的是非为是非，认为凡是受表扬、奖励的言行就是好的言行，否则就是坏的言行。随着年龄的增长、经验的增加，小学生开始逐渐形成自己的评价标准，学会独立地进行道德评价。二是从效果到动机，即小学生的道德评价从注重行为效果转向重视行为动机。一般说来，低年级小学生最初注重对行为效果的评价，且往往以直接后果来衡量行为的是非好坏。随着年龄增长，逐渐注重对行为动机进行分析。到高年级就能把道德动机与行为效果结合起来进行评价。三是从对人到对己，即小学生的道德评价从评价他人发展到评价自己。一般来说，低年级小学生注重评价别人，不会评价自己。随着年龄增长，他们从评价别人中逐步学会评价自己。四是从片面到全面，即小学生的道德评价从片面性评价发展到较全面评价。

一般来说,低年级小学生的道德评价往往抓住一点不及其余,要么绝对肯定,要么全盘否定,他们的评价容易受情绪影响,往往尖锐、直率且具有不稳定性和情境性。

小学生的道德评价能力是在社会生活中,在各种舆论、他人评价和教育影响下逐步形成和发展的。提高小学生道德评价能力最好的方法是通过创设道德情境,组织小学生讨论面临的道德问题并进行道德推理练习。

2. 培养道德情感

道德情感按内容分为公正感、责任感、义务感、自尊感、羞耻感、友谊感、荣誉感、集体主义情感、爱国主义情感等,按形式分为直觉的、形象性的、伦理性的三类道德感。直觉的道德感由具体情境引起,产生迅速,对道德行为有迅速定向的作用,如莫明其妙地迅速做出某举动,事后才意识到举动的是非曲直;形象性的道德感与具体的道德形象相联系,是通过形象思维而产生的道德情感,如儿童看电影而引起的情感共鸣;伦理性的道德感则是在道德理论基础上产生的自觉情感,具有稳定性、深刻性、持久性等特点,是最高形式的道德情感,如爱国主义情感、工作责任感等。无论哪一种道德情感都具有激发和引导道德认识、调控道德行为的作用。培养小学生的道德情感可采取以下措施:

(1)以理育情。道德情感产生于道德认识并随着道德认识而发展。一般来说,只有对道德规范认识深刻、对道德概念掌握牢固才可能产生道德情感。反之,缺乏对道德现象、道德原理的深刻认识、领会,则不可能产生深厚的情感。因此,提高小学生道德认识水平是促进道德情感不断升华的重要途径。但提高小学生道德认识离不开道德情感的参与,晓之以理,动之以情,知情结合,相互促进,才容易收到良好的教育效果。

(2)以情育情。情感具有感染性,个人情感可以感染其他人而产生感情共鸣。教育实践证明:师生良好的情感基础是教育成功的前提。小学教师真挚的爱会激发小学生对教师的信任感、亲切感,从而乐于接受教师的教育,即"亲其师而信其道",否则就会"疾其师而隐其道"。同时,小学教师的爱又是小学生获得积极情感体验的重要来源,进步时教师及时的肯定和表扬、困难时教师的关心和帮助都会引起小学生积极的情感体验,激励他们奋发向上。美国心理学家鲍德温指出,情绪极度紧张的教师很可能扰动儿童情绪,而情绪稳定的教师也会使儿童情绪趋于稳定。因此,培养小学生道德情感必须以情育情。

(3)以境育情。情感总是产生于一定情境,具有情境性。创设良好的道德情境是诱发和培养小学生积极健康道德情感的有效途径。

(4)以行育情。道德行为及效果对道德情感具有检验、调节的作用。培养道德情感应引导小学生积极参加实践,在实践中身体力行有助于培养和巩固小学生积极的道德情感。

3. 锻炼道德意志

坚定的道德意志是人积极调节心理活动,自觉抗拒各种诱惑,排除内外困难,实现道德目标的内部力量。其形成一般经历"决心—信心—恒心"三个阶段。在教育活动中,小学教师应遵循道德意志的形成规律,有目的、有计划地锻炼小学生的道德意志。

(1)提供锻炼榜样。培养小学生的道德意志,掌握道德的概念是必要的,但应向小学生提供意志锻炼的榜样,坚定其锻炼的意志。因此,小学教师既要善于选择小学生学习的榜样,促进他们自觉模仿榜样,锻炼意志,又要帮助他们学会选择学习的榜样,进行意志锻炼。

（2）排除情绪障碍。小学生的情绪障碍一般发生在教师的要求与自身需要产生尖锐矛盾时，表现为：一是非激情形式的情绪障碍，如小学生故意冷漠、忽视教师的要求而我行我素；二是激情形式的情绪障碍，如小学生生硬、粗暴地公开对抗教师。对此，小学教师首先要冷静、有耐心，不与小学生硬碰硬，防止对立情绪放大；其次，要从情感感化入手，不急于讲道理，而是做小学生的知心人，以情动人；再次，当小学生从内心接受教师的要求后再采取恰当的方式培养他们的道德意志。

4. 训练道德行为

道德行为是道德认识、情感和意志的具体表现和外部标志。任何道德品质最终都以道德行为及效果来衡量。小学生的道德行为训练主要从两个方面进行：

（1）掌握道德行为的方式。道德是道德动机与行为的统一。在实际活动中，小学生有良好的愿望、热情，也有决心、毅力，但因不善于分析具体情况，不善于组织行为，没有适当的行为方式，就不可能获得预期效果，甚至收到相反效果，出现道德动机与行为效果不一致的现象。这实际上是错误的行为方式、方法所致。研究表明，小学生的言行一致水平存在四种类型：一是道德认识和动机基本正确，但由于意志力不强而引起言行不一致；二是有良好的道德动机，道德言论与道德行为统一，即言行一致；三是以不良的道德认识或情感为动机而引起不良的道德行为，如因集体或教师压力而说假话造成的言行不一；四是个别品德不良的小学生的错误认识与不良行为一致。可见，小学教师训练小学生的道德行为不能单纯地进行行为训练，而应与道德动机相结合，只有与道德动机一致的行为才是有道德意义的行为。同时，行为方式训练也不只是让小学生记住行动规则，重要的是让他们掌握选择道德行为的方式和方法。

（2）培养良好的道德行为习惯。道德行为训练仅停留在掌握行为方式上还不够，还应让小学生通过行为练习养成良好的道德行为习惯，使道德行为自动化、经常化。具体措施：一是良好行为的重复练习。小学教师通过创设道德情境和条件，让小学生良好的行为经常发生。二是模仿良好的行为。小学教师要多为小学生提供良好的榜样让其模仿。三是进行有意识的良好行为练习。小学教师要通过组织各种有益的活动让小学生练习良好的行为，但要注意让小学生明确练习的目的与要求，鼓励其坚持练习；让小学生了解练习的效果并分析成败的原因。四是鼓励小学生与不良行为习惯做斗争。

总之，道德认识、道德情感、道德意志和道德行为是相互联系、促进、转化的整体。但这四个因素一方面具有相对独立性，另一方面在小学生品德发展中又具有不平衡性，容易出现薄弱环节或严重脱节现象。所以，培养小学生良好的品德须从他们的实际出发，从薄弱环节入手，有的放矢，注意抓住一方面以带动其他方面的发展。

（二）培养小学生良好品德的方法

就学校教育来讲，培养小学生良好品德的常用方法如下：

1. 有效的说服教育

说服教育是培养小学生良好品德最常用最基本的方法，小学教师常用语言说服小学生改变态度。但语言说服容易沦为空洞的说教，引起小学生反感。因此，说服教育需要有充分的证据。小学教师呈现说服证据要注意几个问题：一是对理解能力有限的低年级小学生只提供正面证据，对理解能力较强的高年级小学生可考虑提供正反两方面的证据。二是当小学生没有相反观点时，应只呈现正面观点，不宜提出反面观点；当小学生原本就有反面观点时，应主动呈现正反两方面的观点。三是当说服任务是解决当务之急的问题时，应只提出正面观点；当说服任务是培养小学生长期稳定的态度时，应提出正反两方面的材料。

说服应以理服人，以情动人。一般而言，小学教师开始说服时，富于情感色彩的说服内容易引起小学生的兴趣，然后再用充分的材料进行说理论证，这样比较容易产生稳定的、长期的说服效果。进行说服还应考虑小学生原有的态度，应以小学生原有的态度为基础逐步提高要求。

2. 树立良好的榜样

班杜拉认为，人不是消极地接受外在刺激，而是经历一系列的主动加工过程，对外在刺激进行选择、组织并以此调节自己的行为。小学生品德发展既依赖于内部条件，也与强化、榜样在学习过程中所起的作用有关。因此，观察学习中替代强化或替代惩罚非常重要。

呈现榜样既要考虑榜样的年龄、性别、兴趣爱好、社会背景等特点，尽量与小学生相似，才能使小学生产生可接近感，又要给小学生呈现受人尊敬、地位较高、能力较强且具有吸引力的榜样，这样的榜样才具有感染力和可信性，容易使小学生产生情感共鸣。

榜样行为的示范既可采取直接示范，也可采取言语讲解；既可真人真事现身说法，也可借助于传播媒介进行象征性示范；还可根据实际情况选择和充分利用恰当的示范方式。

3. 群体约定

群体约定指经集体成员共同讨论决定的规则、协定，对其成员有一定约束力，是成员承担执行的责任。利用群体约定的方法来改变小学生态度的操作程序：一是清晰、客观地介绍问题性质；二是唤起群体对问题的意识，使其明白只有改变态度才能令人满意；三是清楚、客观地说明要形成的新态度；四是引导群体讨论改变态度的具体方法；五是使全体小学生一致同意把计划付诸实施，每位小学生都承担执行计划的任务；六是小学生在执行计划的过程中改变态度；七是引导大家评价改变的态度，使态度进一步概括化和稳定化。如果态度改变未获成功，则应鼓励小学生重新选择方法，直至态度改变。

4. 价值辨析

价值辨析理论是西方道德教育最有影响力的理论流派，最早作为教学方法产生于20世纪20年代，20世纪60年代逐渐成为德育学派。美国的路易斯·拉斯是这一学派的创建者，1966年，他与悉米·西蒙和基尔申·鲍姆合著了《价值与教学》。

价值辨析理论着眼于价值观教育，试图帮助小学生减少价值混乱，通过评价帮助小学生形成统一的价值观。该理论认为，儿童处于互动的价值观的社会，这些价值观影响儿童的身心发展，而当代社会根本没有公认的道德原则或价值观。对此，小学教师不能把价值观直接教给小学生，只能通过分析、评价等方法帮助小学生减少价值混乱，形成适合本人的价值观体系。信念和态度等要变成个人价值必须符合价值形成过程的标准。完整的价值形成过程分三阶段七步骤：

（1）选择。选择包括三个步骤。第一步，自由选择。只有在自由选择中，才能根据自己的价值观行事，而被迫选择无法使某种价值整合到价值体系。第二步，从多种可能中选择。提供多种可能让小学生选择，有利于培养小学生的分析能力。第三步，对结果深思熟虑的选择。对各种选择进行理性的因果分析并反复衡量利弊，在这一过程中，个人的意志、情感、社会责任等都会受到考验。

（2）珍视。珍视包括两个步骤：第四步，珍视与爱护。珍惜自己的选择并为这种理性的选择感到自豪。第五步，确认。以充分的理由再次肯定这种选择，并乐意公开与别人分享选择。

（3）行动。行动也包括两个步骤：第六步，根据选择采取行动。鼓励小学生把价值观付诸行动，指导行动，使行动反映选择的价值观。第七步，反复行动。鼓励小学生坚定地把价值观付诸行动，形成某种生活方式或行为模式。

价值辨析法主要有三种具体方法：

第一，价值澄清应答法，指小学教师运用巧妙的应答技术，激发小学生思考自己价值观的一种随机方法。具体做法：小学教师不做硬性要求，让小学生自愿参与，一对一交谈，尊重小学生的隐私权。小学教师可在任何地方与小学生对话，促使小学生反省自己的生活、行为和思想，澄清自己的价值观。

第二，价值表填写法，指由小学教师选择某一能引起深思的社会问题，精心设计一系列问题，先由小学生独立填写价值单，再由小学生之间或师生之间交流答案的方法。其要领：一是选择有价值意义并容易出现价值冲突的社会问题，巧妙设计，帮助小学生澄清重要的价值观；二是要求小学生独立、谨慎地书面回答问题，因为书面回答比口头谈论更需要认真思考；三是在独立完成价值单后，鼓励小学生公开答案，并与同学或教师在小范围内进行交流。

第三，价值延续讨论法。前面两种方法主要针对个体，而针对集体则多采用价值延续讨论法，即通过团体讨论帮助小学生明确自己的价值观，并努力理解别人的价值观的方法。由于集体讨论容易变成无意义的争执或少数小学生的小范围讨论，故集体讨论必须有周密的计划。集体讨论的步骤：一是认真选择小学生困惑的问题，设计有价值意义的主题。讨论主题既可由小学教师选择，也可由小学生选出。而引出讨论主题的方法很多，如引文、图片、多媒体、提问、故事等。二是讨论前认真思考问题。给小学生思考的时间并要求做笔记，这样能使小学生慎言，使不习惯于思考的小学生有思考的余地，不至于在讨论中无话可说。三是组织交流。把小学生分成若干小组进行讨论，尽量使每个小学生都有发言的机会，并要求每个小学生做笔记。四是帮助小学生获得知识。小组派代表在全班发言，大家相互交流。

5. 恰当的奖励与惩罚

奖励和惩罚作为外部调控手段，不但影响认知、技能或策略的学习，而且对个体的态度与品德的形成也起到一定的作用。

奖励既可分为物质奖励和精神奖励，也可分为内部奖励和外部奖励。无论使用哪种奖励方式，首先要确定好获得奖励的行为，其次要给予恰当的奖励物品，最后应以内部奖励为主。

惩罚是为了抑制小学生的不良行为，同样也有助于小学生良好品德的形成。惩罚小学生的不良行为既可以给予某种厌恶刺激，也可以取消小学生喜爱的刺激或剥夺某种特权等。

6. 角色扮演

角色扮演指小学教师让小学生扮演不同的社会角色或特定情境中的角色，按扮演角色思考、做事，理解角色的社会行为方式，体验角色的态度、情感的方法。角色扮演既能激发小学生的兴趣，活跃课堂气氛，促使其主动获得道德知识和经验，又能增强小学生的道德体验，帮助他们解决实际生活中的道德问题。其基本要求如下：

（1）设计好主题及场景。只有适合角色扮演的主题才能达到理想效果。扮演主题应尽量让小学生有话可说、有事可做；布置给小学生的任务既不能太难也不能太容易，要适当超出小学生的能力，使小学生有挑战感和成就感；场景设计要合理，与学习内容相符。

（2）选择好小学生。参与角色扮演的小学生是否具有表演才能等影响活动的效果，选择哪些小学生，选择多少小学生，安排其扮演哪些角色，等等，都需要小学教师认真考虑。为此，可提前布置任务，让小学生事先做好充分准备。

（3）有限卷入。角色扮演需精心策划与组织，小学教师一定要帮助小学生把握好角色扮演的尺度，既不能完全脱离教学内容，又适当超越课程标准。所谓有限卷入，是指小学生在扮演中可能超越事先设计内容的范畴。适当超越课程标准对提高小学生的认识有一定价值。

（4）注重表演和表演中的观察。角色扮演能调动小学生参与的积极性，无论是小学教师还是没有参与表演的小学生，都要注意观察扮演者的表演，这样才能为讨论做好准备。

（5）做好评价工作。在小学生角色扮演活动中，小学教师要根据小学生的表现，及时调整教学策略，给出恰当的评价。

7. 小组讨论

小组讨论指以小组为单位，小学教师指导小学生围绕某一道德问题各抒己见，澄清思想，通过集体影响小学生个体。讨论法既能引发小学生认知冲突并激发其思考，形成对道德问题的新认识，促进小学生道德判断能力的发展；又能使小学生的道德态度和道德行为发生改变。基本要求：一是讨论主题切合小学生的道德发展实际，二是启发和鼓励小学生畅所欲言。总之，小学教师要循循善诱，引导小学生考虑和理解他人的观点，协调相互之间的分歧，做到“导而弗牵”。

五、小学生不良品德的矫正

品德不良指经常违反道德准则或犯有较严重的道德过错的现象。小学生品德不良是客观条件下由小学生自身因素造成的。在客观原因方面，如家长的溺爱迁就、要求过高过严、缺乏正确的教育方法、教育观念不一致、缺乏表率作用、家庭结构剧变，社会生活中腐朽的思想意识和不正之风、违法犯罪和庸俗文化的消极影响，学校教育观念错误、方法偏颇、忽视小学生良好品德的培养、小学教师对小学生存在严重的偏见、教育方法简单粗暴、小学教师品德不良，等等。在主观原因方面，如小学生道德认识不正确、异常的道德情感、意志力薄弱、受不良习惯支配、某些需要未满足等。总之，小学生精力充沛，求知欲旺盛，好胜心强，对世界充满好奇。在其品德形成的关键时期，家庭和学校应采取积极措施，帮助他们养成良好的品德。

矫正小学生的不良品德不仅要了解其心理，还须在此基础上结合小学生的品德表现，选择恰当的矫正方法。具体方法主要有：

（一）防范协约法

防范协约法指师生以书面形式建立和实施的矫正不良行为的方法。协约条文应根据小学生的实际问题制定，协约内容必须清楚，对小学教师的责任、要求和小学生应做什么、不该做什么甚至活动时间、场所都明确规定；协约内容要付诸文字，避免发生歧义和误解；对协约执行情况要做详细记录；执行中可根据实际情况适当补充和修改。必须注意的是：协约最好是在师生协商、获得共识后再制定，这样实施后才能发挥小学生的积极主动性，使其自觉矫正不良行为。

（二）表征性奖励法

表征性奖励也称代币制，指对小学生在矫正了不良行为或做出了良好行为后给予肯定和奖励的方法。表征性奖励由两部分构成：一是象征性奖励，如矫正了某不良行为获得一面小红旗，不违反课堂纪律获得一面小黄旗等；二是与强化物联系，如规定两面小红旗可换一支钢笔，四面小黄旗可换一支铅笔，等等。表征性奖励的强化要多样化，避免单调；同时要将即时强化与延时强化有机结合。

（三）强化暂停法

强化暂停法指在一段特定时间内对小学生暂时不予强化，以抑制不良行为的发生或降低发生频率的方法。按社会学习理论观点，不良行为是学习获得的，控制强化及强化物情境能矫正不良行为。强化暂停法就是控制强化情境的途径之一。使用强化暂停法须注意：一是时间恰当，一般在小学生不良行为明显被抑制或有好转时停止使用；二是强化暂停场所没有造成分心的事物；三是强化暂停在执行过程中可用语言或非语言的信号中止不良行为；四是发现行为不良的小学生愿意待在暂停环境时终止使用这种方法。

（四）过错矫正法

过错矫正法指要求存在不良行为的小学生消除自己不良行为造成的后果，并有所改善的方法。过错矫正法由两部分组成：一是恢复因过错行为被破坏的原状，并使之比原来更好，这具有惩罚性质；二是坚持练习，即联系与不良行为相反的或不相容的行为，这可根据学生表现及时给予奖励强化。

（五）榜样示范法

小学教师提供或树立榜样，要求小学生观察榜样行为并模仿行为。

总之，上述各种方法在运用时应注意对象的不同特点和个别差异并加以配合使用。

能力训练

一、单项选择题

1. 现代心理学认为,知识是对客观事物的(　　)表征。

A. 具体　　B. 概括　　C. 客观　　D. 主观

2. 知道"三角形内角和等于180°"属于(　　)知识。

A. 策略性　　B. 条件性　　C. 陈述性　　D. 程序性

3. 小学生掌握知识的中心环节是(　　)。

A. 获得知识　　B. 理解知识　　C. 保持知识　　D. 应用知识

4. 掌握事物共同的关键特征和本质属性的学习指的是(　　)。

A. 表征学习　　B. 符号学习　　C. 概念学习　　D. 命题学习

5. 概念教学中为了防止小学生出现概括不足的问题,需要给他们呈现(　　)。

A. 变式　　B. 直观　　C. 比较　　D. 正反例配合

6. 小学生将新学概念"橡皮擦"归到"文具"这一总概念中,这种学习属于(　　)。

A. 相关学习　　B. 上位学习　　C. 下位学习　　D. 并列结合学习

7. 小川学习蛙泳时,先在泳池边观察教练游泳,接着在教练的指导下分别练习手的划水动作和腿的蹬腿动作。小川的学习属于动作技能形成中的(　　)阶段。

A. 认知　　B. 自动化　　C. 运动　　D. 联系形成

8. 技能形成的基本途径是(　　)。

A. 观察　　B. 示范　　C. 讲解　　D. 练习

9. 稳定的态度和品德形成于(　　)阶段。

A. 内化　　B. 服从　　C. 认同　　D. 依从

10. 从整体发展来看,小学生品德发展的关键时期大致在(　　)。

A. 一年级　　B. 三年级　　C. 五年级　　D. 六年级

二、辨析题(先判断正误,再简要概括理由)

1. 知识获得的首要环节是知识直观。(　　)

2. 技能就是习惯。(　　)

3. "操千曲而后晓声,观千剑而后识器"形象说明了智力技能是后天学习的结果。(　　)

4. 品德一旦形成将不会改变。(　　)

5. 只要运用正面说服教育方法,所有小学生都能教育好,必须反对纪律处分等强制性方法。(　　)

三、简答题

1. 促进知识理解有哪些措施?

2. 知识应用包括哪些过程?

3. 技能有何特点?

4. 品德学习的一般过程是什么?

四、论述题

1. 结合实际情况分析增强直观教学效果的策略有哪些?

2. 如何运用有效的教学方法培养小学生的智慧技能?

3. 培养小学生良好品德的方法有哪些?

五、材料分析题

1. 阅读下列材料,回答问题。

小乐的数学考试成绩比上次下降了 3 分。他记得上次数学考试成绩提高了 20 分,班主任很满意,还让其他同学向他学习。但这次考试后,班主任只说了一句:“怎么比上次低了几分啊,好好复习了吗?”小乐想:自己一直在抓紧时间认真复习、练习,可为什么数学成绩没有提高反而下降了呢?越想越伤心,并认为是自己的脑子变笨了、不行了、记不住东西了……

问题:

(1)请说明该案例属于技能练习中的什么现象并解释该现象。

(2)简要分析该现象产生的原因。

(3)如果你是小乐的班主任,你将怎样为小乐解决这一问题?

2.阅读下列材料,回答问题。

四(2)班的小磊上学经常迟到,每次当同学们聚精会神地听老师讲课时,小磊总是推门而入。这不仅影响了本班在全校日常行为规范评比中的分数,还影响了班级的正常教学秩序。为此,老师专门找小磊谈话。老师了解到,原来是天气转凉后,小磊一直不肯起床,总是赖床。老师没有直接批评小磊,而是告诉他要做个勤奋的孩子,别的同学能做到的他也应该做到。小磊意识到错误后下定决心不再迟到。果然接下来的两天小磊早早到了学校。但到第三天小磊又迟到了,而且晚到后不主动将作业交给各科课代表,作业中还出现了严重的少做、不做的现象。虽然他知道这样做不对,但总是改不了。一次,为了掩盖自己没有做作业的实情,就跟老师撒谎说把自己的作业本忘在家里了。老师对小磊的行为也很是头痛。

问题:

(1)小磊为什么会表现出这样的行为?试结合小学生品德发展的特点进行分析。

(2)如果你是小磊的老师,你打算如何帮助他改正?

第五章　小学生的问题解决能力与创造力培养

● **教学目标**：了解问题解决的影响因素、影响创造力的因素；掌握问题解决的思维策略、培养小学生的创造力的方法。注重学习过程中的师生互动、生生互动，在教育实践中重视小学生创造力的培养。

● **教学重点**：问题解决的影响因素、创造力的影响因素、小学生创造力的培养。

● **教学难点**：小学生问题解决能力的培养、创造力的培养。

● **教学内容**：

（1）问题与问题解决。

（2）小学生问题解决能力的培养。

（3）创造力的主要观点。

（4）小学生创造力的发展及培养。

内容提要

- 小学生的问题解决能力与创造力培养
  - 问题与问题解决
    - 问题概述
    - 问题解决概述
    - 问题解决的影响因素
  - 小学生的问题解决能力
    - 问题解决的思维策略
    - 小学生问题解决能力的培养
  - 创造力
    - 创造力的含义及特征
    - 创造的过程
    - 创造力的分类
    - 创造力的影响因素
    - 创造力的测量方法
  - 小学生创造力的发展及培养
    - 创造力的发展趋势
    - 阻碍小学生创造力发展的因素
    - 培养小学生的创造力

问题解决和创造性活动是学习的高级形式,人类掌握知识和技能的目的就是要运用它们去解决各种问题。本章将介绍问题解决的影响因素、小学生问题解决能力的培养以及创造力培养的问题。

第一节　问题与问题解决

一、问题概述

(一)问题的心理学界定

所谓问题,是指人首次遇到且无现成可回忆的经验来解决的一种情境。心理学讲的"问题"不仅是语义上的,更是心理上的。当一个人面临与自己的理想和目标存在差距的情境,而达到理想的目标或目标途径又不明确,无法用自己已有的知识经验直接处理时,就要面对问题了。每一个问题都必然包含以下三种成分:①给定信息,是指有关问题初始状态的一系列描述。②目标,是指有关问题结果状态的描述。③障碍,是指在解决问题的过程中会遇到的种种有待解决的因素。如此看来,问题就是给定信息与目标之间有某些障碍需要加以克服的情境。

(二)问题的分类

按照问题结构的完整性,心理学家倾向于把问题分为两类:结构良好问题和结构不良问题。

1. 结构良好问题

结构良好问题就是那些具有明确的初始状态、目标状态以及解决方法的问题。小学生在学科学习中遇到的绝大多数问题是结构良好问题。例如,"389 +126 = ?""从北京出发乘火车去广州,最佳路线是什么?"另外,让小学生进行加减乘除的运算,在考试中进行单项选择,或解决一个复杂的数学问题,都是结构良好的问题,因为小学生可以根据给定的信息和目标选择明确的方法来解决问题。

2. 结构不良问题

结构不良问题是指那些没有明确的初始状态、目标状态或解决方法的问题。例如,"设计一个漂亮的市中心",其目标状态不明确:什么样的市中心才算"漂亮"?"小学生如何提高自己的学习成绩""小学教师如何上好一堂课"等,在很大程度上都是结构不良问题,因为没有任何一个明确的、固定的步骤能够帮助小学生或小学教师很好地解决相应问题。

二、问题解决概述

(一)问题解决的含义

问题解决是由一定的情境引起的,按照一定的目标,应用各种认知活动、技能等,经过一系列的思维操作,使问题得以解决的过程。

问题解决意味着个人运用"方法"克服"障碍",最终把问题的"起始或给定状态"转化为"目标状态"。例如,证明几何题就是一个典型的问题解决过程。几何题中的已知条件和求证结果构成了问题解决的情境，而要证明结果，必须应用已知的条件进行一系列的认知操作。操作成功，问题得以解决。

（二）问题解决的分类

与问题类型相对应，问题解决也有两种类型：

（1）常规性问题解决，即使用常规方法来解决有结构的、有固定答案的问题。

（2）创造性问题解决，综合应用各种方法或通过发展新方法、新程序等来解决无结构的、无固定答案的问题。当然，常规和创造是相对的，同样的一种解决问题的方式，对教师而言可能属于常规性的，对学生而言则可能是创造性的。

（三）问题解决的过程

著名美国教育家杜威认为，所有年级和课程都要采用问题解决的方法。学生问题解决的五个阶段是：①开始意识到问题的存在；②识别出问题；③收集材料并分类整理，提出假设；④接受或拒绝试探性假设；⑤形成评价结论。

现代认知心理学家奥苏贝尔和鲁滨逊以几何问题的解决为原型，于 1969 年提出了解决问题的模式。这个模式表明，解决问题一般要经历下述四个阶段：①呈现问题情境命题。②明确问题的目标和已知条件。学生利用有关的知识背景使问题情境命题与他的认知结构联系起来，从而理解所面临问题的性质与条件。这样一方面规定解题过程的目标或终点，另一方面明了问题的最初状况，为进行推理奠定了基础。③填补空隙。这是解决问题的核心。学生看清了“已知条件”（当时的状况）和目标（必须到达的终点）之间的空隙和差距之后，便利用有关背景命题，根据一定的推理规则和解题策略来填补问题的固有空隙。④解答之后的检验。问题一旦解决，通常会出现一定形式的检验查明推理时有无错误、空隙填补的途径是否简捷以及可否正式写下来供交流之用等。这一模式的特点是不仅描述了解题的一般阶段，还指出了原有认知结构中各种成分在解决问题过程中的不同作用，为培养解决问题的能力指明了方向。但是，这一模式是以数学中的问题解决为原型的，其普适性，即是否适用于其他学科的问题解决尚待研究。

根据杜威的五阶段论，研究者们一般认为，问题解决过程可分为下列阶段：①问题意识和问题提出。问题是问题解决的源头，没有问题就不会有问题解决的思维活动。事实上，只有那些能够意识到问题的存在、善于提出问题的人，在学习上才会有更大的进步。意识到并提出问题，意味着能够敏锐地觉知起始状态与目标状态之间的差距，这要求个体善于观察，勤于思考。②理解和表征。弄清问题究竟是什么，明确问题的本质和关键，找到相关信息而忽视无关信息，进而用自己的语言或适当的图示对问题予以表征。如果问题表征使人联想到某个顿悟式的解决方案，问题可能就解决了；如果表征不能产生即时解答的联想，就需要提出假设，对问题寻求解答。③提出假设进行求解。这是在理解并表征问题后寻求解答、提出问题解决的可能的方法、途径，此时需要运用特定的思维策略。问题的解答途径可能不止一种，此时人们会按照西蒙的“满意原则”，即更倾向于按照人满意的而非最有效的方式来做出选择。④按照计划尝试解答。对上阶段寻求的解答进行具体操作，也就是对假设和求解予以验证。验证方式主要有两种：一是通过观察、测量、实验、制作等在实际的操作活动中进行，二是通过比较、归类、分析、概括、归纳、演绎、抽象、综合等在头脑的智力活动中进行。验证中常有试误现象,也会出现领悟现象。⑤结论和评价。这是对结果做出结论和评价,此时需要寻找对假设和解答能够证实或证伪的证据,然后明确对结果是否满意、价值究竟有多大。

需要指出的是,上述问题解决过程的各个阶段不一定是线性的,其中存在着不同方向复杂的反馈情况。

三、问题解决的影响因素

影响问题解决的因素主要有问题的特征、已有的知识经验、动机状态、情绪情感状态等。问题的特征涉及问题的类型、问题的呈现方式等。已有知识经验主要涉及是否是专家知识、知识经验引起的心理定式以及功能固着等。

(一)问题的特征

影响问题解决的特征因素包括问题的类型、呈现方式等因素。

1. 问题的类型

问题的类型,如具体题、抽象题以及是否需要实际操作的问题,解决的难度不同。一般来说,小学生解决抽象而不带具体情节的问题比较容易,解决具体而接近实际的问题比较困难;解决不需通过实际操作的"文字题"比较容易,解决需要实际操作的"实际题"比较困难。

2. 问题的呈现方式

教师在课堂上的各种形式的提问、各种类型的课堂和课后练习、习题或作业等,都是学校情境中常见的问题形式,不同的问题呈现方式将影响个体对问题的理解。问题呈现的方式与人们已有的知识经验相差越远,问题解决起来就越困难。问题的陈述方式或所给图示不同,会直接影响问题解决的过程。例如,有些陈述或图示直接提供了问题解决的线索,便于寻找解决问题的方法、方向;而有些陈述式图示则包含某些多余的信息,或问题解决所需的部分条件被隐含起来,这就增加了问题解决的难度,需要个体能够发现、分离出解决问题所需的必要条件,撇开表面现象,抓住问题的本质特征。

3. 问题是否存在多余或不当的因子

研究者达威凯茨让两组小学生做算术题,一类题目为纯数字,另一类题目数字相同但加上了量词,如克朗。结果发现,加上量词后出错增多,量词越陌生出错越多。后来,以成人为对象的研究也表明,增加量词的加法要多花 12% 的时间。这些都是无关因子干扰造成"心理眩惑"的结果。

(二)已有的知识经验

1. 专家知识

问题解决所需要的知识经验包括两层含义:一是一个人所拥有知识经验的数量。大多数情况下,知识经验在数量上的多少主要取决于一个人的年龄。通常情况下,年龄越小的人,其所拥有的知识经验就越少。二是一个人所拥有知识经验的性质。如知识经验在头脑中的储存方式是咨询,知识经验的性质如何主要依赖于在实践活动中的积累。对专家与新手的对比研究发现,专家不但拥有某一领域的大量的知识经验,而且这些知识经验在头脑中的组织是非常合理的,在需要的时候可以快速地被提取与应用。从另一个角度看,专家不但拥有丰富且组织合理的陈述性知识，而且拥有解决问题所必需的、有效的心智技能和认知策略。

已有的知识经验的质与量都影响着问题的解决，与问题解决有关的经验越多，问题成功解决的可能性也就越大。研究发现，优生头脑中储存的知识经验显著多于待优生，所以说，拥有某一领域的丰富的知识经验是有效地解决问题的基础。不过，若大量的知识经验毫无章法地存储于头脑中，则对于有效的问题解决毫无帮助。显然，知识经验在头脑中的储存方式决定了问题能否有效地解决。

2. 心理定式

定式是指以最熟悉的方式做出反应的倾向。这种预备性的反应倾向，一方面使人们能够对一些常规性的问题做出较快的解答，从而提高问题的解决效率；另一方面，限制于狭小范围内的这种固定性和经常性，往往又会使人们难以以一种新的方式去考虑问题，从而使思考问题的变通性和灵活性受到极大的限制，不利于创造性地解决问题。例如，怎样才能种下四棵树，使得每棵树之间的距离相等？这个问题刚开始会让人觉得很难，这是因为思维定式让学习者倾向于认为这四棵树只能种在一个平面上，只要打破这一定式思维，问题就迎刃而解了。

3. 功能固着

功能固着是由德国心理学家邓克尔提出的，指一个人看到某一物品的惯常用途后，就很难看出它的其他用途，并且初次看到的用途越重要，就越难看出其他用途。

如下面这个情境：房间里从天花板上悬垂下两根绳子，现在请你把两根绳子的末端系在一起。旁边的小桌子上有一些工具，包括一把锤子和钳子。你抓住一根绳子的末端朝另一根绳子走去，但够不着另一根绳子。你想通过在一根绳子的末端系上锤子或钳子来增加长度，但握着绳子的你仍然无法触及另一根绳子。此时你该怎么办？

要解决这个问题必须通过非常规的方式使用提供的工具。如果把锤子或钳子系在一根绳子的末端，再把它像钟摆一样朝着另一根绳子的方向进行摇摆，然后再抓住另一根绳子的末端走向正在摇摆的这根绳子，就可以同时抓住两根绳子。人们对解决这个问题感到困难，常常是因为不能想到某个惯常使用的物品的一些非常规的用途，这种困难就是功能固着。

（三）原型启发

启发指从其他事物发现解决问题的途径和方法，对解决问题起启发作用的事物即原型。原型启发对问题解决具有很大作用，如鲁班被茅草割破手后受到启发发明了锯子。

（四）酝酿效应

长期解决某问题而不得其解时，若暂时停止思考而做别的事，可能会忽然想到解决办法，这就是酝酿效应。如法国数学家彭加勒解决不定三元二次方程式的算术转换问题，曾夜以继日，但未成功。后来到海边小住，一天早上散步时，突然想到这个与非欧几何的转换相同，于是解决了问题。酝酿有利于打破定式思维，因在解决问题的初期，人们往往以某种方式依靠某种知识结构进行思维，如果这种心理状态适当，问题就可能解决；如果不适当，问题就不能解决。暂时停止思考，就可能打破原来不恰当的思路，而使解决问题的合理方法出现。

（五）动机状态

面临问题时，动机太弱，会使个体缺乏解决问题应有的动力；动机太强，则会导致个体过分紧张而降低问题解决的效率。动机强度与有效解决问题是“倒U形”曲线的关系，中等程度的动机最有利于问题解决。

（六）情绪情感状态

个体的消极情绪情感状态会影响其顺利解决问题。研究者雷让两组被试者去完成估计他们都能够解决的问题，但让其中一组先在实际上不可能完成的课题上工作2分钟，这一挫败使他们在后续问题解决时成功率仅为32%，而未经挫折的另一组其成功率达49%。所以，问题解决时应适当鼓励肯定，使问题解决者处于积极的情绪情感状态。

除了上述因素外，个体的智力水平、性格特征、认知风格、世界观等个性心理特征也制约着问题解决的方向和效果。

第二节 小学生的问题解决能力

问题解决常常会涉及采用何种思维策略。思维策略是指个体在信息加工活动中，根据一定要求和情况而采用的一些解决问题的方式方法。它直接控制在哪种时候应使用哪些知识技巧，以及怎样使用这些技巧。问题能否得到解决，思维策略的选择和运用十分重要。同时，从认知心理学角度看，个体的成长和发展意味着解决一系列问题，问题解决能力的培养对于小学生的学习活动促进以及健康成长起着重要作用。

一、问题解决的思维策略

问题解决的思维策略通常包括算法式策略和启发式策略。

（一）算法式策略

算法式策略又称规则式策略，是指将达到目标的各种方法都列出来，具体化，逐一加以尝试。试误说就属于典型的算法式策略，如玩魔方，一会儿这么试，一会儿那么试，最终可能完成任务。算法式策略能确保成功，在解决某一个问题时，如果问题解决者选择的算法合适，并且又能正确地完成这种算法，那么我们保证能获得一个正确的答案。在实际教学中，这样的例子屡见不鲜，例如，“1+2+3+4+5+…+10 000=？”我们只要仔细地按照相加的算法，反复地做下去，就能获得最终的答案。但是，算法式策略费时又费力。在上例中，我们用连加的算法，虽也能获得最终的答案，但将非常烦琐。而且，算法式策略有时在实际中根本不可能实现。例如，我们到一个城市要找一位朋友，但不知道他在哪个单位，怎么办？如果采用算法式策略，我们就要逐一核查该城市的每一个单位，那将是无限烦琐的，以至于不可能获得最终的解，这时就得采用另一种策略。

（二）启发式策略

启发式策略是指根据目标的指引，试图不断地将问题状态转换成与目标状态相近的状态，从而只试探那些对成功趋向目标状态有价值的算子。例如，在查找朋友时，我们会根据经验，利用共同的朋友、朋友的专业、以前的工作或学习单位等方面的信息，缩小查找范围。这意味着需要使用一般的策略试图去解决问题。例如，在解答前面连加题"1+2+3+4+5+…+10 000=？"时，就可以根据其特点，转换成"（1+10 000）× 10 000 ÷ 2"进行简便计算。启发式策略简单省时，但往往不能确保成功。

日常生活中的许多问题非常复杂，或者没有被定义好，或者没有明显的算法，因此，采用启发式策略就显得非常重要。下面，我们讨论几种属于启发式策略的问题解决的方法。

1. 手段－目的分析法

手段－目的分析法是人类解决问题、搜索问题空间的普遍方法之一。其一般特征是把总目标分成子目标，运用算子，进行匹配，消除差别，最终达到总目标。也就是说，将总目标分成许多子目标，将问题划分成许多子问题后，寻找解决每一个子问题的手段。例如，对某些小学生而言，写一篇 200 字的作文是很头痛的问题，但如果将该任务划分成几个子任务，如选题、查找资料、阅读资料、组织材料、编写提纲、分段写作等，他们就可能表现得好一些。

2. 爬山法

这是一个形象的比喻，其基本思想是：先设立一个目标，然后向目标方向走到与起始点邻近的某一节点，逐步逼近目标。这就像爬山一样，如果在山脚下，要想爬到山顶，就得一步一步地往上爬，每爬一步，就要估计一下是否离目标更近了，如果更近就继续爬下去，这样会离目标越来越近，最终使问题得以解决。爬山法与试误说的差别在于前者每做一次尝试就要对目标的距离进行一次估计。在日常生活中，爬山法是一种有用的方法，不少实际的问题就是靠这种方法解决的。例如，医生在给慢性病人用药时常常用这种方法来确定药的剂量。爬山法的最大弱点是只能保证爬到眼前山上的最高点，而不一定是真正的最高点，问题解决者常常会到达一个"小山丘"而不是真正的山顶。例如，医生给病人的药达到一定剂量后，病人的病情有好转，再超量就会引起一些生理反应。这时，医生往往会误以为这个剂量就是最佳剂量，然而事实上也许更高剂量才能使病人真正痊愈。因此，问题解决者在使用爬山法时，最好选择几个不同的起点一起来尝试，如果几个起点到达的都是同一个点，那么这一点才算是真正的目的地。

3. 逆向反推法

在有些问题解决中，从初始状态出发可以有多种走法，但只有一条路能到达目标状态。在这种情况下，用逆向反推法解决问题是较为可行的。逆向反推法就是从目标开始状态出发倒推到达目标所需的前一个中间状态及其算子，直到退至初始状态。在几何证明题中常用这种方法。在处理生活中的问题时，我们常常运用逆向反推法，设置中间期限就是一个很好的例子。例如，如果三周之内要让编辑部收到这篇论文，那必须在某一天从邮局发出，必须在某一天打印，必须在某一天完成草稿……

逆向反推法与手段－目的分析法都要考虑目标，并且要确定运用何种操作去达到目标。但是，手段－目的分析法要考虑目标状态与当前状态之间的差别，逆向反推法却不用考虑这一点。因此，手段－目的分析法在搜索问题空间时受到的约束较大。当在问题空间中可以从初始状态引出许多途径而从目标状态返回到初始状态的途径相对较少时，用逆向反推法就相对容易些。

案例

中国女足前主教练多曼斯基是一个擅用逆向思维和换位思考的人，这种思维方式在她执教中国队短短一个多月时间里，几乎渗透到了生活和训练中的每一个细节当中。比如战术训练时一名边路球员出现失误，多曼斯基高声叫停，这名球员正等着挨一顿臭骂，没想到等来的却是表扬，多曼斯基肯定了她向前的意识。而多曼斯基善用逆向思维最典型的表现是对中国女足教练组的分工：球员时代后卫出身的多曼斯基主抓球队进攻，而前瑞典女足著名射手皮娅则主抓防守。当多曼斯基告诉韩韩一个后卫在她准备射门的时候会如何防守，当皮娅告诉李洁一名前锋会从哪个角度插上时，这比一味告诉队员怎么射门怎么防守来得更有效、印象更深刻。

传统的破冰船，都是依靠自身的重量来压碎冰块的，因此它的头部采用高硬度材料制成，而且设计得十分笨重，转向非常不便，所以这种破冰船非常害怕侧向漂来的流水。苏联的科学家运用逆向思维，变向下压冰为向上推冰，即让破冰船潜入水下，依靠浮力从冰下向上破冰。新的破冰船设计得非常灵巧，不但节约了许多原材料，而且不需要很大的动力，自身的安全性也大为提高。遇到较坚厚的冰层，破冰船就像海豚那样上下起伏前进，破冰效果非常好。这种破冰船被誉为“本世纪最有前途的破冰船”。

由我国发明家苏卫星发明的“两向旋转发电机”诞生于1994年，同年8月获中国高新科技杯金奖，并受到联合国TIPS（技术信息促进系统）组织的关注。1996年，丹麦某大公司想以300万元人民币买断该专利，可见该发明价值之巨大。说到“两向旋转发电机”的发明，也应归功于逆向思维。翻阅国内外科技文献，发电机共同的构造是各有一个定子和一个转子，定子不动，转子转动。而苏卫星发明的“两向旋转发电机”定子也转动，发电效率比普通发电机提高了四倍。苏卫星说，我来个逆向思维，让定子也“旋转起来”。这是他得以发明的思维基础，也是他对创造发明思想的一大贡献。

在实际问题解决中，可以结合使用顺向推理和逆向推理这两种方法，进行双向推理。面对问题时，一方面，我们可以进行顺向推理，即根据已知条件，联想有关的公式或定律，推出新的已知条件。如此，可以增加信息量。我们产生的已知条件越多，最终找到未知量的可能性就越大，有时，在推出的已知条件中就包含了未知量。这样做的缺点是思维方向不明确，容易使我们一旦走上错误的思维方向就迷途难返。另一方面，从未知量出发进行逆向推理可以使我们明确思维的方向。双向推理有助于缩短未知量和已知量之间的心理距离，使我们更容易在心理视野（工作记忆）范围内看到已知和未知之间的路径。

4. 类比思维法

当我们面对某个问题而对该问题的领域知识所知甚少时,我们常常会使用类比思维法来解决问题。我们一般是先对问题进行表征,然后去获取与当前情境相关或相似的熟悉领域的知识,加以利用。例如,在人们发明潜艇后,科学家们试图测定潜艇在海下的方位,通过研究蝙蝠的导航机制,最终发明了声呐技术。

吉克和霍利约克研究发现,给被试提供两个类似的故事,比只提供一个故事能让被试更好地解决问题。这些结果表明,在一个陌生的问题领域,小学生需要获得如何应用类比的指导,并且需要提供多个类似的例子。

二、小学生问题解决能力的培养

根据问题解决的影响因素以及策略,小学生问题解决能力的培养应该从提高小学生知识储备的数量和质量、训练解决问题的方法和策略、提供多种练习的机会、培养思考问题的习惯等几个方面入手。

(一)提高小学生知识储备的数量和质量

1. 帮助小学生牢固地记忆知识

知识记忆得越牢固、越准确,提取也就越快越准确,成功解决问题的可能性也就越大。教师应教给小学生一些记忆、提取的方法和策略,并鼓励小学生运用这些方法和策略帮助知识的记忆。

例如,速读记忆法简单地说包括快速阅读和记忆,二者可以说是相辅相成的。快速阅读离开记忆就失去了作用,记忆不结合快速阅读也没有多大的实质意义。一般人经过专业的强化训练都可以达到。快速阅读是从文字读物中迅速提取有用信息的高效读书方法。充分开发快速阅读者扩大视觉感知能力和左右脑协调快速处理视觉信息的巨大潜能,以眼脑直映的信息全新处理方式取代传统阅读中大脑的视觉中枢、语言中枢、听觉中枢对文字信息处理的环节从而达到眼看脑记、眼脑同步的快速阅读法。

马克思就是一个速读高手,他读书的速度奇快:为了写《资本论》,他阅读了1 500多种书,在书中引用了十几个学科、数百个作者的观点,留下了100多本读书笔记。勤奋是一方面,但假设没有较强的速读能力,完成如此艰巨的工作任务几乎是不可能的。可以说正是由于他异乎寻常的速读能力,使他有可能在所研究的每个领域涉猎了无数有用的资料。他有极为丰富的哲学、政治经济学、历史、法律等社会科学知识,对文字艺术也有极高的修养,海涅、歌德、但丁、巴尔扎克、莎士比亚等作家的作品,他如数家珍,随口吟诵。他几乎能掌握欧洲的一切国家语言,能用流畅的英语、法语著书立说,对自然科学也有很深的造诣。他运用快速阅读的方法,在头脑里储存了取之不尽、用之不竭的信息和资料,使他的头脑成为一艘升火待发的战舰,随时准备开往任何一片思想的海洋。

2. 提供多种变式,促进知识的概括

只有深刻领会和理解的知识才能牢固地记忆和有效地应用,因此,教师在传授知识时要重视知识的概括、抽象、归纳和总结。应用同质不同形的各种问题的变式来突出本质特征,加强学生对不同类型的问题的区分与辨别,提高他们对所学内容的理解水平和概括能力。

3. 重视知识间的联系，建立网络化知识结构

问题解决经常是综合应用各种知识的过程，知识之间的有机联系是保证正确解决问题的基础。为此，小学教师要有意识地寻找课内外、不同学科、不同知识点之间的纵横联系，使小学生所获得的知识不是一个孤立的点，而是能够融会贯通、有机配合的网络化、一体化的知识结构。

（二）训练解决问题的方法和策略

1. 结合具体学科，教授思维方法

根据已有的研究成果，针对有效的思维方法或心智技能，如审题技能、构思技能等也可以开设专门的思维训练课。但是，对小学生而言，其抽象概括水平较低，抽象的思维训练课一般难以收到良好的效果。小学教师应结合自己所任教的具体学科，在学科教学中教授小学生思维方法，促进其思维能力的发展，提高其学科中的问题解决能力。在此基础上，再概括出心智技能或策略，让小学生学会学习，学会解决问题，成为一个自主的、自我调控的、有效的学习者。同时，有研究表明，当问题解决训练与元认知训练、自学能力训练结合在一起时，其效果将更加明显。

2. 外化思路，进行显性教学

小学教师在教授思维方法时，应遵循由内而外的方式，即把教师头脑中的思维方式或思路提炼出来，明确地、有意识地外化出来，进行显性教学，给小学生以示范，并要求他们模仿、概括和总结。这在一定程度上可以避免小学生不必要的盲目摸索。小学生通过这种学习，可以逐步掌握各种思维方法，将教师的经验转化为自己的经验，充实或完善自己的内部认知结构，这是一个由外而内的内化过程。

（三）提供多种练习的机会

小学教师在教学中，应给小学生提供多种练习的机会；应考虑练习的质量，根据教学目的、教学内容、教学时段的不同来精选、设计例题与习题；充分考虑练什么、什么时候练、练到什么程度、以什么方式练、如何检验练的效果等。例如，既要训练小学生解决有结构的问题，又要训练他们面对无结构问题存在的事实；既要有直接利用领会的知识进行解答的基本问题，又要有灵活、综合利用有关知识进行解答的较复杂的问题；既要有一般的语言文字问题，又要有一定数量的动手操作问题；既要有促进小学生理解所学知识的基本问题，又要有适当的结合现实的实际问题；既要有可以要求小学生去解决、回答的有关问题，又要有要求小学生自己去提、编的问题。

多种形式的练习，可以调动小学生主动参与的积极性，提高小学生知识应用的变通性、灵活性与广泛性。应避免低水平的、简单的提问或重复的机械练习，防止小学生陷入题海之中。

（四）培养思考问题的习惯

1. 鼓励小学生主动发现问题

在教学活动中，小学教师应训练小学生发现问题的能力，鼓励小学生对平常事物多观察，不要被动地等老师指定作业后，才套用公式或定理去解决问题，并使小学生尽可能搞清问题的来龙去脉以及与其他知识点间的联系，深刻认识问题。

2. 鼓励小学生多角度提出假设

在明确问题的基础上，小学教师应鼓励小学生从不同的角度尽可能多地提出各种假设。小学教师不要对这些想法进行过多的评判，以免过早地局限于某一种解决问题的方案中。在提出假设阶段，重要的是数量，而不是质量。另外，提醒小学生在解决问题的过程中，不能反复用某一种方法试图解决眼下的问题，而忽视了其他的可能性。

3. 鼓励小学生自我评价与反思

这是培养小学生的元认知能力的过程。小学教师要求并鼓励小学生在问题解决时反复推敲，分析各种假设和各种方法的优劣，还要对解决问题的整个过程进行监控、评价。问题解决后，小学教师要及时引导小学生进行反思。

第三节　创造力

问题解决既可以使用现成的方法，也可以不使用现成的方法，但是创造性地解决问题必然不使用现成的方法。使用现成的方法解决问题，是常规问题解决；不使用现成的方法解决问题，是非常规问题解决。后者需要个体找到新方法来解决问题，属创造性地解决问题，它是创造力在问题解决上的体现。另外，一个人有无创造力或其创造力水平的高低，常常可以在问题解决上得以体现。有创造力或创造力水平高的人，问题解决的速度较快；反之，问题解决的速度较慢。所以，创造力在某种意义上也是一种问题解决的能力。

一、创造力的含义及特征

（一）创造力的含义

古希腊哲学家亚里士多德把“创造”定义为，在精神和物质领域“产生前所未有的事物”。这一界定虽然得到了许多研究者的认同，却因过于简练而难以令人满意。心理学上对创造力含义的解释可谓众说纷纭。目前，较为一致的创造力定义是：创造力是指指向特定的目的，运用一切已知信息，产生出某种新颖、独特、具有社会或个人价值的产品的能力。

这里的产品是指以某种形式存在的思维成果，它可以是一种新的概念、设想、理论等，也可以是一项新的技术、工艺、产品等。所以，可以根据产品是否新颖、独特、有社会或个人价值对创造力予以判断。创造力普遍存在于任何个体，并非全或无，而是个体拥有多或少、发挥程度如何的问题。

（二）创造力的特征

学者对创造力的特征有多种看法。美国心理学家吉尔福特认为，创造力的主要特征有：①敏感性，即容易接受新现象，发现新问题；②流畅性，即思维敏捷，反应迅速，而对特定的问题情境能顺利给出多种反应和答案；③灵活性，即具有较强的应变能力和适应性，具有灵活改变定向的能力，能发挥自由联想；④独创性，即产生新的非凡思想的能力，表现为产生新奇、罕见、首创的观念和成果；⑤再界定性，即擅长发现特定事物的新特点和新功能；⑥洞察性，即能透过事物表象认清其内在含义、特性或多样性，进行意义变换。

另一位美国心理学家哈奇森对 100 多项创造力的研究成果进行了分析，提出创造力的主要特征有：①独创性，即过去未有的不平凡的创造设计，这是创造力的主要特征；②新颖性，即新的、不平凡的创造设计，该特征与独创性有相似之处，但独创性指前所未有的，而新颖性突出“新”和与众不同；③流畅性，即单位时间内反映观念的数量；④灵活性，即对客观环境中的事物或问题善于发现要点和关键，善于找到解决的办法；⑤精密性，即工作中能把握好局部与整体、现状与发展的关系，能周密构思计划，能精心选用方法，能把握工作过程并有各种应对预案。

独创性、流畅性、灵活性是上述两位心理学家提到的创造力的共同特征。吉尔福特更强调从不同角度看待事物，发现事物的新用途，发现事物之间的内在联系；哈奇森则更强调创造思维的新颖独特、周密精致。

二、创造的过程

创造力体现在创造过程之中，体现在创造性地解决问题的过程中。1926 年，华莱士提出问题解决的过程也是创造的过程，大体有四个阶段：①准备阶段，此时重点在收集、整理和积累资料；②酝酿阶段，此时思维异常活跃；③豁朗阶段，此时灵感产生，顿悟来临，体验到“啊哈”式的豁然开朗，类似古诗“众里寻他千百度，蓦然回首，那人却在灯火阑珊处”；④验证阶段，此时证实创新产品，并加以具体化、概念化。

三、创造力的分类

可以从不同角度对创造力予以分类。按照创造力本身从萌芽到形成的过程，海纳特将创造力分为前创造力、潜创造力和真创造力。前创造力，是创造力的准备阶段或萌芽阶段，尚不能产生创造力的成果，如儿童的幻想、青年人的憧憬、人们的想入非非等。潜创造力，是对创造力的广义理解，对个人来说它是独特的、新颖的，但是属于已被人类发现或发明过的成果。真创造力，是对创造力的狭义理解，它是指提供具有独特的、新颖的和有社会价值的创造结果，该结果是前所未有的。

按创造力水平的高低，阿瑞提将创造力分为普通创造力和伟大创造力。普通创造力，是指每个人具有的，能使人获得满足感，消除挫折感，一种能为自己、他人和社会都带来积极效应的状态。小学生的创造力通常属于这一类。伟大创造力，则指像牛顿、爱因斯坦等人所具有的创造力。

按人们解决问题的新颖、独特程度不同，我国学者董奇提出将创造力分为初级、中级和高级三类。初级创造力，指对本人来说前所未有的，不涉及社会价值的创造力。中级创造力，指经过模仿，在原有知识经验的基础上重新组织材料、加工产生的有一定社会价值的产品的能力。高级创造力，指经过长期研究、反复探索所产生的非凡的创造能力，在某一领域做出了独特的贡献，可以推动社会或人类文明的进步。

四、创造力的影响因素

（一）智力

智力很大程度上取决于先天因素，而创造力与生活中的种种环境关系很大。一些研究表明，智力和创造才能特征之间显示了一种低水平的相关。也就是说，“越聪明（传统 IQ

测验分数越高）的个体就越具有创造力”，这种观点是错误的。但是，对于智力和创造力之间的关系，似乎更应该辩证地来看待：一方面，智力与创造成就毫无关系是不对的；另一方面，纯粹的智力也不能用来鉴定创造力或预测成就，一旦离开了其他心理品质，智力并不会有助于创造力。这似乎是一种更可取的观点。

现代认知心理学家，特别是智力理论家，对智力的深入研究似乎为认识创造力开辟了新的前景。1993 年，加德纳认为，创造力可以在“多元智力理论”所涉及的各种智力中逐步发展起来，个体也可能在一个领域内具有高创造力，而在其他领域内不具有创造力。他不相信创造性个体拥有一组可从其行为表现中观察到的与低创造力个体不同的人格特征。例如，1998 年，加德纳曾对弗洛伊德进行了分析研究，得到的第一个重要结果就是弗洛伊德是极其聪明的。虽然很多研究表明智力与创造力相关度往往不高，加德纳却坚持弗洛伊德异常高的智力对他的高创造力是最为重要的。在加德纳看来，弗洛伊德是语言智力上的天才，他很容易学会外国语言并用它们进行广泛的阅读，他还是一个写出不少有深远影响的心理学论文的优秀作家，而且他在科学方面也颇具天赋。

创造力与智力间的关系非常复杂，两者之间是一种相对独立的，在一定条件下又有相关的非线性关系。高智力虽非高创造力的充分条件，但可以说是高创造力的必要条件。它们有以下几种关系：①低智力的人不可能有很高的创造力；②高智力的人既可能有很高的创造力，也可能有很低的创造力；③低创造力的人其智力水平可能高，也可能低；④高创造力的人必须具有高于一般水平的智力。此外，高创造力受到其他很多因素（如责任心、勤奋度等）的影响。

（二）知识

创造力不是空中楼阁，它靠的是坚实的知识基础和精湛的专门技能。创造力与知识成正相关，个体只有精通自己所在专门领域的知识，并努力开发创造所必需的技能和洞察力，才可能表现出不同于一般个体的创造力。事实上，伟大的发明创造都来自发明者深厚的知识积累。他们在特定领域中拥有丰富的经验、渊博的知识、卓越的专长，因而才会有新颖独到的解决问题的办法，才能产生伟大的创举。

案例

我国著名的农学家、杂交水稻育种专家袁隆平，长期从事杂交水稻育种理论研究和制种技术实践。1964 年，袁隆平首先提出培育“不育系、保持系、恢复系”三系法利用水稻杂种优势的设想并进行科学实验。1970 年，他与助手李必湖和冯克珊在海南发现一株花粉败育的雄性不育野生稻，成为突破“三系”配套的关键。1972 年，袁隆平育成中国第一个大面积应用的水稻雄性不育系“二九南一号 A”和相应的保持系“二九南一号 B”；次年，育成了第一个大面积推广的强优组合“南优二号”，并研究出整套制种技术。1986 年，袁隆平提出杂交水稻育种分为“三系法品种间杂种优势利用、两系法亚种间杂种优势利用到一系法远缘杂种优势利用”的战略设想，被同行誉为“杂交水稻之父”。

（三）问题解决能力

现代认知心理学越来越倾向于用问题解决过程来探讨创造过程。实质上，创造发明也就是问题解决过程，只不过它不是一般的问题解决过程，而是一种具有创新意义、超乎寻常的问题解决过程。从信息加工的观点来看，创造力是在产生有价值的新信息过程中所运用的各种智力品质的总和。关于创造性问题解决过程的分析，1996年，俞国良总结了与之有关的五个方面的能力：①发现问题的能力；②明确问题的能力；③阐述问题的能力；④组织问题的能力；⑤输出问题解决方案的能力。这五个方面能力任何一方面存在不足，都足以影响个体的创造过程。

（四）动机

动机一般可以划分为内部动机（如兴趣、爱好等）和外部动机（追求奖励、逃避惩罚等）。虽然内部动机和外部动机都能激发和维持儿童的创造活动，但是一些心理学研究表明，内部动机更有利于个体的创造活动的产生和创造力的发挥与发展。另外，成就动机中追求成功和避免失败的需要也对创造活动有着不同的影响。研究发现：在成就动机高的个体内部，力求成功者（追求成功的需要高于避免失败的需要）比避免失败者（追求成功的需要低于避免失败的需要）更适合进行创造活动，有更多的创造机会，能有所创新和创造性地解决问题。

案例

中国著名画家齐白石荣获世界和平奖。然而，面对他所取得的成功，他并不满足，而是不断汲取以往画家的长处，不断完善自己的作品风格。他60岁以后的画与他60岁以前的画有很大的不同。70岁以后，他的画风又变了。80岁以后，他的画风又变了。齐白石一生，曾五易画风。正是因为齐白石老人在成功后不断地改变和创新，他晚年的作品才比早年的作品更加完善和成熟，他才形成了自己独特的风格。

（五）教育

良好的教育环境有助于创造力发展。这些教育环境来自三个方面：家庭、学校和社会。大量研究表明，家庭因素是影响个体创造力发展的一个重要因素。良好的早期家庭教育、特别的家庭关注与积极期望、民主和谐的家庭教育方式等都有助于儿童创造力的开发和发展。温暖、融洽和民主的家庭气氛，对孩子创造力的发展十分重要。

学校教育是一种有目的、有组织、有系统的教育，在个体心理发展中扮演了极其重要的角色，对个体创造力的发展也更具重要意义。研究表明，小学教师对小学生自主重要性的认识与有关儿童创造力的发展中也存在“皮格马利翁效应”。此外，小学教师不同的教学能力和个性类型（强硬专制型、仁慈专制型、放任自流型、民主型），也影响小学生创造力的发展。

社会是整个教育系统的一个有机成分，是对学校教育的补充。现代社会教育机构多种多样，如少年宫、青少年之家、少年活动站、图书馆、博物馆、科技馆、业余培训学校等，丰富了小学生的第二课堂，扩大了小学生的视野，培养了小学生的观察力和科学兴趣；再加之，多样的课外读物和发达的影视文化，所有这些都为小学生创造力的发展提供了较好的环境。

五、创造力的测量方法

创造力的测量方法就是测验和评估个体创造力的手段和技巧，主要包括专家评价法、心理测验法、实验法、作品分析法等。

（一）专家评价法

专家评价法是由有关专家按照一定的标准，对被试的创造力进行评价的一种方法。专家评价法的实施可分三个步骤：①组成评价小组，成员为有关专家或有经验的教师；②由评价小组成员分别对个体的创造力进行评析；③合成总的评价成果，其中包括评价者的一致性（信度）考察。这种方法的优点是较为经济，对未来有预测性；缺点是评价结果受评价者的个人经验、情绪状态等主观因素的影响较大。

（二）心理测验法

心理测验法是通过标准化的心理测验工具对个体的创造力进行测量的方法。心理测验法一般采用标准化的题目，按规定的程序施测，然后将测验成绩与个体所在年龄段的常模做比较，从而评定个体的创造力水平。

（三）实验法

实验法是通过给被试设置一定的问题情境，控制和改变一些条件，记录其反应情况，然后加以分析的一种测量方法。这种方法的突出特征是对个体行为与环境条件进行了人为的操作，把影响创造力的某些特定因素从复杂的条件中分离出来，使问题简单化，从而使考察这些因素对创造力的影响成为可能。

（四）作品分析法

作品分析法是指通过对被试按要求完成的作品的定性和定量分析，来揭示其创造水平的一种方法。这是一种客观分析法，因为它常利用某些数量化指标来进行较为精细的客观评价。这里的作品限于个体的工艺品、作文、绘画、乐谱、计算机程序等。作品分析法虽然具有客观性且具有分析深入、细致等优点，但其计分系统编制难度较大。

第四节　小学生创造力的发展及培养

培育小学生的创新意识和创造力已是全球性的问题，“为创造力而教”已经成为学校教育的重要目标之一。培养小学生的创造力要重视对小学生创造力发展的了解，排除阻遏创造力的因素，把握创造力培养的原则、方法。

一、创造力的发展趋势

创造力和人类其他心理品质一样，是在先天遗传的基础上，随着个体生理的成熟，通过后天环境、教育和个体不断的创造实践活动逐渐形成和发展起来的。这一发展过程表现出明显的年龄特征和性别差异。

（一）创造力发展的年龄特征

创造力与年龄的关系是心理学家十分感兴趣的研究课题，众多心理学家对此进行了深入研究。

1. 婴幼儿时期个体有了创造力的萌芽

婴儿的创造力可以追溯到刚刚诞生时就具有的一些无条件反射，如探究反射就是对新异刺激的关注。到了幼儿时期，其创造力得到进一步发展，主要表现在他们的动作、言语、感知觉、想象以及个性特征等各方面，且往往通过诸如绘画、音乐、舞蹈、小制作、游戏等活动表现出来，其突出表现为好奇心和创造力想象的发展。

好奇心在婴儿期就已经出现，如总要用手触摸、抓握或用舌头舔咬新奇事物。幼儿期的个体好奇心更加明显和强烈，如喜欢提出各种问题，刨根问底。在好奇心驱使下，幼儿特别喜欢玩新游戏，接触新事物，这是其创造力发展的最初表现。创造力想象在幼儿初期只是一种无意的自由联想活动，随着年龄的增长，其想象的有意性增强，出现了再造想象并积累了大量的想象形象。这为幼儿创造力想象的发展提供了原始素材。

2. 小学阶段个体创造力得到进一步发展

综合已有研究，小学生的创造力发展具有如下特点。

（1）创造力发展具有动态性。1966 年，托兰斯通过对一年级小学生至成人的大规模的创造力思维测验发现，小学生的创造力发展总体呈上升趋势，是一个动态的、波浪式前进的过程：一至三年级呈直线上升状态，四年级下降，五年级又恢复上升状态，六年级至初中一年级再次下降。其中，流畅性最高，变通性居中，独创性最低。1982 年，贝里曼对英国学龄儿童创造力发展的研究同样发现了类似的“四年级突降”现象。小学生创造力发展的动态性特征还表现在其创造力倾向与创造力态度的发展上。2001 年，沃建中等研究发现：小学生的创造力倾向（冒险性、好奇性、想象力、挑战性）的发展有显著的年级差异，从三年级到四年级、五年级到六年级均呈上升趋势，但从四年级到五年级呈下降趋势；创造力态度（任务卷入、自我卷入）不存在年级差异。

（2）创造力想象和创造力思维水平不断发展。小学生的创造力想象有了较大提高，不但再造想象更富有创造力成分，而且以独创性为特色的创造力想象也日益发展起来。一般来说，低年级小学生的想象力和幼儿差不多，具有明显的复制、模仿的痕迹。到了中、高年级，小学生在学习活动中思考问题的敏捷性、分析问题的深刻性、解决问题的独创性等有了一定程度的发展，复制和简单再现的痕迹明显减少，对表象的创造力改造明显增多，出现了很多别出心裁、颇具新意的构想与行为。小学生创造力思维的发展主要表现在思维的发散性、变通性、灵活性上。1986 年，朱智贤、林崇德等关于儿童思维品质的研究结果表明，小学生在运算中思维的敏捷性和灵活性是稳步发展的，尚未发现有突变或转折点，思维的独创性比其他思维品质的发展要晚、要复杂，涉及的因素更多。

3. **青少年阶段个体的创造力获得更大发展**

从已有研究来看,青少年创造力的发展主要表现出以下特点:

(1)创造力发展的不平衡性。创造力发展不但表现出年龄上的非直线上升,而且体现出创造力各因素发展的不平衡性。托兰斯等研究发现,青少年的创造力发展是有起伏和波动的,在整个青少年期,其创造力发展存在两个低落期,即 13 岁和 17 岁。在整个青少年阶段,个体创造力发展在具体内容上主要表现为:创造动机强烈,对创造充满渴望和憧憬;创新意识强,敢于标新立异,不受习惯束缚,敢想、敢说、敢做;想象丰富、新颖;思维敏捷、灵活,情感丰富,善于运用直觉和猜测。

(2)创造力发展的不成熟性。青少年的创造力虽然处于急剧变化和发展的增长期,并已达到了较高水平,但是由于青少年时期个体知识经验不够丰富,缺乏社会生活实践,其创造力发展还不够成熟,具体表现为:想象脱离实际或不顾现实生活,试图不经过艰苦的努力在短时间内创造出新的理论或产品;创造力思维的方式单一,变通性不够;不善于捕捉和把握灵感和直觉;不善于利用创造的条件,如较少求教,仅重视书本知识而忽视实践。

案例

青少年时期是个体创造力发展的关键期。许多人正是在青少年时代取得了颇具创造力的成果。例如,伽利略 17 岁发现了钟摆原理;牛顿 23 岁创立了微积分;爱因斯坦 26 岁提出了量子说,建立了狭义相对论;爱迪生 21 岁取得了第一项发明专利;王勃 26 岁作《滕王阁序》;屈原 23 岁写《离骚》;白居易 16 岁吟出流传千古的诗"野火烧不尽,春风吹又生";闻一多 24 岁将第一本诗集《红烛》出版;曹禺 23 岁写出话剧《雷雨》;等等。

(二)创造力发展的性别差异

在古今中外的杰出科学家、发明家、思想家中,男性通常占大多数。造成这种性别差异的原因是多方面的,既有生理和心理发展类型差异的原因,又有社会环境和文化的原因。如在生理方面,男女大脑两半球的结构和功能上的差异表现为,虽然女性连接大脑左右两半球的胼胝体更发达,但男性在面对视觉 - 空间刺激材料时主要是额叶皮质的激活等,而额叶的参与似乎是大脑创造性解决问题的关键。在心理发展类型上,女性善于语言表达和形象思维,而男性善于逻辑思维;儿童进入学龄期以后,学校教育强化了男女两性的角色差异,教学的主体教师和教材都传递着有关性别差异的信息;在性别角色观念中,男性特质强调领导力、男子气、理性、大度,女性特质强调同理心、女子气、勤俭心细,这些性别角色观念可能影响不同性别个体创造力相关的人格特征。大体上,社会环境和性别文化观念的影响是导致创造力发展性别差异的主要原因,且使这种差异在不同年龄段具有不同的表现。

过去的研究认为,学前期和学龄期的女孩的创造力发展优于男孩,中学阶段的男孩的创造力发展开始优于女孩并持续超越女孩。但新近研究发现，男女创造力的发展并不存在水平的差异，而是类型的差异。1990 年，徐青认为，小学生的创造力发展在总体上不存在明显的性别差异，但同年级（年龄）的男女生在数字测验的一些思维维度（新颖性、精细性）上有显著差异，表现出男女生在创造力发展上各有优势。2006 年，胡卫平等人对青少年的语文创造力的研究指出，女生在创造性阅读理解能力、语言审美创造能力和创造性写作构思能力上明显优于男生，等等。该研究还发现，在创造力思维发展上，年龄较低的智力常态组女生优于男性，而年龄较大的智力常态组男女各有所长。其他研究也发现，创造力的发展水平总体上不存在性别差异，但具体发展各有优势。

二、阻碍小学生创造力发展的因素

了解有关的阻碍因素并予以排除，是培养和开发小学生创造力的重要条件之一。综合有关研究，阻碍小学生创造力发展的因素及排除的方法主要有以下几个方面。

从个体角度考察，主要有：①缺乏进取态度。对此，要体验创新的乐趣来自自身的进取，怯于冒险就难以进入创新境界。②缺乏自信。对此，可以回顾过去的成功经历，予以自我肯定和激励。③害怕批评。对此，不能过于敏感而拒绝，重要的是对批评进行评估并从中汲取有用的东西。④缺乏自知之明。对此，自己可以在亲密者的帮助下回顾自身成长的历程和处理问题的过程，从中获得对自我较完整的认识。⑤缺少积极的情绪情感。对此，努力从事一些建设性的活动，排除倦怠、厌恶、沮丧之类的消极情感，增进惬意、快乐、喜悦之类的积极情绪情感。⑥依赖与惰性。对此，要认识到人有依赖他人和从事习惯性活动的惰性，从事创造力活动就要给自己留有一定的独立而自由的空间。

从环境角度考察，主要有：①错误的成功观。对此，要摆脱把财富、名誉、权位作为成功象征的观念，要树立“从事的活动对主体及其社会有用、重要并带来快乐即为成功”的观念。②比较的倾向。对此，重视的应该不是与别人相比，而是与自己的发展、进步做比较，与自己先前的创造活动相比较。③组织环境封闭。对此，要使组织机构具有开放性，使创造活动既有开阔的视野，又能赢得社会支持系统的支撑。④人际沟通不畅。对此，要组织群体活动，提供交往机会，使创造活动获得他人的理解和支持。⑤资讯不足。对此，要在硬件软件上舍得投入，让创造活动在把握了前沿动态的基础上展开。

从问题解决角度考察，主要有：①只抓住一点。要提醒自己不要满足于一个方案、一种方法、一个观念，要在想出的许多点子中做优化选择。②过早下判断。要摆脱急于下结论的习惯，经常结合新信息、新资料反复思考。③只关注答案。要提倡多关心问题及其因素本身，而不能只关心寻找答案。研究表明，从关心答案转变到关心问题及其有关因素能够明显提升创造力活动的效果。④钻牛角尖。可把百思不得其解的问题暂时搁置，避免钻牛角尖导致思维偏执，身心疲惫，在放松状态中的酝酿常会使思维豁然开朗。⑤忽略想象。不要沉湎于具体操作，要重视想象，为灵感的降临留下时间和空间。⑥少深思熟虑。要过滤、处理各种不同甚至相反的因素和观念，要尽可能地思考各种解决问题的途径、方法。

三、培养小学生的创造力

（一）小学生创造力培养的条件

1. 要培养富有创造力的小学生首先需要创造型教师

有研究者认为，创造型教师就是那些善于吸收最新教育科学成果，将其积极运用于教学中，并且有独特见解，能够发现行之有效的新教学方法的教师。通常，小学教师倾向于喜欢高智商的小学生而不是高创造力的小学生。这实际上不利于小学生创造力的发展和培养。研究表明，小学教师创造力的高低对培养小学生的创造力至关重要。

2. 培养小学生的创造力主要通过课堂教学

在学校环境中，可采用“开放课堂”来促进小学生的创造力发展。所谓开放课堂，是一种教学模式，包括空间上的灵活性、小学生活动的自主性、学习材料的丰富性、课程内容的综合性、更多的个人或小组教学等。开放课堂易形成一种氛围，这种氛围有助于促进批判性探究、好奇心、冒险精神和自我指导的出现，而不是分等级的权威的教学。

3. 培养小学生的创造力需要营造合适的家庭教育氛围

有研究者总结了四种促进创造力发展的独特家庭教育方式：①对规定和限制做出解释，允许孩子参与；②适时地表达对孩子的期望，并恰当地运用奖惩手段；③在家庭中提供丰富的玩具、材料；④家长与孩子一起进行学业方面的活动。

（二）培养小学生创造力的原则

众多学者对创造力培养的原则提出了看法，1999 年，我国学者段继阳对此提出以下十项原则：

（1）学生主体原则。尊重学生的主体地位，发挥教师的主导作用。

（2）求优求异原则。引导学生得出尽可能与众不同的新观念、新思路，并能从中求优，选出最佳者。

（3）启发探索原则。教师的基本任务是启发诱导，主要任务是让学生自己探索、发现新事物。

（4）实践操作原则。不做空泛的议论，多组织创造实践活动，重视让学生多动脑、多动手、多动口。

（5）民主愉悦原则。师生要平等交往，彼此尊重，友好沟通，保证学生心境良好，经常处于积极的情感状态。

（6）因材施教原则。根据学生的个别差异，提供不同的学习帮助，力求扬其所长，避其所短。

（7）成功激励原则。鼓励学生争取成功，获得成功的体验，进而激发其进行创造力活动的动机和信心。

（8）积极评价原则。对学生的创造力活动无论是态度、方法、结果，均坚持正面肯定、鼓励，尽量不批评或少批评。

（9）全体全面原则。创造力培养要面向全体学生，要坚持全面发展。

（10）不悖伦理原则。鼓励学生大胆假设、“异想天开”，但要求必须符合社会的伦理道德要求。

创造力培养的这十条原则对培养小学生的创造力同样适用。

（三）如何培养小学生的创造力

整合现有资料，小学教师在培养小学生的创造力方面可以从如下几个方面入手。

1. 创设有利于创造力产生的环境

这包括创设宽松的心理环境，支持、容忍标新立异者；给小学生留有充分的选择余地；在考试内容中增添无固定答案的问题，评估小学生成绩时考虑创造性的高低。

2. 注重创造性个性的塑造

这包括保护小学生的好奇心，解除他们对答错问题的恐惧心理，鼓励独立性和创新精神；培养小学生探索、创新的内在兴趣、爱好，鼓励小学生追求成功。

3. 开设培养创造力的课程，教授创造性思维策略

这包括可以进行发散思维训练、推测与假设训练、自我设计训练、头脑风暴训练等。自现代创造学奠基者奥斯本开发了第一种创造技法以来，数十年间涌现了数以百计的技术、方法。这里举几例说明。

（1）发散提问法。通过提出开放性问题，可以激发、提高小学生的发散性思维水平。如要求 5 分钟内尽可能多地说出“m”像什么。可能的答案有：门洞、城墙、坟墓、售票口、隧道口、育苗棚、眼镜、字母 B（右转 90°）、笔记本活页夹（左转 90°）等。这是针对事物特性的发散提问。此外，发散提问还可以针对事物的功能、结果、策略等，如“回形针有什么用途”“假如人都不会死，世界将会是什么样”“怎样才能消除环境污染”等。

（2）快速联想法。联想，即见到某一事物的形象、词语、动作后，能想到另一事物的形象、语词、动作。在已有知识经验的基础上训练联想能力，能够促进创造力的发展，如呈示两个意义不同的语词，要求在它们之间再写两个语词，写上去的语词要分别与原来的有联系。如呈示“钢笔”“月亮”，按要求可以写上“书桌”“窗帘”，变为“钢笔—书桌—窗帘—月亮”。

（3）列表检查法。这是把思考问题的要点列出并编成一览表，以求破除思维定式，及时发现可能漏想、想错的地方，引出新的观念、途径、方法。如奥斯本的检查一览表的要点有：除此之外，还能不能使用别的方法？把现在的状况改变一下会怎样？与此相似的东西还有什么？过去有没有这种状况？今后有什么思路可做？能仿造的东西是什么？改变一下颜色、声音、气味、形状、组成成分、运动状态等会怎样？加上一些、拿走一点、归并起来、分开一下会怎样？再大些、再小些呢？再强些、再弱些呢？再粗些、再细些呢？再分割一下呢？再浓缩一下呢？调换一下会怎样？反过来怎么样？结合在一起怎么样？等等。这样的列表，肯定比凭空想象更有效率，会有助于及时弥补遗漏或不足的情况，会有助于及时发现想错的地方。当然，列表要针对具体情况，避免机械套用，否则会成为框框，产生负面作用。

（4）脑力激荡法。头脑风暴训练。集体讨论可以使思维相互撞击，迸发火花，达到集思广益的效果。具体应用时，应遵循四条原则：让参与者畅所欲言，对提出的方案暂不做评论或判断；鼓励标新立异、与众不同的观点；以获得方案的数量而非质量为目的，即鼓励多种想法，多多益善；鼓励提出改进意见或补充意见。可以先由小学教师提出问题，然后鼓励每个小学生从自己的角度提出解决问题的方法，通过集体讨论可以拓宽思路，产生互动，激发灵感，进而提高小学生的创造性。脑力激荡法除了有即席发言的，还有书面形式的，以避免发生相互干扰。如默写式脑力激荡法：每次会议由 6 人参加，每人在 5 分钟内提出 3 个设想，故又称“635 法”；会议由主持人宣布议题即创造力思考的目标；之后，每人发几张卡片，每张有 1，2，3 的编号；在第一个 5 分钟内，每人围绕议题在编号的卡片上逐一写上自己的 3 个设想，然后把卡片交给右邻的与会者；在第一个 5 分钟内，每人结合从别人的设想中获得的启发再在第一张卡片上写上 3 个新的设想，然后把卡片再传给右邻的与会者；如此进行。这样，传递 3 次可产生 54 个设想，传递 6 次可产生 108 个设想。

能力训练

一、单项选择题

1. 把解决问题的所有可能方案都列举出来，逐一尝试的假设方法称为(　　)。

A. 算法式　　B. 推理式　　C. 启发式　　D. 演绎式

2. 如果问题解决只有一种固定程序，就看能不能找到，这种解决问题的途径属于(　　)。

A. 爬山法　　B. 类比法　　C. 启发式　　D. 算法式

3. 要打开由三位数组成的密码锁，可从 000 001 002 逐一尝试直到 997 998 999，最终便会找到一个正确答案，这种解决问题的策略是(　　)。

A. 推理式　　B. 算法式　　C. 演绎式　　D. 启发式

4. 依据经验或直觉选择解法的假设方式称为(　　)。

A. 算法式　　B. 推理式　　C. 启发式　　D. 演绎式

5. 先有一个目标，它与当前状态之间存在差异，人们认识这个差异就要想出某种办法采取手段来减小这个差异。这种解决问题的方法或策略是(　　)。

A. 手段－目的分析法　　B. 逆向工作法

C. 尝试错误法　　D. 爬山法

6. 把大目标分成子目标，再搜索算子，逐渐缩小当前问题情境与目标状态间的差异，这种解决问题的方法称(　　)。

A. 问题空间　　B. 手段－目的分析法

C. 启发式　　D. 算法式

7. 要求小学生在规定的时间内写一篇论说文，要解决这一问题：第一步是找出所要支持的观点；第二步是设计引言、比较论据及得出结论；第三步是调整整篇文章，完成文章的写作。对这一问题的解决采用的方法是(　　)。

A. 逆推法　　B. 联想法

C. 计划法　　D. 手段－目的分析法

8. 几何证明中的反证法实际就是(　　)策略。

A. 手段－目的分析法　　B. 逆向工作法

C. 计划法　　D. 联想法

9. 根据认知心理学家的观点，下列不属于问题解决过程阶段的是(　　)。

A. 发现问题　B. 表征问题　C. 理解问题　D. 提出假设　E. 检验假设

10. 从解决问题的过程来看，其首要环节是(　　)。

A. 发现问题　B. 理解问题　C. 提出假设　D. 检验假设

11. 发现问题取决于以下因素(　　)。

①智力　②认知过程　③主体活动的积极性　④主体的求知欲　⑤主体的知识经验

A. ①②③　B. ②③④　C. ①④⑤　D. ③④⑤

12. 创造性思维的核心是(　　)。

A. 形象思维　B. 发散思维　C. 辐合思维　D. 直觉思维

13. 一个人面对问题情境时，不墨守成规，不钻牛角尖，能随机应变，触类旁通，对同一问题想出多种不同类型的答案，这表明其思维具有(　　)。

A. 流畅性　B. 变通性　C. 指向性　D. 独创性

二、辨析题(先判断正误，再简要概括理由)

1. 思维定式总是阻碍问题的有效解决。　(　　)

2. 所有人都有创造性。　(　　)

3. 知识经验越多，创造性思维产生的可能性就越大。　(　　)

4. 智商高的人有较高的创造性。　(　　)

5. 创造性与智力的关系是简单的线性关系。　(　　)

三、简答题

1. 问题解决的特点是什么？

2. 问题解决的一般过程是什么？

3. 影响问题解决的因素是什么？

四、论述题

1. 分析有效提高小学生问题解决能力的教学措施。

2. 如何培养小学生的创造力？

第四部分

影响小学生学习的心理因素

第六章 小学生学习动机与兴趣

● **教学目标**：引导小学生了解学习动机的种类、几种典型的学习动机理论；能利用学习动机理论指导实践，有效地激发小学生的学习动机，能有效提高小学生的学习兴趣。让小学生学会关注活动中动机的形成，进一步激发小学生学习的远大动机和社会动机，形成个人发展和国家发展密切联系的认识。

● **教学重点**：学习动机理论、小学生学习动机激发、小学生学习兴趣的培养。

● **教学难点**：几种学习动机理论。

● **教学内容**：

（1）学习动机概述。

（2）学习动机理论。

（3）小学生学习动机的激发。

（4）小学生的学习兴趣。

内容提要

- 小学生学习动机与兴趣
  - 学习动机概述
    - 学习动机的含义及功能
    - 学习动机的种类
    - 学习动机与学习效果的关系
  - 学习动机理论
    - 需要层次理论
    - 强化理论
    - 归因理论
    - 成就动机理论
    - 自我效能感理论
  - 小学生学习动机的激发
  - 小学生学习兴趣
    - 学习兴趣的分类
    - 学习兴趣的产生和发展过程
    - 小学生学习兴趣与学习动机之间的关系及教育启示

儿童入学后，学习成了他们的首要任务。小学生通过学习达到智力增长、身心成熟的目的。然而，他们在学习中也会遇到各种各样的困惑。小学教师和家长只有帮助他们激发学习动机，摆脱困惑，才能使他们达到最佳的学习和发展水平。作为小学教师，如何激发小学生的学习动机，是小学教育心理学的一项重要内容。

第一节　学习动机概述

一、学习动机的含义及功能

（一）学习动机的内涵

学习动机是指激发个体进行学习的活动，维持已引起的学习活动，并致使行为朝向一定学习目标的一种内在过程或内部心理状态。

学习动机一旦形成、稳定，不仅使小学生对所学的内容有一定的指向性，如对学习表现出浓厚的兴趣、上课能集中注意力等，还会使其学习过程中的注意状态、兴趣水平持久保持下去。因此，对小学教师来说，了解小学生的学习动机，并采取一定的教学手段激发小学生的学习动机是十分重要的。

学习动机的两个基本成分是学习需要和学习期待，两者相互作用形成学习的动机系统。

1. 学习需要与内驱力

学习需要是指个体在学习活动中感到有某种欠缺而力求获得满足的心理状态。它的主观体验形式是学习者的学习愿望或学习意向。这种愿望或意向是驱使小学生进行学习的根本动力，它包括学习的兴趣、爱好、信念等。内驱力也是一种需要，但它是动态的。从需要的作用上来看，学习需要即学习的内驱力。所以，学习需要也称为学习驱力。

奥苏贝尔提出，学校情境中的成就动机主要由以下三个方面的内驱力组成，即认知内驱力、自我提高内驱力和附属内驱力。这三种内驱力就是学习需要的三个组成因素。

（1）认知内驱力是一种要求理解事物、掌握知识，系统地阐述并解决问题的需要。它以求知为目标，从知识的获得中得到满足，是学习的内部动机。这种内驱力主要是从好奇的倾向中派生出来的。但是小学生对某门学科的认知内驱力，并非来自天然的好奇心，而是在学习的过程中由于多次获得成功，体验到满足需要的乐趣，逐渐巩固了最初的求知欲，从而形成一种比较稳固的学习动机。成功的学习经验可以增强认知内驱力；认知内驱力在课堂学习中是一种最重要和最稳定的动机，它对学习起很大的推动作用。

案例

苏联大文豪高尔基，出生在沙俄时代的一个木匠家庭，4岁丧父，寄养在外祖母家。因为家庭极为贫寒，他只读过两年小学。10岁时就走入冷酷的“人间”。他当过学徒、搬运工人、面包师，还两度到俄国南方流浪，受尽苦难生活的折磨。但他十分喜欢读书，在任何情况下，他都利用一切机会扑在书上如饥似渴地读着。如他自己所说：“我扑在书上，就像饥饿的人扑在面包上一样。”他为了读书，受尽了屈辱。10岁时在鞋店当学徒，没有钱买书，就到处借书读。那时的学龄前学徒，实际上是奴仆：上街买东西，生炉子，擦地板，洗菜带孩子……每天从早晨干到半夜。在劳累一天之后，他用自制的小灯，坚持读书。老板娘禁止高尔基读书，还到阁楼上搜书，搜到书就撕碎。因为读书，还挨过老板娘的毒打。高尔基为了看书，什么都能忍受，甚至甘愿忍受拷打。他说过，“假如有人向我提议说：‘你去广场上用棍棒打你一顿！’我想，就是这种条件，我也可以接受的”。

由于高尔基一生如饥似渴地读书，勤奋不懈地努力，他写出了大量有影响的作品，如《海燕》《鹰之歌》《母亲》《克里姆·萨姆金的一生》《童年》《人间》《我的大学》等。除此之外，他还写了剧本和大量的政论、特写、文艺评论等。

（2）自我提高内驱力是指个体想要通过学业成就而赢得相应的地位和威望的需要。这种需要是由人的基本需要——尊重和自我提高的需要派生出来的。它与认知内驱力不一样，不直接指向知识和学习任务本身，而是把学业成就看作赢得地位和自尊的根源。因为一个人赢得的地位通常是与他的成就水平或能力水平相称的。成就的大小决定着个体地位的高低，同时又决定着自尊需要满足与否。在教学中认知内驱力固然重要，但适当激发小学生自我提高的动机也是必要的。因此，学校教育中通常采用评“三好学生”“优秀学生干部”的方式，或用学习反馈，以物质与精神奖励的方式引起小学生的动机。这些手段可以使小学生体验到荣誉感、自尊感，体验到学习的成功与失败，从而激起他们的学习热情。

（3）附属内驱力是指个体为了获得长者（如教师、家长等）的赞许和同伴的接纳而表现出来的把工作、学习搞好的一种需要。它既不直接指向学习任务本身，也不把学业成就看作赢得地位的手段，而是为了从长者或同伴那里获得赞许和接纳。自我提高和交往的内驱力都是一种间接的学习需要，属于外部动机。研究表明，具有高度附属感的小学生，一旦得到长者的肯定或表扬，会进一步努力学习，在学习上取得良好的成绩。反之，如果他们的某些努力暂时得不到长者的赞许，有时会丧失信心，甚至学习积极性也会下降。

成就动机的三个组成部分在动机结构中所占的比例并非一成不变，通常随着年龄、性别、人格特征、社会地位、文化背景等因素的变化而变化。在儿童早期，附属内驱力最为突出，他们努力学习以求得好成绩，主要是为了实现家长的期待，并得到父母、老师的肯定和表扬。到了儿童后期和少年期，附属内驱力不仅在强度上有所减弱，而且开始从父母转向同龄伙伴。在这期间，来自同伴和集体的赞许和认可就成为一个强有力的动机因素。而到了青年期认知内涵力和自我提高内感力成为学生学习的主要动机，学生学习的主要目的在于满足自己的求知需要，并从中获得相应的地位和威望。

2. 学习期待与诱因

学习期待是个体对学习活动所要达到目标的主观估计。学习期待与学习目标密切相关，但两者不能等同。学习目标是个体通过学习活动想要达到的预期结果，而在个体完成学习活动之前，这个预想结果是以观念的形式存在于头脑之中的。因此，学习期待就是学习目标在个体头脑中的反映。

影响学习期待的因素是多方面的。①父母对子女的要求与子女的学习期待之间存在着正相关，即如果家长对子女要求较高，则子女自己的学习期待一般也较高。②学习期待还与原来的学习成绩呈正相关。一般来说，成功的经验会提高小学生的学习期待，相反，失败的经验会降低小学生的学习期待。③小学生在班级中的成绩名次也会影响他的学习期待。优等生知道自己的学习成绩在同班同学之上，因此其学习期待一般较高；中等生处于中间的地位，一般安于现状；而待优生由于缺乏成功经验，其学习期待日趋降低。④小学教师对小学生的期望水平也会对学习期待产生影响。小学教师对小学生有较高的期望水平，会使小学生提高对自己的评价，自信心得到增强，从而提高自己的学习期待，进而提高学习成绩。

诱因是指能够激起有机体的定向行为，并能满足某种需要的外部条件或刺激物。

诱因可以是简单的物体，如食物、水等，也可以是复杂的事情，如名誉、地位等。凡是使个体产生积极的行为，即趋向或接近某一目标的刺激物称为积极诱因。如在激发小学生学习积极性的教育措施中，小学教师所提供的奖品、成绩等都是积极诱因。相反，消极诱因可以产生负性行为，即离开或回避某一目标。

学习期待是静态的，而诱因是动态的，它将静态的期待转换成目标。所以，学习期待就其作用来说就是学习的诱因。学习期待所指向的目标可以是成绩，也可以是奖品、教师的赞扬、名誉、地位等。

学习需要和学习期待是学习动机心理结构中的两个基本成分，二者密切相关。学习需要是个体从事学习活动的最根本的动力，如果没有这种自身产生的动力，个体的学习活动就不可能发生。所以说，学习需要在学习动机结构中占主导地位。另外，学习需要是产生学习期待的前提之一，因为正是那些能够满足个体的学习需要与那些使个体感到可以达到的目标的相互作用而形成了学习期待。学习期待则指向学习需要的满足，促使个体去达到学习目标。因此，学习期待也是学习动机结构中必不可少的成分。

（二）学习动机的功能

学习动机在学习中发挥着非常重要的作用。

（1）具有引起学习行为的唤起功能。当小学生因解决某个问题而缺乏有关知识或方法时，就会处于焦虑不安、紧张的状态。小学生为克服这种状态，而采取某种学习行为的原动力即学习动机，正是它使小学生产生了学习新知识的行为。

（2）具有引导学习者学习行为朝向某一特定目标的指向功能。学习动机是以学习目标为出发点的，它是推动小学生为达到一定的学习目标而努力学习的动力。只有让小学生懂得为什么学、学到什么程度，才会产生学习的力量。

（3）具有强化学习的功能。1979 年，心理学家沃尔伯格等人研究了动机水平与学习成就的关系，结果表明：高的动机水平能取得高的学业成就；反过来，高的学业成就也能增强动机水平。但要避免学习动机过强，保持学习动机强度的最佳水平，只有这样，才能对学习行为起正强化的作用。

（4）具有维持学习进程的功能。根据日常观察发现，那些具有强烈学习动机的小学生，通常具有认真的学习态度和坚强的毅力。而这种态度和毅力又是维持学习行为的重要因素，直接影响着学习效果。

二、学习动机的种类

有关研究表明，学习动机是多种多样的。这不仅表现在不同的小学生可以有不同的动机，而且同一个小学生也可能同时存在着几种动机，存在着主导动机与辅助性动机。有关调查研究显示，我国中小学生的学习动机有以下几种：①羡慕其他学生的地位与外表（好奇心）；②服从家长的决定，实现家庭的希望；③希望受到奖励，回避责备；④对学习活动或学科内容感兴趣；⑤争取良好的成绩，得到好分数；⑥保持个人在集体中的地位或声誉（自尊感）；⑦争取入队或做个优秀生；⑧维护集体荣誉（集体的责任心与义务感）；⑨升学；⑩选择职业，完成个人志愿；⑪从利己主义出发，追求个人名利；⑫为了祖国的建设，为人民服务，当好接班人。此研究结果说明小学生的学习动机是极其复杂多样的。正是由于学习动机的复杂多样性，为了研究的方便，通常要对学习动机进行分类。同时，由于标准不同，关于学习动机的分类也各不相同。

（一）直接的近景性动机和间接的远景性动机

根据学习动机作用的久暂以及它与活动目标的关系，可以分为直接的近景性动机和间接的远景性动机。直接的近景性动机与学习活动直接联系，是由对学习的直接兴趣、对学习活动的直接结果的追求所引起的。例如，小学生由于在某门学科的学习过程中几次受到表扬或取得好的成绩，就表现出特别喜欢上这门课；相反，由于某门学科的学习几次受挫，就可能不喜欢这门课。这种动机比较具体，有实际效能，但作用较为短暂而不稳定。间接的远景性动机与社会意义相联系，是社会、家庭和学校的要求在小学生学习上的反映。如为了将来参加祖国的建设，为了个人将来有成就，等等。这种动机一旦形成，就有较大的稳定性和持久性。

上述两种动机是相互联系、相互补充的。直接的近景性动机易受偶然因素的干扰，因此，需要有间接的远景性动机支持，使活动更自觉，并保持长时间的活动积极性。而间接的远景性动机的目标则比较长远和抽象，尤其对于年幼儿童来说，“将来”是一个遥不可及的时间概念，因此也应有直接的近景性动机的补充。故前者来源于学习活动本身，对年幼小学生往往具有支配作用；而后者来源于主体生活的社会环境，对年长小学生较为重要。只有将这两者密切结合，才能形成小学生学习的巨大推动力。

（二）内部学习动机和外部学习动机

根据动力来源，学习动机可以分为内部学习动机和外部学习动机。内部学习动机是由学习活动本身产生的快乐和满足所引起的，是学习者的兴趣所在及追求的目的。它不需要外在条件的参与，完全是自主性的。例如："为获取新知识而读书""学习本身就很有意思，即为有趣的知识而读书""读书是为自己，我自己要读书"等。外部学习动机是指个体由外部诱因所引起的动机。外部学习动机是由学习者或学习活动以外的客观因素引起的。例如：因害怕教师或家长的责备而读书，为应付考试而开夜车，或是为将来有个好工作而学习等。他们从事学习活动的动机不在学习任务本身，而是在学习活动之外。

内部学习动机和外部学习动机的划分不是绝对的。由于学习动机是推动人从事学习活动的内部心理动力，因此任何外界的要求、外在的力量都必须转化为个体内在的需要，才能成为学习的推动力。在外部学习动机发生作用时，人的学习活动较多地依赖于责任感、义务感或希望得到奖赏和避免受到惩罚的意念。因此，从这个意义上说，外部学习动机的实质仍然是一种学习的内部动力。故此，我们在教育过程中强调内部学习动机，但也不忽视外部学习动机的作用。小学教师应一方面逐渐使外部学习动机转化成为内部学习动机，另一方面又应利用外部学习动机使小学生已经形成的内部学习动机处于持续的激发状态。

（三）生理性动机和社会性动机

从动机起源的角度可将动机分为生理性动机和社会性动机。生理性动机又称原发性动机、原始性动机、生物性动机，它是以生物性需要为基础的动机，如饥饿、渴、睡眠、空气、性、躲避危险等动机。社会性动机是以人的社会文化需要为基础，在社会生活环境中通过学习和经验而获得的。它是直接推动个体活动达到一定目的的内部动力、内部刺激，是个人行为的直接原因。社会动机推动人们努力学习和工作，积极与他人交往，获得社会和他人的赞许性评价等。美国心理学家索里和特尔福德把社会性动机分成交往性动机和威信性动机两大类。交往性动机是一种最基本的社会动机，起源于儿童与他人的接触，表现为愿意和别人在一起而不愿独处，希望与合得来的人相处而不愿与陌生人相处等。这种动机在学习上表现为：有的小学生愿意为他所喜欢的老师努力学习，而拒绝为他所不喜欢的老师努力学习；因获得父母、老师、亲友的赞扬而认真学习，或因受到责备、奚落，挫伤了自尊心和自信心而影响学习；因师生的友好合作而增进学习的责任感；等等。威信性动机是一种比交往性动机更高级的社会动机，主要表现为对于自己在其他人心目中的地位的追求。例如，期望得到别人的尊重、肯定和赞扬，向往获得成就，等等。威信性动机常用来推动学习，将奖惩与竞赛作为激发这种动机的手段。

三、学习动机与学习效果的关系

学习动机与学习效果的关系不是直接的，而是以学习行为、方法为中介的。通常，学习动机作用和学习效果是统一的。其间的关系表现在：学习动机可以提高学习效果，学习效果可以增强动机作用。例如，优秀的小学生具有一定的动机水平和强度，他们有追求的目标和学习的愿望,有浓厚的学习兴趣,有坚定的学习信心,以及坚强的克服困难的毅力。这些动机作用促使他们积极地努力学习,并取得优良的成绩。后进的小学生则不相同,他们在学习中由于缺乏动力,不能克服困难,不能保持良好的注意力和主动学习的精神,学习效果就不好。

但是学习动机和学习效果的关系并不总是一致的。在教育实践中,学习动机强,但短时期内学习效果并不好;或学习动机差,学习效果却较好的现象也存在。这是由于动机与效果不是直接关系,而是间接关系。也就是说,动机是以学习行为为中介来影响学习效果的。而学习行为除了受学习动机的调节和控制外,还要受学习基础、教师指导、学习方法、学习习惯、智力水平、个性特点、健康状况等一系列主客观因素的制约。例如,学习动机适当而短时期内学习效果不好的情况,可能是由于学习基础差、学习方法不对、没有养成良好的学习习惯,以及身体不好等原因造成的;而学习动机不正确,学习效果较好的现象,可能是由于这些条件较好所致。因此,只有把学习动机、学习行为、学习效果三者放在一起加以考察,才能看出学习动机与学习效果之间既一致又不一致的关系。

鉴于动机与学习效果之间的复杂关系,小学教师不能简单地只以学习成绩的高低为判断学习动机强弱的标志,而是要全面地分析小学生的情况,通过多种途径和方法了解小学生的学习动机。

第二节　学习动机理论

学习动机的多样化导致对学习动机作用的解释也多种多样,由此派生出多种不同的动机理论,分别强调不同的侧面。但不管这些观点有多少分歧,至少有一点是一致的,这就是它们都不同意存在所谓没有动机的小学生。它们认为所有的行为都是有动机的。哪怕小学生在上课时呆呆地凝视着教室外,也是由动机所支配的,只不过对于引起动机的原因有不同解释而已。

一、需要层次理论

需要层次论是由人本主义心理学的代表、美国心理学家马斯洛提出的。他认为,人的一切行为都是由需要引起的,人类有五种基本需要,分别是生理的需要、安全的需要、归属与爱的需要、尊重的需要、自我实现的需要。需要具有层次性特征,人类的各种基本需要是相互联系、相互依赖和彼此重叠的,是一个按层次组织起来的系统(如图 6-1 所示)。

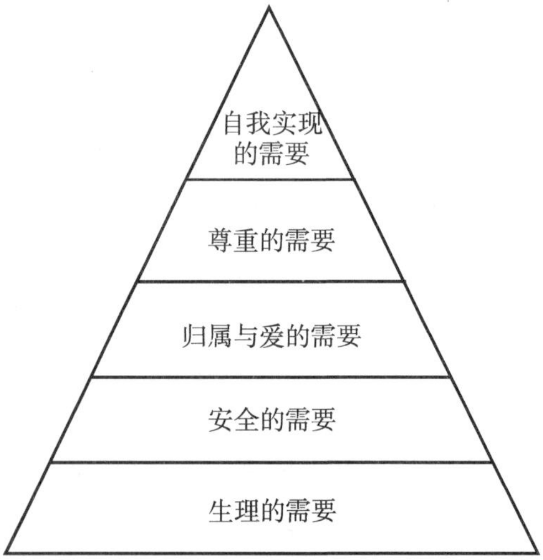

图 6-1　马斯洛的需要层次

马斯洛认为，人都潜藏着这五种不同层次的需要，但在不同的时期表现出来的各种需要的迫切程度是不同的。人的最迫切的需要才是激励人行动的主要原因和动力。在高层次的需要充分出现之前，低层次的需要必须得到适当的满足。低层次的需要基本得到满足以后，它的激励作用就会降低，其优势地位将不再保持下去，高层次的需要会取代它成为推动行为的主要原因。有的需要一经满足，便不能成为激发人们行为的起因，于是被其他需要取而代之。任何一种需要并不因为下一个高层次需要的发展而消失，各层次的需要相互依赖与重叠，高层次的需要发展后，低层次的需要仍然存在，只是对行为影响的比重减轻而已。高层次的需要比低层次的需要具有更大的价值。热情是由高层次的需要激发。人的最高需要，即自我实现就是以最有效和最完整的方式表现他自己的潜力，唯此才能使人得到高峰体验。

了解小学生的动机，应该从了解他们的基本需要和愿望开始。时下比较提倡赏识教育、正面教育、鼓励教育，然而用什么来赏识、激励，往往为小学教师所忽视。而马斯洛的需要层次论，恰恰为我们提供了指南。要充分把握小学生“自我实现”欲望强烈的特点，同时兼顾其他层次的需要，抓住各个小学生的不同目标，热情鼓励，积极引导，促其奋进。如一年级寄宿新生对于安全的需要（怕黑、怕独居等）比较强烈，此时小学教师如能施之以母性的关怀和鼓励便能起到较大作用。而一旦小学生满足了这一层次的需要，将会有高一层次的需要，如受尊敬的需要，如果小学教师仍采用母亲般的诱哄，就不能满足他们新的需要，甚至可能给他们造成不被尊重的感觉。所以，小学教师不仅要关心小学生的学习，也应该关心小学生的生活，以排除影响学习的一切干扰因素。这对于小学教师在教学方面激发和培养小学生的学习动机、促进小学生努力学习，在生活指导中培养小学生具有良好的道德品质，都具有非常重要的实际意义。

二、强化理论

这是一种行为取向的动机理论。根据行为主义的观点，刺激—反应的联结是解释所有心理现象的最高原则；动机是由外部刺激引起的一种对行为的冲动力量，在动机的激发和维持中，强化起到了极大作用。在行为主义看来，人的某种学习行为倾向完全取决于先前的这种学习行为与刺激因强化而建立起来的稳固联系，强化可以使人在学习过程中增加某种反应重复的可能性。例如，一名小学生学习非常认真、刻苦，受到老师的表扬，他很高兴，随后他会出现更为认真、刻苦的行为，这里，教师的表扬就是强化。在教育中运用肯定、表扬、奖赏或否定、批评、惩罚等强化手段，可以对学习者的行为进行定向控制或改变，以引导到预期的最佳状态。强化既可以是外部强化，也可以是内部强化。前者是由外部或他人施予行为者的强化，后者是自我强化，即行为者在活动中获得了成功而增强成就感与自信心，从而增强了行为动机。无论是外部强化还是内部强化都有着正强化与负强化之分，并与惩罚有着千丝万缕的联系。一般来说，正强化与负强化都起着增强学习动机的作用，如适当的表扬与奖励，获得优秀成绩，取消讨厌、频繁的考试等便是强化的手段；惩罚则一般起着削弱学习动机的作用，但有时也可使一个人在失败中重新振作起来，如频繁的批评、抄写课文多遍等便是惩罚的手段。

在学习中如能合理地运用强化，减少惩罚，将有助于提高小学生的学习动机水平，改善他们的学习行为及其结果。

案例

普雷马克原理及应用

在视唱练耳课上，孩子们对枯燥、单调的音节练习缺乏热情。当教师领着大家练过几遍之后，有的小学生不耐烦了，抗议说："行了，别再练了！"这时，教师说："大家如果能一遍准确地弹好这一小节，我们就弹一首流行歌曲。"同学们齐呼："好，我们练！"这位聪明的教师就是在运用普雷马克原理。

普雷马克原理，即一项经常出现的或较喜爱的活动可以作为强化物去强化另一项较少出现的或较不喜欢的活动。普雷马克原理也被叫作"奶奶的规则"，即"你先吃了蔬菜，然后就可以吃甜点"。

根据强化的依随性和普雷马克原理，当我们运用强化手段去激发小学生的学习动机时，要注意三点：一是必须是先有行为，后有强化，这种前后关系不容颠倒。例如，小明从小就喜欢看电视，上学后依然如此。但家长有一项规定，必须做完功课才可以看，若功课没有做完或做得不够认真则禁止开电视。有几次小明没有做完功课就想打开电视看六点钟的动画片，被妈妈严厉禁止了。结果，直到小学毕业，小明均能遵守这项规定，总是保质保量地按时完成作业，而他喜欢的电视节目也都观赏了。小明的妈妈做得很好。有的家长常常误用普雷马克原理，允许孩子先看电视，然后做作业，完全是本末倒置。二是必须使小学生在主观上认识到强化与他们的学习行为之间的依存关系，如果在小学生的心目中没有把强化与良好的学习行为联系起来，强化对他们的学习并不起作用。例如，有的小学生为了看电视，草草地做完作业，如果家长允许看，则是对他做作业草率、不认真这一不良行为的强化。因此，家长必须使孩子意识到，允许他看电视是对他认真按时完成作业的一种奖励，而不是他想看就可以看的。三是必须用小学生喜欢的活动去强化相对不喜欢的活动，而不能相反。例如，家长可能觉得弹钢琴要比练毛笔字有趣得多，因此告诉孩子说："你放学后先写一百个毛笔字，然后我允许你弹一小时钢琴。"家长心想这回孩子该好好练字了，可孩子根本不买账，因为他宁愿多写毛笔字，也不愿弹钢琴。可见，教师和家长在选择强化物时，必须了解与所要强化的学习行为相比，小学生更喜欢什么，并把其作为强化物，方能有效。

三、归因理论

在生活中，我们总在通过寻求各种解释和因果关系来弄清自己和他人行为的意义。为了解释我们的成功和失败，我们经常会问"为什么"。小学生会问自己"为什么这门考试没有及格""为什么这次能考这么好"，他们可能把自己的成败归咎于能力、努力、任务难度、运气、身心状态和外界环境等。这样的行为模式也会发生在理解他人的成功或失败上。动机的归因理论在于分析人们对于自己和他人行为的解释、判断等是如何影响他们的动机的。归因理论假设,人们有一种强烈的理解环境的需要,就是人们想要理解为什么在自己的生活中会发生某些事情,从而对自己的行为和环境间的因果关系、对他人的行为和环境间的因果关系做出解释和推断。美国心理学家韦纳对行为结果的归因进行了系统探讨,他认为大部分成败的原因可以归纳为三个维度:控制点、稳定性、可控性。根据控制点维度,可将原因分成内部归因和外部归因。根据稳定性维度,可将原因分为稳定因素和不稳定因素。根据可控性维度,又可将原因分为可控因素和不可控因素。能力、努力、任务难度、运气、身心状态和外界环境这些人们经常知觉到的因素与三个维度的关系见表 6-1。

表 6-1 行为的归因模式

因素	成败归因维度					
	稳定性		因素来源		可控性	
	稳定	不稳定	内在	外在	可控制	不可控制
能力	√		√			√
努力程度		√	√		√	
工作难度	√			√		√
运气		√		√		√
身心状况		√	√			√
外界环境		√		√		√

注:表中"√"表示每一因素和维度的关系。如能力属于稳定的、内在的、不可控制的因素。

韦纳认为,每一维度对动机都有重要的影响。不同的归因倾向会使人对成功和失败产生不同的情感体验和情感反应,并由此影响个体对未来结果的预期和努力。在内外维度上,如果将成功归因于内部因素,会产生自豪感,从而动机提高;归因于外部因素,则会产生侥幸心理。将失败归因于内部因素,则会产生羞愧的感觉;归因于外部因素,则会生气。在稳定维度上,如果将成功归因于稳定因素,会产生自豪感,从而动机提高;归因于不稳定因素,则会产生侥幸心理。将失败归因于稳定因素,将会产生绝望的感觉;归因于不稳定因素,则会生气。在控制性维度上,如果将成功归因于可控因素,则会积极地去争取成功;归因于不可控因素,则不会产生多大的动力。将失败归因于可控因素,则会继续努力;归因于不可控因素,则会绝望。长期将失败归因于内部、稳定、不可控因素会使人产生习得性无助感。习得性无助是指一个人由于连续失败和挫折,面对问题时产生的无能为力或自暴自弃的心理状态和行为。当人出现习得性无助状态时,不仅会导致认知、动机、情绪上的偏差,对以后的身心健康、学习乃至一生的发展都会带来不利的影响。

在学习当中,小学生们总是有意或无意地为自己现有的学习成绩寻找原因,如为什么学习成绩是这样,自己的成绩是否会更好,等等,这些过程就是对学习成绩进行归因的过程。归因方式不仅反映着小学生寻找学习成绩结果的倾向,还会影响到以后小学生的学习动机,甚至会影响到小学生的人格特点,因此引导小学生对学习成绩进行有效的归因,并进行相应的归因训练是非常重要的。

四、成就动机理论

成就动机是个体努力克服障碍、施展才能、力求又快又好地解决某一问题的愿望或趋势。它在人的成就需要的基础上产生,是激励个体乐于从事自己认为重要的或有价值的工作,并力求获得成功的一种内在驱动力。成就动机是人类所独有的,它是后天获得的具有社会意义的动机。在学习活动中,成就动机是一种主要的学习动机。

成就动机理论的主要代表人物是阿特金森。他在 1963 年提出了具有广泛影响的成就动机模式。他认为成就动机的强度是由动机水平、期望和诱因的乘积来决定的。其关系可用下述公式表示:

动机强度 = F(动机水平 × 期望 × 诱因)

动机水平是一个人稳定的追求成就的个体倾向,期望是某人对某一课题是否成功的主观概率,诱因是指能满足个体需要的刺激物。

在此基础上,阿特金森将个体的成就动机分成两类:一类是力求成功的动机,另一类是避免失败的动机。力求成功的动机,即人们追求成功和由成功带来的积极情感的倾向性;避免失败的动机,即人们避免失败和由失败带来的消极情感的倾向性。人在这两类动机的相对强度方面各不相同,可以分为力求成功者和避免失败者。在力求成功者的动机成分中力求成功的成分多于避免失败的成分;在避免失败者的动机成分中避免失败的成分多于力求成功的成分。阿特金森认为,生活使人面临难度不同的任务,他们必然会评估自己成功的可能性。力求成功者将目标定位于获取成就,所以他们会选择有所成就的任务。这种情况最有可能发生在他们预计自己成功的可能性有 50% 的把握时,也就是说成功概率为 50% 的任务是他们最有可能选择的,因为这种任务能给他们提供最大的现实挑战。如果他们认为成功完全不可能,或胜券在握,动机水平反而会下降。反之,避免失败的需要强于力求成功愿望的人,在预计自己成功的概率大约是50%时,他们会回避这项任务。他们往往选择更容易成功的任务,使自己免遭失败,或者选择极其困难的任务,这样即使失败,也可以找到适当的借口,得到自己和他人的原谅,从而减少失败感。

成就动机理论应用于指导小学生的学习要注意以下条件:①要根据小学生个人的能力安排学习、工作,并创造一定条件放手让他们去独立完成,以激励他们强烈的成就感。②给小学生的学习任务难度要适中。过易不能激发他们完成学习任务的决心,过难则因不能完成任务而使他们心灰意冷。成就需求高的小学生,要安排他们去完成难度比较大的学习任务,使之竭尽全力去完成。③对小学生的进步要有明确的、及时的反馈。如对他们的工作给予正确评价,给予一定的奖励。显然,对小学生的进步要求、成就需求应该给予满足,应给他们布置适当的任务,提供一定的条件,使他们感到满足和平衡,这是值得重视的。

五、自我效能感理论

自我效能感是指人对自己能否成功地进行某一成就行为的主观判断。

自我效能感理论由美国心理学家班杜拉于 1977 年最早提出。在班杜拉看来,人的行为是受两个因素影响或决定的:一是行为的结果因素,即强化;二是行为的先行因素,即期待。班杜拉把强化分为三种:一是直接强化,即通过外部因素对学习行为予以强化;二是替代性强化,即通过一定的榜样来强化相应的学习行为或学习行为倾向;三是自我强化,即学习者根据一定的评价标准进行自我评价和自我监督,来强化相应的学习行为。与传统行为主义不同的是,班杜拉没有将强化看成决定行为的唯一因素。他承认强化能够激发和维持行为动机以控制和调节人的行为,但他同时认为,没有强化也能够获取有关信息,形成新的行为模式。行为出现的原因不是随后出现的强化,而是由于人认识了行为与强化之间的依赖关系后,形成了对下一次强化的期待。所谓“期待”,包括结果期待和效能期待。结果期待是指人对自己的某一行为会导致某一结果的推测。如果个体预测到某一特定行为会导致某一特定的结果,那么这一行为就可能被激活和被选择。例如,小学生认识到只要上课认真听讲,就会获得他所希望的好成绩,那他就很可能会认真听课。另一种是效能期待,指个体对自己能否实施某种成就行为的能力判断,即人对自己行为能力的推测。当确信自己有能力进行某一活动时,他就会产生高度的“自我效能感”,并会去进行那一项活动。例如,只有小学生不仅知道注意听讲可以带来理想的成绩,还感到自己有能力听懂老师所讲的内容时,他才会认真听课。显然,自我效能感产生于某一活动之前,是对自己能否有效地做出某一行为进行的主观推测。研究表明,影响自我效能感形成的因素主要有两个:一是个体成败的经验,二是个体的归因方式。

(一)个体成败的经验

个体成败的经验也有两类:一类是个体成败的亲身经验或直接经验。这是影响自我效能感形成的最主要因素。一般来说,成功的经验会提高自我效能感,反复的失败则会降低效能期待。不断成功会使人建立起稳定的自我效能感,这种效能感不会因一时的挫折而降低,而且还会泛化到类似的情境中去。另一类是个体成败的替代性经验。这类经验是行为者通过观察示范者的行为而获得的间接经验,它对自我效能感也具有重要影响。当一个人看到与自己能力水平差不多的示范者(榜样或范型)在某项活动中取得了成功,就会增强自我效能感,认为自己也有能力完成同样的任务;看到与自己能力不相上下的示范者遭遇了失败,就会降低自我效能感,觉得自己取得成功的可能性也很小。这种替代性成败经验对自我效能感的影响是通过两种认知过程实现的:一种是社会比较过程,即行为者采用与示范者比较的方式,参考其表现以判断自身的效能,当然这种比较有可能是客观的、准确的,也有可能是主观的、不准确的。如一名小学生与另一位同学比较,认为自己的能力与他差不多,但实际的情况可能相差很多,这都无关紧要,只要该生主观上认为两人的能力相差不多就会影响他的主观效能感。另一种是提供信息的过程,行为者可能从示范者的表现中学到有效解决问题的策略或方法,了解解决问题的条件。这些都会对自我效能感产生一定影响。

(二)个体的归因方式

个体的归因方式直接影响到自我效能感的形成。如果个体将成功的经验归因于外部的、不可控的因素,如运气、难度等,就不会增强自我效能感;如果将失败归因于内部的、可控的因素,如智商、努力等,也不一定会降低自我效能感。自我效能感是可以通过训练而提高的。1981 年,舒克以算术成绩极差的高年级小学生为被试,对自我效能感进行了研究。他为这些差生安排了一个星期的训练,在每次训练中他先让小学生分别学习算术的自学教材;然后由榜样演示如何解题,榜样在解题时一面算一面大声地说出正确的解题过程;最后再让小学生自己解题。在小学生自己解题前,他让其把所有的题目看一遍,并判断一下他们能有多大把握来解每一道题,以此来了解小学生解题的自我效能感。结果发现,经过训练,小学生的自我效能感逐渐得到增强,与之相应,小学生解题的正确性和遇到难题时的坚持性也得到了提高。

第三节 小学生学习动机的激发

针对小学生动机发展的特点，激发学习动机应注意影响小学生动机发展的各种内外因素。国外研究者在学习动机的激发上提出了两种模型：ARCS 动机模型和 TARGET 模型。

1983 年，美国心理学家凯勒创立的 ARCS 动机模型，提出了激发学习动机的四要素：①注意（attention），教学应引起并维持小学生学习的好奇心和注意力；②切身性（relevance），教学要与小学生的重要需要及动机相结合；③自信（confidence），教学应发展小学生对成功的自信，使小学生对学习效果产生积极的期望；④满足感（satisfaction），将学习成绩置于小学生的控制之下，使小学生从学习中获得满足，提高教学成功的可能性。这一模式与教学设计紧密结合，对于小学教师如何在课堂教学中激发小学生的学习动机有积极意义。

1983 年，埃姆斯提出的激发学习动机的 TARGET 课堂教学模型，由六个因素组成：① T，即布置的学习任务（task）的特点；② A，即学习中给予小学生的自主权（autonomy）和控制权（control power）；③ R，即认可（recognized）小学生成就的方法；④ G，即分组（group）练习；⑤ E，即评估（evaluation）方式；⑥ T，即课堂时间（time）的安排。这一模型结合目标、信息、自我概念、兴趣等知识来激发小学生的学习动机。

结合我国实际，激发小学生的学习动机可以从多方面入手。

一、树立恰当的学习目标，建构合理的目标结构

小学生树立的目标不同，形成的目标结构也不同，其学习动机也会不同。目标是明确的、中等难度的、近期便可达到的，会加强小学生的动机和完成目标任务时的持久性。这是由于具体的目标提供了判断行为的标准，中等难度的目标提供了一种挑战，近期可达到的目标不会被日常事务所干扰。课堂上，小学生常常有两类主要的目标——以掌握所学内容为定向的掌握目标和以成绩为定向的表现目标。拥有掌握目标的小学生，不管他们犯多少错误或遇到多大的困难，仍能坚持学习、钻研，他们往往主动地寻求挑战，不断地获得进步。他们主要关注的是掌握所学的内容，而不在意他们的得分及与班上其他人的比较。而拥有表现目标的小学生，则将注意力集中于他们的行为表现及别人对他们的评价。他们评价自己的学习行为时，不是在意自己学到了什么或自己付出了多少努力，而是他人怎样看待他们，他们的分数在班上的位置。这类小学生往往尽量避免出错，避免挑战，不敢冒险，知难而退。因此，如何使指向表现目标的、专注于自我的小学生朝着指向掌握目标、专注于任务的学习者转化，是一个值得探讨的问题。

二、恰当控制动机水平，提高学习效果

一般情况下，动机水平提高，学习效果也会提高。但是，动机水平也并不是越高越好，动机水平超过一定限度，学习效果反而更差。美国心理学家耶克斯和多德森认为，中等程度的动机激起水平最有利于学习效果的提高。同时，他们还发现，最佳的动机激起水平与作业难度密切相关：任务较容易，最佳动机激起水平较高；任务难度中等，最佳动机激起水平适中；任务越困难，最佳动机激起水平越低。这便是有名的耶克斯－多德森定律（简称倒“U”曲线），如图 6-2 所示。

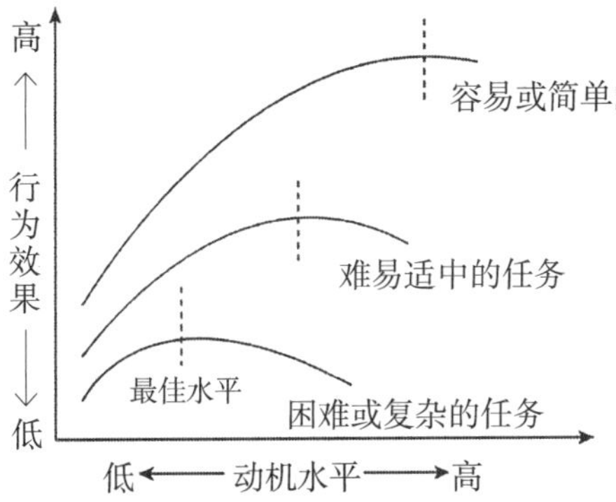

图 6-2　耶克斯 - 多德森定律示意图

由此可知，小学教师在教学时，要根据学习任务的不同难度，恰当控制小学生学习动机的激起程度。在学习较容易、较简单的课题时，应尽量使小学生集中注意力，使小学生尽量紧张一点；而在学习较复杂、较困难的课题时，则应尽量创造轻松自由的课堂气氛，在小学生遇到困难或出现问题时，要尽量心平气和地慢慢引导，以免小学生过度紧张和焦虑。

三、正确指导结果归因，增强小学生的自信心

正确指导结果归因，增强小学生的自信心主要从两个方面入手：进行归因训练，创造机会让小学生获得成功。

研究表明，不同的归因方式将导致个体不同的认知、情感与行为反应，具体表现在四个方面。①对成功与失败的情感反应。当小学生成功时会感到高兴，但只有将成功归因于内部因素时，个体才会感到自豪与满意；如果认为成功是源于他人或外部因素，则小学生的情感反应是感激而不是自豪。相反，如果将失败归因于内部因素，如不努力或无能，则会感到自责、内疚或羞愧；如果归因于外部因素，则会感到生气或愤怒。②对成功与失败的期望。小学生将成败归因于稳定因素时，对未来的结果的期待是与目前的结果一致的，也就是说，成功者预期着以后的成功，失败者预期着以后的失败。例如，把失败的原因看作自己能力差，那么个体就会担心下一次还会失败，因为能力是比较稳定的，很难在短时间内得到改变。相反，若将成败归因于不稳定的因素，则对以后成败的预期影响较小。③所投入的努力。若小学生认为失败是由于不努力造成的，即如果自己努力学习，确实有能力取得成功，则他们在以后有可能更加努力，遇到困难也能坚持；若将失败归因于缺少能力，也就是说，即使努力也不能成功，则他们很容易放弃，尽管有些任务是他们以前成功地完成过的。研究表明，后一类小学生很容易产生习得无助感。④自我概念。随着小学生年龄的增长，他们越来越坚信能力是一个相对稳定的、不可控制的心理特性。如果不断地成功，则他们的自我概念中就会包含着较高的自我效能，否则自我效能感就会较低。

既然不同的归因方式会影响到主体今后的行为，也就可以通过改变主体的归因方式来改变主体今后的行为。这对于学校教育工作是有实际意义的。在小学生完成某一学习任务后，小学教师应指导小学生进行成败归因。一方面，要引导小学生找出成功或失败的真正原因，即进行正确归因；另一方面，更重要的是，教师也应根据每个小学生过去一贯的成绩的优劣差异从有利于今后学习的角度进行积极归因。必要时，要对小学生进行归因训练。

进行归因训练的核心点是，将失败的原因归结为自身努力不够。同时，从学习方法改

善等方面入手帮助小学生，让他们经由努力能够取得成功，只有获得成功才能够真正激发小学生的成就动机，使得他们期待下一次成功的出现，从而增强自信心。1973 年，德韦克曾对一些数学成绩差又缺乏自信的小学生进行归因训练。在训练中，让他们解答一些数学题。当他们取得成功时，告诉他们这是努力的结果；而当他们失败时，告诉他们这是因为努力还不够。经过一段时间的训练后，小学生不但形成了努力归因，而且增强了学习的信心，提高了学习成绩。再如，1984 年，香克的研究表明，在归因训练过程中，一方面使小学生感觉到自己的努力不够，把失败的原因归结为努力因素；另一方面也应对小学生努力的结果给予反馈，告诉他们努力获得了相应的结果，使他们不断感到自己的努力是有效的。这样，他们才能真正从无助感中解脱出来，从而坚持努力去取得成就。

进行归因训练对于差生转变具有重要意义。由于差生往往把失败归因为能力不足，导致产生习得无助感，造成学习积极性降低。因此，有必要通过一定的归因训练，使他们学会将失意的原因归结为努力，从失望的状态中解脱出来。在对小学生进行归因训练时，往往是使小学生多次体验学习的成败，同时引导小学生将成败归因于努力与否。正如韦纳归因模式所述，努力这一内部因素是可以控制的，是可以有意增加或减少的。因此，只要相信努力会带来成功，那么人们就会在今后的学习过程中坚持不懈地努力，并极有可能迈向最终的成功。成功可以根据现实情况进行正确归因。但个体往往在多次成功后将成功归因于自己的能力强，从而拥有较强的自信心。因而，在督促小学生努力并改善学习方法等的同时，小学教师要做有心人，创造机会让小学生获得成功。苏联教育家维果斯基认为，学生的发展有两种水平：一种是学生的现有水平，指独立活动时所能达到的解决问题的水平；另一种是学生可能的发展水平，也就是通过教学所获得的潜力。两者之间的差异就是最近发展区。根据最近发展区理论，小学教师给予小学生的任务应处于其最近发展区，这样，小学生经由努力后达到的成功最具有激励性。

总之，激发小学生学习动机的方式和手段多种多样。只要小学教师有效地利用上述手段来调动小学生学习的积极性，小学生就有可能学得积极主动，并学有成效。

案例

美丽的珍妮

珍妮是个总爱低着头的小女孩，她一直觉得自己长得不够漂亮。有一天，她到饰物店去买了个绿色蝴蝶结，店主不断赞美她戴上蝴蝶结挺漂亮。珍妮虽不信，但是挺高兴，不由昂起了头，急于让大家看看，出门与人撞了一下都没在意。珍妮走进教室，迎面碰上了她的老师，“珍妮，你昂起头来真美！”老师爱抚地拍拍她的肩说。那一天，她得到了许多人的赞美。她想一定是蝴蝶结的功劳，可往镜前一照，头上根本就没有蝴蝶结，一定是出饰物店时与人一碰弄丢了。

苏霍姆林斯基有句名言："学校应当让每个学生都抬起头来走路。"这就是让每一个学生都能充满自信和勇气，面对人生。自信是激发学生学习动机的前提，自信的学生才有学习的积极性，进而才能提高学习的质量。

四、强调学习内容的知识性、探索性，激发小学生的认知好奇心

认知好奇心是一种追求外界信息、指向学习活动本身的内驱力，它表现为好奇、探索、操作和掌握行为。认知好奇心被认为是内在动机的核心。

信息量的大小是引起好奇心的一个重要条件。这里所说的信息量是指能够引起好奇心的刺激的强度和复杂程度。个体对来自各方面的信息进行加工时，有一个信息加工的最佳水平。这个最佳水平需要一定量的信息，当信息不足或低于最佳水平时，个体就会感到烦闷和厌倦，并去寻找新的信息或改变、重组自己认知结构中的原有信息。当然，如果信息量过大，超过个体信息加工的最佳水平时，个体会感到身心疲劳，产生对信息的恐惧和回避行为。事实上，个体信息加工的最佳水平与工作记忆的有限容量是联系在一起的。当个体需要加工的信息过多、超过了工作记忆的有限容量，就会出现对信息的"饱厌"。中小学生由于课业负担过重而产生的厌学心理与此相关。另外，认知上的矛盾也是好奇心产生的重要条件。之所以许多人对UFO、外星人、百慕大三角等感到好奇，不断追寻有关这方面的信息，是因为这些信息会让人感到神秘莫测、不可思议，虽然直到今日，人们仍未找到解释这类问题的明确答案。

如何唤起并保持小学生的好奇心对小学教师是一项挑战。小学教师不仅要提供有关的知识信息，还要充分利用信息呈现的某些特点，如新奇、变化、夸张、复杂、含糊不清等引起小学生认知上的矛盾，使小学生产生心理上的不和谐，进而唤起他们对某一学习内容的好奇心，激发其内在的学习动机。每门学科都有各自的特点，让小学生理解学科的特点，领会不同学科领域中的乐趣，可以在更大程度上提高小学生的内在学习动机，激发他们的求知欲，促使他们积极主动地学习。

五、创设问题情境，实施启发式教学

所谓问题情境，指的是具有一定难度，需要学生努力克服，而又力所能及的学习情境。简单地说，问题情境就是一种适度的疑难情境。在学习过程中，对难度过小或难度过高的东西小学生都不会感兴趣。只有在学习那些"半生不熟""似懂非懂""似会非会"的东西时，小学生才感兴趣而迫切地希望掌握它。因此，能否形成问题情境，主要看学习任务与小学生已有知识经验的适合度如何。如果完全适合（太易）或完全不适合（太难），均不能构成问题情境。只有在既适应又不适应（中等难度）的情况下，才能构成问题情境。

成就动机理论告诉我们，问题情境的难度在50%左右最有利于激发学习的动机。那么，小学教师应怎样去创设难度适宜的问题情境呢？要想创设问题情境，首先要求小学教师熟悉教材，掌握教材的结构，了解新旧知识之间的内在联系。此外，要求小学教师充分了解小学生已有的认知结构状态，使新的学习内容与小学生已有水平构成一个适当的跨度。创

设问题情境的具体方式可以多样：既可以用教师设问的方式提出，也可以用作业的方式提出；既可以从新旧教材内容的联系方面引进，也可以从小学生的日常经验引进，并应贯串在教学过程的始终。问题情境的创设既可以在教学的开始阶段，也可以在教学中和教学结束时进行。

六、充分利用反馈信息，适当进行表扬和批评

（一）利用学习结果的反馈作用

通过前面的学习我们已经知道，让小学生及时了解自己的学习结果，会对小学生产生极大的激励作用。这是因为：一方面，小学生及时了解自己的学习进度和取得的成绩，可以提高学习的积极性，增强努力程度，同时可以根据反馈信息调整学习活动，改进学习策略；另一方面，通过及时的反馈，小学生又可以看到自己的不足之处，及时改进，并且为了取得更好的成绩或避免再犯错误而增强学习动机，从而更加有助于提高学习的自觉性和主动性。因此，及时反馈是非常重要的。小学教师应重视及时反馈对小学生学习的促进作用，及时批改和发还小学生的作业、测验和试卷，让小学生及时了解自己的学习结果。

了解学习结果对动机的激励作用已为许多实验所证明。如有研究者让甲乙两组小学生以最快的速度和最高的正确性来做练习，连续进行 75 次，每次 30 秒。在前 50 次练习中，甲组知道每次练习的成绩，乙组不知道。自第 50 次练习开始，两组条件对换，结果前 50 次甲组成绩比乙组好，后 25 次甲组成绩变坏了，乙组成绩明显上升。

运用结果反馈时应该注意：①反馈可分为课堂质疑的反馈、课后练习的反馈和考试后的反馈，不同的反馈所起的作用是不同的；②不仅要让小学生知道自己是否已经达到了学习目标，还要让小学生知道他们离这个目标还有多远或是否偏离了目标；③让小学生知道什么是正确的反应比让他们知道什么是错误的反应更重要；④反馈要及时，尤其是对低年级的小学生。当然，如果在提供定量信息反馈的基础上，加上定性评价，效果会更明显。

（二）运用表扬和批评，让小学生获得成功的体验

心理学研究表明，表扬与奖励比批评与指责能更有效地激发小学生的学习动机，因为前者能使小学生获得成就感，增强自信心，而后者恰恰起到相反的作用。让小学生在学习过程中不断得到某些成功的体验，已成为运用现代心理学研究成果激发学习动机的最重要的手段之一。1978 年，美国教育心理学家奥苏贝尔曾指出："动机与学习之间的关系是典型的相辅相成的关系，绝非一种单向性的关系。" 因此小学教师在传授知识的同时，应让小学生获得成功的体验。小学生一旦尝到学习的乐趣，既能使学习动机获得强化，又有助于产生自信心，增强自我效能感，而这又会对学习动机产生积极的促进作用。可以说，通过成功的机会来激发学习动机，具有多方面的综合效益。赫洛克在实验中将 106 名四、五年级小学生分成四个等组，在四种条件下做加法练习。A 组为受表扬组，B 组为受训斥组，C 组为受忽视组（旁听甲乙两组受表扬与训斥），D 组为控制组（单独进行，不受任何评价）。结果发现，三个实验组的学习成绩优于控制组，这是因为控制组未受到任何信息的作用。受忽视组虽然未受到直接的评定，但它与受表扬组和受训斥组在一起，受到间接的评定，所以对动机的唤醒程度较低，平均成绩劣于受训斥组。受表扬组的成绩优于其他组，而且一直

不断地直线上升。这表明，对学习结果进行评价，能激发小学生的学习动机，对学习有促进作用；适当表扬的效果优于批评，它可以让小学生获得成功的体验，对学习动机的形成产生积极的促进作用。

虽然表扬和奖励对学习具有推进作用，但使用过多或者使用不当，也会产生消极作用。有许多研究表明，如果滥用外部奖励，不仅不能促进学习，还可能破坏小学生的内在动机，所以，要根据小学生的具体情况进行奖励。奖励可被看成某种隐含着成功的信息，其本身并无价值，只是用它来吸引小学生的注意力，促使小学生由外部动机向内部动机转换，对信息任务本身产生兴趣。

七、适当开展竞赛，激发小学生学习的积极性

竞赛是在学习活动中，比较学习结果的优劣，通常由多个人参加，有一定的规则。竞赛不等于竞争。竞争是个体或群体间力图胜过或压倒对方的心理需要和行为活动。竞争使小学生的注意力指向他们自己能够完成学习的能力，而不是指向“怎样”完成目前的学习。竞争激发了小学生用社会标准进行比较，而社会标准充分地提供了关于一个人的能力信息。在这种情况下，唯独最有能力、最自信的小学生的学习动机得到了激发，而能力较低的小学生明显感到，将会在竞争中失败，他们通常回避这种情境。一般来说，他们所采取的回避竞争和社会比较的方式是，选择极为简单或极为困难的学习任务，而回避中等难度的学习任务。然而，在实际教学情境中，中等难度的学习（即具有挑战性的学习）是最恰当的学习任务，可以使小学生在已经掌握的知识基础上提高更快。1983 年，埃姆斯研究了竞争对自我评价的影响，结果表明竞争突出了个体对能力的感知。竞争获胜者夸大他们的能力，认为自己比竞争对手更聪明，更优越；而竞争失败者则认为自己天生无能。也就是说，能力的自我感知很容易随着成功的出现而被夸大，随着失败的出现而被贬低。

竞赛是激发小学生学习积极性的一种有效手段。在竞赛的过程中，人们树立威信的动机或追求自尊与成就的需要极为强烈，学习兴趣和克服困难的毅力大大增强。然而，竞赛必须适当。过于频繁的竞赛不但会失去激励作用，反而会制造紧张气氛，加重学习负担，有损小学生身心健康。因此，为使竞赛能对大多数小学生起到激励作用，必须注意以下两点：一是竞赛要适量，二是恰当选择竞赛的方式。这可以使不同的小学生在竞赛中都有获胜的机会。例如，可以按能力分组竞赛，也可鼓励小学生自己和自己竞赛。

第四节　小学生学习兴趣

“兴趣是最好的老师”，这句话用在学习过程中是最恰当不过的。孔子早在两千多年前就提出，“知之者不如好之者”。陶行知先生也说过，“学生有了兴味，就肯用全副精神去做事，学与乐不可分”。兴趣是个体积极探究某种事物或进行某种活动的倾向。小学生的学习兴趣是推动其学习活动的内部动力因素。

一、学习兴趣的分类

（一）直接兴趣与间接兴趣

直接兴趣由所学材料或学习活动、学习过程本身直接引起，间接兴趣由学习活动的结果引起。例如，为了集体的利益，意识到学习的目的或任务，因而支配自己去坚持学习；或者为了得到父母、老师的赞赏，同学、朋友的尊重，在考试中得到好分数，在竞赛中取得胜利等，也能引起小学生对学习的间接兴趣。

直接学习兴趣与间接学习兴趣常常融合在一起，即既有直接学习兴趣的成分，又有间接学习兴趣的成分。其中，或以直接学习兴趣为主，或以间接学习兴趣为主，或两者难分主次。开始是对学习的阅读兴趣，在学习过程中很有可能逐渐转化为直接兴趣，而对学习的直接兴趣，若无特殊情况，大多能长期持续下去，并且愈来愈深。对学习的直接兴趣是提高学习质量最有利的因素。

（二）个体兴趣与情境兴趣

个体兴趣指的是随着时间的迁移而不断发展的、一种相对稳定持久且与某一特定主题或领域有关的动机取向、个人倾向或个人偏好，它与知识、价值观及积极感情相联，是特质性的。情境兴趣则发生在环境中的某些条件刺激或特征具有吸引力并为个体所认识的那一刻，是动态性的。无论是个体兴趣还是情境兴趣，都会影响知识学习的效果。情境兴趣在一定的条件下可以发展为相对持久的个体兴趣。可见，这两种兴趣并不是独立发生的两种现象，它们在发展中是相互影响的。兴趣作为一种心理状态，这种概念反映了一种关于兴趣的相互作用和关联的观点，认为兴趣是个体的个人兴趣与有趣的环境特征相互作用而产生的心理状态。

二、学习兴趣的产生和发展过程

学习兴趣有一个发生、发展的过程，一般来说是从“有趣”开始，产生“乐趣”，然后向“志趣”发展的。

（一）有趣——学习兴趣的初级形式

有趣是兴趣过程的第一个阶段，它往往短暂易逝，非常不稳定。处于这一阶段的兴趣常常与个体对某一事物的新奇感相联系，随着这种新奇感的消失，兴趣也会自然地逝去。个体从儿时开始都带有一些“研究”精神。例如，儿童把皮球拿在手里，就会拍它、捏它，看它滚动，看它跳；若是捉到一只蝴蝶，就把它的翅膀拉下来，看看它的躯体究竟是怎么构成的。以儿童的眼光来看，宇宙中的万物没有一种不是新鲜有趣，值得玩弄、观察、研究的。

（二）乐趣——学习兴趣的中级形式

乐趣是兴趣过程的第二个阶段，它是在有趣定向发展的基础上形成的。在这一阶段中，个体的兴趣变得专一、深入起来，如喜爱网络文学的小学生很可能会成天沉溺于网络文学作品中。乐趣与小学生的基础知识有关，只有那些小学生想知道而又未知道的东西才能激起学习兴趣。一种想要知道奥秘的愿望变成不可遏制的愿望，会激发人去行动。如伽利略小时候，偶然看到教堂廊檐下挂的灯正在摆动，他出神地凝视着，觉得来去摆动的时间都一样，这种学习兴趣，使他终于发现了摆的等时性。

（三）志趣——学习兴趣的高级形式

当乐趣同社会责任感、理想、奋斗目标结合起来时，乐趣便变成了志趣。志趣具有社会性、自觉性和方向性，是个体取得成就的根本动力，是成功的重要保证。志趣是学习兴趣的归宿。我们从一些科学家成才的例子中可以看到志趣。如一个天文学家，在儿童时期的夏夜纳凉，指北斗而定方向，按中星而记时辰，开始不过是觉得有趣而已。他进一步考察星座，认识星云，辨别行星，观测月球；见到四时不同，晨昏互异，兴趣就产生了。再进一步了解日食月食的原理，查证光年的距离，并且发现火星上的"运河"。这种深入研究，使其对天文现象趣味更浓，于是对天文学产生了兴趣，立志成为一名天文学家。这样，兴趣进一步发展成为志趣。

三、小学生学习兴趣与学习动机之间的关系及教育启示

（一）学习兴趣与学习动机之间的关系

学习兴趣是小学生情感、态度在学习活动中的选择和倾向，是学习动机在学习活动中的体现。学习兴趣与学习动机两者的相同之处是，两者都可被视为引起个体行为的内在原因。学习动机是指引起个体活动并维持已引起的活动，强调维持已引起的活动及其持续性。兴趣则是使个体拥有一种学习的倾向，较之于持续学习的状态，学习兴趣是更容易获得的。

小学生的学习兴趣与学习动机在不同的年龄阶段有不同的特征。小学生（6 ～ 12 岁）由于生理、心理尚未成熟，自主意识较弱，学习兴趣不稳定且易受外界影响，学习动机则表现为直接的、外在的、附属的学习动机。处在这一特殊的年龄阶段，小学生很难产生内部的学习动机，即小学生不易对知识本身产生兴趣，即直接兴趣，小学生的学习兴趣更多地产生于对非知识对象的兴趣迁移，如为了得到老师的表扬，为了得到家长的奖励，或是因为喜欢某些老师而努力学习等，即间接兴趣。

（二）教育启示

1. 细心观察，善于发现小学生的直接兴趣

直接兴趣与事物和活动本身相联。一般来说，人人都有自己的爱好，小学生也是如此。小学教师需要通过家访等途径来了解和发现小学生的兴趣所在。例如，一位班主任在第一次家访中发现小学生贺某在家里养了两只鹌鹑，从而得知他对饲养小动物很有兴趣。其次，要培养小学生的兴趣。可以通过课外活动小组进行，也可以通过举行有关知识讲座、推荐有关课外读物等活动形式进行。如对贺某，生物老师就可以将他吸收到生物兴趣小组中来，一方面该学生养小动物的直接兴趣得到满足，另一方面也可以把他的兴趣迁移到将来生物课的学习中去。

2. 明确学习目的，培养小学生的间接兴趣

间接兴趣与活动的目的或结果相联。教育小学生明确学习内容的意义和价值，小学生一旦理解了，就会对学习活动产生兴趣。例如，在新西兰，孩子学游泳几乎成为"必修课"，除了大多数小学提供游泳课之外，许多家庭的父母在孩子两三岁时就将孩子送去学游泳。学游泳和玩水是截然不同的两回事，学游泳需要孩子按照要求一遍一遍地练习教练教授的

动作,从某种角度看,过程其实很枯燥。但是,为什么这里的孩子们都能坚持这种既累又单调的体育运动呢?因为新西兰是四面环海、只有400多万人口的国家,其海岸线长度却将近中国海岸线的一半。除此之外,新西兰还有数不清的溪流、河流和湖泊,因此,长期在新西兰居住的人在日常生活中的许多运动与水有关系,如玩独木舟、皮划艇、冲浪等。新西兰的孩子练习游泳的首要目的,已经不是我们平常所讲的健身、运动等因素了,安全才是游泳的根本出发点。在这里,支持孩子们完成训练的动力就是间接兴趣。

3. 寓教于乐,激发小学生的情境兴趣

寓教于乐,就是小学教师根据小学生的心理特点,围绕教学内容实施愉快教学的一种手段。小学教师要运用一定的教学艺术,以形象、生动的手段展示知识的魅力,让小学生感受到学习知识的过程是有趣的,从而激发情境兴趣。例如,在数学课中插入新颖、形式多样的游戏,使小学生主动地学、愉快地说。再如有位小学教师在教"长方形的认识"这一课时,先采用了一个打扑克的游戏。让四名小学生围着桌子坐好,指导小学生观察:哪两个同学是"相对"的?哪些同学是"相邻"的?从而帮助小学生正确理解什么是"相对"的、什么是"相邻"的。这个游戏既富有情趣,又为学习长方形的对边相等做了准备。

案例

积极学习态度促进学习兴趣的实验

苏联心理学家西·索洛维契克曾做过一个实验,证明了积极的学习态度能促使学生在学习中积极思维,并从中培养起学习兴趣。实验中,同学们根据自己的学习情况选择一门不太感兴趣的课程,在每天开始上这门课或学习这门课的内容之前,完成以下几种活动:①面带微笑、搓着双手,还可哼唱自己喜欢的歌曲,总之是做出摩拳擦掌、跃跃欲试的样子,而且让自己充分感觉到这一点;②同时,脑子里不断地想:下面的学习内容将是我能够理解的,我将高兴地学习;③提醒自己,一定要努力地去学习,要比平时更细心一些,要花更多的时间,因为细心就是对学习产生热爱的源泉。

结果,实验极有效地改变了同学们以前的消极学习态度,解除了原来的苦恼,并从探索知识的过程中体验到了乐趣。参加这个实验的3 000多名小学生中,绝大多数成功了,他们开始对原来最感头痛的课程产生了兴趣。而报告失败的信件只有几封。这个实验十分简单,而且一般只需持续3周左右,便可奏效。

4. 增加积极的情绪情感体验,引导小学生的个体兴趣

个体兴趣与人的积极情感相联,人对不愉快的事情不会有兴趣,同样,人对引起畏惧的事情也不会有兴趣。因此,在学习中要尽量消除小学生的厌烦、害怕等消极情绪,培养他们学习中的愉悦感、自豪感等。小学教师要善于设置一定的情境引发小学生积极的情绪，可以让小学生在成功中体验到愉快，可以让小学生为自己的进步而自豪，也可以为帮助别人解决一个疑难问题而高兴等。这样，在情境中激发的兴趣才能得以保持，发展成为个体兴趣，从而对学习产生持久的影响。

能力训练

一、单项选择题

1. 以下学习动机属于内部动机的是(　　)。

A. “万般皆下品，惟有读书高”　　B. “书中自有颜如玉，书中自有黄金屋”

C. 读书是一种乐趣　　D. “为中华之崛起而读书”

2. “学生之所以学习，是因为在学习过程中可以得到奖赏、赞扬和优异的成绩等报偿”，持这种观点的学习动机理论是(　　)。

A. 成就动机理论　　B. 归因理论　　C. 强化理论　　D. 自我效能感理论

3. 小学生喜欢亲近老师，渴望得到夸奖，这种需要属于(　　)。

A. 生理需要　　B. 归属和爱的需要　　C. 安全需要　　D. 自我实现的需要

4. 依据成就动机理论，当一项任务的成功率为 50% 时，避免失败者会(　　)。

A. 犹豫不决　　B. 可能选择这项任务

C. 回避这项任务　　D. 坚决选择这项任务

5. 小峰认为输掉学校秋季篮球比赛是因为他们的运气不好，这种归因是(　　)。

A. 内部、不可控、不稳定的归因　　B. 外部、可控、稳定的归因

C. 外部、不可控、稳定的归因　　D. 外部、不可控、不稳定的归因

6. 自我效能感理论是由(　　)提出来的。

A. 桑代克　　B. 维果斯基　　C. 班杜拉　　D. 阿尔金森

7. 耶克斯和多德森在研究动机强度和学习效率之间的关系时发现(　　)。

A. 动机越低，学习效率越高　　B. 动机越高，学习效率越高

C. 任务难度不同，其最佳动机强度不同　　D. 任务难度不同，其最佳动机强度相同

8. 小明学习努力但成绩总不理想，逐渐出现了被动、退缩、无动力状态，此心理反应属于(　　)。

A. 学习焦虑　　B. 习得性无助　　C. 自我估价降低　　D. 认知功能障碍

9. 某小学教师喜欢用“真棒”“真行”表扬小学生，小学生往往得到激励，但随着年龄的增加，小学生对其表扬不再感兴趣，这一现象说明(　　)。

A. 随年龄的增长，小学生对语言激励不感兴趣

B. 随年龄的增长，小学生对物质激励更感兴趣

C. 随年龄的增长，小学生的认知内驱力有所减弱

D. 随年龄的增长，小学生的附属内驱力有所减弱

10. 下列关于激发小学生学习动机的做法，错误的是（　　）。
A. 开展学习竞赛，提高小学生的积极性
B. 只运用奖励，激发小学生的上进心
C. 运用反馈原理，强化小学生学习动机
D. 创设认知冲突，引起小学生的注意

二、辨析题（先判断正误，再简要概括理由）

1. 按马斯洛的观点，学生在生理需要和安全需要得不到满足时是不可能努力学习的。（　　）
2. 韦纳认为，天资、能力、心境、努力等属于内部因素，同时也是不可控因素。（　　）
3. 张三因为上课打瞌睡被老师用粉笔头打了两次，吓得李四再困也强打精神认真听课，这是班杜拉说的替代性强化作用。（　　）
4. 习得性无助感与人们对失败的归因无关。（　　）
5. 学习动机越强学习效果越好。（　　）

三、简答题

1. 耶克斯－多德森定律及其教育意义是什么？

2. 学习动机对小学生学习的作用是什么？

3. 自我效能感的含义以及影响自我效能感形成的因素是什么？

4. 激发小学生学习动机的基本方法是什么？

四、论述题

1. 用成败归因理论解释归因对学习动机的影响。

2. 结合实际分析教师在教学过程中如何培养和激发中小学生的学习动机。

第七章　小学生学习迁移与学习策略

- **教学目标：**了解学习迁移理论、影响学习迁移的主要因素，理解学习迁移的实质和机制、学习迁移的种类，掌握学习迁移的概念，能分析学习材料中的学习迁移机制。了解学习策略训练的原则、学习习惯的概念及小学生良好的学习习惯的基本内容，理解影响学习习惯形成的因素，掌握学习策略训练的原则、模式。
- **教学重点：**能分析学习材料中的学习迁移机制；了解影响学习习惯形成的因素，认知策略、元认知策略和资源管理策略的概念和种类，小学生学习策略的训练方法。
- **教学难点：**能分析学习材料中的学习迁移机制，了解认知策略、元认知策略和资源管理策略的概念和种类。
- **教学内容：**

（1）学习迁移的含义、种类、机制。

（2）学习策略的含义及训练的原则和模式。

（3）认知策略、元认知策略和资源管理策略的概念和种类。

（4）影响学习习惯形成的因素、小学生良好的学习习惯的基本内容。

内容提要

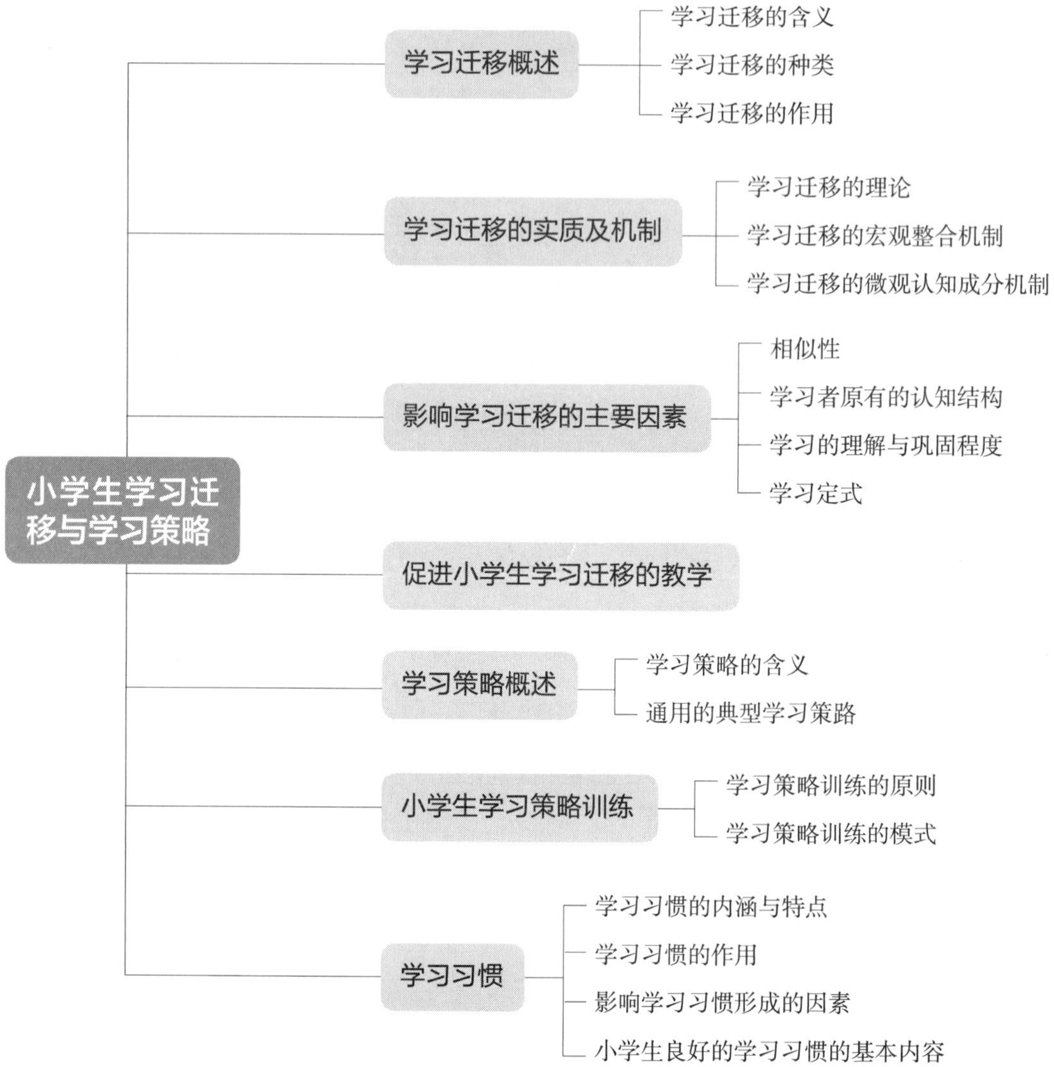

也许你和大多数人一样，记得自己学过哪些东西，但是不能非常确定自己学到了什么。那么，这些时间浪费了吗？这个问题就和学习迁移紧密相关。如果先前学过的东西正在影响当前的学习，或者先前问题的解决影响你解决一个新的问题，这时，迁移就发生了。迁移是人默知的普遍特征，凡有学习的地方就有迁移。通过迁移，新旧经验得以概括化、系统化，形成整合的心理结构，并不断得到发展，从而稳定地调节个体的行为。了解迁移的规律，可以为提高教学效率提供有力的指导。

第一节 学习迁移概述

一、学习迁移的含义

学习迁移是指一种学习对另一种学习的影响,或习得的经验对完成其他活动的影响。迁移广泛存在于各种知识、技能与社会规范的学习中。例如,掌握“mouth（嘴,口腔）”这个英语单词可能会促进对“rolden-mouthed（雄辩的）”这一新单词的学习,数学学习中的审题技能的掌握可能会影响物理学习中的审题,儿童在家庭中养成的爱劳动的行为习惯也会在学校里表现出来。可以说,在智育领域和德育领域存在着广泛的迁移现象。充分认清这一点,有助于深入探索智育领域和德育领域的迁移规律,不仅重视知识、技能的迁移,还重视社会规范领域的迁移。

迁移不仅发生于同一类型的学习或经验内部,而且也存在于不同类型的学习与经验之间,如词汇知识的学习将促进阅读技能的形成,而阅读技能的掌握也促进个体获得更多的词汇。所以,迁移表明了经验间的相互影响,通过迁移各种经验得以沟通,经验结构得以整合。

二、学习迁移的种类

学习迁移现象是多种多样的,下面就对其中较典型的迁移类型加以论述。

（一）正迁移、负迁移和零迁移

根据产生的影响效果不同,迁移可以划分为正迁移、负迁移和零迁移。正迁移（positive transfer）指一种学习对另一种学习起到积极的促进作用。例如,平面几何的学习促进立体几何的学习,阅读技能的掌握有助于写作技能的形成。正迁移表现在个体对于新学习或解决某一问题具有积极的心理准备状态,从事某一活动所需的时间或练习次数减少,学习效率提高。负迁移（negative transfer）指两种学习之间的相互干扰、阻碍。如小学生学习小数加减法,开始不容易领会计算法则,往往产生不去对齐小数点而去对齐末位数的错误。这是因为以前学习整数加减法时所掌握的“个位数对齐”知识干扰了小学生对“小数点对齐”这一法则的领会。负迁移经常表现在产生僵化的思维定式,缺乏灵活性、变通性,使某种学习难以顺利进行,学习效率低下。零迁移（zero transfer）指两种学习间不存在直接的相互影响,有时也称为中性迁移（neutral transfer）。许多经验间存在着各种直接或间接的关系,但由于多种原因,个体未能意识到经验间的内在联系,不能主动地进行迁移,使某些经验处于惰性状态,表现为零迁移。这一现象应引起重视。

（二）水平迁移和垂直迁移

根据不同的抽象与概括水平,迁移可划分为水平迁移和垂直迁移。水平迁移（lateral transfer）也称横向迁移、侧向迁移,是指处于同一抽象和概括水平的经验之间的相互影响。学习内容之间的逻辑关系是并列的,如直角、钝角、锐角、平角等概念之间的关系是并列的,都处于同一抽象和概括层次,各种概念的学习之间的相互影响即水平迁移。垂直迁移（vertical transfer）又称纵向迁移,指处于不同抽象、概括水平的经验之间的相互影响。具体讲,是具有较高的抽象和概括水平的上位经验与具有较低的抽象与概括水平的下位经验之间的相互影响。垂直迁移表现在两个方面：一是自下而上的迁移。对具体事例的理解有助于相关概念和原理的掌握。例如，在概念学习中，小学生原有知识经验中的“番茄、土豆、萝卜、芹菜”等会有助于对上位概念“蔬菜”的学习；在学习生物知识时，对“老虎、狮子、牛、羊”等动物本质特征的掌握有助于理解和概括“哺乳动物”的特征；由数字运算到字母运算的转化等学习过程中即包含着自下而上的迁移。此类迁移也常见于归纳式的学习中。二是自上而下的迁移。指上位的较高层次的经验影响着下位的较低层次的经验的学习。例如，理解了“三角形”的意义有助于理解“等腰三角形、等边三角形、直角三角形”等；掌握了乘法法则，可以更好地理解和进行加法运算；掌握了一般平行四边形的有关内容可以促进对菱形的学习。

（三）顺向迁移和逆向迁移

根据不同的顺序，迁移可划分为顺向迁移和逆向迁移。如果是前面的学习影响后面的学习，则称为顺向迁移（forward transfer）。我们通常所谈论的大部分的迁移都属于此类迁移。逆向迁移（backward transfer）指后面的学习影响前面的学习所形成的经验结构，使原有的经验结构发生一定的变化，即得到充实、修正、重组、重构等。

（四）一般迁移和具体迁移

根据内容的不同，迁移可划分为一般迁移和具体迁移。一般迁移（general transfer）也称普遍迁移、非特殊迁移，是将一种学习中习得的一般原理、方法、策略、态度等迁移到另一种学习中去。布鲁纳非常强调一般迁移，认为基本的原理、基本的态度具有广泛的适应性，能适用于许多表面特征不同但结构特征相同的多种情境，并且能使以后的学习变得较容易。如小学生学习中获得的一些基本的运算技能、阅读技能可以运用到各种具体的数学或语文内容的学习中。具体迁移（specific transfer）也称特殊迁移，指一种学习中习得的具体的、特殊的经验直接迁移到另一种学习中去，或经过某种要素的重新组合迁移到新情境中去。如跳水的一些项目中，弹跳、空翻、入水等基本动作是一样的，运动员在某些项目中将这些基本动作熟练掌握，那么在学习新的跳水项目时，就可以把这些基本动作加以不同的组合，很快形成新的动作技能。特殊迁移的范围往往不如一般迁移广，仅适用于非常有限的情境中，但这并不意味着特殊迁移不重要，相反，它对于系统掌握某一领域的知识是非常重要的。

（五）自迁移、近迁移和远迁移

根据程度的不同，迁移划分为自迁移、近迁移和远迁移。如果个体所学经验影响相同情境中的任务操作，则属于自迁移（self-transfer）。自迁移经常表现为原有经验在相同情境中的重复。近迁移（near-transfer）即把所学的经验迁移到与原初的学习情境比较相似的情境中，如某些学科之间的迁移，或同一学科内的学习之间的迁移。如果个体能将所学的经验迁移到与原初的学习情境极不相似的其他情境中时，即产生了远迁移（far-transfer），如一个学会利用气流原理设计风车的人把这种知识用来指引帆船在海上航行，就是将学校学习的知识经验迁移到校外的实际生活中去，这就是远迁移的例子。

简言之，如果个体能迁移到表面特征与结构特征都基本相同的其他情境中时，则属于自迁移；如果能迁移到表面特征与结构特征都相似的其他学习情境中，则属于近迁移；如果能迁移到表面特征不相似，但结构特征相似的其他学习情境中，则属于远迁移。当然，自迁移、近迁移和远迁移的区分也是相对的，视具体的情形而定。

（六）低通路迁移和高通路迁移

根据意识水平的不同，迁移可分为低通路迁移和高通路迁移。低通路迁移（low-road transfer）指经过充分练习的技能自动迁移，不需要反省性思维。例如，开惯了自家车的人可以很轻松地开从朋友那里借来的车。这种迁移的关键是原先的技能有充分的练习，而且练习是在变化的情境中进行的。高通路迁移（high-road transfer）涉及有意识地应用先前习得的抽象知识于新的情境。这种应用可分两种情形：一是在当前的学习中想到今后的应用，如你在学习教育心理学原理时想到这些原理将来在你的教育和教学实践中应用；二是在面对新的问题时，回头思考先前习得的知识在新情境中的应用，如小学生在学习乘法时考虑在加法中学过的数学原理在乘法学习中的应用。高通路迁移的关键是有意识地进行抽象概括，或精心地鉴别出不限于特殊情境、能普遍应用的原理、主要观点、策略或步骤。这样的抽象成了小学生反省认知知识的一部分，可以用来指导将来的学习与问题解决。

三、学习迁移的作用

美国心理学家比格把学习迁移当作教育最后必须寄托的柱石。他认为，学生在学校学习的效率，在很大程度上取决于他们在学习中迁移的数量和程度；如果学生在学校中的学习无助于在以后生活中更有效地应付各种情况，那么这种教学就是在浪费他们的宝贵时间。显然，学会学习或进行有效的学习是适应未来社会生活的必要条件。而要真正地学会学习，其中最主要的条件就是能够主动而有效地迁移。

（一）促进问题解决能力的提高

迁移对于提高问题解决的能力具有直接的促进作用。学习的最终目的并不是将知识经验储存于头脑中，而是要应用于各种不同的实际情境中，解决现实中的各种问题。个体习得经验后，在适当的条件下可以应用所习得的经验分析、解决目前的问题，而实际上这本身就是一个迁移的问题。在学校情境中，大部分问题的解决都是通过迁移来实现的。要将学校所学的知识、技能用于解决社会实际问题，都需要依赖于迁移。因此，要培养问题的解决能力，就必须从迁移能力入手。

（二）迁移是能力与品德形成的关键环节

迁移是习得的经验得以概括化、系统化的有效途径，是能力与品德形成的关键环节。只有通过迁移，原有的经验才能得以改造，更为概括化、系统化，心理结构也更为完善、充实，从而广泛、有效地调节个体的活动。而稳定的心理调节机制的建立也就是能力与品德的心理结构的建立。所以说，能力与品德的形成和发展是通过广泛的迁移来实现的，缺乏迁移，能力与品德的形成则成为空谈。

（三）迁移规律具有指导作用

迁移规律对于学习者、教育者、培训者等都具有重要的指导作用。应用有效的迁移原则和规律进行教学和培训，可以使学习者在有限的时间内学得更快、更好，并在适当的情境中主动、准确地应用原有的经验，防止原有经验的惰性化。教育者以及有关的培训者在进行教学和培训系统的设计时，在教材的选择与编排、教学方法的确定、教学活动的安排、教学成效的考核等方面利用迁移规律，有助于加快教学和培训的进程，提高教学培训的效率。

第二节　学习迁移的实质及机制

探讨学习的迁移规律，必须研究迁移是如何实现的，其基本过程是怎样的。迁移是自动实现的，还是在一定条件下，通过一系列的认知活动实现的？从早期的形式训练说到现在的各种迁移观点，都是围绕这些基本问题进行的。

一、早期的迁移理论

早在我国古代，人们就注意到了迁移现象。春秋时期的教育家、思想家孔子就曾提出“举一反三”“触类旁通”的教学思想，指出先前的学习对后来学习的影响，揭示学习迁移的现象。但是，对学习迁移现象系统的解释，最早是由形式训练说提出的。

（一）形式训练说

形式训练说的基础是官能心理学。官能心理学认为，人的心智是由意志、记忆、思维、推理等官能组成的。心智的各种官能相对独立，各司其责。各种官能可以像肌肉一样，通过练习来增强能力，而且一种官能改进了，其他官能也会在无形中得以加强。

形式训练说把迁移看作通过对各种官能分别训练来实现的。学习要获得最大的迁移效果就应该经历一个“痛苦的”过程，如难记的古典语言、数学和自然科学中的难题，被视为训练官能的最好材料。学习内容不重要，重要的是学习的难度和训练的价值。各种官能在这些学科中得到改造，迁移到解决其他类似性质的问题，教育的目的就在于这种形式的训练。

（二）共同要素说

1890 年，美国心理学家詹姆斯首先采用了实验训练迁移问题。他和他的四个助手以自己为被试者，用两份难易度和分量相仿的材料来考察前一种材料的学习是否影响后一种材料的学习，表达了对形式训练迁移理论的怀疑。虽然他们的研究结果因被试人数太少而带有偶然性，但此实验开启了迁移研究的先河。

1901 年，桑代克对注意、记忆和知觉辨别等进行了一系列实验后，提出了“相同元素说”，其主要思想为：迁移就是将先前学习任务中获得的特定行为应用于新的任务中。两项学习任务间之所以有迁移，是因为它们之间有共同的元素，也就是有共同的刺激—反应联结。迁移能力的获得只能通过大量的训练和练习使这些联结得以加强。迁移也即相同联结的转移。相同元素说 1901 年被武德沃斯修改为共同要素说，意即只有两种学习情境存在共同成分时，一种因素才能影响另一种因素。这一学说是一种机械的迁移观，只能解释机械的、具体的特殊迁移，难以揭示人类复杂的学习迁移的实质。

（三）概括说

概括说也称经验类化说。1908 年，贾德设计了水下击靶实验研究迁移，结果发现学习者在学习过程中获得的原理和原则是迁移发生的主要原因。他强调前后两种学习包含的共同原理、原则及学习者对这种原理、原则的概括是迁移产生的两个条件。因此，学习者对原理掌握得越好，越有可能在新的情境中产生迁移。贾德的概括化理论突破了桑代克相同要素的局限，第一个将相同要素的范围上升到更抽象的原理、原则，同时把学习者对学习情境的共同原理、原则的概括作为迁移的基本条件，从而扩大了迁移研究的范围。

（四）关系转化说

格式塔心理学家进一步发展了概括化理论。苛勒根据“小鸡觅食”实验的结果提出了关系转化说。他并不否认学习依赖于学习原理的迁移，但强调“顿悟”是迁移的一个决定因素。他认为学生顿悟两种学习情境中原理、原则之间的关系，特别是手段与目的间的关系是实现迁移的根本条件，其实质就是指两种学习情境中存在某种相似的关系，这是迁移的前提条件，而学习者对两种学习情境的共同关系的顿悟是迁移的关键和根本。

（五）学习定式说

1947年，哈洛著名的“恒河猴实验”证明了进行学习方法的学习有利于形成学习定式（详见案例）。学习定式说考虑的是学习方法的迁移问题。一个小学生的学习迁移，往往受他的学习意图或学习心向的影响，这就是学习定式的作用。先行学习为后继学习准备了迁移的条件，或使后继学习处于准备状态中，这就有利于迁移。在先行学习中改进学习的一般方法，学会如何学习也能起到定式的作用，有利于学习迁移。

案例

哈洛的学习定式实验

哈洛首先对猴子进行辨别训练，在猴子面前呈现两个物体，如一个是立方体，另一个是立体三角形。在一个物体下面藏着葡萄干，并以它为强化物。通过几次尝试，猴子很快知道葡萄干藏在立方体下面，不在立体三角形下面。当它解决了这个问题以后，立即向它呈现另一个类似的问题，如两个物体均为立方体，但颜色不同，一为白的，一为黑的。它必须进行新的学习以解决这个新的辨别问题。当它解决了这个问题以后，又向它呈现一个新的辨别问题，如此进行多次。当猴子解决了许多这样的辨别问题之后，它解决新问题的速度越来越快，尝试的次数越来越少。猴子学会了如何解决问题，或者说学会了如何学习。哈洛认为猴子已经获得了解决问题的学习定式。

早期的迁移理论也探讨了迁移中的主体因素，但这种研究是浅层的、笼统的。现代认知心理学家深入学习者的认知加工过程，如一些研究者对推理能力的高低、工作记忆的负荷与迁移效果之间的关系进行实验研究，结果发现高推理能力和低工作记忆负荷更有利于学习迁移。

二、当代的迁移理论

现代认知心理学的兴起对学习迁移的研究产生了一定影响。学习理论家们用认知的观点深入探讨了迁移产生的条件、原因、影响因素，试图了解迁移过程的内在机制和规律。

由此出现了以认知心理学为基础的新的学习迁移观，即与陈述性知识的学习相对应的认知结构迁移理论，与程序性知识学习相对应的产生式迁移理论，与策略性知识相对应的元认知迁移理论。

（一）认知结构迁移理论

认知结构迁移理论是根据奥苏贝尔的有意义言语学习理论（同化论）发展而来的。所谓认知结构，就是学生头脑中的知识结构。广义地说，它是个人头脑中所有观念及其组织；狭义地说，它是个人特定领域的观念及其组织。认知结构变量（也称认知结构特征）是当学生学习新知识时，其原有的认知结构中的有关观念在内容和组织方面的特征，主要包括可利用性、可辨别性以及稳定性与清晰度。原有的认知结构就是通过这三个变量或特征来影响新知识的学习（迁移）的。

1. 认知结构的可利用性

奥苏贝尔认为，原有知识的可利用性是影响新的学习和迁移的最重要因素，也是最重要的认知结构变量。他更强调上位的、包容范围大和概括程度高的原有观念的作用。认知结构的可利用性涉及学习者原有知识的实质性内容，即面对新任务时，学习者原有认知结构中是否具有用来同化新知识的适当观念。根据同化论，新知识与同化它的旧知识之间有不同的关系，因此有三种不同的学习形式：上位学习、下位学习与并列组合学习。其中下位学习一般比上位学习和并列组合学习容易进行。良好认知结构的第一个重要特征就是知识的概括水平和包容范围。知识的概括水平越高，包容范围越广，越有助于同化新知识，即有助于迁移。如果在学习新知识时，小学生认知结构中缺乏这样的上位观念，小学教师就可以从外部给小学生的认知结构中嵌入说明性先行组织者，使之起吸收与同化新知识的作用。下面的案例就是采用先行组织者的上位观念的支持，促进小学生同化句子的概念的。

案例

运用说明性先行组织者讲解“句子”的概念

为了使一、二年级小学生形成句子和句子成分的概念，教师告诉他们：每一个句子都要讲到“谁”和“干什么”，有这两个成分的话语才是完整的句子。这一知识是用小学生易懂的语言陈述的。小学生先学习这一上位知识，该知识对他们形成句子和句子成分概念起到组织者作用。接着教师给出如下句子的正反例：

①小明上学去；②妈妈爱宝宝；③爸爸开汽车；④南湖上的船；⑤飞得很高。教师帮助小学生分析：①～③句都是句子，都有“谁”和“干什么”；④⑤句不是句子，第④句有“谁”，缺“干什么”，第⑤句讲了“干什么”，但缺“谁”。这样小学生理解了什么话语是句子，什么话语不是句子。

如果没有起组织者作用的上位观念的支持，小学生就无法理解句子的概念。

2. 认知结构的可辨别性

认知结构的可辨别性涉及学习者原有知识的组织，意即面对新任务时，学习者能否清晰辨别新旧知识间的异同。如果原有知识是按一定层次结构严密地组织起来的，那么，学习者在遇到新任务时，不仅能迅速找到同化新知识的固定点，而且容易分辨新旧知识的异同点，从而能更好地掌握和长久地保持新知识。例如，教师设计比较性组织者对新旧知识加以比较，可促进认知结构的可辨别性。如讲解“比”的概念时，为了防止和除法、分数等概念发生混淆，因此在概念的巩固阶段，教师可运用设计比较性组织者对新旧知识加以比较，弄清易混淆概念之间的联系与区别，促使概念的精确分化（见案例）。

案例

运用比较性组织者讲解“比”的概念

教师用“3÷4=3∶4=3/4”的例子，采取列表比较的方法进行教学。

名称	例子	联系	区别
除法	3÷4=0.75	被除数　除以　除数　商	一种运算
分数	3/4=0.75	分子　分数线　分母　分数值	一个数
比	3∶4=0.75	前项　比号　后项　比值	一个关系式

这种做法可以帮助小学生沟通新旧概念之间的联系，增强原有的起固定作用的知识、观念的稳定性与清晰性，提高新旧知识的可辨别性。

3. 认知结构的稳定性

认知结构的稳定性涉及学习者掌握原有知识的牢固程度，是指在面对新任务时，用来同化新知识的原有知识是否已被牢固掌握。研究表明，原有的认知结构越牢固，越有助于促进新的学习。倘若原有知识本身没有被牢固掌握，则不但不会促进正迁移，反而会起干扰作用，产生负迁移。利用及时纠正、反馈、过度学习等方法，可以增强原有的起固定作用的观念的稳定性。原有知识的稳定性有助于新的学习与保持。

（二）产生式迁移理论

产生式迁移理论是信息加工心理学家安德森于1990年提出的。这一理论适用于解释基本技能的迁移。其主要内容为：前后两项技能学习间发生迁移的原因是两项技能的产生式有重叠，重叠越多，迁移量越大。安德森的产生式理论可以说是桑代克相同元素说的现代翻版。

安德森认为，技能学习分两个阶段：首先是陈述性阶段，构成技能的产生式以陈述性知识的形式得到表征；然后是程序性阶段，技能的陈述性形式转化为以产生式表征的程序性知识。所谓产生式（见案例），就是有关条件和行动的规则，简称C-A规则。其中，C代表行为产生的条件，是学习者工作记忆中有关的认知内容，而非外部刺激；A 代表行动或动作，它既可以是外部反应，也可以是头脑中的心理运算。产生式具有抽象性，可以表征不同的概括水平的技能，又具有可计量性，对迁移的程度进行预测。当先前习得的产生式可直接应用于迁移任务或用来解决新问题时，便出现此类迁移。如果发生迁移的产生式在训练阶段得到充分练习，则容易自动发生。

案例

产生式是条件和行动的规则

条件识别　如判断一个图形是否为圆形的程序性知识的产生式为：

如果　图形是二维的

且图形是封闭的

且图形上各点距中心的长度相等

那么　判断该图形为圆，并说出“这是圆”

行动序列　如解一元一次方程

1. 如果有分母，那么先去分母。
2. 如果有括号，那么先去括号。
3. 如果有常数项，那么将常数项变符号移到右边。
4. 如果右边有一次项，那么将一次项变符号移到左边合并。
5. 如果合并后一次项有系数，那么两边除以一次项系数。

（三）元认知迁移理论

现代认知心理学强调认知策略在学习和解决问题中的作用。认知策略作为一种特殊的认知技能属于程序性知识范畴，但与一般的智力技能不同。产生式迁移理论未能解释个体如何学会调节和控制自己的策略。因此，元认知理论应运而生。该理论强调元认知在学习中的作用，认为认知策略的训练要达到可以在多种情境中迁移的程度，一个重要的条件是学习者有相当的元认知水平。

元认知是指有关个体认知过程的知识，负责对个体的认知过程进行监控、调节和协调。具有较好元认知技能的学习者，能自动地监控和掌握自己的认知过程。他们在面临新的学习任务或问题情境时，能主动寻求当前情境与已有经验之间的联系，并运用已有经验对当前情境进行分析和概括，寻求解决问题的策略，监控它们的应用。因此，元认知技能是运用和迁移认知策略的重要保证。研究表明，与学习和迁移有关的许多问题是由于元认知技能的缺陷造成的，不少小学生在自我调节、自我检查、问题识别等方面缺乏训练。只有掌握了概括化的认知策略，小学生才能真正学会如何学习。而元认知水平的提高能改善小学生对策略的使用和对学习的监控、调节。

上述各种理论分别从不同的角度论述迁移问题，但在许多方面仍有一定的分歧，这些分歧实际上反映了迁移研究中存在的普遍性问题。究其原因，主要是对迁移研究缺乏一种整体构想，只重视局部、微观的探讨，忽视整体与局部、局部与局部之间的联系的建构。再者，用相同的过程或认知成分来描述各种不同类型的迁移，难免流于形式。鉴于迁移过程涉及复杂的认知活动，受到多种条件的制约，因此，要揭示其内在机制，需要从宏观和微观两个角度来分析。

三、学习迁移的宏观整合机制

从宏观角度来看，学习迁移的过程是新旧经验的整合过程，也就是经验的有序化过程。人脑总是倾向于把不同时间、不同地点学习中获得的不同经验加以综合，从而组织起一种一体化的经验结构。在这种一体化的经验结构中，各种经验成分并不是孤立的存在，而是上下左右、四面八方均沟通的一种网络型结构。这种网络型结构形成的过程，即经验的整合过程，也就是迁移的宏观机制。整合可通过三条途径实现；同化、顺应和重组。

（一）同化性迁移

同化性迁移是指不改变原有的经验结构，直接将原有的经验应用到本质特征相同的一类事物中去，以揭示新事物的意义与作用，或者将新事物纳入原有的经验结构中去。这种经验的整合过程即同化性迁移过程，如已掌握的“三角形”概念对学习新概念“直角三角形”的影响。

同化性迁移的根本特点是自上而下，原有的经验结构是上位结构，新的经验结构是下位结构。一方面，原有的上位结构可以将新的下位结构吸收到自身中去，实现旧经验对新经验的同化；另一方面，新习得的下位经验结构又可以归入旧的上位结构中去，实现新经验的类化。可以说，同化和类化实际上是同一过程，只是从不同的方面来解释而已。

在同化性迁移中，决定迁移的关键成分是在最初的学习中建立的，原有经验结构在迁移过程中不发生实质性的改变，只是得到某种充实。同化性迁移是学习迁移中最常见的一种类型，也是比较典型的迁移现象。

（二）顺应性迁移

顺应性迁移也叫协调性迁移，是指将原有经验应用于新情境中时所发生的一种适应性变化。当原有经验结构不能将新事物纳入其结构中时，需调整原有的经验或对新旧经验加以概括，形成一种能包容新旧经验的更高一级的经验结构，以适应外界的变化。这种经验的整合过程即顺应性迁移，如对“长方形”“正方形”等概念的掌握对形成“平行四边形”概念的影响。

顺应性迁移的根本特点是自下而上，原有的经验结构是下位结构，新的经验结构是上位结构。在学习过程中，经常需要将前后所学的内容进行概括，形成一种更高级的，包容范围更广泛的上位经验结构。学习中的顺应性迁移也是比较常见的，如学习那些既有联系又有区别的并列内容时，个体有一种去建立某种上位结构的倾向，以便将这些既有联系又有区别的下位经验纳入其中。

（三）重组性迁移

重组指重新组合原有经验系统中某些构成要素或成分，调整各成分间的关系或建立新的联系，从而应用于新情境。这种经验的整合过程即重组性迁移。

在重组过程中，基本经验成分不变，只是各成分间的结合关系进行了调整或重新组合。如在操作技能的形成过程中，许多不同成分的动作被结合成连续的整体动作，其中不涉及新的动作的增加，只是各动作成分的重新结合、重新排列。同样，在语言学习、问题解决等许多活动中存在着各种形式的经验重组。例如，小学生学完 20 以内加减运算后，所有加减运算的知识和技能成分都掌握了，此时学习 10 000 以内的加减运算时只需进行重组性迁移。因为除了位数增多外，并未增加任何新的运算成分。直接运用重组性迁移，可以大幅度节省教学时间，提高教学效率。与此类似，如果学会了分数的意义、性质以及通分与约分等知识与技能后，就可以在同分母分数加减、异分母分数加减和带分数加减中，应用重组性迁移进行教学。总之，重组性迁移在教学上的应用非常广泛。小学教师首先应教给小学生进行重组所必需的基本要素，在此基础上，善于利用这些要素进行重组。小学教师需要认真研究教材，挖掘各部分内容间的内在联系，利用重组性迁移，提高小学生经验的增殖性，扩大其基本经验的适用范围。培养小学生的重组性迁移能力，也是培养其创造力的一个重要途径。

四、学习迁移的微观认知成分机制

从微观角度来看，无论是哪种迁移，都离不开一系列认知活动的参与。就迁移过程中所涉及的基本认知成分而言，主要包括以下两类：

（一）不同学习中的经验构成成分的分析与抽象

分析是指把事物分解成不同的部分，或者分出事物的不同特征及不同的联系或关系。例如，把某株植物分解为根、茎、叶、花等部分，把人的心理活动分解为认知、情绪与情感、行为、自我调控等方面。分析可以在不同层次和水平上进行，对个别事物进行分析属于低水平，对一类事物进行分析则属于高水平。

抽象是在区分一类事物的共同的、本质特征与非共同的、非本质特征的基础上，把共同的本质特征及联系抽取出来，而舍弃个别的非本质特征及联系的高级分析过程。例如，人类个体虽然在种族、语言、肤色、性别、文化等方面存在差异，但人都能够使用语言，都能够进行思维和从事社会劳动，这些是人类所具有的共同的、本质的特征。把这些本质特征抽取出来，并与非本质特征相区分，舍弃非本质特征，就是抽象。

抽象与分析的区别就在于所指向的范围不同。分析是对个别事物的个别要素的认识，抽象则是对一类事物的本质要素的认识。抽象就其实质而言，也是一种分析，是在分解同类的许多个别事物的特征或联系的基础上，进一步区分出哪些是共同的，哪些是本质的，即分解出一类事物共同的本质要素的过程。因此，抽象是高级的分析。由于人类个体的经验水平不同，其抽象水平也有差异。

在任何迁移过程中，学习者需要对新的学习中的经验成分以及与之相关的原有经验进行分析，对新旧经验的组成成分加以识别，从而进一步抽象出这些不同经验之间的、共同的本质要素。分析与抽象是实现迁移所不可缺少的认知成分。

（二）不同学习中的共同经验成分的综合与概括

综合就是将分析得出的个别事物的组成要素联合为一个整体，从而形成对该事物的整体认识。综合与分析是对应的。在对个别事物的认识过程中，既有分析，也有综合。综合是在对相互联系的各组成要素分析的基础上实现的。例如，学习某篇课文时，通过对课文各部分的分析，找出各部分描写或论证的主题、写作特点等，然后在此基础上对全篇文章进行综合，总结出文章的中心及写作特点。譬如通过分析漓江水"静、清、绿"和桂林山"奇、秀、险"的特点，总结出文章的中心"桂林山水甲天下"。

概括与抽象对应，是把抽象出来的一类事物的共同的本质要素联系起来，形成对该事物的整体认识。从本质上来说，概括也是一种综合，由于它是对一类事物的认识，因此它是一种高级的综合。例如，小学生在学习了几篇说明文之后，通过分析、抽象获得了有关说明文写作上的共同的、本质的特点，如说明的顺序、方法等，在此基础上，对说明文的写作加以概括，从整体上把握说明文的写作方法。

在迁移过程中，不但要分解出不同经验的构成成分，抽象出新旧经验之间的共同的、本质的特征或联系，而且还要对这些经验进行综合或概括。通过综合，对不同经验产生完整的认识；通过概括，对新旧经验间的本质要素产生整体认识，这样才能实现迁移。因此，综合和概括也是学习迁移产生所必需的认知成分。

在任何迁移过程中，学习者都要对新的学习中的经验成分以及与之相关的原有经验进行分析，对新旧经验的组成成分加以识别，从而进一步抽象出这些不同经验之间的、共同的本质要素。同时，学习者还要通过综合，对不同经验产生完整认识；通过概括，对新旧经验之间的本质要素产生整体认识。分析、抽象、综合和概括这四个基本认知成分在任何迁移过程中都存在，而且它们之间相互联系，共同完成迁移活动。

第三节　影响学习迁移的主要因素

学习迁移不是自动产生的，而是受各种因素影响的。如学习资料、学习方法、学习工具、学习环境等客观条件都会影响学习迁移，学习者个体的诸多因素也对学习迁移产生重要影响。概括起来，主要有以下几个方面的影响因素。

一、相似性

许多研究证明，相似性是影响迁移产生的一个重要因素。相似性既包括客观因素的相似，也包括主观因素的相似。一般而言，较多的共同成分将产生较大的相似性，并导致迁移的产生。

（一）学习材料的相似性

桑代克的相同要素说指出，两种学习材料之间包含相同或相似的成分，会有利于迁移的产生。这里所说的相同要素是指学习材料在知识、技能等方面具有相同或相似的成分。

如学生学习多边形面积的计算，在掌握了平行四边形、三角形、圆形等图形面积计算的基础上就容易产生迁移。

（二）学习目标与学习过程的相似性

除了学习材料这种客观的相似性影响过程外，个体加工学习材料的过程是否相似也影响迁移的产生，加工过程的相似性可视为主观相似性，由于加工过程往往受到活动目标的制约，因此，目标要求是否一致、相似，在一定程度上决定加工过程是否相似，进而决定了能否产生迁移。以语文阅读教学为例，假如小学生已经学习过写人记事的文章，且理解这类文章的结构和写作特色，能抓住要点来理解文章，那么当小学生再接触一篇新的写人记事的文章时，就可能较容易地找到这篇文章与以前所学过的文章的相似性，把以前所掌握的阅读方法迁移到新的阅读过程中来，较容易地抓住人物的形像描写，并通过人物的动作行为来概括人物的性格，把握文章的主旨。如果小学生新接触到的文章不是写人记事的，而是一种新的体裁，与前面所学的文章没有多大的相似性，那么在新的学习过程中就很难产生学习的迁移。

（三）学习情境的相似性

学习情境主要是指学习的场所、环境的布置、教学现场的人员、教学内容的呈现方式、教学方法以及所使用的教具等，广泛分布于整个学习活动之中。

建构主义特别强调真实性学习（authentic learning）。真实性学习，即目前的学习应与将要面对的现实世界中所从事的活动相似。小学生通过进行真实性学习，可以发挥主动性，探讨最佳的学习方式，明确学习的目的，提高迁移产生的可能性。如人教版二年级下册数学“千克与克”的教学，让小学生以“估一估、掂一掂、称一称”等方式进行真实性学习，从而掌握千克与克的概念。

在教学过程中创设与生活实际相类似的学习情境，对迁移的产生也有极大的促进作用。如指导低年级小学生写作，小学教师可用语言描绘一个与小学生生活相关的画面，给小学生身临其境的感觉；也可以向小学生展示一幅图画，让小学生把图画与自己的生活情境相联系，引发小学生的写作兴趣，使其把自己生活中的经历迁移到写作中来，充实自己的写作内容，提高自己的写作水平。

二、学习者原有的认知结构

（一）学习者的背景知识

学习者是否拥有相应的背景知识，这是迁移产生的基本条件。研究发现，已有的背景知识越丰富，越有利于新的学习，迁移越容易。专家之所以有较强的迁移能力，其原因之一是他们具有解决某一问题的丰富的经验背景或认知结构。应当说明的是，有时即使个体拥有迁移所需的某种经验，但由于这些经验不能被学习者主动地加以应用，它们在头脑中处于一种惰性状态，也无助于迁移的产生。

（二）学习者原有认知结构的概括水平

根据概括化理论，产生学习迁移的关键是学习者能概括出两种学习存在的共同原理，也就是原有认知结构的概括水平必然要影响到迁移的效果。因为学习迁移本身就是一种学习中获得的经验对另一种学习的影响。这要求在学习过程中,小学生必须依据已有的知识经验去识别或理解当前的事物或问题。小学生对学得的知识经验进行了概括,就能反映同类事物问题间的共同特点和规律性的联系,对具体事物问题的联系也就越广泛,认识也越深刻,就越能揭示没有认识过的某些同类新事物、新问题的本质,并易于纳入已有的知识经验系统中去,实现从一种情境向另一种情境的迁移。相反,如果已有知识经验概括水平低,不能反映事物的本质,新课题就难于纳入已有经验中去,对于新的学习就不能产生积极的影响,迁移就越困难。在小学数学学习中,如果能及早将高一级的概念渗透到低一级的概念学习中去,如学习除法时引入分数的形式,则有利于迁移。

(三)学习者原有的认知策略与元认知策略

学习者具有的相应的认知策略及对学习活动进行调节、控制的元认知策略,也影响着迁移的发生。由于迁移过程是通过一系列复杂的认知活动来完成的,而认知策略与元认知策略又是调节、控制认知活动并保证其顺利完成的必要条件,因此,个体是否具有相应的认知策略与元认知策略也影响着迁移的产生。有时学习者虽然掌握了某种迁移所必需的概括的知识,且学习对象也具有相似性,仍不能产生迁移,这可能就是因为缺乏必要的认知策略和元认知策略。拥有认知策略和元认知策略,可以使学习者按照正确、合理的程序分析问题,使其注意力集中到要迁移的问题上,促使个体知道何时、何处、如何迁移某种经验,也可以在一定程度上增强学习过程的相似性。掌握必要的认知策略和元认知策略,有利于增加迁移发生的可能性。

三、学习的理解与巩固程度

小学生在学习过程中接触基本概念和原理,并不意味着学习迁移即由此发生,只有在小学生理解知识的基础上才能产生迁移作用。因此,两种学习的理解与巩固程度也是迁移发生的基本条件。

认知结构变量与迁移的原理告诉我们,如果进行两种学习,当某一种学习还没有达到全面深刻的理解和相当的巩固程度时,在头脑中就缺乏可利用、可辨别和稳定的认知结构,难于同化或接纳新的知识,这样进行另一种学习,容易产生负迁移。教学经验表明,先前学习和以后学习发生迁移关系时,正迁移是随着先前学习的理解与巩固程度成正比地产生,负迁移是随着先前学习的理解与巩固程度成反比地产生。布卢姆认为,前面的学习要达到80% ~ 90% 的正确率,才能开始新的学习。他强调对原有知识的巩固,认为只有牢固掌握的知识才能迁移。因此,只有全面深刻地理解和熟练地掌握了一种学习,再进行另一种学习时,才不会产生负迁移,并且原有学习越巩固,正迁移发生的可能性越大,效果越好。

四、学习定式

定式本身是在一定的需要和重复活动的基础上形成的,它是一种活动经验。从定式的作用来看,有了定式可以使反应更容易进行,还可以抑制相互竞争的反应倾向。定式对迁移的影响具有两重性:一是积极的促进作用,二是消极的阻碍作用。定式既可以成为正迁移的心理背景,也可以成为负迁移的心理背景,或者成为阻碍迁移产生的潜在心理背景。

在小学生的实际学习活动中常常可以看到定式产生的不同作用。例如,小学生在学习完加法交换律，再学习乘法交换律时，可以很容易地理解、掌握与运用，这是心理定式起促进作用的例子。再如，小学生学习四则混合运算时，尽管他们已掌握了四则混合运算的规则（先乘除，后加减），但在实际运算中他们的运算顺序往往受算式的书写顺序的影响。如“100−9×9”，有的小学生往往先从100中减去9得91，然后再算“91×9”。如果教师要他检查结果并改正错误，他也能独立完成。这类错误是由算式书写顺序的定式造成的，并不是由小学生缺乏综合运算法则的知识造成的。

定式在迁移方面的消极作用，往往还表现为一种具有负迁移的功能固着。首先想到的是该物体的某一常用功能，因摆脱不了固有的定式而难以发现该物体所具有的其他的潜在功能，从而不利于问题的解决。

定式是促进还是阻碍迁移的产生，关键是要使学习者意识到定式的双重性。教师在实际教学过程中，要预见到定式的消极影响，既要考虑所学内容与原有经验的同一性，利用积极的定式帮助学生迅速掌握解决一类问题的方法，同时又要变化问题，有意识地进行提示和分化，培养学生思维活动的灵活性、流畅性和创造性的品质，防止定式的负迁移影响。

第四节　促进小学生学习迁移的教学

小学生能否运用所学的知识解决问题，这实际上是知识迁移的问题，也是学习迁移的问题。如小学生掌握了汉语拼音，能更好地识字；小学生会跳舞，学习体操会更快。小学生学会知识的迁移，不仅有利于增加学习的内容，还有利于提高适应新情境、解决问题的能力。从这种意义上来说，教育的首要任务就是让小学生学会知识的迁移。

迁移与有效教学之间的关系表现在两个方面：一方面，使小学生产生最大程度的迁移，这是有效教学的主要目标之一；另一方面，真正的有效教学又必须依据迁移规律。在具体的教学活动中，应该充分考虑影响迁移的各种因素，利用或创设某些条件，消除或尽量避免消极的迁移，以促进积极迁移的产生。

一、精选教材，合理编排教学内容和教学程序

奥苏贝尔认为，“为迁移而教”实际上是塑造学生良好的认知结构问题。根据奥苏贝尔的认知结构迁移理论，小学生的认知结构是从教材的知识结构转化而来的。好的教材结构能够简化知识，促进知识的迁移。精选的教学内容只有通过科学编排、有序呈现才能促进小学生形成良好的认知结构，充分发挥其迁移的效果。

（一）精选教材

应选择那些具有广泛迁移价值的科学成果作为教材的基本内容，而每一门学科中的基本知识（如基本概念、基本原理）、技能和行为规范等具有广泛的适应性，其迁移价值就大。布鲁纳认为，所掌握的内容越基本、越概括，对新情况、新问题的适应性就越广，也就越容易产生迁移。不过，在选择这些基本的经验作为教材内容的同时，还必须包括基本的、典型的事实材料。大量的实验证明，在教授概念、原理等基本知识的同时，配合具有典型代表性的

事例，并阐明概念、原理的适用条件，有助于迁移的产生。而脱离事实材料空谈概念和原理无助于迁移的产生。

精选教材要随学科的发展而不断变化和更新。虽然学科的基本概念、基本原理具有较强的稳定性，但随着科学技术的迅猛发展，原来作为学科基本内容的教材可能会失去其原有的作用。所以，应及时注意学科新成果的出现，以新的更重要的、迁移范围更广的原理、原则来代替。因此，在精选教材时，要注意其时代性，要吐故纳新，不断取舍，使之既符合学科发展的水平，又具有广泛的迁移价值。

（二）科学编排教学内容

从迁移的角度来看，科学编排的标准就是使教材达到结构化、一体化和网络化。结构化是指教材内容的各构成要素具有科学、合理的逻辑联系，能体现事物的各种内在关系，如上下、并列、交叉等关系。一体化指教材的结构构成要素能整合为具有内在联系的有机整体。网络化是一体化的延伸，指教材各要素之间上下左右、纵横交叉联系要沟通，要突出各种基本经验的联结点、联结线。这既有助于了解小学生原有学习中存在的断裂带及断裂点，也有助于预测以后学习的发展带及发展点，为迁移的产生提供直接的支撑。

（三）合理安排教学程序

由于小学生实现迁移的重要条件是发现新旧知识的相同点，因此，教学内容的呈现顺序要合理，最佳的教材序列要反映知识的逻辑结构，体现逐渐分化和融会贯通的原则。教学程序是使有序的教材发挥功效的最直接的环节。无论是从宏观的整体教学规划还是从微观的每一节课的教学活动，都应体现迁移规律。

宏观方面，即对学习的先后顺序的整体安排。在安排这些基本内容的教学顺序时，应该既考虑到学科知识本身的内在逻辑联系，即知识序；又要考虑到小学生的心理发展顺序及其可接受性，即小学生的认知序。综合兼顾知识序与认知序，从整体上来科学、有效地安排教学程序。例如，小学数学教材对有关三角形知识的呈现就符合不断分化的原则，先教一般三角形，在一般三角形中按照角的大小分化出锐角三角形、直角三角形和钝角三角形，在锐角三角形中分化出等边三角形，在锐角三角形、直角三角形和钝角三角形中分化出等腰三角形等。

微观方面，即具体的每节课的安排。应合理组织每节课的教学内容，合理安排教学顺序。依据从已知到未知、从简单到复杂、从具体到抽象等顺序来沟通新旧经验，建构经验结构。同时，也要注意各节课所教内容之间的衔接，沟通知识经验之间的有机联系，促使小学生的学习既能达到纲举目张，又可以“牵一发而动全身”，激活有关经验，避免惰性，建立合理的经验结构。小学教师应帮助小学生对所学内容进行整理、提炼，将前后知识加以沟通和融会贯通，真正提高小学生学习的质量。

二、重视基础知识的教学，提高小学生的概括水平

贾德的概括化理论表明，小学生一旦掌握有关的原理并概括化，就能产生广泛的迁移。苏联著名心理学家鲁宾斯坦强调，概括是迁移的基础。他认为，在解决问题时，为了实现迁移，必须把新旧课题联系起来并包括在统一的分析综合活动中。我们认为，两种学习材料

之间的共同因素固然是产生迁移的必要条件,但不是充分条件。如果不能通过概括,把握一般原理,掌握事物的本质和规律,也难以产生迁移。事物虽然是多种多样的,却有共同的东西,即事物的本质和规律。掌握事物的本质和规律,个体就能以不变应万变,产生广泛的迁移。

因此,小学教师要重视对普遍性和概括性的基础知识,即基本概念和原理的教学。小学生掌握的基础知识越多,越容易产生迁移。小学教师要采取多种教学措施,帮助小学生理解所学的基本知识,使他们学会概括的方法,提高概括的水平,并在此基础上进行练习和复习,以达到熟练记忆和运用的目的。

三、过度学习与变式练习

练习是促使陈述性知识向程序性知识转化的必要条件,没有练习,陈述性知识只能以命题或命题网络表征储存在记忆中,无法程序化,更无法熟练运用,实现迁移。产生式知识必须经过练习才能达到自动化,变成一种心智技能。小学生在解决一类问题或学习一类课题时,所掌握的一般的认识方法能促使类似问题的解决与类似课题的学习。所以,练习中要保持课题的同一性和连续性,通过一系列彼此联系的练习,促进小学生对知识的掌握。

经过充分练习,许多基本技能可以成为自动执行的技能而不必有意识地注意,这样就可能促进对新任务的学习。对于基本的技能,通过过度学习,即已经掌握的一项技能,再多一些练习,可以保证迁移的发生。小学阶段学习的许多基本事实,如乘法口诀表就是传统的过度学习。过度学习可以帮助小学生发展自动化的基本技能。

需要指出,同类或相似课题间的不断练习,会形成学习定式,干扰对灵活性课题的学习。因此,练习的设计应采用变式练习,即要考虑在练习课题的同一性基础上,注重课题变化,告知各种概念、原理、公式的特征和适用范围,帮助其牢固掌握这些知识的特征。小学教师还需要帮助小学生去辨认各种现象或需要解决问题的特点,才能保证小学生顺利迁移。

四、注重学习策略的指导,提高迁移的意识性

“工欲善其事,必先利其器。”如果说某一学科的具体内容的迁移属于特殊迁移的话,那学习策略的迁移属于普遍迁移,具有广泛的迁移性,加之学习策略本身又包含了有效迁移的信息,所以,掌握学习策略无疑是提高迁移能力的有效途径。

加里·菲和桑德斯描述了形成策略迁移的三个阶段:①获得阶段。在此阶段,小学生获得有关策略,得到策略如何使用的指导;之后,复述策略,并形成何时以及如何使用该策略的意识。②保持阶段。进行有反馈的练习,让小学生熟悉他们的策略如何使用。③迁移阶段。小学教师给小学生提供可以用相同策略解决的新问题,这个过程中,要特别注意似是而非性质问题的练习。为了强化策略性知识学习的动机,小学教师应给小学生指出策略帮助他们解决很多问题并完成不同的任务。策略迁移的这些步骤,可以帮助建构程序性和自我调节的知识——怎样使用策略、何时使用策略以及为什么使用这些策略。

有关学习策略的相关知识在后面的章节中有详细的叙述,这里只是介绍策略迁移的阶段,小学教师在进行学习策略的指导时应注意以下几点:

（一）发展小学生的元认知能力

大量的研究发现，小学生的学习策略与其元认知水平有关。善于灵活运用多种策略去达到特定学习目标的小学生，往往具有较强的元认知能力，并善于控制自己的学习过程。小学生的元认知水平受其自我意识水平的影响和制约。因此，对小学生的学习策略的训练应考虑他们的元认知水平和自我意识水平的限制，从简单到复杂，从低级到高级，精心选择认知策略，以适合不同年龄的小学生，达到事半功倍的作用。有研究者对一年级和二年级小学生进行研究发现，问小学生两个问题能帮助他们发展元认知能力。这两个问题是："今天，你作为一个读者/作者，你觉得你学到了什么？""你一遍又一遍地做，能学到什么？"当小学教师在班上定期问这些问题时，即使低年级小学生也会显现出相当老练的元认知行为。

（二）直接的教授、示范

2005年，罗宾斯和劳德的研究表明，对所有的学生而言，使用学习策略与其成绩以及大学期间持续的良好表现存在正相关关系。有些学生自己学习创造性策略，但是所有学生都能够从学习策略和研究技能的直接教授、示范和练习中获得益处。这是所有学生为他们未来做准备的最重要的一种方式。小学教师借助语言将自己的内部加工活动外化并展示给小学生，如指导阅读与提问的KWL策略（见案例）。另外，小学教师要通过具体实例向小学生示范策略应用的情形，使他们能够通过仿效逐渐形成自己的学习策略。

案例

指导阅读与提问的KWL策略通用模式

基本步骤包括：

（1）K（know）。关于这个科目，我知道了什么？

（2）W（what）。我想知道什么？

（3）L（learned）。在阅读或探究结束时，我学到了什么？

（三）在相似情境和不同情境中的练习

新近掌握的概念、原理和策略必须被用于尽可能多样的情境和问题中，才能得以迁移。当技能在真实情境中得以练习时，就促进了正迁移的发生。对学习策略的学习也是如此。

第五节　学习策略概述

学习是小学生的一项重要任务，甚至是一项终身都要面临的重要任务。如何有效地学习成为人们普遍关注的问题。当代认知心理学家指出，没有任何教学目标比"使学生成为独立、自主、高效的学习者"更重要。教会小学生学习，传授有效的学习策略，培养小学生良好的学习习惯，是提高学习效率、减轻学生负担、提高教学质量的有效措施。

一、学习策略的含义

学习策略指学习者为了提高学习的效率和效果，有目的、有意识地制订的有关学习过程的复杂方案。

这一界定明确了学习策略四个方面的特征，这些特征进一步解释和阐明了学习策略的概念。

（一）主动性

一般来说，学习者采用学习策略都是有意识的心理过程。学习时，学习者先要分析学习的任务和自己的特点，然后根据这些条件制订适当的学习计划。

（二）有效性

采用一种学习策略，目的就是更好地完成学习任务，效率更高，效果更好。如小学生在背诵时，死记硬背也能记住内容，但效果不好，效率也不高，采用有效的学习策略往往事半功倍。

（三）过程性

学习策略是有关学习过程的策略。它规定学习时做什么不做什么、先做什么后做什么、用什么方式做、做到什么程度等诸方面的问题。

（四）程序性

学习策略是学习者制订的学习计划，由规则和技能组成。每一项学习活动对应的学习策略不同，制订的学习计划也相应不同。但是，对于同一类型的学习活动，可以制订基本相同的计划，这就是我们常见的学习策略，如 PQ4R 阅读法，即预览（preview）、提问（question）、阅读（read）、思考（reflect）、背诵（recite）以及回顾（review）。

二、通用的典型学习策略

许多学者对学习策略的成分提出了自己的看法，其中较有代表性的是迈克卡等人的观点，他们认为学习策略可以分为认知策略、元认知策略和资源管理策略三种，并对它们之间的层次关系进行了分析。

（一）认知策略

在信息加工过程中，为了使信息提取变得更为简便，学习者会使用一些方法和技术，这便是认知策略。常用的认知策略包括复述、精细加工和组织三种。

1. 复述策略

复述策略指在工作记忆中为了保持信息，运用内部语言在大脑中重现学习材料或刺激，以便将注意力维持在学习材料之上的策略。为了使信息长时间地储存在记忆中，人们会使用复述策略，复述策略是一种主要的记忆方法。除了简单地多次重复，为了提高记忆效果，在复述过程中，学习者还要遵循记忆规律，考虑记忆对象的特点。

1）利用有意识记和无意识记

无意识记是一种没有预定的目的，不需经过意志努力的识记。一般来说，凡是对人有重大意义、与人的需要和兴趣密切相关的、给人以强烈情绪反应的或形象生动鲜明的人或事，容易引起无意识记。由于无意识记没有预定目的，也不需花费力气，因此教学中符合无意识记条件的教学手段潜移默化地对小学生产生影响。有意识记是有目的、有意识、努力的识记，是人们学习和识记的主要形式。在识记中，明确的目的能激发并维持学习活动，影响识记效果。因此，在学习中，要增强小学生对学习目的和意义的认识，充分调动他们的主观能动性，增进知识的识记和保持。在学习活动中，我们既需要通过有意识记系统地掌握知识，也需要利用无意识记轻松愉快地学习，减轻记忆负担，提高记忆效果。

2）排除干扰

在学习时，学习材料之间的相互干扰会影响记忆效果。前面学习的材料会对记忆后面学习的材料产生干扰，我们称之为前摄抑制。后面学习的材料干扰了对前面学习的材料的记忆，这是倒摄抑制。因此，在复述过程中，要充分考虑干扰的影响，避免将相近的知识放在临近的时间段学习。此外，在学习时，我们会发现学习材料的位置会影响记忆效果。人们倾向于记住开始的事情，因为我们对首先呈现的学习材料倾注了更多的注意力和精力，造成了首因效应。而放在最后的学习材料，经我们复述后几乎不再受其他信息的干扰，形成了近因效应。根据材料的序列位置效应可知，在开始阶段和结束阶段所学的信息比在其他阶段所学的信息更容易记住。因此，小学教师在组织教学时，应该把最重要的内容放在开头，最后进行回顾总结。而不是做检查家庭作业、点名等无关教学的事。同样，小学生在学习时应把最重要的任务放在首尾，不要把首尾时间花在整理书包、削铅笔等琐碎的事情上。

3）多种感官参与

在学习时，要综合运用多种感觉器官获取信息。有研究表明，人们在学习时，信息的获得 83% 通过视觉，11% 通过听觉，3.5% 通过嗅觉，1.5% 通过触觉，1% 通过味觉。对于同一学习材料，综合运用阅读、听、书写等方式，各种感觉器官的作用相互弥补，能增强记忆效果。如小学生除了朗读古诗，还可背诵古诗、默写古诗、听同学背诵古诗、理解古诗的含义，在多种感觉器官参与下，对古诗的印象更加深刻。

4）合理复习

（1）及时复习。艾宾浩斯的遗忘曲线表明，遗忘的进程是不均衡的，在时间上先快后慢，在数量上先多后少。这说明在学习过后的短暂时间内会发生大量的遗忘。如果过了很长时间才进行复习，记忆的基础又回到原始水平，相当于重新记忆。因此，在学习过后应及时复习。当记忆的保持量还处于较高水平时，趁热打铁，巩固加深。

（2）分散复习。学习过后，复习除了要及时，还要把握复习时间的间隔。有些小学生喜欢临时抱佛脚，平时不认真学习，考试前才复习。这种集中复习的方法对于通过一次考试可能是有效的，但并不利于信息储存到长时记忆中去。只有通过分散复习的方式，每隔一段时间重复学习一次或几次，才能将所学知识和技能消化。在学习过后，小学教师通过让小学生做练习题、家庭作业或段考，小学生定期对知识进行总结回顾，都有利于所学知识的长期保存。

（3）适度的过度学习。当我们记住一段材料后，再继续记忆它，我们的保持会加强，这一策略称为过度学习。一般来说，过度学习越多，保持效果越好，而且保持的时间越长。但过度学习在学习中的应用也不是无限的。有研究表明，150% 的过度学习效率最高。因此，如果一篇课文需要读 10 次才能记住，那么再读 5 次，记忆的保持效果最佳。

2. 精细加工策略

精细加工策略指把所学的新信息和已有的知识联系起来，以增加新信息意义的策略。如果一个新知识与头脑中原有的知识联系得越多，在回忆时能提取的线索就越多，回忆就越容易了。这是一种理解性的记忆策略，和复述策略结合使用可以显著提高记忆效果。常用的精细加工策略有以下几种：

1）记忆术

记忆术是一种在两个本来无关联的信息之间主动建立联系，人为地赋予材料意义，以促进记忆的方法。它的基础是利用视觉表象或者建立语义之间的联系。常用的记忆术有以下几种：

（1）位置记忆法。位置记忆法就是在头脑中创建一个熟悉的场景，在这个场景中确定一条明确的路线，在路线上确定一些特定的点，然后将所有要记的事项视觉化，并按照顺序与这条路线上的点一一对应起来。回忆时，只需按路线上的点提取对应的项目。位置记忆法适用于记忆有顺序的系列项目。

案例

运用位置记忆法进行记忆

想象在校园里从宿舍到商店的路，路上有书店、邮局、招待所、水房和食堂。现在所要记的项目为奶粉、黄油、面包、啤酒、香蕉。在所记项目和特点位置之间可以进行如下的联想：在书店里到处弥漫着奶粉味，书本上都沾满了奶粉；在邮局里人们全用黄油贴邮票；招待所里所有的沙发等家具全是面包制成的；水房里水笼头流出热气腾腾的啤酒；食堂改成舞厅，香蕉似的人们正翩翩起舞。这种联想越奇特越好。

（2）缩编和歌诀法。缩编实际上就是将识记材料的每条内容简化成一个关键性的字词，然后变成自己熟悉的事物，从而将材料与过去的经验联系起来。歌诀抑扬顿挫有助于记忆，当材料内容较多时，也可以将其缩编成歌诀。

案例

运用缩编和歌诀法进行记忆

《辛丑条约》的内容为：清政府赔款白银4.5亿两；清政府保证严禁人民的反抗斗争；允许帝国主义在中国驻兵；修建使馆，划分租界。用缩编法可将其记忆为“前（钱）进（禁）宾（兵）馆”。

将二十四节气编成一首歌诀：春雨惊春清谷天，夏满芒夏暑相连，秋处露秋寒霜降，冬雪雪冬小大寒。这样便很快记住二十四节气。

（3）谐音联想法。谐音联想法就是学习一种新材料时，运用联想，假借意义，将无意义的材料变成有意义的材料以帮助记忆。在记忆历史年代和数字时，这种方法非常有效。

案例

运用谐音联想法策略记忆

据说，有位老师上山与山顶寺庙里的和尚对饮，临走时，布置学生背圆周率，要求他们背到小数点后22位：3.141 592 653 589 793 238 462 6。有一个学生把老师上山喝酒的事结合圆周率数字的谐音编了一句顺口溜：“山巅一寺一壶酒，尔乐苦煞吾，把酒吃，酒杀尔，杀不死，乐而乐。”待老师喝酒回来，个个背得滚瓜烂熟。

（4）视觉想象。通过形成心理想象来帮助人们记忆。在想象时，画面越奇特而合理，加工就越深入、细致，记忆就越牢固。可以使用夸张、动态、奇异的手段进行联想。例如，可以将词组“飞机、箱子”想象为“飞机穿过箱子”。

2）做笔记

做笔记是阅读和听课时常用的一种精加工策略。研究表明，做笔记有利于维持个体的注意，有利于发现知识的内在联系，尤其有助于建立新旧知识之间的联系，同时还有外部储存功能。做笔记包括摘抄、评注、加标题、写段落概括语以及结构提纲等。小学教师的教学可以影响和促进小学生做笔记和复习，主要策略有：讲授稍慢一点；重复复杂的或重要的主题材料；呈现做笔记的线索；在黑板上写出重要信息；为小学生提供一套完整的笔记，供其参考、学习；为小学生提供一些辅助手段，如列提纲。

3）提问

提问策略有助于学习者有选择性地集中注意，对信息进行深入加工。在学习中，小学生应时常向自己提问：这一信息意味着什么？它与以前所学的信息有什么关联？还有哪些例子能说明这种新知识？引导自己深入思考。有研究者采用给小学生列一张清单的方式帮助他们构思创作，这张清单包括以下问题："我写给谁看的""要解释什么""有什么步骤"等，训练小学生自己和自己谈话。结果表明，小学生能在解数学题、拼写、创作和许多其他活动中成功地学会自我谈话。

4）生成性学习

生成性学习即训练小学生对他们所要阅读的内容类比成表象，如图形、图像、表格和图解等，以促进其深层理解。小学生的思维具有具体形象性，学习内容以直观可见的形式展现，他们更容易理解、记忆。生成性学习需要对材料进行积极的加工，改变对这些信息的知觉。在教学中，小学教师要指导小学生生成：①课文中没有的句子；②与课文中某几句重要信息相关的句子；③用自己的话组成的句子。从而把所学的信息与自身的知识和经验联系起来。

5）利用背景知识，联系生活实际

在学习中，学习者已有的知识经验是影响他们学会某一事物的重要决定因素。而小学生知识经验有限，或在学习新知识时，不善于联系背景知识，因此，小学教师应给小学生提供线索，引导他们建立新旧知识之间的联系。例如，在学习平行四边形时，小学教师帮助学生回忆先前学过的四边形。这样，平行四边形的概念就建立在原有的四边形概念基础之上，小学生学习时就更容易理解了。此外，将所学知识与生活实际联系起来，有利于小学生的理解，同时让小学生明白新知识的现实意义。

3. 组织策略

组织策略是整合所学新知识之间、新旧知识之间的内在联系，形成新的知识结构的策略。在学习时，根据知识经验之间的关系，对学习材料进行系统、有序的分类、整理与概括，使之结构合理化。应用组织策略可以对学习材料进行深入的加工，进而促进对所学内容的理解和记忆。与精细加工策略相比，组织策略更侧重于对学习材料内在联系的建构，更适用于那些需要深入理解与思考才能把握内在深层意义的学习材料。下面就介绍几种常用的组织策略。

1）列提纲

列提纲是用简要的语词写下主要和次要的观点，也就是以金字塔的形式组织学习材料的要点，较具体的细节都包含在高一级水平的类别之中。所列的提纲要具有概括性和条理性，但其效果取决于学习者是如何使用它的。一种有效的方法是让小学生每读完一段后用一句话做概括，另一种是让小学生准备一个提纲来帮助别人学习这些材料。两种方法都能促使小学生认真思考，提炼学习内容，促进知识的内化。

2）利用图形

图形是用来图解各种知识是如何联系的工具。具体做法是先提炼出主要的知识点，然后识别这些知识点之间的关系，再用适当的解释来表明这些知识点的联系。主要包括以下几种形式：

（1）系统结构图。对学习内容进行归类整理，根据知识的抽象概括程度画一个金字塔式的层次结构图，抽象的知识放在较高层次中，较具体的知识放在较低层次中。系统结构图让小学生理清学习内容的脉络，理解和记忆就变得容易了。通常小学生在学习总结时会用到系统结构图。如在学习了一个章节的内容后，小学生对这一章节内容进行概括、总结，整个章节的内容形成一个结构图储存在他们的头脑中。

（2）流程图。流程图可用来表示事件的步骤、顺序、阶段。一般从左至右或从上至下按照顺序展开，用箭头连接各个步骤。如在实验室做实验时，教师将实验步骤以流程图的形式展现给学生。在语文课叙事性课文的讲解中，教师用流程图理清事件发生的经过。

（3）模式图。模式图是利用图解的方式来说明在某个过程中各要素之间是如何相互联系的。它不一定以时间为参照，重点在于说明一个过程中各个要素或环节的关系。

3）利用表格

在对学习内容进行分析、总结时，可以画表格，使内容更加明朗化。常用的表格包括一览表和双向表。用一览表时先对材料进行全面的综合分析，然后抽取主要信息，并从某一角度出发，将这些信息全部陈列出来，力求反映材料的整体全貌。如学习历史时，按照时间顺序将重大历史事件罗列出来，形成历史大事件一览表。双向表是从纵横两个维度罗列材料中的主要信息。通常比较分析两类学习材料的异同时，用双向表。

（二）元认知策略

1976 年，弗拉维尔提出了元认知这一概念，即个体关于自己的认知过程的知识和调节这些过程的能力。元认知策略是一种典型的学习策略，指学习者对自己的认知过程及结果的有效监视及控制的策略。元认知策略控制着信息的流程，监控和指导认知过程的进行，包括计划策略、监控策略和调节策略。

1. 计划策略

计划策略是根据认知活动的特定目标，在一项活动之前制订计划，预计结果，选择策略，想出解决问题的方法，并预计其有效性，包括设置学习目标，浏览阅读材料，产生待回答的问题以及分析如何完成学习任务。计划策略具有导向功能，学习者可以根据先前制订的计划监控自己的学习过程，及时发现问题，进行调整。

2. 监控策略

监控策略是在教学活动中学习者为了保证达到预期的学习目标，而对学习的全过程进行积极主动的计划、检查、评价、反馈、控制和调节而采取的学习措施。即在认知活动进行的过程中，根据认知目标及时评价、反馈认知活动的结果与不足，正确估计自己达到认知目标的程度和水平，并根据有效性标准评价各种认知活动和策略的效果。包括阅读时对注意加以跟踪、对材料进行自我提问、考试时监视自己的速度和时间等。监控策略的实施可以有效达成学习目标，使学习的行为效果最佳。

3. 调节策略

调节策略是根据对认知活动结果的检查，采取相应的补救措施；或者根据对认知策略效果的检查，及时修正、调整认知策略。例如，当小学生意识到他不理解课文的某一部分时,他们就会退回去读困难的段落;在阅读困难或不熟的材料时放慢速度;复习他们不懂的课程材料;测验时跳过某个难题,先做简单的题目,等等。调节策略能帮助小学生矫正他们的学习行为,使他们弥补理解上的不足。

元认知调节策略受计划策略、监控策略的影响,三者是相辅相成的。在学习过程中,三者共同起作用。学习者在学习过程中发现学习现状与计划有所不同,就会积极调节自己的学习行为,直到取得较好的学习效果。如小学生在完成家庭作业背诵一篇课文时,发现采用全文通读的方式多次记忆后还是记不住,那么他会调整背诵方式,如分段朗读背诵或是理解课文后背诵,直到能背诵整篇课文。在这个学习过程中,小学生计划在一定时间内完成作业,能背诵这篇课文,然后实时监控自己的记忆过程,发现当前学习方式记忆效果不佳,才尝试调整记忆方式,直到完成学习任务。

(三)资源管理策略

1. 学习时间管理

一个人的成就取决于他的行动,亦与其时间管理的能力成正比。很多人时间管理做不好,因为他不够忙。时间管理好的人,第一个现象就是忙,整个人开始忙碌起来,不是瞎忙,而是很有效率地忙。做好时间管理必须做到以下几点:

1)统筹安排学习时间

人生犹如一张大的时间表,每个人都应当根据自己的总体目标,对时间做出总体安排。总体时间表必须通过阶段性的时间表来落实,例如,将自己的一生分成不同的时期,其中,又将小学时期的时间表转变为不同的学年时间表、学期时间表、每月时间表、每周时间表以及每天时间表。

每天能够自由支配的学习时间有限,而学习活动可能较多。因此,必须合理分配学习时间,尽量减少无计划、无节制、无意义的时间。在安排活动时,要分清哪些事情必须做,哪些事情可做可不做。每天都要列出一张活动优先表,要按事情的重要程度来选择活动,确保每天都在做最重要的事情。

2)高效利用最佳时间

在不同的时间里,人的体力、情绪和智力状态是不一样的,也就是说,不同学习时间的学习效果是不一样的。因此,要在不同效果的时间里安排不同的学习活动。例如,在精力充沛的时候,从事最重要、最紧张的学习活动,以便最有效地利用学习时间。什么时间段精力最充沛因人而异,有的人白天精力充沛,有的人夜晚大脑异常活跃,学习效率高。

3)灵活利用零碎时间

零碎时间大多是学习的低效时间,如课余、饭前饭后、等人等车时等。这些时间也可以加以灵活利用。首先,可以利用零碎时间处理学习上的杂事。学习上有些杂事不得不做,这些事不宜使用整段时间来做,而要利用零碎时间做。例如,削铅笔、收拾用具、整理学习环境、整理书包等。其次,在零碎时间阅读短文,看报纸杂志,背诵诗词,拓宽自己的知识面,这实际上是在进行分散复习,可提高记忆效率。此外,还可以与他人进行讨论,在轻松的气氛里与人交流,有助于激发创造性思维。

2. 学习环境管理

学习环境是可以人为地选择、改善与创设的。设置学习环境是为了使周围的环境更有利于学习活动的开展。首先，要注意调节自然条件，如流通的空气、适宜的温度、明亮的光线以及和谐的色彩等。其次，要设计好学习的空间，如空间范围、室内布置、用具摆放等因素。学习时，尽量减少可能的干扰和分心的因素。如果条件容许，应当有一个相对固定的学习场所，以减少家庭成员间的相互干扰，形成相对安静的学习环境。

3. 学习努力与心境管理

系统性的学习大都是需要意志努力的。为了使小学生维持自己的意志努力，需要不断地鼓励他们进行自我激励，保持一个良好的心境。心境管理就是让自己的积极心态成为自己的主导，让自己的消极心态通过一种不损害他人的方式疏解，或者通过"修身律己"而化小。如明确学习目的和目标、激发学习的内在动机、树立为了掌握知识而学习的信念、选择有挑战性的任务、调节成败的标准、正确认识成败的原因、自我奖励等都能激励小学生学习。

第六节 小学生学习策略训练

一、学习策略训练的原则

学习者在学习时常常使用各种策略，但很少有一种学习策略可以适用于所有的学习内容。显然，学习策略的作用要通过具体活动来体现。在进行学习训练时，不管教什么策略、怎么教这些策略，都应遵循一定的基本原则。

（一）主体性原则

主体性原则既是学习策略训练的目的，又是必要的方法和途径，任何学习策略的使用都依赖于小学生主动性和能动性的充分发挥。没有小学生的主动参与，就谈不上学习策略的获得和运用。因此，在训练中，要向小学生阐明策略教学的目的和原理，使其领会学习策略的重要性。同时，要给小学生充分运用学习策略的机会，并指导其分析和反思策略使用的过程与效果，促使其参与。

（二）内化性原则

内化性原则是指训练小学生不断运用各种学习策略，逐步将其内化成自己的学习能力，并能在新的情境中加以灵活应用。内化过程需要小学生将所学的新策略与头脑中已有的有关策略的知识整合在一起，形成新的认识和能力。

（三）特定性原则

学习策略应该要适应小学生的学习内容和认知类型。一般的学习策略可以适用于大多数情境，在解决特定问题时往往需要用到具体的、特定的策略。同样一种策略，对不同年龄阶段和不同接受能力的小学生，所起的效果不一样。如归纳阅读提要可能是一种有效的学习方法，对幼儿来说使用起来可能相当困难。

（四）生成性原则

学习策略是否有效，重要的原则之一就是学习者要利用学习策略对学习材料进行重新加工，生成某种新的东西，而这需要高度的心理加工。要想使一种学习策略有效，做这种心理加工是必不可少的。生成性程度高的策略有：写内容提要，有针对性地提问，将笔记列成提纲，图解要点之间的关系，向同伴讲授课程内容的要求，等等。生成性程度低的策略有：不加区分地画线、不抓要点地记录、不抓重要信息地写提要，等等。这些策略对学习都是低效的。

（五）有效的监控

有效的监控指小学生应当知道何时、何地与如何使用学习策略，并能反思和描述自己学习策略的运用过程。教小学生何时、何地与如何使用策略是非常重要的，只有这样，小学生才能对自己使用策略的过程及结果进行分析，及时调整策略。因此，小学教师应引导小学生对自己的策略使用情况进行反思，或者在使用过程中把它说出来，以促进小学生对策略使用过程的监控。

（六）个人效能感

即使小学生知道何时与如何使用策略，有时候他们也不愿意使用这些策略，这与小学生对使用学习策略的自我效能感有关。因此，小学教师要给小学生创造一些机会，使他们感受到策略的效力以及自己具备有效运用策略的能力。在小学生学习时，小学教师要不断地向他们提问和测查，并且对他们进行评价，给予反馈。如此能促使小学生使用学习策略，并使小学生感受使用学习策略的过程，体验学习中的收获。

二、学习策略训练的模式

（一）指导教学模式

指导教学模式的基本思想是，小学生在老师的引领下学习有关的学习策略。指导教学模式与传统的讲授法很类似，由激发、讲演、练习、反馈和迁移等环节构成。在教学中，小学教师要让小学生明确策略学习的目的，通过多种手段激发小学生对策略学习的欲望与动机，然后向小学生解释所选定学习策略的具体步骤和条件。同时，小学教师在教学中依据每种策略来选择恰当的事例，说明其应用的多种可能性。提供的事例应从小学生的认知水平出发，由简到繁。接下来给小学生提供机会，让小学生练习使用策略。让小学生口头叙述和解释所操作的每一个步骤，报告自己应用学习策略时的思维，老师不断给予反馈。最后，小学生对策略运用过程进行反思，是否恰当、有无效果，并通过分析和总结，进行策略的迁移。

（二）程序化训练模式

程序化训练就是将活动的基本技能，如阅读技能、记忆技能等，分解成若干有条理的小步骤，在其适宜的范围内作为固定程序，要求活动主体按此进行活动，经过反复练习使之达到自动化程度。程序化训练的基本步骤是：①将某一活动技能，按有关原理分解成可执行、易操作的小步骤，而且使用简练的词语来标志每个步骤的含义。②通过活动实例示范各个步骤，并要求小学生按步骤活动。③要求小学生记忆各步骤，并坚持练习，直至使其达到自动化程度。

（三）完形训练模式

完形训练就是在直接讲解策略之后，提供不同程度的完整性材料促使小学生练习策略的某一个成分或步骤，然后，逐步降低完整性程度，直至完全由小学生独立完成所有成分或步骤。完形训练促使小学生有意注意每一个成分或步骤，而且每一步训练所需的心理努力都是小学生能够胜任的，每一步训练都给小学生以策略应用的整体印象。

（四）交互式教学模式

交互式教学模式，主要用来帮助成绩不佳的小学生阅读领会，它是由教师和一小组小学生（大约 6 人）一起进行的。该模式旨在教小学生四种策略：①总结段落内容；②提与要点有关的问题；③明确材料中的难点；④预测下文出现的内容。在进行交互式教学模式时小学教师先做一个示范，朗读一段课文，并就其核心内容进行提问，最后概括出本段课文的中心大意。然后小学教师指定一个小学生扮演“教师”，彼此提问，促进策略的学习。

（五）合作学习模式

在合作学习活动中，两个小学生一组，一节一节地轮流向对方介绍材料，当一个小学生主讲时，另一个小学生听着，并纠正错误和补充遗漏。然后，两个小学生互换角色，直到学完所学材料为止。研究表明，以合作学习方式学习的小学生相对于独自总结或简单阅读材料的小学生，其学习和保持都有效得多。合作学习模式中两名小学生都能从中受益，而主讲者比听者获益更大。

在实际教学中，小学教师不管采用什么方法进行学习策略的教学，都要结合学科知识。小学教师要善于不断探索和优化自己的教学步骤，为小学生提供可以仿效的活动程序。同时，要根据小学生原有的学习方式来启发小学生的思路，让其有意识地内化有效的学习策略。

第七节　学习习惯

一、学习习惯的内涵与特点

（一）学习习惯的内涵

学习习惯是在学习过程中经过反复练习形成并发展成为一种个体需要的自动化的学习行为方式。

（二）学习习惯的特点

由于学习习惯的自动化，行为的意识控制水平降到了最低限度，从而使得学习习惯与一般学习行为有着本质的区别。学习习惯具有以下特点：

1. 生成性

学习习惯并不是天生的，而是在后天经验及反复练习的作用之下逐渐形成的。但是形成学习习惯的练习与学习本身的练习是不一样的。作为学习中的练习，为了达到灵活掌握知识、形成技能的目的，要求变换方式，以增强学习内容的迁移性。而学习习惯形成的练习则更多地依靠简单的重复，这种简单重复经常是在固定的情境和固定的时间下进行的，不需要多种形式的变换练习。学习习惯形成之后，一旦进入同样或者相似的情境中，这种学习习惯就会自然地表现出来。如果这种固定的学习行为方式被改变或者被中断，在心理上就会产生不愉快的情感体验。

案例

董仲舒下帷读书的故事

董仲舒是汉武帝时期的大学问家，四朝元老。他对儒家思想的诠释和升华，对中华文化影响深远，如“天人感应，三纲五常”就是他提出来的。“董仲舒有王佐之材，虽伊、吕亡以加，管、晏之属，伯者之佐，殆不及也。”下帷读书讲的就是他读书勤奋的一个小故事。

董仲舒后半生投身于教学事业，希望通过教育把自己的思想传承下去。董仲舒不但教学，而且自己每时每刻都在学习。虽然他已经很有成就了，但是他觉得自己的知识还不够。为了不让别人打搅他的学习，他习惯于坐在一个安静的地方，挂起帷帐，摒弃一切可能干扰自己学习的因素。除了自己读书时下帷，教书时也下帷。

2. 情境性

学习习惯是在某种情境中简单地重复某种行为方式，所以学习习惯具有情境性。当某种学习习惯形成之后，一旦进入同样或相似的情境中，这种学习习惯就会自然地表现出来。

3. 自动化

从心理机制上说，学习习惯是经过长期的强化和积累，最终建立起来的一种关于学习行为的自动化和定型的条件反射系统。所以，自动化是学习习惯非常重要的特征。一旦学习习惯真正形成，就很少需要小学生主体意识的参与，如整理学习用品的习惯一旦形成，小学生在完成作业后，就会自然而然地把文具、课本等收拾好。

4. 情感性

学习习惯一经形成，就会促使小学生在相同或者相似的情境中做出特定的学习行为，如果不做，就会产生负面的情绪和情感体验。如一个习惯了做完作业就检查的小学生，偶尔一次没有检查，他便会感到不安。因此，在培养小学生良好的学习习惯时，就要利用其情感性特征，调动情感的参与，来强化、巩固良好的习惯。在矫正不良习惯的过程中，也要根据这一特征，有意识地减少、转移因为矫正不良习惯而带来的不良情绪。

二、学习习惯的作用

布卢姆认为，学生学习好的先决条件有两个：一是“认知前提能力”，即学习新学科相应的知识基础及预习课程的学习习惯等；二是“情感前提能力”，即学习兴趣和自信心。由此可见，培养小学生良好的学习习惯在他们有效学习中具有重要地位。

（一）良好的学习习惯有利于学习策略的形成

珀金斯认为培养运用策略性知识的能力是学校教育的重点之一。策略性知识的能力包括学习技能及运用各种学习方法的能力，而学习习惯是小学生运用策略性知识的重要基础。由此可见，良好学习习惯的形成，有利于小学生提高学习效率，激发他们学习的积极性和主动性。

（二）良好的学习习惯是提高学习效率的重要条件

训练小学生形成良好的学习习惯，是形成学习组织性和系统性最重要的途径，也是保证学习高效率的具体操作方式。学习缺乏组织性和系统性，学习活动就不能有效地形成结构化的智力活动和知识结构，就不可能有高效率的学习。

案例

在一次小学四年级的家长会上，家长们交流孩子们在家的学习情况。A 同学的家长说。“我家孩子在家学习一心几用，经常一边做作业一边看电视、吃零食，所以做作业的速度就比较慢，有时候要写到深夜。”B 同学的家长补充道：“我家孩子经常不知道作业是什么，在学校忘记记笔记，有时忘记还有作业要做。”C 同学的家长听到其他家长的讨论也凑过来：“我家孩子不爱整洁，经常在书本上乱写乱画。人又懒，不爱独立思考，遇到稍微复杂一点的题目，要么翻答案，要么跑来问我。”

家长们的讨论揭示了小学生不良学习习惯的多种表现方式。有的学生甚至存在多个方面的不良学习习惯。由于学习习惯不佳，小学生的学习效果受到影响。

（三）良好的学习习惯对学生的全面发展产生深刻的影响

在学习早期阶段，如果学习习惯在一定途径下得以顺利发展，并成为个体的一种需要，将会有利于以后的学习。同时，良好的学习习惯对小学生其他习惯的养成有促进作用，这是顺利开展活动的基础。因此，培养小学生良好的学习习惯，有益于他们的发展。

案例

匡衡从小十分喜欢读书，可是因为家境贫寒，买不起蜡烛，一到晚上就没办法读书。为了读书，他偷偷凿通了邻居家的墙，借着偷来的一缕烛光读书。由于从小养成了勤奋好学的好习惯，他长大以后成了一名知识渊博的大经学家。这个故事告诉我们，从小养成良好的学习习惯可以终身受益。

齐白石是我国著名的书画家，他非常珍惜时间。他一直用“不教一日闲过”这句话勉励自己。他对自己提出一个标准，每天至少要画5幅画。在他90岁生日时，朋友们都来为他庆祝，在喜庆的氛围中，他一直忙到很晚才送走最后一批客人，这时他想起自己的5幅画还没完成，于是他拿起画笔作画。他的故事告诉我们，在学习上要养成坚持不懈的好习惯，只有持之以恒，才能进步。

三、影响学习习惯形成的因素

（一）个人的认知经验是基础

个人的认知经验是学习习惯形成的基础。因此，探讨学习习惯的形成，首先需要讨论个人的认知特点对于学习习惯的影响。研究表明，个人的元认知水平与认知风格，直接影响学习习惯的形成。元认知水平越高，学习习惯也就越容易形成。而认知风格决定学习习惯形成的快慢，使学习习惯具有独特的个人色彩。冲动型的小学生其学习习惯的形成需要一个较长的过程；思考型的小学生就比较容易形成良好的学习习惯，且一旦形成就比较稳定。场独立型的小学生不易受他人或情境所影响，这种认知倾向对于形成稳固而个性化的学习习惯具有积极意义。场依存型的小学生在活动中注重环境的要求，容易适应环境，但也容易受他人暗示，学习努力程度受老师和他人的表扬和鼓励的限制，学习习惯的形成就相对较慢。

（二）个人的动机强度是动力

动机对学习习惯形成的影响，主要是通过动机强度的大小、自我效能感的高低来实现的。从学习习惯的形成机制看，动机强度不仅影响学习习惯的形成，而且影响其长期发展的历程。一般来说，动机越强烈，学习习惯就越容易形成。研究表明，如果个体对学习习惯作用的认识明确，可以促进良好学习习惯的形成。因此，小学教师在培养小学生学习习惯时，要引导小学生认识到学习习惯的重要性，明白良好的学习习惯是有效学习的基础。自我效能感越强，个体的努力越持久，越有利于学习习惯的形成与发展。自我效能感的提高可以增强小学生的主体意识，提高人的认知调控能力和自信心。通过对学习困难小学生的研究发现，他们的学习动机和自我效能感水平都较低，也没有形成良好的学习习惯。在对学习活动结果进行归因上，自我效能感强的小学生倾向于将学习成败的主要原因归结为能力、努力、兴趣和学习方法等内部原因,而学习困难的小学生将学习成败更多地归因于外部因素,这对形成积极、良好的学习习惯有着消极影响。

(三)良好的性格品质是维持力量

学习习惯的形成是一个长期的过程,在形成过程中需要克服许多困难,这就要求小学生对学习习惯有正确的态度。良好的坚持性和毅力、良好的性格品质是学习习惯形成的重要条件。在整个性格结构中,意志特征的影响尤为明显,如果说动机是学习习惯系统中具有情绪色彩的暂时动力,那么良好的性格品质则对学习习惯的形成起维持作用。

(四)教师和家长的引导是外部支持系统

在影响小学生学习习惯形成的各种外部因素中,小学教师和家长的引导对小学生学习习惯的形成起着十分重要的作用。小学教师和家长通过指导不仅影响小学生学习习惯的内容和性质,而且通过榜样作用,潜移默化地影响小学生学习习惯形成的过程。在家庭中,父母作为榜样被模仿,并对孩子的行为进行引导。在观察和模仿过程中,小学生可以抽象出榜样的行为特征,形成规则,并通过对这些规则的重新组织形成全新的行为。

小学教师是系统化影响小学生学习习惯形成的首要因素,在小学生学习习惯培养方面具有不可替代的作用。小学教师对学习习惯作用的认识不仅直接制约着小学生对这个问题的重视程度,而且小学教师所提出的要求、监督和评价,对小学生学习习惯形成的快慢、性质有着直接的影响。小学教师的教学风格是构成小学生学习习惯形成的一个重要环境因素。小学教师的教学风格构成了课堂环境的基本倾向,对小学生学习习惯的形成乃至整个社会化进程有着重要影响。此外,在教学和与小学生互动中,小学教师要有培养小学生良好学习习惯的意识,教授小学生形成良好学习习惯的具体方法,让小学生实践,并对小学生课后的学习行为方式给予及时反馈、指导,这样才能形成最有利于小学生良好学习习惯养成的环境。

四、小学生良好的学习习惯的基本内容

(一)一心向学的习惯

一心向学的习惯,是所有学习习惯中最重要的习惯。这种习惯一旦养成,就会自动、自觉甚至不由自主地把事物与学习联系起来,就会感到生活到处都有乐趣。具有一心向学习惯的小学生,能够充分地利用时间直接或间接地做与学习相关的事。有一心向学习惯的小学生,通过这种日积月累,将时间转化成了知识,将知识转化成了智慧,逐渐形成了自己的优势。

(二)专心致志的学习习惯

专心致志的学习习惯,是小学生必须养成的起码的学习习惯。专心致志,就是指全神贯注,致力于当下注意对象不分心。一切与注意对象相悖的乃至不相关的事情都尽量回避。上课时要全神贯注地听讲,做作业时要聚精会神地思考。对于一切与学习无关的事情能够做到听而不闻,视而不见。有些小学生上课时经常开小差、讲话或摆弄东西,甚至做一些与学习毫不相干的事。课后一边听歌一边做作业,家里的一点动静都能引起他们的关注。这些做法都是与专心致志的学习习惯背道而驰的。

(三)严格执行学习计划,保持定时定量的学习习惯

一般说来,确定目标、制订计划比较容易,定时定量地完成学习计划却比较难。这就是通常所说的“知易行难”。定时学习是完成学习计划的前提。定时学习包含两层意思:一是每天必须保证必要的学习时间,二是在规定时间内能进行学习活动。定量学习是完成学习计划的保证。学习计划是通向学习目标的道路,定量地完成学习计划,就等于在这条道路上不断前进,在计划的指导下,当知识的量达到一定程度时,便达到了目标。由此可见,只有每一天都定量学习,才能获得较好的学习成绩。在实际学习生活中,许多小学生学习缺乏应有的计划,既不定时,也不定量。在学习时间的安排上,总是先松后紧;在学习内容的安排上,喜欢搞临考突击。往往是老师留作业,就做一做;不留作业、不做要求的,就概不理睬。这样学到的知识不但数量少,而且质量差,往往经不起检验。

(四)认真思考的学习习惯

认真思考的学习习惯,有利于提高小学生的学习质量,有利于培养小学生的能力,尤其是有利于增强小学生的发现意识、发明能力和创造能力。认真思考的学习习惯,是比较高级的修养。因此,在教学中小学教师应提供机会让小学生思考,并引导小学生积极思考,如采取提问、讨论的教学方式。在家学习时,家长也应该给孩子足够的思考空间,而不是一味地帮助他们学习,让他们养成遇到难题就向家长求助、依赖家长的习惯。

(五)讲究学习卫生的习惯

良好的学习卫生习惯包括读书姿势、写字姿势、用眼卫生等方面的习惯。小学既是长知识的阶段又是长身体的阶段,因此,在整个小学生活中,小学生应讲究学习卫生,养成良好的学习卫生习惯。

能力训练

一、单项选择题

1. 已经获得的知识、动作技能、情感、态度等对新的学习的影响称为学习的(　　)。

A. 迁移　　B. 动机　　C. 策略　　D. 技巧

2. 孔子说“举一隅不以三隅反,则不复也”,这句话说明的现象是(　　)。

A. 学习定式　　B. 学习迁移　　C. 学习兴趣　　D. 学习习惯

3. 一种学习对另一种学习起到积极的促进作用的迁移称为(　　)。

A. 负迁移　　B. 正迁移　　C. 横向迁移　　D. 纵向迁移

4. 学习弹电子琴后有利于学习弹钢琴,这种迁移属于(　　)。

A. 顺向正迁移　　B. 顺向负迁移　　C. 逆向正迁移　　D. 逆向负迁移

5. 学会写“石”这个字后,有助于写“磊”字,这种现象属于(　　)。

A. 一般迁移　　B. 具体迁移　　C. 水平迁移　　D. 垂直迁移

6. 两种任务在学习过程、学习材料、学习目标等方面有的共同成分越多，迁移效果越明显。这表明(　　)因素在学习迁移中起主要作用。

A. 相似性　　B. 概括因素　　C. 学习策略　　D. 心向

7. 某老师认为，做大量应用题可提高小学生的思维能力，进而提高小学生在考试中应用题的作答正确率。该老师的观点主要受(　　)迁移理论影响。

A. 关系理论　　B. 共同要素说　　C. 概括化理论　　D. 形式训练说

8. 共同要素说认为，学习迁移产生的客观必要条件是(　　)。

A. 学生智力水平　　B. 学习的理解和巩固程度

C. 学习对象间的共同要素　　D. 学习方法

9. 教师教会学生学习"going"中的"ing"，在教学生学习"playing""coming"时就能达到事半功倍的效果，可以解释这种学习现象的是(　　)。

A. 共同要素说　　B. 形式训练说　　C. 概括化理论　　D. 实质训练说

10. 心理学上著名的"水下击靶"实验证明了(　　)。

A. 相同要素说　　B. 概括化理论

C. 认知结构迁移理论　　D. 关系转换理论

11. 学习者为提高学习效果和效率，有目的、有意识地制订的有关学习过程的复杂方案称为(　　)。

A. 学习计划　　B. 学习策略　　C. 学习方法　　D. 学习规律

12.《学记》记载："学无当于五官，五官不得不治。"从学习策略上看，这属于(　　)。

A. 认知策略　　B. 组织策略　　C. 监视策略　　D. 复述策略

13. 学习课文时分段、总结段意属于(　　)。

A. 复述　　B. 理解－控制策略　　C. 精加工策略　　D. 组织策略

14. 记"桌子""巧克力"两个词，将其加工为"桌子上放着巧克力"等，这运用了记忆的(　　)。

A. 注意策略　　B. 复述策略　　C. 精细阐述策略　　D. 组织策略

15. 整合所学新知识之间、新旧知识之间的内在联系，形成新的知识结构的学习策略称为(　　)。

A. 组织策略　　B. 复述策略　　C. 计划策略　　D. 调节策略

16. 个人根据自己的总目标对时间做出总体安排，并通过阶段性的时间表来落实，对每天的活动都列出一张活动顺序表来，这属于(　　)。

A. 资源管理策略　　B. 复述策略　　C. 组织策略　　D. 精细加工策略

二、辨析题(先判断正误，再简要概括理由)

1. 原来学会游泳的人进入游泳队训练跳水，比没有学过游泳的人在动作掌握和规范性上更快更准确，这是因为具体迁移使然。(　　)

2. 学完直角后再学锐角、平角、周角，这种学习间的相互影响是水平顺向迁移。(　　)

3. 逆向迁移就是负迁移。 (　　)
4. 学习定式会造成负迁移。 (　　)
5. 两种学习材料的相似度越高越容易产生正迁移。 (　　)
6. 学习策略随儿童年龄的增长而变得熟练。 (　　)
7. 教学中"授之以鱼"不如"授之以渔"。 (　　)

三、简答题

1. 学习迁移的分类是什么?

2. 影响学习迁移的因素是什么?

3. 一般学习策略的分类是什么?

4. 学习策略训练的教学要求是什么?

四、论述题

如何培养小学生的学习迁移能力?

第五部分 小学教学心理

第八章 小学教学设计

- **教学目标**：了解教学设计的意义、理论基础，识记教学设计、先行组织者、教学目标、教学内容、教学媒体、教学策略等概念，列举小学教学设计的特点、小学教学设计的原则、教学目标的 ABCD 设计要素、教学设计模式，掌握教学设计的基本内容，分析小学教学设计的基本理念。
- **教学重点**：小学教学设计的基本内容。
- **教学难点**：小学教学设计的理念及模式。
- **教学内容**：

（1）教学设计概述。

（2）小学教学设计的理念及模式。

（3）小学教学设计的基本内容。

内容提要

- 小学教学设计
  - 教学设计概述
    - 教学设计的含义
    - 教学设计的意义
    - 教学设计的特点
    - 教学设计的理论基础
  - 小学教学设计的理念及模式
    - 小学教学设计的目标
    - 小学教学设计的理念
    - 小学教学设计的原则
    - 教学设计的基本模式
  - 小学教学设计的基本内容
    - 小学教学任务及对象分析
    - 小学教学目标设计
    - 小学教学内容设计
    - 小学教学策略设计
    - 小学教学过程设计
    - 小学教学评价设计

有效的教学既取决于小学教师的良好素养，又取决于小学教师的教学技能及教学方法，还取决于小学教师科学、合理的教学设计。教学设计就是要解决为什么教、教什么和怎样教等问题。

第一节　教学设计概述

20 世纪初，杜威提出了发展连接学习理论和教育实践的“桥梁科学”的口号，桑代克则设想了控制学习过程的方法。在学习心理学和新兴媒体技术影响下，20 世纪 60 —70 年代形成了较成熟的教学设计理论并推动了现代教育技术学成为一门独立学科。20 世纪 80 年代中期，教育技术学被引入我国，促进了我国对教学设计的研究。

一、教学设计的含义

对于什么是教学设计（Instructional Design，简称 ID），不同学者有不同看法。1983 年，如赖格卢特在《教学设计的理论与模式》中认为，教学设计是提出关于最优教学方法处方的一门学科，其宗旨是提出达到预期目的的最优途径；1985 年，加涅在《教学设计原理》中指出，教学设计是系统化规划教学系统的过程；1989 年，帕顿在《什么是教学设计》中认为，教学设计是对学习者学业问题的解决措施进行预先策划的过程；1996 年，梅里尔在《教学设计新宣言》中认为，教学设计是一种用以开发学习经验与学习环境的技术，这些学习经验与学习环境有利于学生获得特定的知识技能；1996 年，迪克与凯里在《教师规划指南》中认为，教学设计是设计、开发、实施与评价教学的系统化过程；1998 年，西尔斯在《教学设计决策》中认为，教学设计是通过系统化分析学习的各项条件来解决教学问题的过程；1998 年，肯普在《设计有效的教学》中认为，教学设计是如何有效规划、开发、评价与管理教学过程以使之能确保学生取得良好业绩表现的系统方法；2005 年，史密斯和拉甘在《教学设计》中认为，教学设计是系统和深思熟虑地将学与教的原理转换成教学材料、教学活动、信息资源和教学评价的计划的过程。

上述定义中，有的强调教学设计的过程，有的从系统角度描述了教学设计的特征，有的强调教学设计的技术操作，其共同点：一是教学设计以学习理论、教学理论、教育传播学、教学媒体论及系统论等理论和方法为指导；二是教学设计关注学生的需要和特点，把师生、教学内容、教学方法、教学媒体、教学环境等有机结合起来，以满足教学实际的需要，达到帮助学生学习、促进学生发展的目的；三是教学设计是系统计划和构造备选教学方案的过程，但教学设计没有固定的模式和方法，也不是从若干给定方案中选取一两个满意方案的问题，而是逐步搜索、从无到有、不断生成，创造性地求解教学问题的过程。

在此可把教学设计定义为：教学系统设计，是为优化教学过程、提高教学质量，教师以学习理论、教学理论和传播理论等为基础，运用系统方法分析教学活动诸要素、策划教学运行方案的过程，其根本特征是创设有效的教学系统以实现教学目标（如图 8-1 所示）。

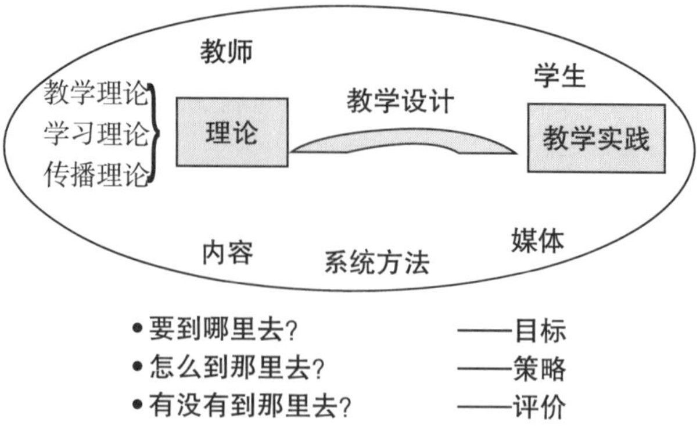

图 8-1　教学设计

二、教学设计的意义

教学设计是教学工作中不可缺少的环节，是指导教师有效教学的蓝图。其作用体现在以下三个方面：

（一）提高教学质量

教学设计以解决教学问题、优化和促进学生学习、提高教学效率和教学质量为目的。通过教学设计，教师能在一定程度上克服经验式教学存在的问题，把教学活动建立在学习理论、教学理论和系统科学理论等基础上，保证教学过程各步骤各环节有相关理论支撑，优化教学过程，合理调控教学行为，确保教学过程科学、有序、有效运行，使学生在单位时间内学到更多知识、提高各方面的能力，进而完成教学任务、实现教学目标、提高教学质量。

（二）整合教学要素形成教学合力

教学活动由若干要素构成，各要素直接或间接影响着教学效果。这种影响不是各要素发挥作用的简单相加，而是通过相互联系与相互作用形成“合力”所致。只有综合分析各教学要素在教学目标中发挥的作用，整体规划和安排教学要素，使之形成最大的合力，才能保证教学活动获得最佳的效果。

（三）促进教师专业发展

专业能力是教师综合素质的外在表现，是评价教师专业性的核心因素。而教学设计能力则是教师专业能力最基础、最关键的能力。设计教学需要教师研究学生特点、教学内容、教学方法、教学手段、教学语言等，并在此基础上整体构思教学目的、教学内容、教学程序、教学方法等。从这一意义上讲，教学设计是建立在教学研究基础上的教师自我学习和自我创造的过程，能不断提高教师的专业能力和业务素质，使教师从不成熟走向比较成熟，直至成为教育教学专家。

三、教学设计的特点

教学设计是在开展教学活动前制订的教学活动方案，往往具有下列特点：

（一）科学性

教学设计以教与学的科学理论为基础，以系统方法、传播学、媒体论及设计观为指导，以创设富有吸引力和高效的教学活动为目的，探索教学过程的有效方案，寻求最佳的教学效果，并最终促进学生学习和个性全面发展。因此，教学设计是教师通过审慎思考、缜密研究，有目的、有计划的科学设计和规划教学过程的活动。

（二）系统性

教学设计追求教学过程的整体优化，这就需要从整体上考虑师生、教材、媒体、环境等教学要素的系统安排和组合，切实保证“对象、目标、策略、评价”协调一致并使之相互衔接，产生整体效应。

（三）操作性

教学设计既有理论色彩又明确指向教学实践，每个环节都十分具体，每一步设计都具有可操作性。在教学设计方案中，各类教学目标被分解成具体的、操作性的目标，教学设计者对教学内容的选择、教学方法的运用、教学时间的分配、教学环境的调适、教学评价手段的实施等都做了具体明确的规定和安排，成为教师组织教学的可行依据。

（四）预演性

教学设计过程实质上是教师对教学活动的每个环节、步骤在头脑中进行预演的过程。它可以通过设计者一遍又一遍地预演即将进行的教学活动，对教学过程的每个细节周密考虑、仔细策划；同时对上一轮的计划方案做修正和补充，甚至抛弃原有方案，提出新设想。通过综合考虑，反复修改，教学设计可为教学活动提供可靠保证。

四、教学设计的理论基础

教学活动是多要素、复杂的动态系统，涉及教师、学生、教学内容、教学媒体、教学目标、教学方法等要素，为达到最优化的教学效果就需要从整体上设计这些要素。所以，教学设计有学习理论、教学理论、系统理论、传播理论等方面的基础。

（一）学习理论

20 世纪 70 年代末，加涅提出“为学习设计教学”，说明教学设计与学习理论息息相关。教学设计关注通过适当的技术、方法等帮助学生获得知识、技能及能力发展，学习理论关于学习的性质、过程及其影响因素等观点对教学设计影响深远，是教学设计的重要理论基础。行为主义学习理论把可观察行为作为教学基础，要求用可观察行为动词界定教学目标并以此开展和评价教学活动；认知学习理论强调学生的内部认知活动，把学生学习视为信息加工过程或建构知识结构过程；人本主义学习理论主张通过教学发挥学生的潜能，促进学生的自我实现；建构学习理论则倡导学生在真实情境中建构知识意义。这些学习理论都不同程度上影响着教学设计。

（二）教学理论

教学理论是为解决教学问题而研究教学一般规律的科学；教学设计是为解决教学问题而提出解决方法的过程，这一过程必须遵循和应用教学规律，所以教学设计离不开教学理论。教学理论是教学设计最直接、最基础、最核心的理论来源。

（三）系统理论

系统理论认为，任何事物都是由相互联系、相互作用的多种要素（人、物、过程、外部限制因素和可用资源等）构成的有机整体。教学系统是由“教”与“学”两个子系统构成，“教”包括教师、教学内容、教学媒体、教学方法、教学环节等要素，“学”包括学生、学习态度、学习行为及认知发展水平等要素。教学设计就要根据教学目标，在充分研究学生的基础上，从整体上设计各教学要素及其联系方式，以优化教学过程，有效实现教学目标。

（四）传播理论

传播学研究的重点是人与人之间信息传播的过程、手段、媒介、传递速度和效度、目的与控制。传播理论认为，传播是由信息源、信息内容、信息渠道与信息接受者构成的系统；信息传播须考虑信息的结构、顺序是否符合信息接受者的思维、心理顺序，避免信息“超载”，增加负担，影响传递效果。教学过程是教学信息的传播过程，这一过程的效果受传播者（教师）的信息传播技能、信息接受者（学生）的态度和情感、知识和认知水平、社会和文化背景四个因素的影响。因此，教学设计需要考虑信息接受者的特征（年龄、性别、偏好等），尽可能运用多种渠道和方式展示教学内容，有效激发学生的学习动机，调动学生积极运用多种感官接受信息，以获得优化的教学效果。

第二节　小学教学设计的理念及模式

如何将基础教育课程改革理念落实到教学活动中是小学教师进行教学设计必须认真思考的问题。因此，有必要明确教学设计的目标、理念和原则。

一、小学教学设计的目标

基础教育课程改革要求更新教学观念，变革教学方式。为实现这一要求，小学教师进行教学设计时应明确下列目标：

（一）整合教学目标

基础教育课程改革要求教学实现知识与技能、过程与方法、情感态度与价值观的有机结合，体现了学科课程教学目标的价值追求。实现这一价值追求：一是要重过程轻结论。任何一门学科，过程是运用一定方法探究该学科的历程，结论则是对该学科探究的结果，两者相互依存与转化。轻过程重结论的传统教学是把形成结论的生动过程简单理解为单调的知识记忆，排斥了小学生的思考和个性，剥离了知识与智力的内在联系，只能培养记忆知识而不知反思、评判和创新的小学生。强调过程的实质是强调小学生的经历和体验，这对小学生的能力、智慧的发展大有裨益。二是要强调认知与情感统一。小学生的学习是认知和情感的相互作用，传统教学忽视情感在教学中的作用，使学习变得索然无味。教学要摆脱唯知主义，实现认知与情感的和谐统一，就需要通过教学设计将情感、态度、价值观渗透进教学内容并贯串到教学过程中，使其成为教学的灵魂，以充分体现“教学的思想性”和“课程思政”思想。

（二）建构互动课堂

传统课堂强调教师领着学生走，提问被视为激发学生思维的重要手段，教学缺乏灵活性和创造性，课堂机械沉闷，缺乏乐趣；学生没有自由学习的空间，失去了切身的情感体验。基础教育课程改革倡导的教学观把教学过程看作师生间、学生间交往互动的过程。在这一互动过程中，师生间、学生间相互传递某种信息、思想，在共同探索中培养和激发小学生的潜能，完善小学教师的知识储备和改善教学行为，实现共同发展。因此，创设有利于师生间、学生间互动的课堂情境和氛围能凸显小学教师的主体性，张扬小学生的个性，释放小学生的创造性。

（三）转变学习方式

基础教育课程改革的核心任务是改变传统教学过于强调接受学习、死记硬背、机械训练的现状，倡导小学生主动参与、乐于探究、勤于动手，培养搜集和处理信息、获取新知识、分析和解决问题以及交流与合作的能力，改变单纯的接受学习方式，形成主动学习的方式。转变学习方式：一是要改变把学习建立在小学生的客体性、受动性、依赖性上的状态，使学习成为小学生的主体性、能动性和独立性生成、发展、提升的过程；二是要革除传统学习方式过分强调接受和掌握，冷落和贬低发现和探究的弊端，这就要求教学设计应关注小学生的学习态度，重视发现学习、探究学习、研究学习，以培养小学生学习的责任感及终身学习的愿望和能力。

（四）发挥评价的促进功能

应试教育下的小学教学评价以鉴别对错、区别优劣为目的，常用分数作为标准衡量小学生。这种目的与手段背离的评价：一是割裂了教与学的关系，造成了师生对立；二是割裂了评价与教学的关系，有效反馈信息的缺乏使评价失去了调控功能，一定程度上剥夺了师生的发展空间。基础教育课程改革要求改变传统教学评价过分强调甄别与选拔的功能，发挥评价促进小学生发展、小学教师提高和改进教学的功能。这就要求教学设计：一要发挥评价的诊断、反馈、改进、激励、强化等功能，让小学生在教学活动中赏识自己，发现自己的进步；二要及时反馈教学评价信息，以评价促进小学生的发展。

二、小学教学设计的理念

小学教学设计的根本目的在于提高教学效率和质量，促进小学生全面发展。因此，小学教师设计教学应具备下列理念：

（一）增效减负

课堂教学定位不准、教学措施不力、学习欠指导、无效练习多是造成小学生学习负担重的部分原因，其结果是耗费了小学生的学习精力和时间，扼杀了部分小学生的学习愿望，根本无助于小学生学习能力的培养和提高。如何减少小学生过多的学习时间、过重的学习精力并提高教学效率和质量，这就要求小学教师必须考虑教学的有效性问题。

有效教学关注教学的价值、效率和效果。教学有价值指教学能满足小学生学习的需要，教学有效率指师生能用最少投入实现教与学的目标，教学有效果指教学能达成小学生学习的目标。教学设计追求的总体效果就是增效减负。所以，小学教师设计教学须具有增效减负的理念,通过精心创设有效的教学环境、善用教学资源和教学策略来保证教学价值优、效率高和效果好,将减负增效落到实处。

(二)为学而教

现代学习理论和教学理论认为教学是师生的共同活动,但更强调教师和学生实体的独立性,教不能代替学,学也不等于教,教师必须为学而教、以教导学、以教促学。

学习是学生心理结构和行为的持久变化过程,这一过程既要进行复杂的认知加工也要发生积极的身心状态转变。教学就是要通过精心创设环境,利用各种外部条件激发、促进、支持和推动学生学习,促成学生身心发生一系列转换,从现有状态到达目标状态。所以,小学教学设计必须围绕学而展开,以学为焦点,为学服务。小学教师只有确立了这样一个信念,教学才能收到良好的学习成效。

(三)促进教师发展

尽管教师的教学艺术、学生的聪明才智、师生的时间和精力投入是有效和成功教学的重要影响因素,但并不意味教师的教学素养与技能不重要。恰恰相反,有效和成功的教学往往建立在教学工作的规范化、合理化、有序化和技术化基础之上,这就有赖于教师的教学设计能力。所以,要通过教学设计使小学教师明确教学目标(做什么)、清楚操作程序(怎样做)、提高教学的针对性(为什么这样做)和增强教学的灵活性(什么情况下该做什么和怎样做)。

教学设计能力是教师专业成长的标志之一。提高教师的教学设计能力可以通过进修、学历提高、观摩教学、师徒结对等方式进行,但主要还在于教师日常的教学设计。因为日常的教学设计能把教学的科学性、艺术性、技术性与教师的经验反思统一在一起。当然,要做到这一点,就需要教师不断学习和掌握教学设计的原理和技术。所以,小学教师应树立专业发展意识,通过不断改进教学设计来提高自己的专业能力。

(四)系统观

系统观既强调着眼整体、统揽全局,又强调循序操作、层层落实。教学设计旨在精心设计教学系统,围绕提高学生核心素养这一目标将师生、教学目标、教学策略、教学评价等子系统有机统合在一起并开展教学活动。这就需要小学教师树立系统观,既要关注一节课的各个要素,又要把这节课作为整体,还要把这节课放在一个单元甚至整门学科的教学中来看待,统揽全局。同时,在行动设计上突出程序化和计划性,使教学的各外部条件环环相扣,层层落实。

三、小学教学设计的原则

小学教学设计是为了提高教学效率和教学质量,帮助小学生在单位时间内掌握更多知识,提高小学生的能力。因此,小学教学设计应遵循下列一般原则:

(一)系统性原则

教学设计是由教学目标和教学对象分析、教学内容和方法选择、教学评估等构成的系统工程,各子系统相对独立又相互依存和制约。因此,教学设计应立足于整体,协调好教学任务、教学目标、教学内容、教学组织形式、教学方法、学习方式以及知识呈现方式和师生互动方式等因素在教学系统中的关系。一方面，小学教师要根据教学目标、教学对象及教学内容恰当安排教学环节，把握好各环节的任务和要求，使之相互促进、相辅相承；另一方面，要处理好各教学环节的“细节”，选择好具体的教学手段和方法。此外，小学教师还要对各教学环节进行调适，检查是否是高效组合。这样才能优化教学系统，最终达到收到预期教学效果的设计目的。

（二）主体性原则

小学生的主体性表现为自主性、主动性和创造性三个方面。发挥小学生的主体性是基础教育课程改革对教学的基本要求。小学教学设计应从小学生的主体性发挥出发，为小学生的全面发展和个性充分张扬服务。因此，一方面，设计教学要关注小学生的生活世界，使教学成为沟通现实生活世界的桥梁；另一方面，设计教学要关注小学生学习方式的转变以及学习中情感、态度和价值观的体验，使小学教师真正成为小学生学习的促进者、引导者、组织者。

（三）可操作性原则

教学设计的目的是指导教学活动，保证教学活动顺利进行并获得最优化的教学效果。因此，教学设计要符合主客观条件，充分考虑学生的年龄特点、知识基础、教师水平、教学设施设备、地区差异等因素，使教学的每一环节、细小步骤都在主客观条件允许的范围内，这样的教学设计才能发挥指导教学实践的作用。

（四）反馈性原则

教学过程是信息的传递和调控过程，师生都需要在信息输入与输出的基础上获得种种反馈信息以便调控教学过程。反馈是对偏离教学目标行动的调控，必须及时、准确、适度和多样，做到既有知识反馈又有能力总结，既有典型剖析又确保全面客观，既能拓展深化又能展示才华，而不能仅仅是反馈学生的学业测验成绩。就教学设计来讲，获取反馈信息是为了修正、完善原有的教学设计。

四、教学设计的基本模式

教学设计模式是教学设计实践中逐渐形成的、运用系统方法设计教学过程的理论模型，其主要任务是说明解决教学问题的操作步骤和方法，是关于教学设计过程的理论，一般体现在教学目标、教学内容、教学过程及教学评价等方面，往往具有理论性和应用性。

目前，教学设计模式有多种分类，如乔伊斯和威尔根据理论来源将教学设计模式分为信息加工模式、人格发展模式、社会交往模式、行为修正模式，安德鲁斯和古德森根据不同教学设计模式的特点把教学设计模式分为整体型模式、任务定向型模式、处方型模式，加斯塔夫森根据模式间的相容性把教学设计模式分为以课堂为中心的模式、以教学产品为中心的模式、以系统为中心的模式、以组织为中心的模式。在此，依据教学设计的主要特征、理论基础和基本取向将其分为四大类：

（一）行为主义教学设计模式

行为主义教学设计模式的理论基础是行为主义心理学。行为主义心理学认为，个体行为由一系列反应构成并受环境影响，强化和改变行为的动力是有机体“操作”环境的结果。

该模式的根本宗旨是为控制教学行为、完善人的行为而设计教学。所以，教学设计应预先设计学生行为，针对行为选择拟定增强策略并分析学生的反应，以达到学习效果。可见，行为主义教学设计在教学目标拟定、学习需要评估、教学活动理论与策略的采用、媒体选择与决定、教学评价等方面，均强调可观察、可量化的行为，即重视外部学习环境的设计和分析。程序教学模式、计算机辅助教学模式、系统化教学设计模式都属于行为主义教学设计模式。

在众多行为主义流派中，对教学设计影响最大的是斯金纳，其程序教学模式以操作性反应和强化原理为理论基础，适用于个别化教学的自动教学模式，常称为“机器教学”。

斯金纳认为，程序教学的关键在于呈现教学材料。因此，程序教学设计应遵循下列原则：一是积极反应原则，即学生始终处于积极学习和积极反应状态。在教学过程中，只要学生在做出某个反应后就给予强化或奖励，以巩固这个反应并促使学生做出进一步反应。二是小步子原则，即将教学内容分解为众多小单元，前一步的学习为后一步的学习做铺垫，后一步的学习在前一步的学习后进行。三是即时反馈原则，即学生回答问题后立即呈现学习结果以给予反馈，当学生正确完成一个小步子后马上进入下一个问题，否则重新开始。四是自定步调原则，即学生按自己的能力确定学习进度。五是低错误率原则，即尽量避免出现错误反应，以增强学生学习的积极性，提高学习效率。

根据上述原则，教师首先要将教学内容分成许多小单元并事先做出解释；其次，依次将教学内容呈现给学生学习；再次，每单元学完后，呈现一些测验题，检查学习效果，每个问题都正确后再进入下一阶段学习；最后，如果出现错误，就返回到以前内容进行重新学习。程序教学模式可分为直线式和分支式两种模式，如图 8-2、图 8-3 所示。

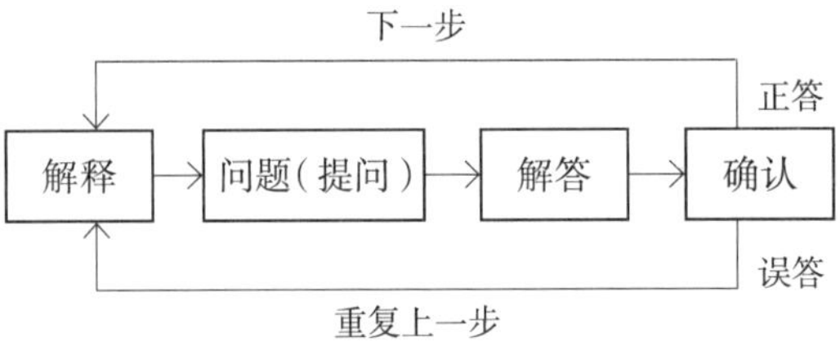

图 8-2　直线式程序教学模式

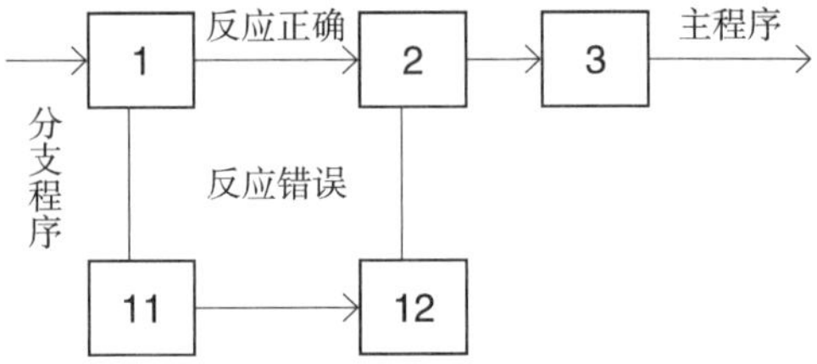

图 8-3　分支式程序教学模式

程序教学催生出了美国的程序教学运动并影响了世界教学改革。首先，程序教学理论促进了学习理论的科学化，加速了心理学与教育学的有机结合，推动了教学手段科学化和现代化。其次，程序教学能保证学习反馈及时。再次，程序教学对每一小步的强化能适应学生个别差异性和多样化需求，有效克服了传统教学设计侧重整体忽视个体的不足。最后，程序教学重视非智力因素在学习中的作用，强调积极反应原则与自定步调原则等，客观上为学生的人格独立与自由创造了条件，能促进学生的人格发展。但程序教学也存在下列问题：一是程序教学在形式上没有与任何社会联系的情况下进行，减少了师生直接对话的机会，阻碍了师生交流，忽视了学习的开放性和交互作用；二是程序教学在内容上只能提供不要求解决问题的思维材料，对涉及理解行为、带有判断色彩、评价和认识过程等方面的内容不适合；三是程序教学没有重视学生的内因、思想意识、情感意志等情感性目标。

（二）认知主义教学设计模式

认知主义教学设计模式的理论基础是认知心理学。认知心理学派别林立，但其共同点是致力于研究认知活动的性质及其过程：心理活动是信息加工系统，学习由一系列假设信息加工转换实现；已有知识、认知结构对人的行为和当前的认知活动起决定作用，学习是学生内部心理结构的形成和改组，而不是刺激－反应联结的形成或行为习惯的加强和改变，教学就是促进学生内部心理结构的形成和改组；各种认知之间是相互作用相互影响的有机整体。因此，基于学生认知发展而进行教学设计，发展学生认知能力和水平是不同认知主义教学设计模式的共同特征。

1. 认知主义教学设计观

认知主义教学设计观主要体现在下列四个方面：

（1）教学目标。教学目标设计注重学生对知识结构和方法的掌握并形成相应的认知结构。

（2）教学内容。不把教材作为目的而是作为教学素材，最终目的在于借助教材帮助学生掌握更多的文化知识，发展相应能力。因此，教学必须对教材进行新加工，使它们能用来重组自己的知识。

（3）教学过程。重视学生的心理准备状态。教学不是旧知识的引申，而是提高学生的认知水平。学生的认知水平在于其认知愿望、情感的要求。因此，上课伊始不是先复习旧知识再讲授新课，而是先向学生提供富有挑战性的问题，激发学生的认知兴趣，然后追索旧的知识和经验，寻求问题的答案。

（4）教学评价。学习是学生的知觉与外界事物交互作用的过程，测验的目标是弄清学生是否能用掌握的知识解释问题，回答问题是否与所占有的资料或事实一致，是否清晰、严密，论题、论据和结论是否前后一致等。所以，测验以问题为中心，评价没有严格意义的标准答案，往往以学生集体讨论和评价为主。

2. 认知主义教学设计的代表模式

认知主义教学设计模式主要有发现教学设计模式、范例教学设计模式、“先行组织者”教学设计模式等。

1）发现教学设计模式

布鲁纳认为，教学过程是学生在教师的指导下发现知识的过程而非消极被动接受知识的过程，教学的目标在于让学生掌握学科的基本结构，发展学生的智力。

因此，设计教学应在教学目标指导下遵循下列程序：一是设计问题。教师根据一般原理向学生提供感性材料，提出问题或疑难，让学生带着问题学习。二是设计问题情境。向学生提供适合其知识水平和能力但又需努力才能解决的问题，形成探究未知事物的心向。三是提出假设。学生利用直觉思维提出有益于问题解决的各种可能性，罗列出可能遇到的困难等。四是验证假设获得结论。学生运用已掌握的一般原理、概念和方法反复求证、讨论解决问题的各种可能性，寻求答案。

发现教学设计模式有助于开发学生的潜力，激发学生的学习动机，促进学生的记忆和创造能力发展。但适用范围和对象有限，对学生预备知识质量要求较高，花费时间较多，易造成课堂混乱。

2）范例教学设计模式

德国教育家 M. 瓦 . 根舍因等人认为，教学必须脱离教材内容的烦琐，将教材的典型性与学习结合，使学生能对同类知识举一反三、触类旁通。这就需要教师从庞杂的教材中选择真正本质的知识作为学习内容，通过对范例内容的讲解，帮助学生掌握同类事物的规律性知识，实现认识从个别到一般、从具体到抽象的发展。

范例教学设计应遵循基本性、基础性和范例性原则，采用以下步骤：一是设计“个案”。选择能说明事物特征的典型“个案”。二是阐明“类”。通过对典型“个案”的讲解，说明事物一般特征。三是掌握规律性原理。通过对一般特征的说明，学生将“类”上升为规律性认识。四是获得“世界经验”。学生不仅认识客观世界，还认识自己，提高行为的自觉性。

范例教学设计符合现代教育发展的趋势，有助于增强教学的实效性和减轻学生的负担。但范例教学模式忽视传统教学方法，会加重教师的负担，不利于教师创造能力的发挥。此外，范例教学设计没有解决如何在教学中组织“教养性的学习”和如何建构范例性学科知识的问题。

3）“先行组织者”教学设计模式

奥苏贝尔认为，发展学生良好的认知结构是教学的基本目标，学习是否有意义是教学的关键，课堂教学的基本方式是有意义的讲解或教学。为促成有意义学习及认知结构发展，设计教学内容应遵循逐渐分化和综合贯通的原则。逐渐分化原则指教学内容安排从一般到个别，要先讲授最一般的、包摄性最广的观念，然后根据具体细节对它们逐渐分化；综合贯通原则指教学内容的横向组织应考虑学生认知结构中已有观念的异同。

为贯彻上述原则，有效激活新旧知识间的联系，提高已有知识对接受新知识的影响，教学应为学生提供相关的和包摄性较广的、最清晰的和最稳定的引导性材料，即“组织者”。在呈现教学内容前介绍的材料就称为“先行组织者”。这一教学设计技术被乔伊斯和威尔称为“先行组织者”教学设计模式并概括出该模式的三个组成阶段，如图 8-4 所示。

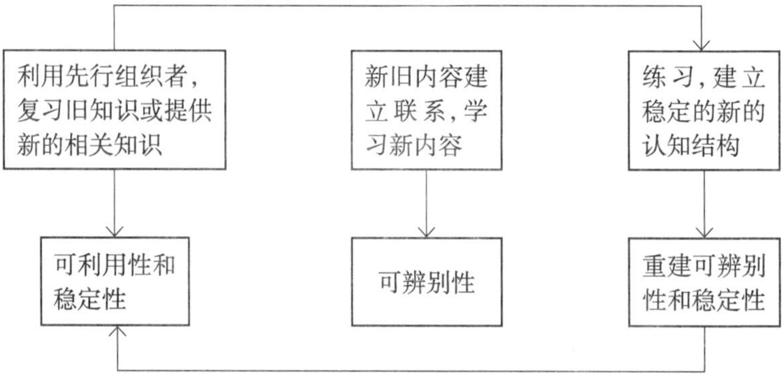

图 8-4 “先行组织者”教学设计模式

“先行组织者”教学设计模式关注心理学原理在课堂教学实践中的运用，提出的先行组织者、逐渐分化、综合贯通等原则和方法有利于教学内容设计和教学序列安排，适合于学生认知结构的组织特点，使学生容易掌握概念及其联系且省时，能促进学生对知识的学习、保持和运用。但其教学设计原理也存在不足之处：一是该教学设计适用于课堂知识教学，在智力开发、技能训练、能力培养等方面却不足；二是只关注学生课堂接受学习和教师课堂讲授，忽视学生读书学习和教师对学生的阅读指导；三是注重具体知识的迁移，忽视学习方法和学习策略的迁移等。

（三）人本主义教学设计模式

人本主义教学设计模式的理论基础是人本主义心理学。人本主义心理学关注人的尊严、价值和潜能；强调学习中人的因素，视学生为学习的主体；主张尊重学生的意愿、情感、需要和价值观；相信学生能自己教育自己、发展自己的潜能并最终“自我实现”；重视良好师生关系在学习中的作用。基于完美和完美人格是人本主义教学设计模式的基本特征。

1. 人本主义教学设计观

人本主义教学设计观主要体现在下列四个方面：

（1）教学目标。学习是学生实现自我的需要，帮助学生自我实现是教学的唯一目标。因此，教学设计要有利于发展学生的个性，激发学生内在的学习动机，教学应创造和谐融洽的人际关系。

（2）教学内容。学习是学生自主发动的活动。学生能自由选择学习内容，使学习成为自己的习惯。教师设计教学内容时，一方面要设计好现实的但与教学内容相关的问题和环境，以激发学生的内在动机，促使其进行探究学习；另一方面要提供学生感兴趣且能引起自主学习的教学内容。

（3）教学过程。教学过程是让学生在安全的氛围中释放内在能量的过程，自由发展是释放内在能量的最好条件。教学应为学生创设良好的氛围和环境，让学生自我感知世界，加深自己对世界的理解以达到自我实现。所以，教学设计应以学生为中心，创设有利于学习潜能发挥的情境，帮助学生增强对环境和自我的理解。

（4）教学评价。真正的学习是学生自我评价的学习，只有让学生自己决定评价准则、学习目的以及达到目标的程度并进行自我评价，学生才能对自己的学习负起责任。

2. 人本主义教学设计的代表模式

人本主义教学设计模式主要有以问题为中心的课堂讨论模式、非指导教学设计模式、开放课堂教学模式等。

1）以问题为中心的课堂讨论模式

该模式源于精神分析心理学家、群体心理治疗专家科恩的“以题目为中心的相互作用心理疗法”，具体做法是围绕某个题目进行集体讨论。该模式的前提是教师有掌控课堂教学的最大自由度，能根据实际安排教学内容和根据学生解决问题的状况调整教学进程；为让学生真正参与教学，教师须加强过程考核，并制定学生成绩的考核办法。

该模式包括三个阶段：一是问题准备。教师根据课时将课程划分为若干主题并整理出重要问题，在课前通过网络把学习主题发给学生，由学生针对主题阅读教材、查阅资料、提出疑问并将问题发给教师。教师整理问题，准备好解答要点。二是问题讨论。教师课堂讲解与主题相关的基本概念和理论后，展示准备好的问题，引导学生讨论、总结，并获得问题答案。三是问题巩固。该阶段既可让学生将通过讨论得出的答案写成书面材料以作业形式提交，也可针对学生提出的问题布置课后作业以检验学生对知识的消化程度。

2）非指导教学设计模式

“非指导”不是不指导，而是一种不明确的指导，也就是要有指导艺术，它能促进学生学习。罗杰斯认为，自我实现、自我选择和健康人格是教学追求的最终目标；作为“促进者”

的教师，其任务是创设真诚、信任的师生关系，营造“安全”的心理氛围，为学生提供学习手段和条件，促进学生自由成长。因此，教学设计的出发点和归宿是促进学生形成“完美人格”和“自我实现”。

该模式包括五个步骤：一是创设辅助情境。鼓励学生自由表达自己的思想。二是探索问题。鼓励学生表达自己的情感并澄清和明辨学生的情感。三是发展学生的洞察力。教师提供各种资源引导学生发表对问题的看法，启发学生从不同角度观察、分析问题，提高学生的洞察力。四是规划和决策。教师引导学生做出与自己期望一致的决策和计划，鼓励学生积极行动、实施计划。五是整合。学生汇报实施的行动，获得分析和解决问题的能力，并引导学生进一步完善计划并积极地行动。

3）开放课堂教学模式

该模式由韦伯于1971年提出，适用于年龄较小儿童的教学。开放式课堂教学不拘泥于授课形式，将重点放在教学方案与师生关系的开放性设计上，全方位、立体化开展教学，以最高效的方式满足学生学习的需要。

在开放课堂中，学生做想做的事、学想学的任何科目。教师的作用是鼓励和引导学生的活动，但并不放任自流。教师的首要任务是在适当的时间促进学生与学习材料发生真正接触。

人本主义教学设计从自然人性、自我实现出发，倡导以学生为中心，冲击了传统教学设计，推动了教学改革的发展。具体表现在：一是突出情感在教学活动中的作用，形成了以知情协调为主线、以情感为教学动力的新教学模式；二是以学生”自我”完善为核心，强调人际关系在教学中的重要性；三是把教学活动的重心从教师引向学生，把学生视为教学的主体，促进了个别化教学的发展。但强调以学生为中心就否定教师的作用是不正确的。

（四）建构主义教学设计模式

建构主义教学设计模式的理论基础是建构主义心理学。建构主义认为，学习是学生主动建构意义而不是被动接受外在信息的过程。这就要求教师由知识的传授者、灌输者转变为学生主动建构意义的帮助者、促进者。以学生为中心是建构主义教学设计模式的基本特征。

1. 建构主义教学设计观

建构主义教学设计观主要体现在下列四个方面：

（1）教学目标。针对传统教学强调为实现系统的预设目标而设计教学，使每个学生都达到预设目标这一问题，建构主义把教学视为学生在一定情境中主动利用知识经验建构知识的过程。每个学生的意义建构过程和结果千差万别，不能用统一的标准控制和量化处理不同学生的学习行为。所以，设计教学目标应着眼于培养学生利用已有经验建构新知识的能力。编写教学目标应强调知识的情境性、整体性，使教学目标具有弹性和可变性，突出在真实任务中以达到学习的目的，克服传统教学目标分析过度抽象、细化、分散和单调等问题。

（2）教学内容。知识不是对现实的准确表征和问题的最终答案，不能精确概括世界的法则，仅仅是对现实和问题的解释和假设，使用时需要针对具体情境进行再创造。课本知识是关于现实的较可靠的假设,学生学习课本知识是在理解的基础上检验和调整这些假设的过程。所以,课本知识并不是唯一的教学内容,教师的任务是设计有助于学生建构意义的学习情境,而不是直接向学生传授课本中的“客观”知识。

(3)教学过程。由于学生是知识意义的主动建构者,教师是学生知识意义建构的帮助者、协作者、组织者和促进者,因此,教学过程应以学为中心、以学为主,不拘泥传统教学程序而具有灵活性和富有弹性,由学生按自己的认知结构、学习方式选择自己需要的知识,并自定学习进度。

(4)教学评价。一是评价对象以“学”为主。评价“学”的焦点是学生在具体学习情境中建构了什么。每个学生在具体学习情境中建构的意义可能各不相同,评价的重点应放在建构意义的过程而不是预期的教学结果或学习成绩;评价“教”着眼于“教”是否有利于“学”,是否创设了有利于学的环境,是否能引导学生自主学习。二是评价标准以“能力”为主。对“学”的评价不能以接受知识的数量、掌握知识的深浅等为标准,而应以学生的能力为标准;对“教”的评价应关注是否为学生创设了有利于意义建构的情境,是否能激发学生的动机、主动精神和学习兴趣,是否能引导学生加深对基本理论和概念的理解等。三是评价方法以“自我评价”为主。学生按自己的认知结构、学习方式选择知识并自定学习进度进行自主学习,这就难以用掌握知识的数量和程度来进行他人评价,而应以学生的自主学习能力、协作学习精神等自我评价为主;不同学生在相同的学习情境中可能有不同的学习内容、学习途径、学习方法等,这就难以对学生进行客观性评价,自我建构的学习适宜采用形成性评价。

2. 建构主义教学设计的原则

基于上述教学设计观,建构主义者提出了以下教学设计原则:

(1)以学生为中心。“以学生为中心”的教学设计应强调三个问题:一是发挥学习的主动性要体现学生的首创精神;二是学生有多种机会在不同情境中应用所学知识;三是学生能根据反馈信息,形成新认识和问题解决方案。这三个方面是“以学生为中心”的基本要素。

(2)学习情境有利于意义建构。学习总与一定的情境相联系。真实的学习情境能让学生利用原有的知识经验同化新知识,赋予新知识以一定意义;若原有的知识经验不能同化新知识,则通过“顺应”改造、重组原有的认知结构,进而达到建构新知识意义的目的。

(3)协作是意义建构的关键。学生与情境交互作用是理解或建构知识意义的关键。在教师组织下建立的各学习群体通过考察、协商和辩论各种理论、观点、信仰和假说,共享学生群体的思维与智慧,共同完成对所学知识的意义建构。

(4)设计学习情境而非教学情境。学习情境是支持、促进学生自由探索和自主学习的场所。在具体的学习情境中,学生在教师帮助、支持和学生间相互协作、支持下,充分利用各种工具和信息资源实现自己的学习目标。所以,教学设计应针对学习环境而非教学环境。

(5)充分利用各种资源支持“学”。支持学生主动探索和建构意义,需要提供各种资源以便学生自主学习和协作探索。因此,教师应设计好如何获取资源、从哪里获取资源、如何有效利用资源等问题。

（6）建构意义是学习的最终目标。建构主义把知识的意义建构视为学习的最终目标，无论是学生独立探索、协作学习，还是教师辅导，都应围绕“意义建构”创设学习情境，而非从分析教学目标开始。

3. 建构主义教学设计的代表模式

在建构主义知识观、学习观、学生观和教学设计原则的指导下，形成了下列几种较成熟的建构主义教学模式：

1）抛锚式教学模式

抛锚式教学模式（如图 8-5 所示）又称实例式教学模式、基于问题的教学模式和情境性教学模式，由美国约翰・布兰斯福德的认知和技术项目组（Cognition and Technology Group at Vanderbilt，CTGV）于 20 世纪 80 年代末 90 年代初创立。

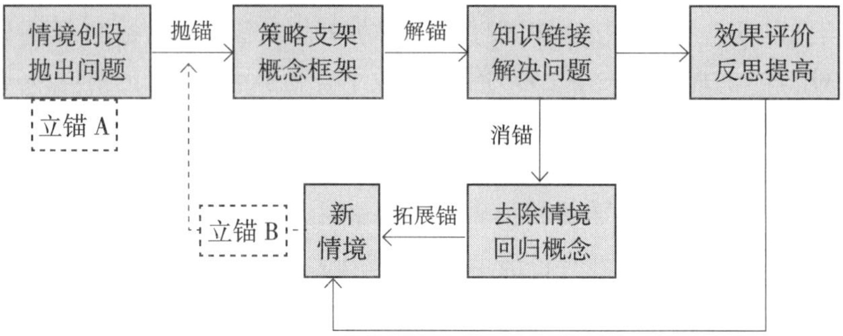

图 8-5 抛锚式教学模式

抛锚式教学模式指教师为学生创设真实的学习情境，将教学建立在真实事件或问题上，以激发学生的好奇心和创造力的教学模式。“锚”的本意是船停泊时使用的设备，这里指支撑教学的支撑物，通常为一个真实事件或学生感兴趣的一系列问题情境；“抛锚”指确定支撑教学的真实事件或问题，一旦确定了这类事件或问题，整个教学内容和进程就确定了（就像轮船被锚固定一样）。

抛锚式教学设计应遵循两条原则：一是教与学围绕某个“锚”设计，二是教学内容包括有利于学生探索和解决问题的丰富资源。

抛锚式教学设计的基本环节：一是创设情境。教师要创设一个有感染力的真实事件或问题情境，使学习能在与现实情况基本一致或相类似的情境中发生。二是确定问题。在上述情境下，教师要选择出与学习主题密切相关的真实事件或问题作为学习内容，选择出的事件或问题是“锚”，确定问题就是“抛锚”。三是自主学习。教师向学生提供解决问题的相关线索，鼓励学生围绕“锚”发现解决问题的方法，而非直接告诉学生应当如何解决问题，以发展学生“自主学习”能力。四是合作学习。学生之间、师生之间讨论和交流，在不同观点交锋中补充、修正，加深对当前问题的理解。五是效果评价。抛锚式教学的学习过程实质上是解决问题的过程，该过程能反映学生的学习效果，评价这种教学效果不需要专门的测验，只需在学生学习的过程中随时观察并记录学生的表现即可。

2）支架式教学模式

支架式教学模式（如图 8-6 所示）由布鲁纳依据维果斯基的最近发展区理论提出。支架式教学模式指教师的教学为学生提供有利于理解知识的“支架”,并借助于“支架”进一步帮助学生深层次理解教学内容的教学模式。其目标是以学生为主体,让学生在已有知识水平的基础上释放和发挥潜能,培养技能和创新能力。

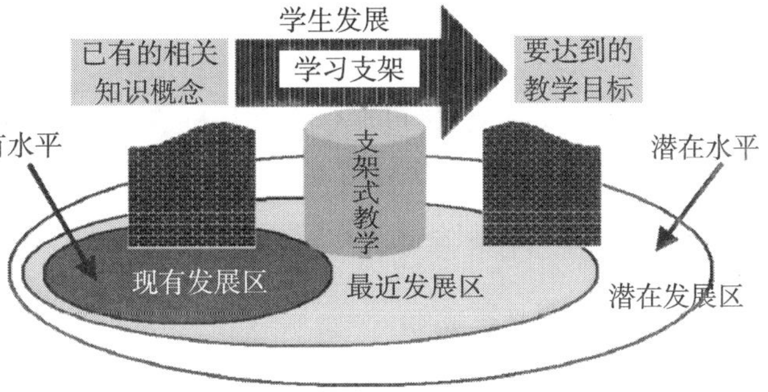

图 8-6　支架式教学模式

支架式教学设计的基本环节：一是搭建教学支架。教师以学生需要学习的知识作为主要发展区,以相关问题和需要理解的重要知识为基点搭建教学支架,为学生独立探索研究和互助学习、讨论奠定基础。二是进入教学情境。教师先设置一个教学主题,该主题包括学生需要学习的主要知识和解决的主要问题。三是独立探索。教师启发、引导学生自己去分析、确定与给定概念有关的各种属性并将各种属性按其重要性排列。在探索过程中,教师应根据学生存在的困难和问题适时提示,发挥好学习顾问的作用。四是合作学习。学习小组通过讨论、协商,增加或减少原来确定的、与当前所学概念有关的属性,调整各种属性的排列次序,并使原来相互矛盾、态度纷呈的不同意见逐渐明朗、一致,共享集体思维的成果,全面、正确地理解当前所学概念,最终完成对所学知识的意义建构。五是效果评价。包括学生个人的自我评价和学习小组对个人的学习评价,内容包括学生的自主学习能力、对小组合作学习的贡献、是否完成知识的意义建构。

3)随机通达教学模式

随机通达教学模式(如图 8-7 所示)又称随机进入教学,1991 年由斯皮罗等人依据认知灵活性理论提出的一种针对高级学习的教学模式。

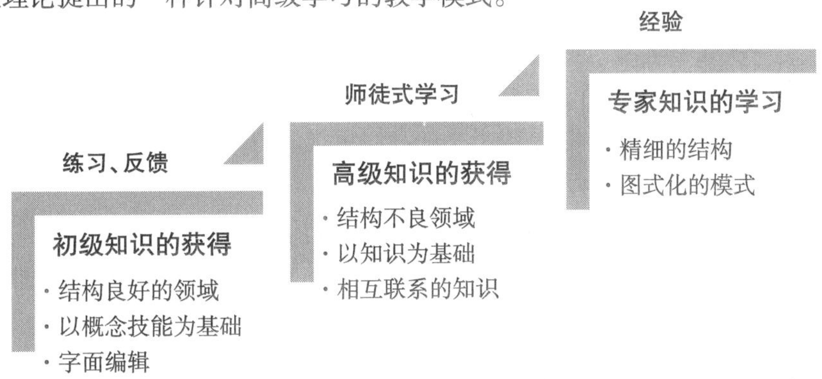

图 8-7　随机通达教学模式

随机进入教学模式指学生可随意通过不同途径和方式进行相同教学内容的学习,获得对同一事物或同一问题的多方面认识和理解的一种教学模式。它以调动学生的积极性和主动性为基础,将教学理论应用于教学设计的具体环节,循序渐进、螺旋上升地安排教学。

随机进入教学设计应遵循下列原则：一是教学应为学生提供知识的多元表征方式，如多种观点、模式、方案等，并鼓励学生自己对知识进行多种方式的表征；二是教学设计应建构由概念与案例交织组成的“十字交叉形”情境，即为学习者提供一个多角度探索的学习情境，用多个案例理解复杂知识，揭示抽象概念在结构不良领域中的细微变化，保证知识的概括性与具体性的结合，使知识具有灵活性，能适应变化的情境，增强知识的迁移性和覆盖面；三是避免教学材料内容的简单化，尽可能保持知识的真实性与复杂性，使学生能认识到结构不良知识的多样性、多种关联性和对情境的依赖性；四是教学应基于情境、案例和问题解决，注重学生对知识的建构而非知识的传递与接受；五是作为学习材料的教学内容是相互联系的知识整体。

随机进入教学设计的基本环节：

第一，呈现基本情境。向学生呈现与当前学习主题的基本内容相关的情境。

第二，随机进入学习。学生“随机”进入所选择的学习内容和与之相关联的情境中进行学习。

第三，思维发展训练。由于学习内容比较复杂，因此教师应注意发展学生的思维能力。具体方法：一是师生的交互应在元认知级进行（教师向学生提出的问题应有利于促进学生认知能力的发展而非纯知识性的提问），二是建立学生的思维模型（了解学生的思维特点），三是培养学生的发散性思维。

第四，小组合作学习。学生围绕呈现不同侧面的情境所获得的认识展开小组讨论。讨论中，每个学生的观点都应在协商环境中受到其他学生和老师的考察、评论，同时每个学生也思考别人的观点、看法并做出反映。

第五，效果评价。包括自我评价与小组评价，评价内容涉及学生的自主学习能力、对小组合作学习做出的贡献、是否完成对所学知识的意义建构。

4）认知学徒式教学模式

认知学徒式教学模式由柯林斯、布朗等于 1989 年提出，旨在促进学生高级思维能力的获得和知识迁移。

认知学徒式教学模式指通过允许学生获取、开发和利用真实领域中活动工具的方法来支持学生在某一领域中学习的教学模式。这一模式将传统学徒制方法中的核心技术与学校教育整合，主张在真正现场活动中获取、发展和使用认知工具来进行特定领域的学习，强调要把学生和实践世界联系起来，培养学生的高级思维能力，即专家实践所需的思维能力、问题求解和处理复杂任务的能力。

认知学徒式教学模式的基本要素：一是内容。包括领域性知识（如概念、事实和程序性知识）、策略性知识（通常为隐性知识，如启发式策略、控制问题求解过程的策略以及获取新概念、事实和程序性知识的学习策略）。二是方法。包括建模（展现专家完成某项任务的过程并解释理由，其目标是建构专家认知过程的心智模型，将内在的认知过程和活动外化）、指导（教师通过观察指导学生执行任务，为学生提供暗示、搭建“脚手架”、提供反馈、建立模型、修正和提出新的任务等，使学生学习绩效更接近专家的方式）、“脚手架”的拆除（在学生完成任务时，教师提供建议、帮助、暗示等支撑，随着学生能力的增强，教师应把更多的责任和控制权交还给学生，减弱对学生的支撑，逐渐去除“脚手架”）、清晰表达（学生运用一定的策略清晰地描述他们运用知识推理或问题求解的过程）、反思（学生将自己的思维和问题求解过程与专家、其他学生和某专业的内在认知模式进行比较，修正或完善自己的问题求解和任务完成过程）、探究（学生运用与专家问题求解相似的程序或步骤检验所提出的假设、方法和策略）。三是序列。确定学习活动序列应遵循全局技能先于局部技能、技能的复杂性递增、多样性的递增三条原则。四是社会性。学生学习的场所是实际的工作场所，作为认知学徒的学生应通过观察、练习、实践、交流、反思等学习方式，在真实情境的技能运用过程中快速提升高级思维能力。社会性包括情境学习（让学生在能反映知识的多样性运用的环境中执行任务和解决问题）、社会性交互（教学和学习应当发生在专家与新手的交互中）、专家实践文化（创造一个参与者积极沟通并从事专业技能实践的学习环境）、内部动机激发（与情境学习和专家实践文化的创设相关）、合作和竞争（合作有利于拓展学习资源，共享知识与技能，互助互惠，从而共同完成任务；竞争有利于改善学生的学习）等方面。

认知学徒式教学设计的基本环节（如图 8-8 所示）：一是建模。教师根据学习任务的需要选择典型事例，对专家的问题解决过程进行建模，让学生观察和模仿专家的思维过程。二是情境设计。教师根据学习任务与预期结果设计情境化学习活动，让学生在真实情境中模仿学习，发展远迁移能力。三是提供“支架”。教师对学生问题解决过程进行指导，提供必要的“支架”。四是清晰表达。学生清晰表达推理过程或解决问题的过程，了解自己的学习过程。五是反思。教师鼓励学生积极反思、评价或修正自己及他人的问题解决过程。六是拆除“支架”。学生能独立解决问题时，教师逐渐拆除“支架”，以促进学生发展。

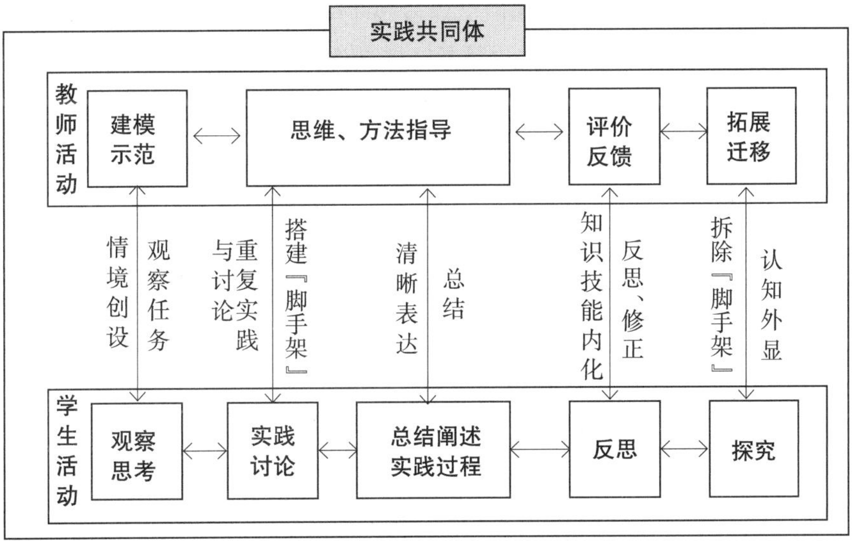

图 8-8　认知学徒式教学模式

建构主义教学设计重视学生内在心理变化和发掘内在潜力；注重调动学生的积极性，把学习主动权交给学生，使学生成为学习的真正主人；倡导教学过程的灵活性和弹性，追求教学创新和灵感；强调评价学习过程，等等。这些观点挑战了传统教学设计，揭露了传统教学设计的弊病，丰富了人们对教学设计的认识。但由于其理论本身的缺陷又使教学设计滑向了另一个极端：一是建构主义教学设计缺乏可操作性。建构主义既不涉及学生行为，也不关心学生认知结构与教师提供的工具和信息间的差距，致使教师在开始教学前不重视研究和分析学生必须掌握什么或将能做什么这一问题,最终导致学生无法掌握新技能。二是建构主义以个人获得的知识取代人类共同的知识,混淆了人类共同的知识与个人获得的知识的区别。知识与学习、知识存在与知识获得是不同概念,用个人获得的知识取代人类共同的知识否定了知识的客观性、可信性、可分类等基本属性,会导致教学放弃对教学目标和教学策略的确定、划分和控制。三是建构主义虽涉及教学内容,但更关注教学过程而不是评价个人的学习结果。

综上所述,随着学习理论的不断发展和融合,教学设计也日渐丰富,但学习理论并不成熟,教学设计也不可能找到一个成熟的、包罗万象的学习规律作为理论依据,还须从其他学科领域汲取营养。

第三节　小学教学设计的基本内容

任何教学设计都包含教学任务及对象、教学目标、教学内容、教学策略、教学过程、教学评价六个基本要素,这六个相互联系、相互制约的要素构成了教学设计的总体框架。下面从这六个方面分析小学教学设计的基本内容。

一、小学教学任务及对象分析

现代教学的基本点是既要传授知识又要着眼于学生发展。这就要求小学教师首先要明确教学任务,进而依据课程标准、教学目标安排教学内容和选择教学策略。

(一)小学教学背景分析

教学需要关注教师、学生、内容和环境等问题。因此,在教学前,小学教师必须了解和研究师生、内容和环境等的实际状况,这是教学的起点。

1. 小学生的学习准备和起始状态

学习准备和起始状态是学习的内部条件,是教学的起点。分析小学生的学习准备和起始状态是教学设计的必要环节。因此,小学教师应了解小学生的原认知水平(知识技能已达到的程度)、认知情感与态度、认知加工能力(学习方式和方法)。小学生的学习准备和起始状态是设计和实施教学的基础。

(1)学习态度。态度是学生对学习活动稳定的内在反应倾向。评价和反馈小学生的学习状况,学习态度首当其冲。学习态度体现了小学生对学习活动的认识、体验及行为准备。小学教师可通过观察、查阅资料、问卷调查、开座谈会等方法分析和了解小学生的学习态度。

(2)起始能力。小学生的起始能力是教学的起点,是教学设计的重要依据。

(3)知识背景。新学习结果的达成依赖已有知识背景。分析小学生的知识背景既要分析原有知识又要分析妨碍新知识获得的旧知识。小学生知识背景分析主要是分析认知结构中原有知识的稳定性、清晰性和可利用性。

2. 完成小学教学任务的环境条件

环境条件既包括教学的软件和硬件，也包括教学的主观方面和客观方面，这些因素都会影响教学任务的完成。硬环境指教学媒体设施和班级设置等，软环境指小学教师的教学理念和教学风格、班级的学习氛围、课堂教学评价等。

教学背景分析的结果是教学前的即时状态。在实际教学活动中，教学背景中的某些因素可能随活动的开展而发生变化，这些变化的最终状态将通过目标陈述来呈现，而促使变化的手段和途径是通过教学过程中对于教学策略的实施来实现的。

（二）小学教学内容分析

教学内容是完成教学任务、实现教学目标的主要载体。分析教学内容应依据培养目标和课程标准，结合小学生的认知特点和规律，从学习结果、学习形式、知识结构、影响学习的智力和非智力因素等方面分析教学的重点与难点，不能仅依据教科书分析教学重点、难点和考点，既要重视教科书中显性的教学内容，更要挖掘教科书中隐性的教学内容，力求将教学的科学性与教育性有机结合在一起。

（三）小学教学对象分析

分析教学对象一般涉及对小学生学习准备、学习风格、学习任务等因素的分析。

1. 学习准备

了解小学生的知识基础、智力水平和学习能力及影响小学生学习的心理特点和环境条件等。

2. 学习风格

学习风格是小学生持续一贯的带有个性特征的学习方式，是学习策略和学习倾向的总和。学习风格涉及生理、心理和社会三个层面。生理要素指小学生对外界环境中的生理刺激，对一天内的时间节律及对接受外界信息的不同感觉通道的偏爱。心理要素包括认知、情感、意志和动机。认知要素表现在认知过程中归类的宽窄、信息的继时性加工与同时性加工、场依存性与场独立性、分析与综合、沉思与冲动等方面。情感要素具体表现在理性水平、学习兴趣或好奇心、成就动机水平、内控与外控、焦虑性质与水平等方面。意志、动机要素则表现为学习的坚持性高低、言语表达力、冒险与谨慎等。社会要素包括小学生在独立学习与结伴学习、竞争与合作等方面表现出的特征。

3. 学习任务

分析学习任务是确定终点目标的前提。学习任务分析就是确定从小学生原有水平达到教学目标间所需的知识和技能，明确小学生学习中存在的困难、小学教师为小学生提供的帮助等。

二、小学教学目标设计

小学教学目标指小学生通过教学活动达到的预期学习结果。教学目标规定教学活动的方向、进程和预期结果，既是学习结果测量与评价的标准，也是选用教学策略的依据。

（一）小学教学目标的作用

教学目标不仅提示达到目标的最优过程与方法，还为评价教学结果提供标准。其作用体现在四个方面：

1. 定向作用

教学目标制约教学设计方向，指引教学过程，使教学活动有明确的共同指向。教学内容的确定、教学过程的实施、教学活动的评价、教学方法的选择、教学手段与媒体的使用等都要依据教学目标来确定。所以，教学目标被教育理论家称为教学活动的"第一要素"。

2. 激励作用

目标是激发小学生学习动机的诱因，具有激励功能。在教学开始时，以恰当的方式向小学生陈述具体的教学目标能激发小学生学习的欲望，调动小学生学习的积极性和主动性。实践证明，有无明确的教学目标影响小学生的学习态度。当小学生明确教学目标后，原有的知识和新问题会导致认知不平衡，引发小学生认知动机的产生，激励小学生努力探索未知，实现认知平衡。

3. 测度作用

教学目标一旦确定就成为测评教学效果的尺度。传统教学只有教学目的没有教学目标，而教学目的是教师为完成教学任务提出的概括性要求，这种概括性导致了教学评价的模糊性。有了科学、合理、具体的教学目标就有了测量的尺度。小学教师可以通过多种途径和方式检验小学生的目标达成情况并根据目标达成情况检验教学结果，以便及时采取矫正性措施，实施补偿性教学。

4. 聚合作用

教学目标是课堂各要素的联结点和灵魂。教学过程由师生、教学内容、教学环境、教学方法、教学评价等因素组成，它们在教学过程中发挥各自的作用。但如果不能形成合力，就很难产生综合效应，教学目标能把这些因素凝聚起来。所以，教学目标是教学活动的"统帅"和"灵魂"。

（二）小学教学目标的分类

教学目标有不同的分类，对我国小学教育影响较大的教学目标分类主要有：

1. 布卢姆等人的分类

20 世纪五六十年代，布卢姆等人第一次把分类学理论运用于教育领域，将教学目标分为三大领域，各领域又分为由低到高的不同层次，由此构成不同领域的层级系统，后一层学习任务的开展以前一层教学目标的实现为前提。

（1）认知目标。由低到高分为知识、理解、运用、分析、综合、评价六个层次。

（2）情感目标。由低到高分为接受、反应、价值判断、价值组织、个性化五个层次。

（3）动作技能目标。由低到高分为知觉、心向、引导的反应、机械练习、复杂的反应、适应、创作七个层次。

2. 我国基础教育课程的分类

（1）知识与能力目标。属于结果性（行为性）目标，说明小学生学习结果的量化目标，采用的行为动词要具体明确、可观测、可量化。

（2）过程与方法目标。属于表现性目标，说明小学生在学习活动中各种表现的目标，采用的行为动词通常与小学生的表现有关或结果是开放性的。

（3）情感、态度和价值观目标。属于体验性目标，描述小学生的心理感受、情感体验。

（三）小学教学目标的设计

通过分析教学任务与教学对象，小学教师在基本把握教学的整体情况后，就要依据课程标准确定小学生学习每一项从属知识和技能应达到的程度或状态，并用具体的、明确的、能操作的目标表述出来，这就是教学目标设计。教学目标设计是教学设计的首要环节。

1. 小学教学目标设计的依据

对于小学教师来讲，设计教学目标主要应考虑以下三个问题：

（1）小学生。教育活动的出发点和终极目标都指向小学生发展，设计教学目标的首要依据是小学生。以小学生为依据设计教学目标，须考虑小学生的年龄、家庭背景、需要、已有知识结构、学生间的人际关系等。

（2）学科教学目标。学科教学目标是确定课堂教学目标的依据和评价标准。确定课堂教学目标要充分考虑学科特点及其在课堂中的落实问题。

（3）教学资源。教学资源包括教材、教师和教学条件等。教科书是最重要的教材，是按课程标准编写的、供师生使用的教学文本；小学教师的专业知识、专业技能和专业精神决定了教学目标能否满足社会对教学的需求、能否适应小学生差异以及能否选择恰当的教学内容精心组织小学生学习；学校教学设施和社区、家庭及学校文化等课程资源的开发与整合程度也制约着教学目标的确定。

2. 小学教学目标设计的环节

设计小学教学目标一般包括下列四个环节：

（1）明确教育目的。教育目的是一切教育活动的出发点和归宿，是教育活动总的指导思想，制定任何教学目标都必须以教育目的为准绳；培养目标是在教育目的的指导下，学校根据自身性质与特点确定的教育目标；课程目标则是在教育目的和培养目标的指导下确定的学科课程目标。确定教学目标首先应以教育目的为指导，明确学校的培养目标和课程目标并体现在教学活动中。

（2）确立目标基点。主要是分析小学生的身心发展特点、社会需求和学科知识，这是确定教学目标的关键。因为它决定教学是以学生满足需要为主还是以适应社会需求为主，是以传授知识为主还是以适应社会为主。

（3）确定目标形式。教学目标有多种表现形式。确定教学目标需在不同形式的目标中做出选择。因为不同形式的教学目标有不同的编制和陈述方式等。

（4）确定具体目标。对已确定的教学目标应分层次进行具体描述，才能形成可操作的、具体的教学目标。

3. 不同形式教学目标的陈述

陈述教学目标是目标编制的核心。能否科学、精确陈述教学目标直接关系到教学目标的达成与检测。目标陈述模糊、无法实施和测量是小学教师存在的主要问题。常用的教学目标陈述方式主要有：

1）行为目标

1962 年，美国教育心理学家马杰在《准备教学目的》中介绍了用行为术语陈述教学目标的方法：一是行为。说明教学后学生能做什么，避免使用“知道、理解、掌握、欣赏”等心理词汇，方法是使用动宾短语，如能说出、比较、列举……。二是条件。说明学生在什么情况下表现行为。行为产生的条件通常包括环境、人、设备、信息、时间因素和问题的明确性等。描述行为产生条件时，要注意区分学习过程与学习结果产生的条件。如“通过一个月的训练，学生能……”，“通过一个月的训练”是学习过程而不是学习结果产生的条件。三是标准。规定符合要求的作业标准。对行为标准给出具体要求可使教学目标具有可测性。标准的表述一般与“好到哪种程度？”“在多少时间内完成？”等问题有关。

1983 年，美国教育心理学家阿姆斯特朗和赛维吉认为，需在上述三要素的基础上加上教学对象的描述，这就形成了 ABCD 四要素教学目标设计模式：一是对象（audience），即实现目标的主体。教学对象是教学目标的要素之一，应阐述学生学习后的结果，行为主语是学生。二是行为（behavior），即学生学习后能做什么。行为是教学目标中最为重要的部分，明确、具体的目标有助于师生在教与学过程中及时了解是否达成目标，以便及时调整策略。三是条件（condition），即行为发生的条件，包括环境因素、人的因素、设备因素、信息因素、时间因素、问题明确性因素等。四是标准（degree），即合格行为的最低标准。标准是行为完成质量可接受的最低衡量依据，可从行为的速度、准确性和质量三个方面确定。

如：小学数学“角”的教学目标之一。

目标：小学生能用直尺和圆规画出一个角的等分角，误差在 1° 以内。

条件：给出直尺和圆规。

行为：画出。

对象：一个角的等分角。

标准：误差在 1° 以内。

2）内部过程与外显行为结合的目标

行为目标克服了传统教学目标陈述含糊、难操作和难测评等缺点，却忽视了学习造成的心理过程变化，容易使教学目标局限于行为训练。对此，1972 年，美国教育心理学家格伦兰德等人提出了用内部过程与外显行为结合的方式来陈述教学目标。

内部过程与外显行为结合的教学目标由两部分构成：一是一般或基本的教学目标，用一个动词描述学生教学后发生的心理变化，如记忆、知觉、理解、创造、欣赏等；二是具体教学目标，列出具体行为样例，即学生通过教学产生的、能反映内在心理变化的外显行为，使一般教学目标进一步明确和具体，作为判断学生是否达到一般教学目标的依据。

如：小学语文的教学目标之一。

A. 掌握生词“讨厌”（反映心理变化）。

A-a. 用自己的话解释“讨厌”（行为样例）。

A-b. 从课文中找出有“讨厌”的句子（行为样例）。

A-c. 用“讨厌”写一句话（行为样例）。

心理与行为结合的教学目标陈述既强调学生学习结果的内在变化，又克服了传统教学目标陈述上含糊不清和不可操作的弊端。这种观点和技术获得了许多心理学家的支持和认可。

3）表现性目标

表现性目标指每个学生个体在与具体教学情境的种种“际遇”中产生的个性化表现，是美国学者艾斯纳提出的一种目标取向。

艾斯纳把教学目标分为教学性目标和表现性目标，前者是预设的目标，规定学生在某学习活动结束后的行为结果，目的在于使学生掌握现成文化，实际上是行为目标；后者是描述学生在教学过程中作业的情境、将要处理的问题、将要从事的活动任务等的目标，目的在于培养学生的创造性，强调个性化。

小学阶段，设计表现性目标重在描述小学生的经历，看小学生在学习活动中的表现，而非关注小学生在活动后能做什么、做得如何。

例如：参观动物园，讨论在动物园里看到的最有趣的几件事；阅读《丑小鸭》，理解其意义。

三、小学教学内容设计

小学教学内容设计是小学教师认真分析教材、合理选择和组织教学内容以及合理安排教学内容的表达或呈现的过程，既是小学教学设计最关键的环节，也是小学教学设计的主体，其质量高低直接影响小学教学活动的成败和效果。

（一）不同类型知识的教学设计

教学设计应针对不同类型知识的特点进行，一般可分为：

1. 陈述性知识的教学设计

陈述性知识分为三类：有关事物名称或符号的知识、简单命题知识或事实知识、有意义命题的组合知识。如数学、科学的基本事实、概念、命题、原理等，体育动作要领等都属于陈述性知识。

陈述性知识教学设计的重点在于如何帮助小学生有效理解、掌握这类知识，注重小学生对符号或词语意义的获得。因此，陈述性知识教学设计要做到以下几点：一是找出新旧知识的结合点，讲清二者的关系，提示小学生回忆原有知识，以帮助小学生在理解的基础上吸收、同化新知识；二是认真分析小学生的学习准备情况，除了解小学生一般的学习状况外，还要深入分析小学生的已有知识准备、知识结构、学习动机和学习习惯；三是恰当引入教学媒体，如教具、学具，以增强教学内容设计的直观性、形象性和丰富多样性；四是引导小学生获得原理内容，能举例说明原理并将新获得的原理与原有知识融会贯通。

2. 程序性知识的教学设计

程序性知识涉及概念或规则的应用，即对事物进行分类和进行一系列运算、操作。语文中的句子规则，数学、物理、化学中的大部分知识，体育中的动作技能等都属于程序性知识。

程序性知识教学设计的目的是帮助小学生形成运用概念、规则和原理解决问题的能力。程序性知识教学设计应注意：一是明确设计教与学的程序、步骤；二是有充分的练习设计，使小学生得到充分实践；三是注意正反例练习内容的设计，正例有助于概括和迁移，反例有助于辨别，使概念精确；四是正确处理练习时间的分散与集中、部分与整体的关系，对较复杂的程序性知识应先练习局部技能，后进行整体练习；五是合理规划、分配讲授与练习的时间，使小学生对教学内容的理解与技能的训练得到有效保障。

3. 策略性知识的教学设计

策略性知识分为两种水平：一般认识活动的策略性知识和创造思维策略知识。策略性知识没有专门和具体的学科内容，渗透在各科学习中，对小学生学会学习有长远的价值。

策略性知识的教学设计要解决好课程、教师、学生三个问题。传统课程没有把认知策略训练作为重要目标，教材缺乏相应的内容；许多教师缺乏有关的学习策略、认知策略方面的知识，缺乏策略教学的训练；学生大多缺乏认知策略的基本知识和基本技能。小学教师在设计时要注意：一是要学习和掌握有关学习策略、认知策略方面的知识和技能，加强策略教学的训练。二是要挖掘课程中的策略性知识内容，依据小学生的学习特点进行有针对性的教学设计。如通过提问控制小学生的注意力，使之逐步由外界控制变成自我控制；教会小学生在听课和看书时如何做笔记；还可以教会小学生如何将知识加以组织与意义加工，促进和便于回忆；等等。

（二）小学教学内容设计的基本要求

针对不同类型的知识和小学生的学习特点进行教学设计时应注意以下要求：

1. 选择的教学内容贴切

选择的教学内容，一是与教学目标紧密联系，不能选择无关的或关系不大的内容；二是选择的内容既以小学生心理水平为基础，又具有发展性，能促进小学生“最近发展区”的发展；三是选择的内容具有启发性，能促进小学生思维能力的发展。

2. 按逻辑顺序和心理顺序相结合的方式组织教学内容

逻辑顺序，即知识系统的内在逻辑体系。心理顺序，即小学生学习活动内在的认知规律。因为两者在很多情况下不一致，如“细胞”是逻辑上单纯的知识，但是小学生理解起来远比理解复杂的高等植物和动物要困难，所以设计教学内容时必须考虑两者的顺序。

四、小学教学策略设计

小学教学策略是为完成教学任务、实现教学目标而对教学活动进行调控的一系列方式，包括课程的划分、教学顺序设计、教学活动设计、教学组织形式确定四个方面。小学教学策略设计既要符合教学内容、教学目标、教学对象的要求，又要考虑教学条件。

（一）小学教学策略的选择

小学教学策略选择的依据主要是教学目标和教学内容。目前，课堂教学主要有两种策略：

1. 以教师为中心的指导教学策略

如果教学内容是有结构、有组织的知识、技能且要求小学生掌握这些知识和技能，宜采用以教师为中心的指导教学策略。讲授法、问答法、有指导的阅读、练习、讨论等都是以教师为中心的指导教学策略的运用。

2. 以小学生为中心的教学策略

如果学习任务是需要小学生积极参与的、开放的、灵活的问题情境，教学目标重在培养小学生的创造性、抽象思维能力和解决问题能力，宜采用这种教学策略，如发现教学、探究教学和合作学习。

（二）小学教学策略设计的内容

1. 教学准备策略

包括教学目标的叙写、教学材料的处理、组织形式的设计等。

2. 教学行为策略

包括呈示行为策略（如讲述行为、板书行为、声像呈示行为、动作呈示行为）、教学对话策略（如问答行为、讨论行为）、指导行为策略（如练习指导、阅读指导、活动指导）等。

3. 辅助行为策略

包括学习动机的培养与激发、课堂交流的有效组织、课堂强化技术的运用、积极的教师期望等。

4. 管理行为策略

包括常规的建设、问题行为的调控、管理模式的设计、时空管理等。

5. 教学评价策略

包括诊断性评价、形成性评价、终结性评价等。

6. 指导学习策略

包括简单的复述策略、复杂的复述策略、简单的精致化策略、复杂的精致化策略、简单的组织化策略、复杂的组织化策略、综合性的监控策略、情感与动机策略等。

五、小学教学过程设计

教学活动从起点成功达到终点还需有效组织教学过程，教学过程是教学设计的核心。教学过程设计包括：

（一）小学教学事项设计

学习过程由一系列心理活动及其相互关系构成，但小学生学习由事先设计的教学情境决定。因此，小学教师应安排好教学事项的程序，其程序共包括九个方面：引起注意，提示教学目标，唤起先前经验，呈现教学内容，提供学习指导，展现学习行为，适时反馈，评定学习结果，加强记忆与学习迁移。这些教学事件的呈现只是一个相对合理的顺序，并非一成不变，也不是每节课都完全需要这些事件，需由教师根据实际情况合理安排。

（二）小学教学方法设计

教学方法影响教学的组织和小学生的学习结果。小学教师可从以下两个方面考虑教学方法的选择：如果是大班教学，常用的方法有讲授法、问答法等；如果是小组教学，常用方法有讨论法、指导法等。

设计教学方法有以下要求：一是根据具体的教学目标、教学任务、教学进度和时间、小学生学习特点、小学教师特点和现有教学条件等选择教学方法；二是小学教师要尽可能广泛地了解有关的新教学方法；三是比较各种可供选择的教学方法，选择最优的教学方法。

（三）小学教学媒体设计

教学媒体是承载、传递教学内容和信息的工具，既包括语言、文字、粉笔、黑板等传统教学媒体，也包括幻灯、录音、录像、电影、电视和电子计算机等现代教学媒体。尤其是现代教学媒体为教学信息的便捷、高效传递提供了可能，为提高教学质量奠定了物质基础。

教学须借助于传递信息和提供刺激的媒体。因此，选择与设计教学媒体应考虑以下几个问题：一是教学目标。选用的教学媒体有利于特定教学目标的达成，符合教学任务的需要，切合教学内容的性质和特点。二是教学对象的特点。选用的教学媒体符合小学生的年龄特点和学习需要，能激发小学生的学习兴趣，发掘小学生的学习潜能。三是媒体的技术特征。既考虑各种媒体的技术特点和功能，又考虑小学教师的操作能力，有助于发挥小学教师的教学特长。四是经济条件。尽可能本着经济、有效、量力的原则满足教学需要。

（四）小学教学结构设计

教学结构是为完成一定的教学目标在时空上对各教学要素的排列组合。

设计教学结构涉及下列内容：一是合理安排各教学环节。根据具体教学目标、教学对象、教学内容恰当安排教学环节，把握好各环节的任务和要求。教学环节一般包括明确教学目标、感知教材、理解教材、练习巩固、系统小结等。由于各学科教学性质、任务不同，教学环节也有差异，小学教师应根据学科特点和教学需要进行选择。二是组织好各具体教学环节。既安排好各环节的先后顺序，又考虑各环节引起和维持注意的手段、呈现教学内容的方法和媒体等。三是协调各教学环节，使各环节的教学内容既重点突出又全面兼顾，保证教学目标的实现。

（五）小学教学时间设计

教学时间是影响教学活动的重要因素，控制和改变教学时间在一定程度上意味着控制和改变教学活动。

小学教学时间设计要注意以下问题：一是把握好整体时间的分配。小学教师设计教学首先要分配好学年或学期教学时间，再依据课程标准和教学需要对整体教学时间做出合理规划。二是科学规划单元教学课时。依据课程标准认真分析单元的知识点、重难点、小学生已有知识准备，确定单元教学时数并对相应内容做出规划和安排。三是合理安排单位教学时间（课时）。确定了单位课时教学内容后，要安排好课堂教学各环节，在时间上对各环节进行恰当分配，以获得最大教学效益。四是保障小学生实际学习的时间。这是提高教学效率，实现教学目标的基本前提。小学教师既要加强管理，减少学生迟到、早退、无故缺勤现象，又要避免自身缺课，还要通过教学设计和实际教学吸引小学生的注意并激发其学习兴趣，提高单位时间的利用率。五是维持小学生专注学习的时间。小学生每天的学习能力变化较大，通常每天上午第 2、3 节课最强，下午第 1 节课较差；不同年龄的小学生的学习有效持续时

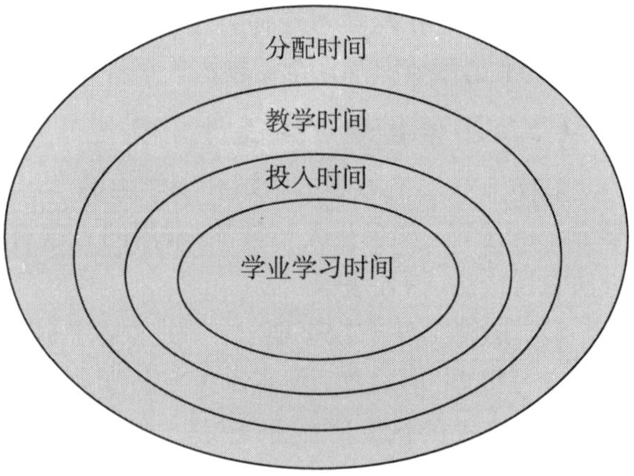

图 8-9　教学时间的层次

间也不同。应依据这些差异对每堂课的上课时间、什么时间上什么课程等做出相应安排(如图 8-9 所示)。六是防止教学时间的遗失。在教学活动中,小学生常常不经意地浪费时间,应避免和防止类似现象的发生,要求小学教师把握好每个教学环节,精心设计每项教学内容、每个教学步骤,同时对可能出现的问题及处理办法有一定的预测和心理准备,做到心中有数。

(六)小学教学环境设计

教学环境是由多种不同要素构成的复杂系统,广义上指影响教学活动的全部条件,包括物理环境和心理环境;狭义上指班级内影响教学的全部条件,包括班级规模、座位模式、班级气氛、师生关系等。设计教学环境应注意改善教学的物质条件,创建良好的班级学习氛围与文化环境,建立良好的师生关系,优化教学评价等。

六、小学教学评价设计

小学教学评价是依据小学教学目标对教学过程及结果进行价值判断并为教学决策服务的过程,包括对教学过程中教师、小学生、教学内容、教学方法手段、教学环境、教学管理等因素的评价,但主要是对小学生学习效果和小学教师教学过程的评价。

评价小学生学习的作用是检测、激励小学生,促使小学生发展。因此,小学教师设计小学生学习评价要结合教学目标、教学内容和学习环境及小学生个体差异等,制定切实可行的评价标准。

对小学生学习的评价一般分为课堂学习效果评价和课后学习效果评价。课堂学习效果评价的方式有课堂回答、课堂讨论、课堂小练习、课堂小测等,课后学习效果评价的方式有课后作业、课后实验、课后实践等。

对小学生学习的评价设计,首先是确定评价方式,明确评价的具体方法;其次是明确评价标准,具体说明评价的知识点和能力。

能力训练

一、单项选择题

1. 现代教育技术形成于 20 世纪六七十年代,其最核心的内容是(　　)。

A. 教学方法　　B. 教学原则　　C. 教学媒体　　D. 教学设计

2. "为控制教学行为而设计教学"这一观点属于(　　)教学设计模式。

A. 行为主义　　B. 认知主义　　C. 人本主义　　D 建构主义

3. 基于学生认知发展而进行教学设计的教学设计模式是(　　)。

A. 行为主义　　B. 认知主义　　C. 人本主义　　D. 建构主义

4. 教学设计的首要环节是(　　)。

A. 明确教学任务　　B. 选择教学重点　　C. 设置教学目标　　D. 确定教学内容

5. 若教学内容是有结构、有组织的知识、技能且要求学生掌握，宜用(　　)。

A. 以学生为中心的教学策略　　B. 以知识为中心的课堂教学策略

C. 以能力为中心的实践教学策略　　D. 以教师为中心的指导性教学策略

二、辨析题

1. 解决问题策略的多样化就是要求每个小学生用不同的方法解决同一个教学问题。

2. 只要把学习的时间交给小学生，让小学生自己学习，就是以自主学习为中心的课堂教学。

三、简答题

1. 行为目标陈述需具备哪些要素？

2. 教师进行教学设计时应注意哪些问题？

四、实践题

从小学语文课本或小学数学课本中任选一个内容进行教学设计。

第九章 小学课堂管理

- **教学目标**：掌握课堂管理的含义，了解课堂管理的功能、影响因素、管理原则；了解课堂心理气氛的含义、类型及影响因素，掌握良好课堂心理气氛营造的策略；了解课堂纪律的类型和课堂问题行为产生的原因，掌握课堂纪律管理的一般策略。
- **教学重点**：良好课堂心理气氛营造的策略、课堂纪律管理的一般策略。
- **教学难点**：良好课堂心理气氛营造的策略、课堂纪律管理的一般策略。
- **教学内容**：

（1）课堂管理的含义、功能、影响因素及管理原则。

（2）课堂心理气氛的含义、类型、影响因素及营造策略。

（3）课堂纪律的含义，课堂问题行为的类型、产生的原因，课堂纪律管理的一般策略。

内容提要

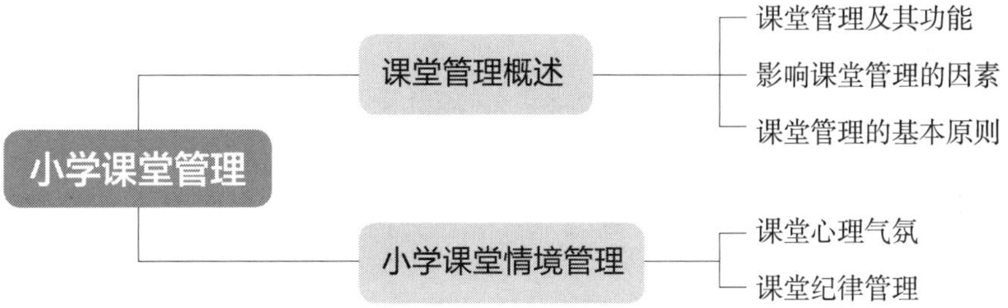

第一节　课堂管理概述

课堂管理是学校教育教学管理的重要组成部分，它贯串于整个课堂教学的过程。良好的课堂管理能够保证教学目标的实现，并能促进教学质量的提高。因此，课堂管理是有效教学的重要组成部分，管理好课堂是开展教学活动的基石，教师必须不断地提高课堂教学的管理技能。

一、课堂管理及其功能

课堂管理在于通过协调课堂内的人际关系，优化课堂环境，保证课堂教学顺利、有效进行，从而实现预定的教学目标。

（一）课堂管理的含义

课堂管理指教师为了完成教学任务，有效利用时间协调课堂内的人际关系，创设良好的学习环境，减少学生不良行为的产生以引导学生学习，进而有效实现教学目标的一系列教学行为方式和活动措施。

课堂管理由师生、课堂环境、人际关系、管理目标等要素构成。教师是课堂教学的组织者和领导者，在课堂管理中居于主导地位，确定课堂管理的目标、实施、控制、检查、评价等，建立和保持良好的教学条件，发挥学生的潜能，利用课堂资源实现教学任务和目标。学生处于被管理者地位，但教学是师生的双边活动，教学目标的实现程度取决于师生的协同配合，教学效率的高低取决于师生双方的活动效率的高低。

（二）课堂管理的目标

课堂管理的目标是营造和维持积极的学习环境。有效管理的课堂，应能体现学生的发展需要，维持学生的学习兴趣、动机和参与程度。一般认为，有效的课堂管理要达到三个目标。

1. 争取更多的时间用于学生学习

课堂管理的一个重要目标是尽量争取更多的时间用于学生学习。这就要求教师在规定的教学时间里为学生争取更多的学习时间。为学生争取更多的时间用于学习，有直接的方法和间接的方法。直接的方法与争取时间直接有关，重要的是教师不无故旷课、不迟到早退、上课时尽快进入课堂教学等，而间接的方法包括课堂管理的所有措施。

2. 争取更多的学生投入学习

课堂教学过程中，教师应关注每一个学生，争取让更多的学生积极参与课堂教学，主动学习。苛文和曼德勒于 1998 年指出，教师应该将他的精力和重点放在发展针对 80% 学生的组织策略和技巧上；对部分学生表现出的偶尔偏离，教师应该采用干预策略来使其行为重新限定在适当的、有利的方面；对极少部分学生的违反规则，教师应通过特殊的帮助来给予注意并加以矫正。

3. 帮助学生自我管理

教师通过课堂管理，最终促使学生进行自我管理。学生的学习活动由外在的控制转变为自主调节控制。关于如何让学生对自己的课堂行为进行自我管理，1994 年，丹波建议：首先，让学生更多地参与课堂规则的制定；其次，用较多的时间要求学生反思需要某些规则的原因以及产生不良行为的原因；再次，应当给学生机会考虑他们将怎样计划、监视和调节自己的行为；最后，要求学生回顾课堂规则，并提出必要的修改建议。

（三）课堂管理的功能

教学过程既包括教与学的活动，也包括教学效果评价，还包括对教学各环节的计划、决策、组织、监督和调节。课堂管理在于创设良好的课堂环境，吸引学生主动参与课堂活动，最大效率地利用课堂时间。它具有两个基本功能：

（1）促进功能。良好的课堂环境能满足学生的合理需要，调动学生的积极性，最大限度地发挥学生的潜力，促进学生的学习。加强课堂管理能协调好课堂内的人际关系，正确处理课堂中正式和非正式群体的关系，创造良好的课堂气氛，帮助学生明确教学目标等。

（2）维持功能。在实现教学目标的过程中，难免会遇到各种干扰因素。为保证教学活动有良好的环境，教师必须维持课堂的正常秩序，有意识地排除各种干扰、影响。课堂管理的维持功能主要表现在：减少突发事件、维持课堂纪律和良好的课堂气氛。

二、影响课堂管理的因素

教师的领导方式、班级规模、班级的性质与特点、社会和学生对教师的期望等是影响课堂管理的因素。

（一）教师的领导方式

教师的领导方式对课堂管理有直接的影响。普雷斯顿将教师的领导方式划分为参与式与监督式两类，并认为这两类领导方式对课堂管理的影响不同。参与式领导的教师在课堂上更加注重营造自由的氛围，鼓励学生自由发表意见，在恰当的时候给予学生引导，而不把自己的意见强加给学生。而监督式领导的教师营造的课堂气氛较严肃，经常监督学生的行为有无越轨，喜欢指责、批评学生，个性较为冷淡，不注重和学生的情感交流。

（二）班级规模

课堂管理以班级为单位进行，因此班级的大小影响着课堂管理的方式。首先，班级规模的大小会影响学生间的情感联系。集体规模越大，情感纽带的力量就越弱。当教师无法顾及每位学生时，那些被忽视的学生往往成为班级管理的难点。其次，班级学生越多，学生间的个别差异就越大，越难以统一认识，课堂管理遇到的阻力也就越大。再次，班级规模的大小会影响交往模式。班级规模越大，学生之间交往的频率越低，相互间的了解就越少，集体规范的建立就越困难。相应地，对教师的课堂管理技能要求也就越高。最后，班级规模越大，学生由于受交往时空的限制，往往容易形成各种非正式的小群体。而这些群体是否能处理得当又影响课堂管理是否有效。因此，班级规模不同，课堂管理的方式也需要发生相应变化。

（三）班级的性质与特点

除了班级规模外，班级的性质与特点也影响着课堂管理。不同的班级往往有不同的群体规范和不同的凝聚力，教师不能用固定不变的课堂管理模式对待不同性质的班级。对于凝聚力较强、群体规范较好的班级，教师可以利用其固有的凝聚力充分发挥学生的自觉性和主动性，侧重于让学生自控自理。而对于那些纪律相对涣散、凝聚力较差的班级，教师则要更多地发挥权威的作用，给予学生足够的监督和指导。因此，教师应深入了解、研究所教班级的特点，运用促进和维持的高级技巧获得理想的管理效果。

（四）对教师的期望

人们对教师在学校情境中执行任务往往有一种比较固定的看法。对教师的期望包括教师理应表现的行为及其所具有的动机和意向的期望，它形成于教师的长期交往方式和一般行为的结果。通常，学校领导、学生家长及学生本人对教师都会有期望。这种期望常常影响课堂管理。例如，有些学校对教师的创新管理持支持态度，给予教师很大的自主权，受到这种期望影响的教师就容易创造出和谐、活跃的课堂气氛。相反，如果学校对教师的课堂管理提出过多的限制性要求，教师受学校制度的影响，不能随意施展自己的管理才能，容易营造呆板、沉闷的课堂氛围。同样，学生对教师的行为也有不同的期望。有的学生期望教师公正客观，有的学生期望教师德才兼备。如果教师的表现与学生的期望不一致，那么课堂里会出现不满的声音，这会给教师管理课堂增加难度。因此，教师应该了解学生对自己的期望是什么，尽量让课堂管理方式与学生的期望一致。

三、课堂管理的基本原则

案例

在给这个班上语文课之前，就听班主任和其他科任老师说这个班是有名的调皮班。因此，上课之前，我板起脸孔，和学生约法三章：课堂上不许这样，不许那样……果然，课堂上很安静。可当我提问时，课堂上竟然没有一个学生回答问题。我火了，“学语文是需要开口的，不知道朗读是学语文的一个重要环节吗？怎么让你们读书和提问，你们都不吭声呢？变成哑巴了吗？”这时，学生才说：“老师，不是你规定我们上课不能说话吗？”我心里羞愧，但还是强辩说：“是让你们不要乱说话，不是让你们不读书或不回答问题呀！”学生抗议道：“哪有这么不讲道理的老师！”一个全班最调皮的学生尖叫起来，惹得其他学生哄堂大笑。我一气之下，把他拉到教室外，把门关上，不让他听课。教室里的学生都成了“木头人”，一动不动地听课。我提问一个学生，当我喊到他的名字时，他竟然吓得浑身发抖。

思考：案例中该教师课堂管理的方式适当吗？课堂管理中要注意哪些原则？

为发挥课堂中积极因素的作用，减少消极因素的影响，必须对课堂进行有效调控。调控课堂教学环境，课堂管理要遵循以下原则：

（1）目标导向性原则。良好的课堂教学管理目标可使师生的心理同步、思维定向，使师生的活动有共同的指向，成为教学中的行为方向。

（2）整体性原则。从整体出发，对课堂中各种因素进行规划和调整，使课堂有利于促进学生身心发展和提高教学效率。课堂是由教师、学生和环境共同组成的小型社会，课堂是学习活动的大环境，任何课堂活动都应该以谋求课堂整体发展为导向，无论是课堂教学环境的设置、课堂教学时空的安排、课堂事务的处理、课堂活动的进行，都要顾及课堂的整体效应，追求课堂管理的质量。

（3）规范性原则。课堂教学管理的规范化、常规化、过程化、科学化，有利于课堂教学活动的开展，有利于学生积极主动地参加课堂活动，有利于学生完成课堂活动计划。

（4）灵活性原则。课堂教学管理应根据学生条件、教学方法、教学内容的变化而进行必要的调整。要把课堂教学的灵活性与真实性、多样性与有效性有机结合。

（5）发展性原则。课堂教学管理的目的在于促进学生的素质发展、教学质量的提高。要坚持以人为本，以学生的发展为核心，根据学生的认知能力和心理特点，来确定课堂教学管理的目标，立足于引导全体学生全面发展，营造师生互动的氛围，促进学生主动地学习和探索。

第二节　小学课堂情境管理

在小学课堂教学中，课堂心理气氛及课堂纪律的状况是直接影响教学效果的重要条件。

一、课堂心理气氛

课堂教学效果不仅取决于教和学，还取决于师生交往的心理背景，即课堂的心理气氛。不同课堂的心理气氛的教学效果和学习效率有明显差异。营造积极、和谐的课堂心理气氛是课堂管理的重要内容，是实现有效教学的重要条件。

（一）课堂心理气氛的含义

心理气氛指群体活动表现出的占优势的稳定情绪状态，课堂心理气氛是班集体在课堂中表现出的占优势的态度与情感的综合状态，具有独特性、稳定性、感染性、指向性等特点。

（二）课堂心理气氛的类型

根据小学生课堂表现的注意、情感、意志、定式与思维状态，可将课堂心理气氛分成积极的课堂心理气氛、消极的课堂心理气氛与对抗的课堂心理气氛三种类型。其中积极的课堂心理气氛的特征是良好课堂心理气氛的特征。

（1）积极的课堂心理气氛。课堂情境符合小学生心理发展的特点，小学生注意力高度集中，思维活跃，课堂发言踊跃，课堂纪律良好，时刻注意听老师讲或同学发言；师生间、学生间关系融洽，配合默契。

（2）消极的课堂心理气氛。课堂不能满足小学生学习的需要，小学生注意力分散，情绪压抑，无精打采，小动作多甚至打瞌睡；小学生对老师的要求一般采取应付态度，很少主动发言；师生关系不融洽，学生之间不友好，存在不满意、压抑、烦闷、厌恶、恐惧、紧张、高焦虑等消极情绪体验。

（3）对抗的课堂心理气氛，即失控的课堂气氛。小学生过度兴奋，各行其是，随便插嘴，故意捣乱；小学教师缺乏课堂驾驭和控制能力，有时不得不中止讲课而维持秩序。

（三）影响课堂心理气氛的因素

课堂心理气氛主要受到小学教师、小学生、课堂的物环境三个因素的影响：

（1）小学教师因素。小学教师是课堂活动的主导者，其领导方式、移情、期望、焦虑、教学能力和对管理对象的偏爱是影响课堂心理气氛的决定因素。

（2）小学生因素。小学生是课堂活动的主体，其特点影响课堂的心理气氛。①若小学生团结一致，心理相容，凝聚力强，则易于形成良好的课堂心理气氛；若小学生钩心斗角，离心离德，各行其是，凝聚力低，则难以形成良好的课堂心理气氛。②小学生的集体目标、个人需求和课堂教学目标是否一致均影响小学生的学习情绪，影响课堂的心理气氛。③小学生的品德和遵守纪律习惯也影响课堂的心理气氛。此外，集体舆论、角色期待及小学生间的合作与竞争等都影响课堂的心理气氛。

（3）课堂的物环境因素。课堂环境包括人的环境和物的环境。人的环境是人与人交往形成的心理依存和影响的心理气氛；物的环境（教学时空环境）是人与物接触形成的心理气氛，如教学时间安排、班级规模、室内设备、教具、乐音或噪音、光线、空气、温度高低、座位编排方式等。这些都影响师生交往和人际关系的建立，影响小学生的学习动机、态度、课堂行为和学习成绩，进而制约课堂的心理气氛。

（四）良好课堂心理气氛的营造策略

研究表明：活动效率对心理状态的依赖程度高达70%。积极、良好、和谐、愉快的心理气氛能使人的大脑皮层处于兴奋状态，有利于智力活动。在这种心理气氛下，小学生思路宽阔，思维敏捷，想象活跃，记忆力增强，精力旺盛，积极主动，且易受“社会助长作用”的影响；消极压抑的心理气氛易使人的智力活动受到抑制，思路狭窄，思维拘谨，难以独立进取，积极探索，不利于创造性发挥。营造良好的课堂心理气氛，通常采取下列策略：

1. 正确鉴定课堂心理气氛的现状

鉴定课堂心理气氛是营造良好的课堂心理气氛的前提，其方法有观察法、访谈法、问卷调查法、心理测量法等。柳夕浪根据课堂心理气氛的内涵，从课堂敢为、课堂不适、课堂交往、课堂态度等四个方面编制了《课堂心理气氛调查问卷》。其中，课堂敢为因子调查课堂上小学生是否敢于讲话、不怕出差错的倾向，课堂不适因子调查课堂上小学生是否产生焦虑及其焦虑程度，课堂交往因子调查课堂上小学生与他人交往的愿望、交流学习的情况，课堂态度因子调查小学生基于对课堂学习目的的认识而产生的情绪反应。根据测量结果可以了解课堂心理气氛的现状。

2. 评价公正，期望合理

研究表明，教师对小学生的高期望会使小学生向好的方向发展，低期望则会使小学生越来越差。小学教师在课堂教学中传达期望信息时，采取恰当方式，准确把握、合理评价每位小学生，坚信“只要给予足够的学习时间和适当的教学，几乎所有的小学生对几乎所有的学习内容都可以达到掌握的程度”，形成适度的高期望，才可能形成良好的课堂心理气氛。

3. 以积极情感感染小学生

小学生是否乐于接受教师传授的信息，关键在于其能否满足小学生的情感需要。小学教师传授的知识、信息要能让小学生产生求知欲望、思维活动和内心体验，就必须增加情感投入，给知识、信息附加情感色彩，实施情感性教学，以自身情感体验营造和谐的课堂心理气氛。小学教师的情感状态可以产生共鸣，让小学生受到潜移默化的影响，使课堂出现某种心理气氛。这就要求小学教师在教学过程中倾注积极的情感和真诚的爱心，用情感和爱心去感染小学生。同时，还要求小学教师深入小学生内心，体验小学生情感，重视与小学生的情感交流，缩短因教师权威、地位、角色而产生的心理距离，加强与小学生在心理上的合作，以让小学生能“亲其师，信其道”。

4. 树立教育威信

教师作为课堂的组织者和领导者，其人格和威信是一种精神力量，是影响学生情感体验、制约课堂心理气氛的重要因素。小学教师不应把自己看成发指令、提要求、检查执行结果的监督者，而应看作教学活动中平等的一员，逐渐放松对小学生的权力控制，以平等的态度对待小学生，以民主的方式指导和组织教学，以此来满足小学生日益增强的成人感和独立性需要，促进小学生自律能力的发展。而且，小学教师要严于律己、以身作则、为人师表，用良好的威信影响小学生。

5. 合理传递信息

教师传递的信息也影响课堂的心理气氛。一方面，教学内容是否符合学生实际，是否新颖、科学，表述是否形象、生动、具体，教学结构是否严密等，都影响知识的可信度；另一方面，教学信息传递渠道、媒体、风格等也影响信息的可接受度。当学生认为传递的信息可信、可接受时，其课堂心理状态才会积极活跃，课堂心理气氛才会和谐。因此，小学教师对传递知识的准备、对传递途径方法的处理应成为课堂心理气氛调控的重要环节。如内容和要求难易适度，小学生经努力取得成功时，就会感到自己智慧和毅力的力量，体验到获得成功的幸福和喜悦。

6. 重视多向交往

课堂交往具有多层性、自主性、求异性、情趣性、差异性，能满足学生的求知欲，发挥学生的主观能动性，提高其智力活动水平和自学能力。从师生关系看，师生关系融洽，教师热爱、信任学生，学生尊重、敬仰教师，可导致积极、健康、愉快、活跃的课堂心理气氛；不和谐、僵化、紧张的师生关系则容易酿成消极、沉闷甚至一触即发的紧张课堂心理气氛。从生生关系来看，也有类似情况。同学之间团结友爱容易使课堂形成互相尊重、体谅、友好的学习风气；同学之间如果不和睦，矛盾重重，勾心斗角，课堂上就容易出现嘲讽、攻击、紧张、压抑等不健康气氛。因此，小学教师应重视课堂中的多向交往。

7. 维持小学生课堂学习的良好心理状态

小学生的心理状态直接影响学习效率和课堂气氛。小学教师要善于观察，了解小学生的心理状态，自觉激发小学生良好的心理状态。一是应从小学生非言语行为中了解小学生的心理状态，如学习时的表情、目光、动作、姿势等；二是满腔热情地激发小学生产生和保持良好的心理状态，如鼓励、亲切、信任的目光等都可引起小学生的兴奋感、愉快感、责任感；三是调整好小学生学习中出现的不良心理状态。

二、课堂纪律管理

课堂纪律指在课堂环境中,小学生必须遵守的、对小学生课堂行为进行控制的行为准则和规范。它可以维持良好的课堂秩序,提高教学质量和效率。良好的课堂纪律具有约束性、标准性和自律性等特征。其作用在于促进小学生的社会化,完善与优化小学生的人格,稳定小学生的情绪,发展小学生良好的道德品质和调控与监督小学生的课堂行为。

(一)课堂纪律类型

按形成原因课堂纪律可分为:教师促成的纪律、集体促成的纪律、任务促成的纪律、自我促成的纪律。

按外部监控程度课堂纪律分为:强制性纪律、半强制性纪律、自愿纪律、自觉纪律。

按内化程度课堂纪律分为:外部纪律(他律)、内部纪律(自律)。

(二)课堂问题行为与纪律

课堂问题行为指发生在课堂中的与课堂行为规范和教学要求不一致并影响正常的课堂秩序及教学效率的课堂行为。国外研究发现:一个小学生的不良课堂行为不只是影响他自己的学习,同时也可影响课堂上其他小学生的学习。一般情况下,一个小学生的问题行为可能诱发另一个小学生不听课,也可能使问题蔓延,诱发许多小学生产生类似行为,即产生"病源体传染"现象,蔓及全班,破坏课堂秩序,影响教学活动的正常进行。因此,及时控制和防范课堂问题行为是课堂管理的重要内容之一。

1. 课堂问题行为的类型

威克曼把课堂问题行为分为:①扰乱性问题行为(破坏课堂秩序、不守纪律和不道德的行为等);②心理问题行为(退缩、神经过敏等行为)。奎伊把课堂问题行为分为:①品行性问题行为;②性格性问题行为;③情绪和社会性不成熟行为。1981年,布罗菲和罗尔肯帕把课堂问题行为分为:①教师的问题行为(学生行为使教师要求受挫引起教师不快或烦恼);②学生的问题行为(由意外事件或除教师外的他人干扰,学生要求受挫);③师生共有的问题行为(师生彼此使对方的要求和目标受到相同程度的挫折)。目前最普遍的分类是根据学生的行为表现倾向将课堂问题行为分为以下两种:

(1)外向性问题行为。包括:①攻击性行为,如相互争吵、挑衅推撞等;②扰乱秩序的行为,如交头接耳、高声喧哗等;③故意惹人注意的行为,如进行滑稽表演、口出怪调等;④盲目反抗权威的行为,如故意顶撞班干部或教师、破坏课堂规则等。这些行为直接干扰课堂纪律,影响正常的教学活动,比较容易被觉察。对这类行为应果断、迅速制止,以防在课堂中蔓延。

(2)内向性问题行为。包括:①注意力涣散行为,如课堂上心不在焉、胡思乱想、做白日梦、发呆等;②退缩行为,如害怕提问、抑郁孤僻、不与同学交往等;③不负责任行为,如胡涂乱写、抄袭作业等;④抗拒行为,如迟到、早退、逃学等。这些行为大多不会直接影响课堂秩序,因而不易被教师察觉。但这类问题行为对教学效果和学生个人成长危害很大。课堂管理不能只控制外向性问题行为,也要认真防范内向性问题行为,并及时矫正。

2. 课堂问题行为产生的原因

小学课堂问题行为的产生受多种因素影响,概括起来主要集中在小学生、小学教师和环境三个方面。

（1）小学生因素。大量的课堂问题行为是由小学生自身因素引起的，主要是挫折、寻求注意、性别特征、人格因素、生理因素等。

（2）小学教师因素。课堂问题行为看上去是小学生的问题，实际上与小学教师有关系，如小学教师教学不当、管理不当、丧失威信等。

（3）环境因素。如大众传播媒介、家庭环境、课堂座位编排方式、教学环境的温度和色彩等。

3. 课堂纪律管理的一般策略

良好的课堂纪律是课堂活动顺利进行的基本前提和保证。课堂纪律管理的一般策略有：

1）建立积极、正向、有序的课堂规则

管理好课堂纪律必须建立合理的课堂规则，明确规范小学生的课堂行为。维护良好的课堂秩序是课堂纪律管理的目标。课堂规则是对小学生课堂行为的明确要求和期望。积极、正向、有序的课堂规则能让小学生明白什么行为好、什么行为不好、什么该做、什么不该做。课堂规则被小学生接受、内化后会变为小学生的自觉行为，激发小学生的主体意识和自我管理动机，形成自律品质，养成良好习惯。

制定课堂规则的依据是有关法令与规章、学校及班级传统、小学生及家长期望、课堂风气等。其基本要求是：师生通过讨论确定具有正面引导性的内容，并及时调整。

2）合理组织课堂教学结构，维持小学生的注意和兴趣

让所有小学生把更多的时间用于学习，既是课堂纪律管理的目标之一，也是课堂纪律管理的有效策略之一。这就要求小学教师合理组织课堂教学结构，优化时间安排，注重课堂时间管理的策略，维持小学生的注意和兴趣，从而提高课堂教学效率。

课堂时间可分为分配时间、教学时间、投入时间、学业学习时间四种。分配时间由课程表决定，教学时间是实际用于教学的时间，投入时间是小学生实际投入学习的时间，学业学习时间是小学生成功地完成学业任务所花的时间。通常情况下，小学生的学习时间越多学业成就越高。

美国心理学家恩梅·伊伏特逊等认为：学生课堂学业学习时间取决于学生对功课的注意和兴趣。为此，他们提出了学生学业学习时间最大化策略：增加参与、保持动量、保持教学的流畅性、管理过渡、上课时维持团体注意焦点等。

3）做"有效管理者"

科林认为，有效管理者善于预防问题；善于引导学生不断变换活动；善于把学生的注意力集中在学业的学习上，不给学生空闲的时间；善于把管理全班和注意个别学生结合起来。他还认为，有效的管理者须具备明察秋毫、一心多用、整体关注和变换管理四个特征。

4）区别对待课堂环境中的不同行为

加拿大教育心理学家江绍伦将学生课堂行为分为：积极行为、中性行为和消极行为三种。积极行为是与促进教学目标相联系的行为，有效的课堂纪律管理应鼓励学生的积极行为，建立积极行为的正向强化，发展学生良好的课堂行为，抑制课堂纪律问题；消极行为是

明显干扰课堂教学秩序的行为，教师要针对消极行为轻重选择制止方法，如信号暗示、使用幽默、创设情境、转移注意、移除媒介、正确批评、劝离课堂、惩罚等；中性行为是既不增进又不干扰课堂教学的行为，如开小差、看小说、睡觉等。中性行为是积极与消极行为的过渡环节。有经验的教师总是强化积极行为，抑制消极行为，转化中性行为。在日常管理中，有些小学教师对消极行为采取急躁武断态度，过分限制，处处设防，时时训导，造成课堂气氛紧张、拘束、压抑。在纠正或制止消极行为时不可操之过急、急躁武断，而应注意中性行为的中介作用。

5）正确处理纪律问题

课堂环境复杂多变，难免会出现纪律问题。创设良好的课堂环境，必须正确处理纪律问题。处理课堂纪律应遵循最少干预原则，即用最简短有效的而又无需打断上课的方式干预和纠正小学生的纪律问题。

有效处理课堂纪律问题的策略如下：①非言语线索策略。小学教师要善于观察每个小学生，发现不良行为善于用非言语线索如目光接触、手势、身体靠近和触摸等制止。②表扬和惩罚策略。减少小学生的不良行为可从表扬良好行为入手，表扬应及时。方式适当的少量惩罚可有效减少不良行为。③语言提示策略。小学生违反课堂纪律时，应立即进行简单提示，提示内容应是正面的。④运用“舞台情境”管理策略合理分配、调整小学生座位。“舞台情境”管理策略指通过分配小学生座位激发其遵守纪律、发展自律态度的策略。运用该策略时要注意：一是防止小学生产生消极的纪律体验；二是不能让小学生形成表面遵守纪律的态度；三是要注意自己的态度对小学生行为的影响；四是遵循组内异质、组间同质的要求，使得每个小组好、中、差搭配。

案例

在一堂自习课上，其他学生都在做练习时，我发现一名女同学神态异常，做作业时偷偷摸摸的。我没有作声，和往常一样从另一边慢慢走到该同学身旁，才知道她在做其他科的作业。为了不伤她的自尊心，我并没有戳穿她，走到讲台上再仔细地观察她，她还是一股劲地做其他科的作业。这次我有意正面走到她旁边，她唰地用其他作业本盖上她写的作业，脸一下子就红了，看了我一眼，立即做起了语文作业。我还是没有说什么。课后，我和这位同学谈话，她也知道自己的错误，感激我没有当着全班同学的面戳穿和批评她。在以后的课堂中，我看到这位同学的学习劲头比以前更足，学习更自觉。在课堂学习中，她都能专心致志，踊跃发言，作业质量明显提升，并能主动向优秀的同学学习，有问题也会主动问老师，学习成绩明显提升。

案例反思：从这个案例中，我们看到对于学生课堂中的行为问题，有时候非言语线索策略比有声的批评能收到更好的教育效果，同时，在教育中要注意尊重学生。

6)培养小学生自律品质

自律是纪律性发展的最高阶段,促使小学生养成良好的习惯,发展自律品质是课堂纪律管理的最佳策略。培养小学生自律品质须注意:一要尊重小学生人格与严格要求相结合,二要外部监控与自我调控相结合,三要利用集体舆论导向和集体规范约束。

能力训练

一、单项选择题

1.课堂管理制约着教学和评价的有效进行,具有维持和(　　)两大功能。

A.促进　　B.合作　　C.提高　　D.优化秩序

2.学生、学习过程和学习情境三大要素相对稳定的组合模式称为(　　)。

A.课堂结构　　B.教学结构　　C.学习结构　　D.班级结构

3.小学生在课堂上表现为注意力不集中,做小动作,提问时没人发言,这样的课堂气氛属于(　　)课堂心理气氛。

A.积极的　　B.消极的　　C.对抗的　　D.不能确定的

4.课堂中某些占优势的态度与情感的综合状态称为(　　)。

A.课堂规范　　B.课堂气氛　　C.课堂管理　　D.课堂纪律

5.课堂教学效率的高低取决于(　　)。

A.教师、学生、课堂情境　　B.班风、纪律、学生

C.教师、教学设备、学生　　D.教师、学生、纪律

6.教师通过协调课堂内的各种人际关系而有效地实现预定教学目标的过程称为(　　)。

A.课堂管理　　B.课堂纪律　　C.课堂规范　　D.课堂控制

二、简答题

1.课堂管理的目标是什么?

2.影响课堂管理的因素是什么?

三、论述题

论述课堂纪律管理的一般策略。

第六部分 小学教师心理

第十章 小学教师角色与成长

● **教学目标**：掌握教师角色的定义，理解教师角色；掌握小学教师专业能力的内容及发展阶段，理解新手型教师和专家型教师的区别，掌握小学教师专业能力发展的途径与方法。

● **教学重点**：教师角色、小学教师专业能力发展的途径与方法。

● **教学难点**：小学教师专业能力发展的途径与方法。

● **教学内容**：

（1）掌握教师角色的定义，理解教师角色。

（2）掌握小学教师专业能力的内容及发展阶段，理解新手型教师和专家型教师的区别，掌握教师专业能力发展的途径与方法。

内容提要

- 小学教师角色与成长
  - 小学教师的角色
    - 教师角色概述
    - 国外教师角色
    - 国内教师角色
  - 小学教师的专业能力与成长
    - 小学教师专业能力的内容
    - 小学教师专业能力的发展
    - 小学教师专业能力发展的途径与方法

第一节　小学教师的角色

当前，我国的基础教育改革不断向纵深方向发展，特别是素质教育和新课程改革更是从根本上变革着教育活动内部和外部的各种关系，从而要求小学教师主动适应角色变化，并有效地进行角色转换。为适应终身教育和教师专业化的要求，小学教师必须从传统的角色观中解放出来，在培养人才、促进小学生发展的同时也实现自身的专业发展，实现对自身生命意义的建构和提升。因此，正确认识小学教师角色，对提高基础教育质量，促进小学教师的专业化发展，都有着积极的意义。

一、教师角色概述

（一）角色的定义

任何一种社会地位或身份的人，都有一整套由其身份所规定的行为方式，当个体在履行与其社会地位、身份相适应的社会职能时，其心理与行为必然要符合相应的心理规范与行为方式，即扮演相应的角色。角色包括三种含义：①作为一种行为模式，每一种社会行为都是特写的社会角色的体现；②作为一种社会地位或身份，角色行为真实地反映出个体在群体生活和社会关系体系中所处的地位；③作为一种社会期望，角色是符合社会期望的，按照社会所规定的行为规范、责任和义务等去行动的行为。

角色是个人在特定的社会环境中的相应社会身份和社会地位，并按照一定的社会期望，使用一定权利来履行相应的社会职责的行为。

角色概念引入教育领域，教师角色理论开始兴起。人们运用教师角色理论来阐释教育活动中各种社会关系对教师行为的重要影响。教育社会学家比德尔在前人研究的基础上将教师角色界定为三种类型：教师角色即教师行为，教师角色即教师的社会地位，教师角色即对教师的期望。在众多的研究中，教师角色一般被认为是教师的行为。

教师角色是指处在教育系统中的教师所表现出来的、由其特殊地位决定的符合社会对教师期望的行为模式。

（二）教师角色的特点

教师作为从事教育教学活动的专业工作者，其身份具有特殊性。相应地，他们在从事专业工作时就必须遵守特定的行为规范，从而使得教师在角色行为上表现出不同于其他职业的特点。

1. 自主性

教师职业是在社会分工的基础上为满足一定的社会政治、经济和文化的要求而产生和存在的，因此，教师必须按照特定的社会要求从事教书育人工作。但是，教师在从事具体的教育教学活动时，可以在遵照社会总体要求的前提下，自主选择达到目标的方式和途径。在课堂教学情境中，教师更具有课程与教学的相对自主权。在课程设计、教学过程、学生动机、学生管理、学生评价等方面享有“法理”权威。同时，教师有权独立制定适合自己的专业发展目标、计划和行动方案等。教师角色的自主性还表现为，无论是同事还是行政人员都不能妨碍这种权威。

2. 个体性

相对于社会上其他职业的从业者来说，教师角色行为表现出更为明显的个体性特点。这反映在两个方面：①教师的劳动对象指向一个个学生，要使每个学生都能在教师的培养下成长起来，教师就必须充分了解学生，并依据每个学生的个性发展的需求与水平，因材施教和进行个性化教学。②教师的行为方式本身也具有一种较强的个体性特征。客观上，教师工作在时间和空间上都是以个人活动为主，教学成绩的提高与自身的发展主要靠个体的活动来加以完成。因此，其工作过程不可避免地表现出一定的个体性。

3. 人格化特征

教师所从事的是培养人的活动。为实现这一目的，教师不仅要通过自己掌握的知识影响学生，还要通过自己的人格魅力和道德力量以及自己的言传身教去影响和感染学生。教师人格在教育工作中发挥着重要作用。崇高的教师人格对于影响学生的心灵来说是无价的。教师的这一角色特征，需要教师注意自己在道德方面的修养，在实践中充分发挥自己的崇高人格在教育中的感化作用。

4. 多样性和发展性

教师生活在多个空间里，在不同的舞台上扮演着不同的角色。教师角色是作为学校成员的教师和作为社会成员的教师这两类角色交错、冲突而又协调共存的统一体。在社会生活中，教师作为一名普通的社会成员享有公民应有的权利和义务，扮演着“学生的导师”和“公众的模范”等角色。在学校教育中，教师不仅要充当“教员”的角色，还是“领导者”“心理保健者”“纪律执行者”“青少年的知己和朋友”等。每一种角色对教师都有特定的要求。教师如果不能很好地承担某一种规定的角色，就难以胜任自己的工作。

5. 弥散性和模糊性

在教育教学活动中，教师承担着促使学生社会化，激发他们的学习热情，传递一定的价值规范，唤醒他们对社会及个人的责任感，并且能对事实和知识进行批判性的分析等职责。但是，学生的兴趣、行为、态度、价值观等的改变很难断定是哪个教师劳动的直接结果，从而使教师角色的责任表现出一定的弥散性和模糊性，并由此引发教师角色的内在冲突，即教师个人希望看到自己角色扮演的成果的需要与他的角色扮演中许多成果的“无形性”之间的矛盾。因此，教师很难从自己的工作中获得满足感。

二、国外教师角色

20世纪70年代以来，兴起于西方的一些重要理论流派对教师角色进行了深入的探讨。建构主义理论、人本主义理论、实用主义理论、批判教育理论等从不同的维度和情境出发来审视现代教师的角色（见表 10-1）。

表 10-1 理论流派与西方现代教师角色观

理论流派		主要代表人物	教师角色观
建构主义	认知建构主义	皮亚杰	学习的促进者
	社会建构主义	维果斯基	学习的促进者、学生建构知识的合作者、学习者、探究者、有力量的思想者

续表

理论流派	主要代表人物	教师角色观
人本主义	罗杰斯	权威、知识的拥有者和学习的促进者
实用主义	约瑟夫·施瓦布、唐纳德·舍恩	学习者、反思型实践者
批判教育	阿尔图塞、阿普尔、桑德拉·沃克	变革者、国家官僚机构的成员、技术人员

按照教师所处空间的作用和地位，当代西方对教师角色的描述基于四个向度，即社会因素、学校、课堂情境和个人发展诉求，因而形成了以下四类角色：

(1)社会角色——促进民族、国家及社会发展和经济发展者。

(2)学校角色——学生家长、教师同事、教学管理人员(如校长等)和社区的合伙人或者合作者。

(3)课堂教学角色——"教学专家"和学生学习的"引领者"。

(4)自我职业角色——自我职业认同和自我角色重塑者。

三、国内教师角色

(一)一般意义上的教师角色

在我国，人们对现代教师角色有一个一般的看法和认同。从这个角度看，教师角色可以概括为：人类文化的传递者、新生一代灵魂的塑造者、学生心理的保健者、学习者和学者、人际关系的艺术家以及教学的领导者和管理者等。

1. 人类文化的传递者

教师具有乐教精神，善于激发学生的学习动机；具有一定的科学文化知识水平和合理的知识结构；掌握精湛的教学艺术，谙熟现代教育设备的使用；能高效地指导学生学习，发展学生的思维创新能力。在教学过程中，教师传授给学生的知识技能：一要"博"，即给学生以丰富的知识，打开学生的知识眼界；二要"深"，即给学生以富有规律性的知识，引导学生深入学习；三要"新"，即给学生以带有时代感的知识，帮助学生掌握探索未知世界的基础知识。

2. 新生一代灵魂的塑造者

教师要善于观察和分析每个学生的特点，有的放矢地进行教育；善于估计情势，预料学生的发展方向，以便使教育走在他们发展的前面；注意引导学生的自我教育，善于将集体教育和个别教育有机结合起来；能充分地考虑学生的个别差异，因材施教。

3. 学生心理的保健者

教师要具备生理、心理卫生知识，能有效地对学生的心理问题进行准确鉴定、治疗和矫正；进行生活指导和心理咨询，预防各种不健康的心理状况，把学生从各种心理障碍中解放出来；区分品德不良与个性缺陷，爱护学生，尊重学生，根据情况拟定适当的指导和治疗方案。

4. 学习者和学者

教师作为学生学习的导航人，必须具有既博又专的知识素养，并注意知识结构的不断更新,使之具有“精、深、新、广”的特点;注意持续学习,学会终身备课;教学相长,善于向学生学习;善于进行教育科研,做一名“学者型教师”和“专家型教师”。

5. 人际关系的艺术家

教师要建立民主平等、和谐合作的师生关系;提倡“角色心理位置互换”,平等待人,以身作则,做学生的知已和朋友;协调教师、家长、学校、社会之间的关系和影响,使之一体化,产生最佳的教育合力,对学生进行良好的教育。

6. 教学的领导者和管理者

教师要建立教学常规和各项规章制度,维护正常的教学秩序,确保教育教学工作顺利展开;倡导自觉纪律,树立学生集体观念,使之由他律走向自律,充分发挥集体的凝聚力;指导学生参与自身的管理;建立教师威信,将尊重学生与严格要求相结合。

(二)新课程改革背景下的小学教师角色转换

随着基础教育课程改革工作的全面实施,新课程已经逐步走进城乡小学的真实生活;小学教师的教学方式从灌输转变为引导,工作方式从孤立转变为合作,师生关系从控制转变为对话。而小学教师角色是以小学教师教学行为为主要表征的,小学教师的行为方式及行为模式发生了变化,小学教师必须重新理解和塑造自己的职业角色。

1. 由课程规范的复制者转变为新课程的创造者、设计者和评价者

新课程管理已经从中央统一管理改变为中央、地方与学校三级管理。这从根本上扭转了小学教师在课程建设中的尴尬境地,充分调动小学教师作为课程主体的积极性,赋予了小学教师全方位参与课程研究和开发的权利。这就要求小学教师必须调整自己的角色,由原来的课程规范的复制者转变为新课程的创造者、设计者和评价者。

2. 由传统知识的传授者转变为新课程条件下的知识传授者

传统的知识观是狭义的知识观,包括经验知识和理论知识。小学教师在传统的知识传授者角色的支配下开展教学工作,“以知识传授为中心”,信息交流的方式是单向的,小学教师以知识传授为主,小学生的情感、态度、价值观得不到他们的关注,小学生的任务和责任就是彻底的“应试”和接受评定。

新课程建立在现代知识观的基础上。现代知识观强调,知识是丰富多彩的,如既包括陈述性知识,也包括程序性知识、策略性知识。教学强调“以小学生发展为中心”,由重传递向重发展转变,由重统一规格教育向小学生差异性教育转变,由重小学教师的“教”向重小学生的“学”转变,由重结果向重过程转变,由单向信息交流向综合信息交流转变,由居高临下向平等融洽转变,由教学模式化向教学个性化转变,由执教者、管理者向小学生学习的参与者、促进者和指导者转变。

3. 由单一学科型小学教师转变为跨学科型小学教师

在小学,新课程以综合课程为主,同时设置综合实践活动课程。单一学科型小学教师无法适应新课程的教学工作,必须改善自己的知识结构,扩大自己的知识面,成为综合型、通才型、跨学科型的小学教师。

4. 由知识的搬运工转变为充满实践智慧的专业人员

实施新课程以后,课程环境发生了很大变化。新课程强调小学教师、小学生、内容、环境四个因素的整合。课程变成了一种动态的、生长性的“生态环境”，是四因素相互之间持续互动的动态过程。小学教师不再是知识的搬运工，要关注多方面发展，采取合作学习、探究式学习等方式，要具有批判思维，在仿真的、现实生活中的背景下基于选择、决策地学习。这种复杂多变的教学要求小学教师具有良好的专业素质和教学实践智慧。

5. 由课程的执行者转变为课程的研究者、开发者

传统的课程背景下，小学教师“游离”于课程决策、课程编制之外，只是教学大纲、教学计划和教科书的忠实执行者。新课程确立了国家课程、地方课程、校本课程三级课程管理政策，课程不再全部由国家统一制定，有一部分的课时量留给了地方和学校来开发和实施，同时增设了一定课时量的综合实践活动。小学教师应该也必须在课程改革中发挥主体作用，在很大程度上成为课程的创造者和开发者。

6. 由导师转变为学友

新课程倡导专家型小学教师，但不提倡小学教师站在专家的高度去要求小学生。小学教师要有甘当“小学生”的勇气，与小学生共建课堂，与小学生一起学习，一起快乐，一起分享，一起成长。小学教师不仅要成为小学生的良师，更要成为小学生的学友。

7. 由“灵魂工程师”转变为“精神教练”

长期以来，人们把小学教师比作“人类灵魂的工程师”。其实教师不仅要做学生灵魂的“设计者”，还应该做学生灵魂的“铸造者”“净化者”。因此，小学教师要成为小学生“心智的激励唤醒者”，而不仅仅是“灵魂的预设者”，要成为小学生的“精神教练”。

8. 由信息源转变为信息交换的平台

传统教学中，教师成为学生取之不尽的“知识源泉”，缺乏师生互动，更缺乏生生互动。在新课程中，教师不但要输出信息，而且要交换信息，更要接受学生输出的信息，教师要促成课堂中信息的双向或多向交流。因此，小学教师要成为课堂中信息交换的平台。

9. 由课堂的“统治者”转变为“平等的首席”

小学教师不能把课堂视为自己的课堂，而应该把课堂还给学生。小学教师不能做课堂的“统治者”，因为统治者总免不了令人“惧怕”。在新课程中，小学教师不再是居高临下的，而是与小学生站在同一个平台上互动探究，在平等的交流中做“裁判”，在激烈的争论中做“首席”。

（三）翻转课堂中小学教师的角色定位

在翻转课堂中，小学生运用网络、小学教师制作的微视频以及其他的学习资源在课前完成知识的学习，知识内化则在课堂中经老师的帮助与同学的协助而完成，课堂变成了小学教师与小学生、小学生与小学生之间互动的平台。因此，在翻转课堂中小学教师角色发生了很大的变化，如何定位并完成好小学教师的新角色，成为翻转课堂能否翻转成功的关键。

1. 小学教师是翻转课堂教学内容结构化、板块化的设计师

无论翻转课堂采取哪种教学模式，小学教师都应设计好以下几个教学环节：“微视频”制作、“学习任务清单”制作、自主学习情况反馈、交流讨论以及内化与提升。小学教师在课前应重点制作好“微视频”并设计好“学习任务清单”。学习任务应针对性强，有梯度，紧扣微视频,激发小学生从微视频或查找资料中完成任务的兴趣。课堂上,小学生自主学习后通过交流讨论解决问题,发挥主体性。同时,小学教师必须对小学生的自主学习情况进行检测与反馈。最后小学教师应对小学生在掌握基本知识的基础上进行必要的能力提升。在教学过程中小学教师应让每一项教学活动都能为小学生自主学习提供最大化的帮助。

2. 小学教师是学情数据的分析师及和谐交流情境的营造者

翻转课堂把传统教学结构颠倒了,小学生接受知识在课外,内化知识在课堂,如何及时掌握小学生接受知识的情况,小学教师应扮演好学情数据分析师的角色,掌握小学生自主学习的情况,即课前的“学习任务清单”的反馈情况与课间的课堂内化知识的反馈情况。小学生自主学习,分组讨论时,小学教师要学会和小学生交流,引导小学生讨论,激发小学生自主探究学习的兴趣,营造小学生想说、敢说、必须说的情境。

3. 小学教师应成为小学生个性化一对一的辅导者

翻转课堂的价值取向是小学生的个性化学习。在课堂上,小学生可以将课前学习时遇到的疑问和困难反映给老师,从老师那里得到解答。小学教师也能够通过网络学习平台监控小学生的学习进度和学习任务完成情况,了解小学生的进展和弱项,然后对小学生进行针对性强的个别指导。翻转课堂要求小学教师必须扮演好个性化一对一的辅导者。

第二节　小学教师的专业能力

1966 年,国际劳工组织和联合国教科文组织《关于教师地位的建议》明确指出,“应把教育工作视为专门的职业,这种职业要求教师经过严格的、持续的学习,获得并保持专门的知识和特别的技术”。1993 年,我国颁布的《中华人民共和国教师法》明确规定,“教师是履行教育教学职责的专业人员,承担教书育人、培养社会主义事业建设者和接班人、提高民族素质的使命”。小学教师作为专业人员,其专业素质的基本结构包括专业精神、专业知识、专业能力和专业技能等。这四个基本结构之间不是孤立的存在或简单的相加,而是相互影响、相互制约、相互渗透的有机统一整体。以下内容只关注小学教师的专业能力及其发展。

一、小学教师专业能力的内容

专业是指一群人经过专门的教育或训练,具有较高和独特的专门知识与技术,按照一定的专业标准进行专门化的处理活动,从而解决人生和社会问题,促进社会进步并获得相应报酬和社会地位的专门职业。

小学教师专业能力是指小学教师以一定的专业知识和基本的专业技能为基础,在教育教学活动中形成并表现出来的、直接影响教育教学活动成效和质量、决定教育教学活动实施与完成所必须具备的个性心理特征的总和。

（一）小学教师专业能力的内涵

理解专业能力的概念，首先要理解专业、专业发展。一般来说，专业的特征包括：具有不可或缺的社会功能，具有完善的专业理论和成熟的专业技能，具有高度的专业自主权和权威性的专业组织，专业人员需经过长期、严格的专业培养与发展。

小学教师专业发展是指小学教师个体的专业知识、专业能力、专业情意等方面由低到高、逐渐符合小学教师专业人员标准的过程。主要指专业知识与能力的丰富与娴熟、专业信念与理想的坚持与追求。它们在小学教师专业发展中相互联系、相互促进而有机融为一体。其中，专业知识和专业能力是小学教师专业发展的基础，专业情意是小学教师专业发展的动力。

理解小学教师专业能力的内涵，需要把握三个要点：专业能力是通过小学教师的教学活动表现出来的；专业能力是一种专业的综合能力，包含多种具体的能力；专业能力是小学教师专业素质的核心部分，对小学教师的专业发展具有很强的指导意义。

（二）小学教师专业能力的主要内容

按照“小学教师＋专业发展”的方式，可以将小学教师专业发展理解为小学教师个体或群体如何获得专业知识、专业技能、专业情操，成长为专业人员的过程。小学教师作为专业人员需要具备的素养包括以下几个方面：

1. 小学教师的专业知识

小学教师作为专业人员，必须具备从事专业工作所需要的基本知识。小学教师的专业知识是小学教师研究中较早的一个领域，早在20世纪60年代美国小学教师教育就做过“能力为本”的尝试，试图为小学教师的教学工作提供一个处方性的知识基础。但迄今为止，小学教师究竟应该具备哪些方面的专业知识还有不同的认识。但作为一名专业人员的小学教师，应该具备广博的科学文化知识、所教学科的知识和教育学科的知识，这三大方面的知识是肯定要具备的，更主要的是这三个方面的知识应该能够通过教育实习实践等方式相互结合、有机融合起来。

（1）广博的科学文化知识。在拉丁文中“文化”一词的本义就是“培养”。文化知识本身具有陶冶人文精神、养成人文素质的内在价值，而教育工作的对象是有待进一步塑造的人，因此这必然要求小学教师必须具备广博的文化知识。小学教师应该广泛掌握人文科学、社会科学、自然科学等方面的知识，从而能够满足每个小学生多方面的探究兴趣和多方面发展的需要；帮助小学生了解丰富多彩的客观世界；帮助自己更好地理解所教学科的知识；帮助自己更好地理解教育学科知识，如学习教育哲学就需要思维哲学、伦理学、社会哲学、认识论等学科的知识基础；提高在小学生和家长中的威信。小学教师知识越多，他在小学生及家长心目中的威信就越高。

（2）精深的学科知识。已有大量研究结果表明，小学教师学科知识的掌握程度与学生的学习成绩呈正相关。一个合格的小学小学教师，对所教学科应有比较精深、坚实的专业基础知识，不仅要能透彻理解、全面掌握所教学科的基本概念、基本理论、基本结构和学科体系，而且能了解它的历史、现状、发展趋势以及与边缘学科的关系等。只有学科知识比较扎实的小学教师，才能准确地把握教材的重难点，把握学科知识结构及其发展，把所教学科的知识教活、教好，使小学生学得主动、扎实。因此，小学教师必须精通所教学科的知识。雷诺兹认为学科知识主要包括：一是内容知识，即各学科有关的事实、概念、原理、理论等；二是实质知识，即一个学科领域的主要诠释架构与概念架构；三是章法知识，即一个学科领域里新知识被引入的方式、研究者知识追求与探究的标准或思考方式等；四是有关学科的信念，即对学科作用、地位、功能等方面的基本看法；五是有关学科的最新发展、正在进行的研究以及最近取得的成果。①

（3）扎实的教育学科知识。教师不仅仅是专业学科的专家，更应该是一名教育家，不仅要知道教什么，更需要知道怎么教，后者就需要基于扎实的教育学科知识。常言道“学者未必是良师”。一个小学教师要成功地扮演好自己的角色，在掌握学科知识的基础上，更重要的是具备先进科学的教育理念与理论。因此，教育学科知识是小学教师知识结构中不可或缺的重要组成部分，它主要包括教育学、教育心理学、教育技术学、学科教学论、课程与教学论、教育研究方法等教育学科课程知识。小学教师只有具备了扎实的教育知识，才能科学施教，科学育人。教育学科知识是决定小学教师工作成败的关键。但由于教育实践具有复杂性、情境性、即时性等特点，而教育学科知识往往带有一定的抽象性、普遍性的特点，两者之间必然存在一定的距离，理论与实践不是一一对应的关系。这就需要小学教师运用智慧，把抽象的、普遍的教育学科理论知识在实践的场景中具体化、操作化，从中感知教育学科知识实践指导的作用与魅力。

2. 小学教师的专业技能

在关于教师专业技能的研究中，存在许多与之相仿的概念，如教师的基本功、教学技能、教学技巧、教学能力等。西方关于教师专业技能的研究盛行于 20 世纪六七十年代。美国的“能力本位师范教育”“模拟教学”“微格教学”等都是强调教师教育中发展教师教学技能的产物。我国师范院校经常提及的钢笔字、粉笔字、毛笔字（“三字”）和普通话（“一话”）即属于传统教师基本功的范畴。

20 世纪 70 年代，美国佛罗里达州开展了一项教师能力的研究，提出了 1 276 项能力表现，主要包括：量度及评价学生行为的能力、进行教学设计的能力、教学演作的能力、负担行政职责的能力、沟通能力、发展个人技巧的能力、使学生自我发展的能力。②

1992 年国家教委师范司印发了《高等师范院校学生的教师职业技能训练基本要求（试行）》，1994 年又颁布了《高等师范学校学生的教师职业技能训练大纲（试行）》，要求师范生在教育学、心理学和学校教育理论指导下，以专业知识为基础掌握从事学科教学的基本要求，形成独立从事学科教学工作的能力。这些技能主要包括以下五个方面：①教学设计能力；②应用教学媒体能力；③课堂教学技能；④组织、指导学科课外活动的技能；⑤教学研究技能。

① 教育部师范教育司．教师专业化的理论与实践 [M]. 北京：人民教育出版社，2003.

② 郑肇桢．教师教育 [M]. 香港：香港中文大学出版社，1987.

3. 小学教师的专业情意

如果说小学教师专业知识与专业技能强调的是知不知、会不会的话，那么小学教师的专业情意则强调的是愿不愿的问题。小学教师的专业情意，是小学教师基于对小学教师职业的价值、意义深刻理解的基础上形成的对这个职业的喜欢、向往的情感与态度，为小学教师开展教学与研究工作提供不竭的动力。

（1）专业理想。小学教师的专业理想是小学教师对成为一个成熟的教育教学专业工作者的向往与追求。它为小学教师提供了奋斗的目标，是推动小学教师专业发展的巨大动力。具有专业理想的小学教师对教学工作会产生强烈的认同感并投入感情，愿意终生献身于教育事业。具有专业理想的小学教师对教学工作抱有强烈的责任感。他们致力于改善教育素质以满足社会对小学教师专业的期望，努力提高专业才能及专业服务水准，努力维护专业的荣誉、形象等。

（2）专业情操。小学教师的专业情操是小学教师对教育教学工作带有理智性的价值评价的情感体验。它是构成小学教师价值观的基础，是构成优秀小学教师个性的重要因素，也是小学教师专业情意发展成熟的标志。小学教师的专业情操包括：理智的情操，即由于对教育功能和作用的深刻认识而产生的光荣感与自豪感；道德的情操，即由于对小学教师职业道德规范的认同而产生的责任感与义务感。

（3）专业性向。小学教师专业性向是指小学教师成功从事教学工作所应具有的人格特征，或者说适合教学工作的个性倾向，包括心灵的敏感性、爱的品质、交流与沟通的意愿、对教育工作的兴趣等人格特质。小学教师专业性向是小学教师专业发展的心理前提与素质基础。如果小学教师的专业性向与教育工作所要求的性向是相反的话，那么就不可能成为一个合格小学教师。而如果小学教师具有适切的专业性向，则为其成为合格小学教师提供更大的可能性。特拉弗斯指出："对一个师范生来说，假如他个性里充满着潜在的敌意，那他就难以形成小学教师所应表现的那种热情的、有支持力的而又有条理的行为模式。"

（4）专业自我。现在人们越来越重视小学教师的自我意识或者说自我价值。小学教师的专业自我是小学教师个体对自我从事教学工作的感受、接纳和肯定的心理倾向。这种倾向将显著地影响到小学教师的教学行为和教学工作的效果。高"自我"的小学教师，倾向于以积极的方式看待自己，能够准确、现实地领悟他自己和所处的世界，对他人有深切的认同感，具有自我满足感、自我信赖感、自我价值感。

二、小学教师专业能力的发展

（一）小学教师专业发展的阶段

小学教师成长是连续积累与发展的过程，既需时间周期，也需小学教师不断总结经验，反省自我，钻研教育教学，最终成为一个专业素质相对成熟的专业人员。教师的成长与发展有明显的阶段性，研究教师专业发展阶段性有助于小学教师选择、确定专业发展的计划和目标。关于教师专业能力发展过程或阶段的研究较多，比较有代表性的有以下几种：

1. 教师成长的三阶段理论

美国的福勒和布朗根据教师需要和不同时期关注的焦点问题，把教师成长分为三个阶段：

（1）关注生存阶段。专业发展的起步阶段，即刚步入教师岗位的新教师，非常关注能否适应工作，在意他人的看法，尤其是自己在学生、同事和领导心目中的地位，把大量时间放在人际关系上。

（2）关注情境阶段。经过第一阶段站稳脚跟后，开始把关注点放在教学情境上：如何充分备课、用什么方法教学、如何提高学生的成绩、怎样建设班集体等。

（3）关注学生阶段。经历前两个阶段后，开始关注学生的发展，根据的不同水平采用相应的教育方法，关注学生的个体需求。

福勒和布朗认为，大部分教师不能进入第三阶段。因此，他们把能否关注学生的需求和发展看作衡量教师是否成熟的重要标志之一。

2. 教师发展的五阶段理论

美国的伯利纳根据教师教学专业知识和技能学习和掌握情况，将教师发展分为五个阶段：

（1）新手阶段。经过系统的教师教育和专业学习，刚刚走上教学岗位的新教师。其特点：理性化，处理问题缺乏灵活性，刻板，依赖规定。此阶段的教师需要了解与教学相关的实际情况，熟悉教学情境，积累教学经验。

（2）熟练新手阶段。积累一定的知识经验后逐渐成为熟练新手。其特点：实践经验与书本知识整合，处理问题有一定的灵活性，不能很好地区分教学中的信息，缺乏足够的责任感。一般来说，有 2 ～ 3 年教学经验的教师处于这一阶段。

（3）胜任阶段。多数新手教师经 3 ～ 4 年教学实践和职业培训后，能成为胜任型教师，这是教师发展的基本目标。其特点：教学目的性相对明确，能选择有效方法实现教学目标，教学责任心强，但教学行为没有达到流畅、灵活的程度。

（4）业务精干阶段。到第 5 年，积累了相当知识和教学经验的教师便进入了这一阶段。其特点：对教学情境有敏锐的直觉感受力，教师技能达到自动化水平，教学行为流畅、灵活。

（5）专家阶段。教师发展的最终阶段，只有少部分教师才能达到此阶段。其特点：观察教学情境、处理问题的非理性倾向，教学技能完全自动化，教学方法多样化。

（二）专家型教师的主要特征

1. 专家型教师的内涵

专家概念有广义和狭义之分。广义的专家是指在某个领域或方面有专长的人，狭义的专家特指对某种学术、技能有特长、有专门研究的人。“专家”表达了三层意思：专家是以某一学科、某一领域为限的，专家是相对于该领域或学科内的非专家而言的，专家是指有某种专长的人。

专家型教师一般指从教 15 年或以上，具有教学专长的教师。其中，教学专长的获得是专家型教师的重要特征。小学教师的“教学专长”是指小学教师基于个体知识、专业经验、对实践的反思和在反思基础上的创新活动而形成的有效解决教育教学问题的个人特征的总和，它包含知识结构、教学能力、专业发展能动性三种构成要素。

2. 专家型教师的基本特征

依据对多种文献资料的把握，我们将专家型教师的特征归纳为：

（1）具有优良的知识结构。现代认知心理学将知识划分为陈述性知识、程序性知识和策略性知识三大类。以此分析，专家型教师的陈述性知识是以命题结构和图式的形式出现，知识组织得完整，解决问题时能及时有效地提取出来；程序性知识体现为教学常规工作程序已高度熟练，达到自动化的水平，很少或不需要有意控制；具有良好的策略性知识，能使教学顺利进行，实现预定的教学目标。

（2）高效率解决教学领域问题。根据现有研究可做如下解释：首先，专家型教师既善于利用认知资源，能够在有限的认知资源内较少做认知努力就可以完成更多的任务，又能将节省的认知资源投入到更高水平的认知活动中去；其次，专家型教师善于监控自己的认知执行过程，接触问题时具有计划性，善于自我观察，主动进行自我评价并随时进行自我调整。因此，专家型教师的问题解决效率更高。

（3）善于创造性地解决问题，有很强的洞察力。专家型教师更能创造性地解决问题，教学方法既新颖又恰当，往往能够产生独创的、有洞察力的解决方法。创造性问题解决中的"洞察力"与斯滕伯格等提出的认知的选择性编码、选择性联合、选择性比较相对应，这些为有洞察力地解决问题提供了心理基础。

（4）完善的教学监控能力。教学过程中，专家型教师在关注目标达成度的同时，能不断地对教学进行积极的检查、评价、控制、反馈和调节，执行教学计划有序而灵活，教学内容、学生行为、课堂气氛等诸因素都是他们思维活动的对象。专家型教师完善的教学监控能力部分地取决于人们能迅速机敏地概括实例或提供实例，并且能够将学生提出的问题和教学目标联系起来。

（5）较强的个人教学效能感。这是由新手型教师成长为专家型教师的一个必要条件。专家型教师由于教学实践的丰富、教学经验的积累以及同行教师对其教学风格及其成绩的认可，角色形象已日益完善。因此，他们的自信心不断增强，对自己所从事的职业充满了自豪，个人教学效能感也就显示出较强的态势。

以上所述是专家型教师共同的典型特征，而现实中的专家型教师并非具有完全统一的模式，不同年龄、性格、兴趣和能力特征的专家型教师可能有相当不同的教学风格、教学方法和态度。因此，专家型教师是指在教学领域中，具有丰富的和组织化了的专门知识，能高效率地解决教学中的各种问题，富有职业的、敏锐的洞察力和创造力的教师。

（三）新手型教师和专家型教师的区别

一般认为，新手型教师和专家型教师的主要区别体现在：课前计划的差异、课堂教学过程的差异、课后评价的差异、其他差异等。具体区别见表10-2。

表 10-2　新手型教师和专家型教师的区别

内容		新手型教师	专家型教师
课前计划的差异	课时计划内容	把大量的时间用在课时计划的一些细节上	只是突出了课程的主要步骤和教学内容,并未涉及太多细节
	教学的细节	往往依赖于课程的目标,仅限于课堂中的一些活动或一些已知的课程知识,而不能把课堂教学计划与课堂情境中的学生行为联系起来	由课堂教学活动中学生的行为决定
	课程计划制订	仅仅按照课时计划去做并努力完成,不会随着课堂情境的变化来修正计划	有一定的预见性
	备　课	不能预测计划执行时的情况	有一定的预见性
	课时计划修改与演练	在临上课之前针对课时计划做一下演练。在两个平行班教同样的课时,新手型教师往往利用课间来修改课时计划	修改与演练所需的大部分时间是在正式计划的时间之外
课堂教学过程的差异	课堂规则制定与执行	较为含糊,难以坚持执行	明确,并能坚持执行
	学生注意维持	往往没有暗示或提示就变换课堂活动;遇到突发事情自己就会停止讲课,且希望学生忽略这些干扰	有一套完善的维持学生注意的方法
	教材内容呈现	回顾先前的知识有随意性,较难选择与教学内容适应的教学方法	注重回顾先前的知识,并能根据教学内容选择适当的教学方法
	课堂练习	仅把练习当作必要的步骤,把维持课堂纪律看作最重要的事情	将练习看作检查学生学习的手段,最关心学生是否学会了刚才教的知识
	家庭作业检查	不规范,随意性大,花费的时间长,效率低	有一套检查作业的规范化、自动化的常规程序,花费时间短,效率高
	对问题的回顾与总结	以自己为中心,更多地考虑教学的有效性,如解释是否清晰,例子是否恰当,板书是否规范,以及回答学生问题的能力如何	以学生为中心,对学生的学习效果尤为关注;对学生课堂上的行为原因进行反思
	教学策略运用	缺乏或不会运用教学策略	具有丰富的教学策略,并能灵活运用
课后评价	关注焦点	更多关注课堂中发生的细节	更多谈论学生对新教材的理解和课堂中值得注意的活动
其他差异	师生关系	希望平等地对待学生,但缺乏方法和策略,流于形式	能热情、平等地对待学生,师生关系融洽,具有强烈的成就体验
	人格魅力	缺乏自信,容易因课堂意外事件影响情绪	有注重实际和自信心强的人格特点,能更好地控制和调节情绪,具有教学机智,并在课后进行评估和反思
	职业道德	有较好的情感投入和责任意识,任务感强	对职业的情感投入程度高,职业义务感和责任感强

三、小学教师专业能力发展的途径与方法

根据国内外的现有研究，促进小学教师成长与发展，使其成为专家型教师的基本途径主要有：

（一）发挥小学教师的主体意识，自主学习和发展

1. 加强理论学习，优化知识结构

教育职业同其他职业不一样，是一种“学习”的职业。小学教师的学习视野要尽量开阔，在这样的积累历练中，他们才会从生命价值的高度充分体悟终身教育的真谛，才能促使自己成为“学者型”教师。

小学教师只有坚持自主学习系统的教育教学理论知识，才能随时了解教育教学的新近发展动态，掌握新的教学方法，学习使用最新的教学技术，及时吸纳所教学科和教育学科的最新研究成果，扬弃自己的知识结构和观念系统中陈旧和不合时宜的成分，进行知识和观念的更新重构，进而在较高层次上更新知识结构，提升专业能力。

理论学习的内容包括陈述性知识和程序性知识。学习的方式多种多样，可以学习专业书籍、报纸杂志、大学选修课程以及通过网络学习，也可参加“国培计划”、“省培计划”、校本培训等各类培训，更可与同事、同行分享与交流学习经验。

2. 树立研究意识，努力成为研究者

在小学教师专业发展中，自我专业发展意识起着独特的作用，小学教师本人需将外在影响因素转化为自身发展的动力，努力使自己成为一名研究者。小学教师成为研究者，并不是要求他们在日常教学工作之外“另起炉灶”，进行深入的学术研究，而是以解决日常教学实践问题为目标，开展做与教融为一体的研究。

小学教师应该有较强的钻研意识，善于发现问题，勇于反思自己的教学实践。小学教师可以从自己的教学实践和教学积累中找到问题，以及通过整理自己的亲身感受和困惑来发现问题；也可以结合新的教学观念、思想与自己的教学实践加以对照，通过比较自己的做法与别人的经验来发现问题；或者在与小学生、家长的讨论中发现问题。小学教师要学习一定的教育科学理论和研究方法，采用行动研究、叙事研究、个案研究的方法进行教学研究，在教育教学的具体实践中检验、锻炼和提高自身的说课能力、语言表达能力、教育教学组织管理能力、教育教学交往能力、教育教学反思能力、教育教学研究能力和创新能力。

3. 借鉴他人的经验，加快自身发展

教育教学工作中充满了各种不确定性，理论学习不一定能解决实践中的疑难问题，小学教师还必须从“做中学”，必须借鉴优秀小学教师的教育教学经验。课堂教学观摩就是一种典型的“做中学”的专业发展途径，可分为组织化观摩和非组织化观摩。①

组织化观摩是有计划、有目的的观摩，适用于新手教师和教学经验欠缺的年轻教师，可以是现场观摩（如组织听课）或观看优秀教师的教学录像。观摩旨在促进教师专业性发展而非考核考评，必须重视同事、同级之间的互助指导。

非组织化观摩则要求观摩者有相当完备的理论知识和洞察力。如案例教学就是通过

① 张大均，郭成．教学心理学纲要 [M]. 北京：人民教育出版社，2006.

对一个个含有问题的、具体真实的教育情境的描述，引导学习者（这里主要指小学教师）对其进行讨论的一种教学方法，是传递理论、原理的最强有力的方式。案例教学不仅能促使小学教师对理论运用的方式、原因等做更深入的思考，而且还能将先前案例中的理论转变成解决新情形、新问题的变式。

4. 参与行动研究，提高自身素质

行动研究是指由教学第一线的小学教师、教学管理人员和专家学者共同合作，在实践过程中解决实际问题，以改善教育环境，提高小学教师和教育管理人员的教育实践及其对自己实践工作的认识的活动。在行动研究中，“问题即课题，工作即研究，教师即专家，效果即成果”，因而是一种把行动和研究结合起来解决实际问题的方法，是一种旨在改进的方法，其价值在于注重实际问题的解决状况。

行动研究的步骤一般是：①发现和界定问题。小学教师在教学中遇到困难、产生怀疑、感到费解时，可进一步分析疑难的性质、关系及可能的原因，并确定疑难问题的范围。②提出假设。小学教师遇到疑难时会在头脑中产生可能的解释，但这还不是用以研究的假设，需收集、分析和整理有关的文献资料，了解他人对此类问题的研究假设、方法、工具、程序和结论，并结合自己的问题形成可验证的假设和研究方案。具体包括：确定研究对象（取样），选择研究工具（调查问卷或量表、教材、教法等），确定研究方法（调查法、观察法、访谈法、文献分析法或实验法），拟订研究程序。因此，提出假设不仅包括提出自己对问题的解释，还需要确定验证假设的办法。③检验假设。小学教师按第二步中设想的方案实施，收集并分析研究结果（如问卷调查或实验数据）。④获得结论。小学教师通过分析资料和数据，提出建议及推广办法。以上四个步骤首尾相接，螺旋上升，循环发展。

5. 进行教学反思，提高教学能力

美国心理学家波斯纳曾提出教师的成长公式是“经验 + 反思 = 成长”。我国心理学家林崇德也提出“优秀教师 = 教学过程 + 反思”的公式。有研究表明，高水平的课后评估和反思能力的获得是熟手型教师向专家型教师转化的关键变量，反思是立足于自我之外，批判地考察自己的行为及情境。小学教师的自我反思是以自己的实践过程为思考对象，对自己的行动、决策及其结果进行审视和分析。反思不仅是一种能力，更是一种意识，是小学教师职业生活的态度和方式。反思既能促进小学教师的自我觉察水平提高，又有助于小学教师向专家型发展。

基于专业成长的教师反思可从自我指向和任务指向两个角度入手：自我指向反思是对自我进行反思，如反思自己的教学观念是否符合现代教学思想，自己对小学教师这一职业是否具有强烈的责任感，在教育教学活动中是否情绪稳定、热爱小学生，自己的特征适合哪些教学方法，是否分析了小学生的能力起始水平、学习风格，是否了解小学生的背景，等等。任务指向的反思是对自身的教学目标、教学任务、教学策略的使用等因素进行反思。如能否用明确、具体、有针对性的关键词来表示教学目标，能否说出小学生在学习后的具体行为变化，针对新课、练习课、复习课等不同类型的课如何选择教学方法，今天对课堂突发事件的处理方式是否恰当，等等。小学教师要有意识地摸索出并运用有效教学活动和策略形成自己的教学风格。

新手型小学教师的反思能力养成可以从对其自身教学技能的反思开始。最初通过阅读形成较完整的教育教学理论体系，以便教学实际中分析即时的教学情境，有意识地运用理论作指导，以形成关于教学的认知图式。同时，需要参考优秀小学教师的典型课例，分析各种教学技能的类型、特点、效果；然后选择不同课型，如学习新课、练习课、复习课等进行教案设计。小学教师要在教学实践中就教学方法的具体问题和教学策略及时请教专家型教师，并针对具体问题进行调整和改进。

一般型小学教师的反思训练可从反思自身教学基本技能是否达到教学技巧的水平开始。要注意收集任何教学活动必不可少的教学策略、适合自己的教学方法、应对课堂突发事件的策略、知觉学生的非言语线索等。然后根据专家型小学教师对自身教学行为的评价，找到自身的差距，以提高教学监控能力的有效性和教学策略把握的自觉性。因此，小学教师应该注意在与其他小学教师的交流中反观自己的意识与行为，加深对自己的了解、对教学过程的体验，既要反思在教学各环节中自己是否熟练应用各技能，也要反思隐藏在教学实践背后的深层教育教学观念和思想。

（二）建立、完善小学教师专业能力发展的支持体系

1. 构建小学教师共同体，增强交流互动

学校构建小学教师实践共同体，可集结小学教师群体的力量，促使小学教师共同发展。学校可以在现有条件下采取实际措施，在学校内部为小学教师创建学习共同体；可以实现教学过程各个环节的合作和打破学科界限的小学教师群体的合作。从内容上看，小学教师可以学习怎样充分利用当地资源培养小学生，挖掘当地特色的文化教育资源建设校本课程。这样不仅使小学教师获得了更多更好的学习机会，而且可以增加他们之间的交流互动，使小学教师与小学生共同受益。

2. 倡导校本培训，促进专业成长

不论农村还是城市，小学教师的任务重，参加外出培训的机会较少，学习时间有限。校本培训使全校小学教师都能在工作中参与多样化的校内培训活动，并能在良好的学习氛围中提高自身素质，促进学校教育健康发展。校本培训能比较有效地解决经费不足、工学矛盾等问题，因而是促进小学教师专业发展的重要途径。校本培训的开展方式是多种多样的，主要有校校联片培训、中心学校辐射培训、“先导”小组式研究等。

3. 创造教育技术环境，做到与时俱进

学校可为小学教师创造参与教育技术学习的环境。本着一线小学教师的实践优势和高校教师的理论优势相结合的原则，可以利用 QQ 群、博客圈、微信圈、虚拟社区、网络学习平台等组建小学教师学习实践共同体。在这个共同体中小学教师可以组织“同步课堂”、异步论坛等系统评课，可以开展案例教学等，以共同借鉴，取长补短。农村小学教师可以在这个过程中得到同行的鼓励和专家的指导，解决实践中遇到的问题，这样，不用走出去也能了解新课程的理念，做到与时俱进。

小学教师在网络上书写自己的教学体会，说明、记载、诠释和反省自己的教学活动，可以在数字化交流环境中充分交流、自由表述。同时，小学教师还可以浏览其他教师的博客，观看和收集同行的教育叙事，找到同行间教育教学实践的精髓，促进自身素质的提升。这

种形式，不仅见证了小学教师自身专业成长的心路历程，而且通过信息化手段的使用，农村小学教师还可以为其专业发展寻求资金帮助和专家指导。

4. 发挥小学教师的主体作用，创立科学有效的激励机制

有效的小学教师专业发展激励机制需要学校为小学教师营造一种良好的服务和合作氛围。小学教师专业发展评价机制的建立，关键是注重发挥小学教师的主体作用。学校通过鼓励小学教师积极参与，科学拟定评价指标，使小学教师更容易接受评价内容，从而实现评价机制和小学教师心理认可的统一。各激励主体要合理利用各种激励方式，实现各种激励机制的和谐统一。①

（1）要重视精神激励以满足小学教师的高层次需要。可以通过目标激励等方式来激发小学教师的专业发展动机，可以利用民主参与激励等方式激发小学教师的专业发展热情，可以采用信息激励等方式来扩展小学教师的专业知识，可以使用荣誉激励等方式来提升小学教师的专业精神，以实现更高水平的激励。

（2）重视小学教师的自我激励。自我激励应该是最能体现小学教师专业发展意愿的激励方式。自我激励方式的使用实现了激励主体（小学教师自身）与激励客体（小学教师自身）的完美统一，其对小学教师专业发展的激励作用比其他任何激励方式都有效，因为这时追求专业发展已成为发自小学教师内心的需求。因此，小学教师要重视自我暗示等自我激励方式的使用。

（3）要发挥社会和家庭层面的激励作用。调查得知，社会和家庭因素对小学教师的专业发展具有一定的影响作用。家人的鼓励和支持、社会各界的认可、社会舆论的关注等能推动小学教师的专业发展活动。因此，在推进小学教师专业发展过程中，要加强社会和家庭层面的激励作用。

（4）要处理好小学教师激励各个环节的关系。学校为确保小学教师专业发展激励机制的有效性，就必须依据小学教师专业发展各个阶段的不同特征和小学教师的需要，采取相对应的激励策略。小学教师专业发展主要包括职前适应期、职初锻炼期、职后成长期、专业成熟期和专业消退期五个阶段。而与之相对应的五种激励方式是目标设置激励、期望激励、利益激励、荣誉激励和情感激励。这五种激励机制并不是孤立的，它们是互补交融的，只是在某一个特殊的专业发展阶段特别适合采用与之相匹配的某种激励机制而已。

① 王发辉．中小学教师专业发展激励机制探析[J]．基础教育研究，2013（7）：16-17.

能力训练

一、单项选择题

1. 小学教师对小学生活动的敏感性以及能根据意外情况快速做出反应，果断采取恰当的教育措施的独特心理素质，即（　　）。

A. 教育手段　　B. 教育机智　　C. 教育灵感　　D. 教育反响

2. 与新手型教师相比，专家型教师的课时计划简洁、灵活并具有（　　）。

A. 预见性　　B. 系统性　　C. 结构性　　D. 时效性

3. 小学教师为保证达到教学目标，在教学的全过程中将教学活动本身作为意识对象，不断对其进行主动积极的计划、检查、评价、反馈、控制和调节的能力，称为（　　）。

A. 教学反馈能力　　B. 自我教育能力

C. 自我完善能力　　D. 教学监控能力

4. 衡量一个小学教师是否成熟的标志是其在教学过程中能否自觉地关注（　　）。

A. 教材　　B. 小学生　　C. 生存　　D. 情境

5. 教师被人们誉为“人类灵魂的工程师”，这说明教师扮演了（　　）的角色。

A. 家长代理人　　B. 知识传授者　　C. 学生楷模　　D. 心理调节者

6. 以下不属于小学教师教学能力的是（　　）。

A. 教学认知能力　　B. 教学操作能力

C. 空间知觉能力　　D. 教学监控能力

7. 小学教师成长与发展的最高目标是成为（　　）。

A. 老教师　　B. 教学熟手　　C. 优秀班主任　　D. 专家型教师

二、简答题

小学教师威信的形成与建立途径是什么？

三、论述题

论述新手型教师与专家型教师的区别。

第十一章　小学教师的心理特征与心理健康

- **教学目标**：掌握小学教师的一般心理素质；掌握教师威信的内涵、特点，小学教师威信提升的策略；掌握教师心理健康的标准及小学教师心理健康的维护。
- **教学重点**：小学教师威信提升的策略、小学教师心理健康的维护。
- **教学难点**：小学教师威信提升的策略、小学教师心理健康的维护。
- **教学内容**：

（1）掌握小学教师的一般心理素质。

（2）掌握教师威信的内涵、特点，小学教师威信提升的策略。

（3）掌握教师心理健康的标准及小学教师心理健康的维护。

内容提要

- 小学教师的心理特征与心理健康
  - 小学教师的心理素质
    - 小学教师的认知素质
    - 小学教师的人格品质
    - 小学教师的适应能力
  - 小学教师的威信
    - 小学教师威信概述
    - 小学教师威信提升的策略
  - 小学教师的心理健康维护
    - 小学教师心理健康的标准
    - 小学教师心理健康的主要问题
    - 小学教师心理健康的维护

第一节　小学教师的心理素质

小学教育是各级各类教育的基础：为提高国民素质奠定基础，为各级各类人才的培养奠定基础，为儿童、少年一生的发展奠定基础。小学教师重任在肩，其心理素质状况对小学生素质的发展将产生重要影响。因此，探究小学教师健全的心理素质及其结构，关注和加强小学教师心理素质的培养就成为现代小学教师心理研究和当前小学教师教育发展的一个重要课题。

心理素质是以个体的生理条件和已有的知识经验为基础，将外在获得的刺激内化成稳定的、基本的、衍生的、发展整合的并与人的适应行为和创造行为密切联系的心理品质。

心理素质结构主要包括认知素质、人格品质和适应能力等三个要素。其中，认知素质是心理素质结构中最基本的成分，人格品质是心理素质结构中的动力成分，适应能力反映的是个体心理素质结构中的功能价值。因此，人的心理素质是一个由认知因素、个性因素和适应性因素构成的心理品质系统。

一、小学教师的认知素质

认知素质是小学教师在认知活动中表现出来的、直接影响小学教师认知活动的机制和水平的心理因素，是小学教师心理素质结构的最基本的成分。小学教师的认知素质主要包括小学教师的智力品质、知识结构、教学监控能力等。

（一）小学教师的智力品质

小学教师工作是一种复杂的脑力劳动，为了使教学工作有效进行，小学教师必须具备一定程度的智力水平。智力超过某一关键水平以后，它不再起显著作用，而其他认知因素或人格特征就起更大的决定作用。因此，小学教师的智力是小学教师从事教育教学工作应具备的基本心理素质，是小学教师从事教育教学工作的认知基础。它应当包括敏锐的观察力、准确的记忆力、丰富的想象力、优良的思维品质等。

（二）小学教师的知识结构

小学教师的知识结构是小学教师认知活动的基础，小学小学教师具备丰富的知识是其有效开展教育的前提。小学教师的知识结构是指为完成小学教师职业所需的专业知识系统。根据小学教师知识结构的功能不同，可以将小学教师的知识结构分为四个方面：本体性知识、条件性知识、实践性知识和文化知识，这四个方面共同构成小学教师的知识结构。

1. 本体性知识

它是指小学教师所具有的特定的学科知识，如语文知识、数学知识等，是个体成为一个好小学教师的必要条件。内容上应包括：小学教师应对学科的基础知识有广泛而准确的理解，熟练掌握相关的技能、技巧；小学教师要基本了解与所教学科相关的知识点、相关性质以及逻辑关系；小学教师需要了解该学科的发展历史和趋势，对于社会、人类发展的价值以及在人类生活实践中的多种表现形态；小学教师需要掌握每一门学科所提供的独特的认识世界的视角、域界、层次及思维的工具与方法等。

2. 条件性知识

它是指为更好地完成职业活动所需的工具性知识,即个体在什么时候、为什么以及在何种条件下才能更好地运用陈述性知识和程序性知识的一种知识类型。教育学和心理学知识被称为小学教师成功地进行教育教学的条件性知识,它是广大小学教师顺利进行教学的重要保障。

3. 实践性知识

它是小学教师积累的教学经验,是指小学教师在实现教学目的的行为中所具有的课堂情境知识以及与之相关的知识。实践性知识受个体经历的影响,这种知识的表达包含丰富的细节,并以个体化的语言而存在。小学教师的教学并非一个程式化的过程,只有针对小学生的特点和具体情况恰当地工作,才能表现出小学教师的教育机智。

小学教师知识结构的上述三个方面是紧密联系的:本体性知识是教学活动的实体部分,条件性知识对本体性知识的传授起到理论支撑的作用,而实践性知识对本体性知识的传递起到实践性指导作用。

4. 文化知识

小学教师丰富的文化知识不但能扩展小学生的精神世界,而且能激发小学生的求知欲,事实上,小学生的全面发展在很大程度上取决于小学教师具有广泛而深刻的文化背景知识。具体说,小学教师的文化知识包括:基本哲学理论知识,如辩证唯物主义知识、历史唯物主义知识等;现代科学和技术的一般常识,如现代学科的一般原理、现代技术的本质内涵等;社会科学的理论与观点,如法律的知识、民主的思想、经济学的观点、社会学的方法等。

(三)教学监控能力

课堂教学监控能力是小学教师教学能力的核心组成部分,实施课堂教学监控,是小学教师开展高效课堂教学活动的保证。教学监控能力是指小学教师为了保证教学的成功,达到预期的教学目标,而在教学的全过程中,将教学活动本身作为意识的对象,不断地对其进行积极主动计划、检查、评价、控制和调节的能力。小学教师课堂教学监控主要包括小学教师的元认知监控和小学教师对小学生学习活动的监控。

1996 年,关于教学监控能力的培养与作用,申继亮、辛涛采用角色改变技术、教学反馈技术和现场指导技术等方法作为干预手段的研究表明,采用该干预手段能明显地促进教师教学监控能力的发展;教学监控能力的发展会促进教师教学认知水平的提高和教学行为的改善;教学监控能力的发展最终会显著地促进学生学科能力的发展,也会明显地提高学生的学习成绩。① 2014 年,李运华、曹汉斌通过对小学教师进行问卷和访谈调研发现,小学教师课堂教学监控能力普遍较弱,且两极分化严重;小学教师远未养成课堂“反思”习惯;学情监控能力缺乏尤为突出;不同教龄、不同课程、不同区域小学教师的课堂教学监控能力水平又存在显著差异。②

① 申继亮,辛涛. 关于教师教学监控能力的培养研究 [J]. 北京师范大学学报(社会科学版),1996(1):37-45.

② 李运华,曹汉斌. 小学教师课堂教学监控能力提升策略 [J]. 中国教育学刊,2014(6):89-92.

二、小学教师的人格品质

（一）小学教师健全的人格品质的构成

习近平总书记指出，教师是人类灵魂的工程师，是青年学生成长的引路人和指导者，他们的思想政治素质和道德情操，对青年学生具有很强的影响力和感染力，在思想传播方面起着十分重要的作用。这就要求小学教师以高度的社会责任感坚持教书育人，为人师表，以良好的思想道德和人格品质给小学生以潜移默化的影响。

健全的人格品质是合格小学教师必备的心理素质。人格品质是指人在对待客观事物和在活动中表现出来的个性心理特征。它虽不直接参与对客观事物认知的具体操作，但是具有动力和调节机能，居于心理素质的核心地位。它不但影响其自身教育教学活动的效果，而且在很大程度上决定其能否有效地促进小学生个性的健康发展。从小学教师职业要求来看，成熟的小学教师人格品质表现在成熟的自我意识、情感品质、意志品质、动力品质、创新品质等方面。

1. 成熟的自我意识

自我意识处于核心地位，它从意识层面上支配、调节着人的行为。个体能否真实地、客观地认识自我、对待自我，是衡量其自我意识成熟与否的基本标志。从自我认知维度看，成熟的小学教师一般能在客观的自我观察的基础上，进行实事求是的自我分析，做出恰当的自我评价，形成主观自我与客观自我相统一的自我形象。从自我体验维度看，成熟的小学教师一般都能通过积极的自我感受，形成适度的自爱、自尊、自信、自强等心理品质，有强烈的责任感、义务感和贡献感，自觉地根据自己的职业信念激励自己，全身心投入到教书育人的活动之中。从自我控制的维度来看，成熟的小学教师的自我控制能力强，能自觉抵制各种不利因素的刺激和影响，善于进行自我批评，能“见贤而自省”，善于进行自我调节，适应新的环境。

2. 小学教师的情感品质

小学教师的情感是丰富的，尤其是小学教师的职业情感更具特色，是构成小学教师心理素质的动力因素之一。小学教师的情感品质是其在教育教学活动过程中具有准确地理解自身的情绪情感、控制自身的情绪情感和表达自身的情绪情感的能力。主要表现在：挖掘教材中情感因子的能力，调控自身情感的能力，与小学生情感沟通的爱心。其中，小学教师能够准确地调控自身情绪情感的能力起着主要影响作用。

从教学的性质来看，教学不仅是一个师生相互交往的双边互动过程，也是一个特殊的情绪情感交流的过程。课堂教学过程中，小学教师既要关注小学生的积极性、主动性和能动性的调动，又要通过自身人格和魅力的展示，感染小学生的情绪、激励小学生学习的积极性。这样才能更好地实现小学教师对自身价值的追求，提高自身对职业幸福感的理解并产生心理的幸福感。

案例

2008年，谭千秋老师在地震来时，第一时间并不是自我避难，而是迅速组织学生疏散。当他发现还有4名学生在教室时，没有多想，迅速返回教室寻找学生。这时，他看到天花板即将落下砸向学生，他张开双臂，用血肉之躯为学生撑起了一片天。在他的保护之下，4名学生得以保全，他却付出了宝贵的生命。

从谭老师身上我们看到了什么？一方面，我们看到了他高水平的控制自身情绪情感的能力，在危急情况下，人类的情绪会产生先天的紧张性，以应对各种危机。谭老师面对紧急情况，很好地克服了自身情绪先天的紧张性，以冷静的情绪、正确的行为很好地保护了学生。另一方面，我们也看到了谭老师对学生大爱无私的精神。在生命的最后时刻，他想到的是自己的学生。这种大爱无私的精神完美诠释了身为教师的担当与责任，充分展示了他的人格魅力，实现了对教师价值的追求。

3. 小学教师的意志品质

小学教师工作艰苦复杂，具有长期性，没有坚强的意志是难以完成教育教学任务的。小学教师的意志品质主要有：明确的目的性和实现目的的坚定意志，处理问题的果断性和坚定性，解决矛盾时的沉着、自制、耐心和坚持性，充沛的精力和顽强的毅力。简言之，就是不怕困难，知难而进；沉着自制，善于支配情感；长期不懈，持之以恒。实践证明，意志坚强的小学教师能以充沛的精力和顽强的毅力努力工作，遇到挫折不泄气，面对困难不退缩，最终取得良好的教育教学效果。

案例

张桂梅老师全身心投入民族地区的教育事业中，扎根边疆教育一线40余年，创办了全国第一所免费女子高中。

为了不让任何一个女孩因贫困失学，她坚持家访11年，遍访了1 300多户贫困家庭，行程10余万千米。长时间的高强度劳动，透支了她原本羸弱的身体，肺气肿、小脑萎缩等16种疾病纷纷找上她。她为了护送学生参加高考，拖着病痛的身体，身体上缠着胶布，颤颤巍巍地送学生到考场。她不遗余力地践行“只要还有一口气，就要站在讲台上”的诺言，用实际行动铺就贫困学子用知识改变命运之路。多年来，她一直住在学生宿舍，和学生同吃住，并把省下来的工资捐献给教育事业。张桂梅身上不仅体现了其异于常人的意志品质，没有她这种高水平的意志品质，华坪女子中学不会有今天的成绩，当地不会有那么多的女孩因知识而重新书写命运，她的身上还充分体现了人民教师的大爱。

4. 小学教师的动力品质

小学教师的动力品质主要表现在成就动机和求知欲上。成就动机是激励小学教师对教育教学工作力求获得成功的一种内在驱动力,它在成就需要的基础上产生。而求知欲是小学教师积极渴望认知世界,获得科学文化知识及不断探索真理,并带有情绪色彩的愿望。它们是推动小学教师成长和发展的内在动力。

案例

顾明远先生是我国著名的教育学家。他一生担任过小学教师、中学教师和大学教师。他出生在战争年代,没有很好的学习机会,他一直认为自己的学习基础薄弱。即使后来自己当了老师,他认为自身的教学水平还是非常欠缺,不断地向老教师学习,旁听他们的课程,从一个不会教书的老师,逐渐学会做老师,并形成了自己的教育理念,在教育学领域取得了很高的成就。

5. 小学教师的创新品质

习近平总书记在党的二十大报告中指出:“必须坚持科技是第一生产力、人才是第一资源、创新是第一动力,深入实施科教兴国战略、人才强国战略、创新驱动发展战略,开辟发展新领域新赛道,不断塑造发展新动能新优势。”“加快实施创新驱动发展战略,加快实现高水平科技自立自强。”

创新是社会和时代发展的根本要求,也是现代教育对小学教师的基本要求。富有创新精神的小学教师,在教学过程的各个环节中表现出如下特征:教学理念的开放性,教学设计的灵活多样,教学信息传输的经济、迅速性,重视分散思维和直觉思维的训练,教学中善于将知识转化为能力,具有较高的教育机智。

案例

夏老师,一名小学数学教师,也是一名评书爱好者。在学校,她名气很大,因为她将评书带进课堂,并穿插进数学教学中,让原本枯燥的课堂瞬间生动幽默,听她的课,学生绝对不想睡觉。在教学中,她发现,学生对数学公式、做题感到枯燥,兴趣降低,于是她将一些历史传记、逸闻趣事等融入数学教学中,没想到学生学习的兴趣一下子提升了。后来她发现,学生对评书的语言比较感兴趣,因此,她把评书融入课堂中,提高学生的学习兴趣。夏老师在教学设计中不断创新,深受学生喜爱。

（二）小学教师健全人格品质的现实表现

2002年，吴素梅的研究认为，小学教师人格品质较优，多数人属于平和—外向型人格，心理健康水平较好。具体表现为以下特点：开朗乐群、情绪稳定、轻松兴奋、敢作敢为、对人对事热心而富有感情、思想自由开放、随和易与人相处、自律性较强。但小学教师缺乏实施素质教育所必备的一些重要的人格品质，如知识面窄、抽象思考力弱、独立性差、创造性水平较低等。①

小学教师现代人格是一般公民现代人格在小学教育活动中的特殊表现，这种专业层面的现代人格表现在：②

（1）具有开放性气质。小学教师更加富于开放性地认识教育内容、教育对象、教育过程、教育者自身等因素，注重信息的获取和利用。

（2）具有教育效能感，对解决教育中的困难充满信心和力量。

（3）对教育问题形成自己独立的意见和见解而不盲从权威。

（4）持有普遍主义的态度，公平公正、民主平等地对待每个小学生。

（5）广泛参与学校事务和学生活动，注重与其他小学教师的合作，具有团队精神。

（6）在反思教育和教学经验的基础上重视教育理论的作用，以经验为基础又不局限于经验。

（7）有进一步发展自己专业的愿望，珍惜时间，规划自己的未来发展。其特点反映了小学教师现代人格的历史性与时代性的统一、一般性与专业性的统一、稳定性和可变性的统一。

三、小学教师的适应能力

适应能力是指个体在社会化过程中，以一定的心理特质要素（认知因素和个性因素）为基础，通过与外部环境交互作用，选择、适应和改变环境，使自身与环境和谐协调的能力。它是心理素质结构中最具衍生功能的因素。它是认知因素和个性因素在各种社会环境中的综合反映，是个体生存和发展的必要心理素质之一。小学教师的适应能力主要包括自我定向适应和社会定向适应。

自我定向适应是指小学教师在对内在心理过程的控制、理解和调适等适应过程中所表现出来的习惯性行为倾向。其主要包括：①生活适应，指小学教师具有生活自理能力，能够适应小学教师职业的生活，包括生活环境的适应和生活自理能力；②生理适应，指小学教师能够适应生理上的变化，具有合理的性观念，形成健康的性意识和性行为，包括生理变化适应、性观念和性心理调适；③职业适应，指小学教师能够根据自己的能力、气质、兴趣、性格等调整职业价值观，主动学习，增强教育教学能力，最终在职业活动中获得满足；④学习适应，指小学教师拥有正确的终身学习观念，对继续教育或在职进修充满热情，能够根据学习目标、学习环境和学习内容等的变化而不断调整自己的学习计划和学习方式。

社会定向适应是指小学教师在对外在环境的学习、应对和防御等适应过程中所表现出来的习惯性行为倾向。其主要包括：①社会环境适应，指小学教师对社会的现状和未来有

---

① 吴素梅．小学教师人格特征现状研究[J]. 健康心理学杂志，2002（5）：327-330.

② 王本余．试论小学教师现代人格的基本特征[J]. 江苏教育学院学报（社会科学版），2006（3）：1-5.

比较正确清晰的认识，采取现实的态度，并用积极主动的方式保持与社会的协调一致，包括社会认同感、社会参与性和社会接纳性等；②人际环境适应，指小学教师能够改善人际环境，建立和谐的人际关系，包括对师生关系、亲子关系、亲戚关系、邻里关系、同事关系、上下级关系和异性关系等的适应；③应激情境适应，指小学教师面对挫折与失败而采取的行为反应、归因和自我调节方式，包括应激反应和应对策略。

第二节 小学教师的威信

小学教师的威信需依靠小学教师个人的学识才智、育人成果、社会贡献而获得，重在通过教育实践活动进行自我培养和提高。任何威信都有人际心理关系的内容。小学教师建立和提高自己的威信，有助于疏通与小学生的心理关系，建立融洽和谐的人际心理关系。

一、小学教师威信概述

威信即威望和信誉，是指人群中客观存在的一种具有让众人尊敬和信赖的优良品质的心理现象，体现为内在的素质和外在的影响力。

小学教师威信是指小学教师个人或者组织，改变、控制人们心理和行为的影响力，是小学教师通过自身的教育教学行为从而在小学生心目中树立的威望与信誉。

（一）小学教师威信的内涵

小学教师威信实质上是一种来自小学生的信服力，它并不是来源于小学教师的外在威严，而是小学教师通过良好的思想品德、教学能力、教学态度以及民主作风，在小学生心目中树立起的一种积极的精神感召力量。小学教师的威信主要包括职业威信、人格威信、学识威信、情感威信和仪表威信。职业威信是指小学教师在职业活动中，常常会因其优良的心理素质而赢得小学生的信赖与尊敬，小学生的这种信赖与尊敬是小学教师威信的具体表征。人格威信主要是指小学教师良好的人格素养及道德品质获得了小学生对其品行上的尊重。学识威信是指小学教师渊博的知识和高超的教育教学技巧对小学生的深刻启迪及引导。情感威信是指小学教师对小学生的意愿、情感、想法和价值等的尊重，并在此基础上与小学生建立良好的师生关系，从而形成和谐的情感氛围及适宜的学习情境。仪表威信侧重于小学教师良好的仪表风范及合理的教态对小学生产生的潜移默化的影响。

威信不同于威严。威信是小学教师知识、能力和个性品质在小学生心理上产生的效应，是以小学教师良好的品质、作风、知识、能力自然地影响小学生，使小学生自觉自愿信服、尊重老师。“威严”是以小学教师的职权威慑、压服小学生，只能使小学生产生惧怕和回避心理，不仅不可能在小学生心目中产生威信，还压抑了小学生的身心发展，损害了小学教师的形象，对教育教学起到负面的作用。

威信不同于权威。威信有赖于小学教师良好的内在素质对小学生的影响，强调的是一种使小学生主动尊敬并信赖的自然影响力。权威不仅指权力威势，还包括威信、威望。小学教师权威是指小学教师依据在教育领域里的相关法律法规和学校的规章制度对小学生进行控制与管理，小学生在学习、生活等方面需服从并依赖于小学教师”①。虽然威信与权威有一定的相关性，但小学教师威信是一种使小学生主动顺从信服的精神感召力，来源于小学教师自身的学识、品质、道德、魅力等内在因素，与权力地位没有必然联系；而小学教师权威则受教育法律法规、学校规章制度、教育传统以及社会等外在因素的制约，与权力存在必然联系。

（二）小学教师威信的特点

1. 内在性

小学教师威信的内在性主要表现在小学教师对小学生的感召力和影响力是内在的，小学教师的威信除了建立在教学工作以外，更重要的是小学教师的人格品德能被小学生所推崇和敬仰，在小学生心中树立威信，并影响小学生的言行和道德品质。威信不同于一般外表的威风、严厉，威信会潜移默化地影响小学生，产生强大的精神感召力量。

2. 持久性

小学教师威信一旦形成，就具有很强的影响力，这种影响力可以产生一种约束力延续小学生的一生，具有持久性。我们说“师恩难忘”也正是这个道理。威信高的小学教师不管任何时候总能影响到他曾经的学生，没有威信的小学教师往往不能给小学生留下深刻的印象。小学生离开校园后，总会想起心中有一定威信的老师，效仿老师工作中的思维习惯、言行举止、人际交往风格等，并将其慢慢变成自己的风格。

3. 实践性

小学教师威信是在长期艰苦的教育教学实践中建立起来的。教育教学实践活动不断地向小学教师提出各种要求，如小学教师要有崇高的理想、高尚的品德，小学教师要有渊博的学识、精通所教学科等。这必然会促使小学教师更加深入思索，仔细研究，不断学习，增强修养，从而使自己得到锻炼和提高，使自己从不成熟走向成熟，直至在小学生心目中树立起较高威信。

4. 敏感性

树立良好的威信不易，保持就更难，这种脆弱性、敏感性要求小学教师时刻注意自己的每一句话、每一个行动，时刻注意维护和发展自己的威信，一旦威信丧失，重新树立威信需要 付出加倍的努力。所以，小学教师不仅要设法树立威信，更要保持威信，只有师生之间永远保持和谐的、易于沟通的、友好的、相互信任的关系，小学教师威信才能长久存在并不断提高。想做到这一点，对小学教师的素质要求特别高，小学教师必须使自己的品德、心理素质和业务能力永远处于积极发展的状态，时刻严格要求自己，不断改正错误、完善自己才能树立持久的威信。

（三）小学教师威信的作用

小学教师威信是小学教师成功地扮演教育者角色、顺利完成教育使命的重要条件，他是影响教育教学效果的重要条件，是完成教育任务的一种重要推动力量。作为一种无形的教育力量，小学教师威信会在教育教学中起到以下作用：

---

① 胡朝兵，张大均．论教师的权威、威信与教育影响力 [J]. 教育理论与实践，2004（4）:24-27.

1. 影响小学生学习效果的提高

小学教师的威信就是小学教师在小学生心目中的威望与信誉，是一种可以使小学教师对小学生施加的影响产生积极效果的感召力，小学教师的人格、能力、学识及教育艺术能引起小学生的信服和崇拜。有威信的小学教师能使小学生产生信任的心理感受，对于他们的指导小学生会更积极主动地接受。有威信的小学教师，小学生对他们的崇敬、信赖和爱戴心理，常常会无意识地迁移到学习上来，因而比较喜欢这些老师所教的学科，并确信他们所讲授的知识的真实性和科学性，容易把它转化为自己的知识和信念，学习效果一般比较好。否则，小学生在心理上往往敬而远之，甚至十分反感，产生轻蔑的态度和抵触情绪，不愿虚心向老师学习，甚至不愿听老师说话，直接导致学习效果的低劣。

2. 影响小学生思想品德和行为习惯的形成

小学生良好的思想品德需要小学教师去陶冶和塑造，而不良的思想品德需要小学教师去矫正和改造。陶冶或矫正、塑造或改造，其效果不仅有赖于小学教师的正确指导，而且也有赖于小学教师威信的高低。有威信的小学教师更容易发挥榜样的示范作用，常常被小学生自觉或不自觉地视为心目中的榜样而加以模仿。小学生一旦以老师为榜样，就会产生处处向老师模仿的意向。有威信的小学教师一言一行都能起到教育作用，这样的"言传"和"身教"无形当中塑造着小学生的思想品性，从而增强了小学生在学习与培养自己优良品质上的积极性。有威信的小学教师的表扬和奖励，能促使小学生增强思想品德修养的积极性和主动性；有威信的小学教师的批评和惩罚，也能唤起小学生的悔悟、自责和内疚，促使学生下决心去改正缺点和错误。

3. 影响小学生的情感体验

小学教师的表扬或批评能唤起小学生相应的情感体验。有威信的小学教师的表扬，能引起小学生愉快和自豪感，其批评也能引起小学生的悔悟、自责和内疚感，这样的情感体验有利于强化小学生的行为方式，对思想和行为的塑造具有推波助澜的作用，因而能够放大教育的效果。

4. 影响小学教师积极心理的形成

小学教师威信是指小学教师在职业活动中建立起来的、众所共仰的道德声望，是使小学生感到尊敬而信服的精神感召力量。小学教师威信有着强大的影响力，它与教育良心、教育公正、教育人道等相互融合，是小学教师职业道德必不可少的部分。小学教师只有具备高尚的道德品质、丰富的专业知识、精湛的教学艺术、真挚的思想情感才能得到大家的认可，才能树立自己的威信。因素质优良而建立起来的威信有助于小学教师积极心理的形成，从而对工作有满足感和成就感。没有高尚的品格情操，没有渊博的知识和造诣，威信无从谈起。

已有研究表明，小学教师威信主要表现在教育热情、思想品格、知识水平、教学能力、工作态度、教育作风六个方面。不同年龄的小学教师对以上六个方面的重视程度不同。小学生喜欢的老师是：教学方法灵活，活泼、开朗，能与他们一起学习和游戏，对他们宽容热心。不喜欢的老师是：教学方法呆板，好训斥人，有偏心。

二、小学教师威信提升的策略

（一）更新知识结构，增强学识修养

作为专业人员的小学教师，要想在小学生中树立较高的威信，深厚的学识修养是基础。小学教师的根本任务是促进小学生的生命成长及精神世界的丰富，这就要求小学教师要有多种层次的知识，并要有对知识的开发、转换和整合的能力。

1. 强化本体性知识

本体性知识即学科知识，是教学活动的基础，小学生的年级越高，小学教师的威信越是取决于其所具有的特定的学科知识。小学教师不但应通过不断学习强化其学科知识，全面掌握课程标准、教学参考书所要求的知识，更应该注重了解其所任学科的历史渊源以及发展趋势，还要做到对本学科的适当延伸和拓展，吸收新信息，不断更新和充实自己。只有这样，才能居高临下、创造性地处理教材，从而更好地引导小学生。

2. 丰富人文科学知识

小学教师除了需要具备精湛的学科知识之外，还应该不断丰富文化科学知识，努力做到既学有所专，又广泛涉猎。知识渊博的小学教师不仅能帮助小学生丰富他们的精神世界，而且还能激发和调动他们的求知欲，也容易赢得小学生由衷的钦佩和尊重，威信自然就树立起来了。

3. 灵活运用条件性知识

条件性知识即小学教师所具有的有关教育理论的知识，能够指导小学教师进行教学活动，是小学教师成功教学的重要保障，也是搞好教书育人的必备条件之一。如果说前面所提到的本体性知识和文化知识是小学教师进行教学的“原料”，那么教育理论知识就是教学过程中的“工具”。小学教师不断学习丰富的教育理论知识，掌握教学过程中的规律和方法，了解小学生的心理发展水平，更重要的是要学会把理论与实践相结合，在教学过程中自觉遵循教学规律，选择适合小学生身心发展规律的教学方法，有的放矢地进行工作，从而取得良好的教学效果。

（二）反思课堂实践，提升教学技能

在课堂教学过程中，小学教师除了要具备扎实的基本功，还要精通本体性知识，博采相关知识，而且要提高学科教学水平，用高超的教学艺术和驾轻就熟的教学技巧让小学生体会到课堂中的生机与活力。小学教师的授课水平越高，小学生学习的动力就会随之变得越足，小学教师就越容易树立威信。小学教师要将教育新理念与教学实践相融合，运用各种新的教学手段给课堂增添乐趣，提升课堂教学的技能。“作为一名教师，最困难的任务之一就是要认识到最诚挚的愿望不一定能确保最完美的教学。人与人之间的关系使得教与学变得错综复杂，这种复杂状态向教师发起了挑战，促使他们不断地反思自己的教学实践。”① 小学教师的反思一般有四种方式：

1. 撰写反思日志

撰写反思日志对于提高小学教师的反思意识和问题意识，无疑是一种最直接、最有效

---

① [美] 伊冯娜·金茨勒. 新教师最佳实践指南[M]. 贺红，译. 上海：华东师范大学出版社，2009.

的方式。反思日志是小学教师将课堂实践中的某些方面以记日志的形式呈现出来。写反思日志的过程，也是小学教师较为系统地回顾和分析自己教学实践的过程。反思日志能够促进小学教师不断对自己的教学行为进行反思和评价，提高对自己教学活动的察觉力，发现存在的问题，从而提出改进的方案，为今后的教学实践指明努力的方向。反思日志的内容可以从自己实际的教育教学中寻找灵感，形式也是灵活多变的，可以选择记录成故事性的随笔，如写整节课中自己是如何导入、如何设计、如何提问的，与学生的互动情况怎么样，采取了哪些有效的方法，有哪些收获等。

2. 听取小学生的意见

学生是教师的镜子，通过学生这面镜子，教师可以更加清晰正确地看待自己，同时也能够更好地分析和了解自己的教学行为，从而及时更新对教学的认识。如果小学教师能够发扬民主，师生之间就能够互相理解、真诚相处，有助于建立起民主、和谐、融洽的师生关系。小学教师的教学能力是直接作用于小学生的，小学教师只有在得到了小学生的认同和肯定之后，才会取得相应的教学效果。值得注意的是，小学教师需要给小学生营造一种敢于向老师提意见的民主氛围，但不能被小学生提出的意见所束缚，要正确对待小学生的意见。对于小学生提出的合理意见，应当虚心采纳，纠正自己工作中的失误，同时应给予鼓励；对于一些存在问题的意见，不能伤害小学生的自尊心与积极性，要让小学生感受到老师对自己的尊重。

3. 进行教学观摩

通过与其他小学教师协作交流，进行教学观摩，折射出自身日常教学的影像，也是自我反思的一种有效方式。积极观摩经验丰富的教师、专家的课堂教学，有效吸取其中的精华，并与自己的讲课方式相对比，明确自己需改进和提高的地方。

4. 参加教育科研

科研也是培养小学教师反思能力的有效途径，有助于小学教师更加透彻地理解教育教学中的规律，提高理论指导教学实践的能力。小学教师在日常的教学和自己的亲身经历中唤醒问题意识，着重研究在日常教学中存在的困惑和疑难问题，从而能更加高效高质地进行教学实践，同时也能提升自己的科研素养。如小学教师将研究成果运用到教学中，更有利于赢得小学生的信任和敬佩感，教师威信随之树立。

（三）培养教育机智，提高应变能力

课堂是千变万化的，虽然小学教师在上课之前准备充分，但小学生的想法往往千奇百怪，课堂上不可避免地总会出现一些计划之外或者意想不到的事情。课堂突发事件的处理，直接关系到教育活动的开展和教师威信的树立。一个有威信的小学教师，必定是能够轻松应对课堂突发问题、化解课堂不和谐音符的小学教师。因此，培养教育机智，提高处理问题的能力，也是十分必要的。

教育机智是“教师迅速、恰当且随机应变地处理课堂突发事件的能力”[1]。具有教育机智的小学教师，能够运用自身临场的应变能力做到“化险为夷”，在不影响教学的情况下，变偶然因素为有利的教育时机。教学过程对小学教师的教育机智提出了极大的挑战，教育机

① 刘野．教育机智的内涵及其运用策略[J]．教育科学，2008（2）:5–9.

智反映了小学教师的教学风格，是一种较高超的教学艺术。

课堂偶发事件对小学教师来说是一种严峻的挑战，只有经过及时、巧妙的处理，才能对教学起到增效的作用。一般来说，课堂偶发事件包括小学教师教学行为的失误和小学生行为的失当。从表现形式来看，小学教师教学行为的失误主要有板书的失误、教学语言的失误、操作（如实验的演示、教具的使用等）的失误等。小学生行为的失当是指小学生扰乱课堂秩序，违反课堂纪律，从而导致教学无法顺利进行的行为。课堂上出现的无论是小学教师教学行为的失误，还是小学生行为的失当，都要求小学教师做到以下四点：

1. 要保持沉着冷静

当突发情况出现的时候，小学教师要学会控制自己的情绪，不能惊慌失措，更不能头脑发热而意气用事。要用理智来平复自己的心情，保持乐观自信的健康情绪，避免冲动暴躁的消极心理，在尽可能短的时间内想到化解问题的办法从而控制问题的持续发展。

2. 要随机应变

当突发情况出现的时候，应该迅速辨明状况，果断采取措施，化解尴尬；要学会适时地改变话题，转移小学生的注意力；用幽默的方法化解窘境，不但能补救失误，而且也能起到调节课堂气氛的作用。课堂突发情况难以避免，最重要的是如何处理，能否做到随机应变、灵活化解。

3. 要因势利导

这就要求小学教师要有敏锐的发现力，要充分理解小学生心理的发展趋势；能够发现小学生的优点和缺点，在充分了解小学生的基础上引导小学生扬长避短；要善意地去对待他们，尊重小学生的感受，肯定小学生的长处，通过对小学生的点拨，使他们自己认识到自身失当之处并主动改正。

4. 要对症下药，有的放矢

培养教育机智的前提是对小学生的充分了解。小学生是感情丰富、性格鲜明的独立个体。小学教师在上好课的同时，也应该尽量做到对每个小学生的特点、知识、能力、兴趣爱好等了如指掌，对不同的小学生采用不同的方式，对症下药，有的放矢。例如，对课堂上搞恶作剧的小学生，如果性格较外向，可以采用直接式的批评；反之，则应在课下进行单独的指引和教导。小学教师对小学生的批评应以爱和尊重为前提，增强理智感，才会取得满意的教育效果。

（四）明确小学教师角色，建立理性师爱观

爱贯串于教育的方方面面，是教育的灵魂所在。师生之间的关系不仅是知识的授受与分享，也是思想的碰撞以及情感的交融，交流中应该充满着“春风化雨，润物无声”的师爱。师爱，即小学教师对小学生的真实的、全身心的、无保留的爱。小学教师真挚的感情每时每刻打动着小学生，从而使小学生自然而然、不知不觉地产生情感上的共鸣，建构小学教师威信。只有小学生愿意接受并信赖的小学教师，才是真正的小学教师，才能称之为小学生的朋友、向导和引路人。

所谓理性的师爱，要求小学教师学会宽严有度。“宽”不是意味着放任、纵容，“严”也并不完全等同于严厉或苛责。宽严有度，“度”指的就是分寸。要爱而不宠，要严之有情、

严慈相济，要严而有格、宽而有度。

课堂的神圣之处在于其不仅是一个知识传递的平台，更是师生情感交流的载体。课堂充满着师生互动，沟通从心开始，理性的师爱就要求小学教师应当从内心升华出自己的爱，了解、尊重、指引并严格要求小学生。

1. 了解

理性的师爱是建立在对小学生了解的基础之上的。了解小学生，不仅要了解小学生在学业上的进步与困难，也应该了解小学生在心理与情感上的问题与困惑。交流中要放下教师的架子，蹲下身来学会倾听，才能明白小学生的内心世界和真实想法，才能打开他们的心扉，走进他们的内心。

2. 尊重

处于成长奠基期的小学生，知识上不丰富，心理上不成熟，而且敏感而脆弱，耐挫能力弱。尤其是所谓的“问题学生”，在课堂中不能让他们处在被遗忘的角落，小学教师要积极地去创设问题情境，调动他们的积极性，引导他们回答问题，并相应地给出鼓励、赞赏或者纠正，让他们真正感受到爱与尊重。理性的师爱观还要求小学教师摒弃“以成绩论高低”的思想，有博爱精神，公正、公平地对待每位小学生。

3. 指引

小学教师运用爱的艺术，让小学生感受到老师的爱，经过这种无形的指引和感染，小学教师便会获得小学生对这种爱的反馈。小学教师热爱小学生，在教学教育中会提出自己对小学生的期望，经过努力，小学生会如小学教师期盼的那般不断取得进步。一个合格的小学教师，既应当是一个优秀的引导者，更应该是一个高明的潜伏者，“潜伏”在小学生中，扮演着朋友与心理辅导者的角色。每一个小学生都是一个独立的个体，求知若渴，都有着与别人不同的、独特的性格和见解，在小学生尝试着向小学教师敞开心扉、畅所欲言的时候，小学教师不能高高在上地对小学生进行斥责或是教条般的说教，而应站在小学生的立场，接受小学生的奇思妙想，在不伤害小学生自尊或者积极性的前提下，指引小学生迈向正确的阶梯。

4. 要求

小学教师还应对小学生提出合理且严格的要求，这也是理性师爱的表达方式。这种要求建立在理解与尊重的基础之上，严要有度，严格要求有分寸。要求过低，不会引起小学生的注意；要求过高或者过急，则会欲速则不达，反而会引起小学生的反抗，更容易产生误会和矛盾。小学教师应充分发挥自己的人格魅力，用心感受、准确把握，恰当地给予小学生理性的师爱，在爱的前提下严格要求，引起小学生情感上对老师的信赖，达到心与心的交流，从而树立起真正的小学教师威信。“必须使教育孩子、热爱孩子和尊重孩子、严格要求他们、同他们交朋友——这一切成为你精神生活的实质。”[①] 只有懂得如何去爱学生的教师，才是有威信的。

（五）注重自身细节，形成良好教态

小学教师的教态能够反映其内心世界，是其精神气质的自然显现。具有良好教态的小

---

① 苏霍姆林斯基．给教师的一百条建议 [M]．王义高，译．天津：天津人民出版社，1981.

学教师，不但能使小学生自然地产生一种愉快的心理，而且能感染他们。一个表现得体、充满自信，在讲课中富有朝气和激情的小学教师，能使小学生集中注意力，再辅之以适当的手势语，小学生会紧跟老师的步伐，认真聆听老师的讲解，而不需督促。同时，小学教师的动作、表情、眼神、手势等无声语言的暗示与沟通功能，对于良好课堂氛围的营造提供了极有利的条件。

1. 展现适宜的面部表情

小学教师在课堂上与小学生进行的是面对面的交流，老师对学生的情感，如喜欢、信任、尊重或者反感、厌恶等，都能通过面部表情显示出来，小学教师无需用语言表达，小学生便能体会到。上课中，不应只是一味地讲课，以完成教学任务为目标，而应关注小学生的不同表现，多采用肯定的面部表情。在小学生正确回答问题的时候，小学教师应及时给予赞许的眼神；在小学生有疑问不解的时候，也应多加注意并及时调整；在小学生遇到困难挫折、有消极情绪时，应及时向小学生投以鼓励和信任的目光；在小学生开小差或有影响课堂秩序的行为发生的时候，应用眼神暗示，而不是言辞激烈地训斥他们。在课堂教学中，师生之间适当相宜的目光接触有助于小学教师得到教学效果的反馈，也能使小学生与老师在情感、思路和知识上达到互动与共鸣。

2. 运用合理的手势语

小学教师在讲课时正确运用手势很重要。不是所有的手势都对教学效果产生促进作用，手势运用不当，会适得其反，无法取得预期的效果。任何情况使用的手势语都应当尽量表现得自然，能让小学生在关注这些手势语的过程中迅速理解老师要传递的教学目的，如在讲课过程中难免会出现小学生交头接耳或做小动作的情况，这个时候，小学教师用手轻点几下黑板暗示他们应把注意力放到黑板的内容上，远比大声训斥他们“不要讲话、不要搞小动作”所取得的效果更明显、有效。

3. 呈现恰当的身体语言

小学教师的身体姿势在课堂中也属于一种重要的举止，在一定程度上反映了小学教师对课堂的投入程度。小学教师站在讲台上代表的是一种健康、积极、向上的形象，站姿一定要舒展大方，精力要充沛。小学教师要随着所讲授的内容和课堂不同情境的变化及时改变站姿，学会运用恰当适宜的动作和站姿来辅助自己的语言表达。在教室的适量走动是必要的，但也需把握“度”，来回走动过于频繁，会导致小学生的注意力跟随老师的走动而不稳定，影响听课的效果。

小学教师良好的教态体现着对小学生的关心、鼓励、尊重和期望，恰到好处的教态能显示出小学教师的威望与风度，能够收到无言之教的效果。感动小学生的力量不仅来源于小学教师真切的话语，还来源于小学教师在各种教态中自然显露出的尊重、关心之情。小学教师更应该在平常的教学过程中从细节抓起，形成良好的教态，给小学生带来潜移默化的影响，在学生心目中树立威信。

第三节　小学教师的心理健康维护

小学教师作为学校心理健康教育的主力军和推动者，其心理健康在心理健康教育中具有重 要意义，尤其是在学校心理健康教育中，其价值超越了小学教师的知识本身。小学教师的人格与心理健康比小学教师的专业学科知识和教学方法更为重要，小学教师不仅在对小学生传授知识，更是在塑造人格。

一、小学教师心理健康的标准

心理健康是指个体在与各种环境的相互作用中，在内外条件许可范围内，主体能不断调整自身的心理结构，自觉保持心理上、社会上的正常或良好适应的一种持续而积极的心理功能状态 。

（一）心理健康的内涵

尽管国内外关于心理健康的定义林林总总，但仍存在共同点：

（1）基本都承认心理健康是一种心理状态。

（2）大都视心理健康为一种内外协调统一的良好状态。

（3）把适应（尤其是社会适应）良好看作心理健康的重要表现或重要特征。

（4）强调心理健康是一种积极向上发展的心理状态。

（二）小学教师心理健康的教育价值

小学教师是小学生心目中的“重要他人”，是小学生认同的楷模，在师生日常互动中，最能发挥潜移默化的效应。

1. 影响课堂教学的效果

在教学过程中，小学教师的人格特征与心理状况是一种不可忽视的教学力量，它将直接影响小学生的非智力因素，如兴趣、动机、情绪、意志、性格等，进而影响课堂教学的效果。首先，小学教师对工作充满热情，对教学表现出浓厚的兴趣，他们不但能主动地接近和了解小学生，研究教学规律，而且能通过各种途径激起小学生的求知欲，激发他们对学习的兴趣。其次，小学教师在课堂上轻松愉快的心境，可以让小学生产生愉快的情感体验，使小学生的创造性思维及想象力明显提高；相反，如果小学教师表现出情绪低落、精神萎靡不振或暴躁易怒等不良的状态，就会使课堂心理气氛紧张，使小学生感到压抑，思维活动受束缚。

2. 影响小学生的心理健康和人格健全发展

在学校教育中，小学教师的心理健康不但能对小学生的心理健康的发展产生直接的、积极的影响，而且有助于小学教师形成较强的心理健康教育能力。首先，小学教师和小学生朝夕相处，小学教师的一言一行都是小学生模仿的对象，小学教师心态良好，意志坚强，有进取心、同情心、创造力，人际关系协调，人格完善，能迅速调节不良情绪，就能与小学生建立良好的师生关系，能以自身健全的人格力量和健康的心理去影响小学生，使小学生在潜移默化中养成良好的心理品质；反之，人格不完善、心理不健康的小学教师，常常是赏罚无度，喜怒无常，冷漠粗暴的，很容易引起小学生的情绪困扰，适应不良，甚至产生心理障碍和形成消极的人格特征。其次,小学生成长过程中出现的心理问题需要人格健全、心理健康的小学教师的指导。小学生正处于心理发展的关键时期,但由于他们身心发展还未成熟,大脑兴奋与抑制不平衡,生活经验少,自控力差,又缺乏分辨力,因此,在生活和学习中往往容易产生程度不同的心理障碍、交往障碍和青春期情绪困惑等问题。只有心理健康的小学教师,才能使这些问题得到及时、有效的解决。

3. 影响师生关系的和谐

小学教师是小学生心理健康的辅导者和“保健医生”。在师生的共同交往相处中,心理健康的教师往往能尊重、理解小学生,平等地对待小学生,建立民主、平等的师生关系和开放、创新的学习气氛。这样,可使小学生快乐、自信、勤奋、活泼,从而建立起和谐的师生关系。

此外,小学教师良好的心理品质和人格特征,对小学生有强烈的吸引作用,使小学生“亲其师,信其道”,愉快地向老师学习,甚至把老师作为崇拜偶像藏在自己心灵的深处。这种良好的师生关系的形成,可以激发小学生的学习动机,有利于课堂教学效果的提高。

(三)教师心理健康的标准

关于教师心理健康的标准,很多研究者提出了很多有价值的观点。以下是中央教育科学研究所心理研究中心主任俞国良于 2013 年提出的教师心理健康标准:

1. 对教师角色的认同

热爱教育工作,勤于教育工作,能积极投入工作中去,将自身的才能在教育工作中表现出来并由此获得成就感和满足感,并免除不必要的忧虑。

2. 有良好和谐的人际关系

具体表现在:了解交往双方彼此的权利和义务,将相互之间的关系建立在互惠的基础上,个人的思想、目标、行为能与社会要求相互协调;能客观地了解和评价别人,不以貌取人,也不以偏概全;与人相处时,尊重、信任、赞美、喜悦等正面态度多于仇恨、疑惧、妒忌、厌恶等反面态度;积极与他人做真诚的沟通。教师良好的人际关系在师生互动中表现为师生关系融洽,教师能建立自己的威信,善于领导学生,能够理解并乐于帮助学生,不满、惩戒、犹豫行为较少。

3. 正确地了解自我、体验自我和控制自我

对现实环境有正确的感知,能平衡自我与现实、理想与现实的关系。在教育活动中主要表现为:能根据自身的实际情况确定工作目标和个人抱负;具有较高的个人教育效能感;能在教学活动中进行自我监控,并据此调整自己的教育观念,完善自己的知识结构,做出更适当的教学行为;能通过他人认识自己,学生及同事的评价与自我评价较为一致;具有自我控制、自我调适的能力。

4. 具有教育独创性

在教学活动中不断学习,不断进步,不断创造。能根据学生的生理、心理和社会性特点,富有创造性地理解教材,选择教学方法,设计教学环节,使用教学语言,布置作业等。

5. 在教育活动和日常生活中均能真实地感受情绪并恰如其分地控制情绪

由于教师劳动和服务的对象是人,因此情绪健康对于教师而言尤为重要。具体表现

在：保持乐观积极的心态；不将生活中不愉快的情绪带入课堂，不迁怒于学生；能冷静地处理课堂情境中的不良事件；克制偏爱情绪，一视同仁地对待学生；不将工作中的不良情绪带入家庭。

二、小学教师心理健康的主要问题

小学教师的心理健康问题归纳起来主要表现在职业行为问题、适应不良问题、人际关系问题、生理—心理症状四个方面。

（一）职业行为问题

一般把教师的职业行为问题分为五类：

（1）怨职型。此类教师从事教育职业是不得已而为之的，他们往往怨天尤人。在具体教学过程中他们往往抱怨学生条件差、班级人数多、待遇低、压力大等。对教学工作不能全身心投入，常责怪领导无能，人际关系紧张，利益面前斤斤计较，工作马虎。

（2）自我型。此类教师以自我为中心，自私自利，目中无人，人际关系恶劣。

（3）异常型。此类教师由于长期以自我为中心，久而久之导致情绪极端不稳定，心理异常。表现为独来独往，不能控制自己的喜怒哀乐，性格反复无常，管教方式不一，令学生无所适从。

（4）暴戾型。此类教师很难相处，稍不如意就责骂学生，对学生施以体罚，傲慢，唯我独尊，盛气凌人。

（5）不良型。此类教师生活方式不健康，挑拨是非，恶意中伤他人，在学生中行为放荡、粗俗，有损教师形象。

在整个教师职业生涯发展过程中，最常见的心理问题是教师的职业倦怠问题。教师的职业倦怠是教师不能顺利应付工作应激的一种反应，主要表现为三种行为反应：

（1）情绪衰竭。自认为情绪资源耗尽，对工作缺乏热情，有挫败感、紧张感，甚至害怕工作。

（2）个性丧失。冷漠无情，玩世不恭。

（3）成就感低。感到自己的行为和努力都是白费、没有价值的。学者研究发现，小学教师的个人成就感显著高于中学教师，高中教师比小学、初中教师具有更强烈的情绪枯竭感。教龄为 5 ～ 10 年的小学教师和教龄为 11 ～ 20 年的中学教师，最容易出现情绪枯竭。

（二）适应不良问题

适应是个人与环境之间的互动关系，即个人与环境方面的要求取得协调一致所表现的状态与过程。适应不良就是个人与环境不能取得协调一致。适应与发展是人生的两大任务。因此，只有适应良好的个体才能顺利成长与发展，反之，就会出现各种各样的问题。

小学教师适应不良问题主要表现在：①理想与现实之间的差距。小学教师是崇高的职业，小学教师常常满腔热情地投入工作中，但是现实总是难以令人满意。②外界对教育的影响与冲击很大，有些甚至违背教育规律，但还是要无奈地接受。③人际关系紧张，情绪波动。④学科知识不足，缺乏进修提高的机会。

（三）人际关系问题

人际交往是良好人际关系的基础。良好的人际关系状况是个体心理发展、个性保持健康和生活具有幸福感的重要条件之一。然而小学教师交往中常出现一些问题。有调查发现，小学教师在校内除工作关系外，经常与他人交往的只有16.99%，在校外经常和他人交往的只有11.49%。小学教师人际交往问题主要表现在：对交往的重要性认识不清，很少与人交往和沟通；缺乏必要的交往技能和手段，交往容易受阻；不良个性特征阻碍了其正常交往，如自负、自闭、自我评价过高、怀疑、苛刻等。

（四）生理－心理症状

小学教师的心理健康问题还常常表现出一些生理－心理症状，主要有：

1. 抑郁

通常表现为：情绪的衰竭，长期的精神不振或疲乏，对外界事物失去兴趣，对小学生淡漠等。

2. 焦虑

主要表现为：持续的忧虑和高度的警觉，如过分担心自己的人身安全问题；弥散性的、非特异性的焦虑，如说不出具体原因的不安全感，无法入睡等；预期焦虑，如不怎么关心现在正在发生的事，而是担心以后可能发生的事。

3. 在抑郁和焦虑之间变动

当一种心理状态变得不能忍受时，另一种心理状态便占据了主导地位。这些心理行为问题通常伴随着一些身体上的症状，如失眠、食欲不振、咽喉肿痛、腰部酸痛、恶心、心跳过速、头痛等。如果不及时地疏导或宣泄自己的不良情绪，或情绪归因不当，则很可能产生更深层次的心理行为问题。例如：有的小学教师开始失去自信和控制感，成就动机和自我效能感降低，从而产生内疚感并自责；有些小学教师则将自己的不良情绪及教学上的失败归于小学生、家长或领导，变得易激怒，好发脾气，对外界持抱怨、敌视的态度。通常这些心理行为问题都是交叠在一起的，而且不断地发生变化，如有些小学教师时而感到愧疚，时而感到愤怒。

4. 神经症

这是一种由心理因素造成的常见病。一般没有任何可以查明的器质性病变，但又确实有心理异常的表现，甚至可以表现得非常严重。它是一组非器质性的轻型大脑功能失调的心理疾病的总称。不过病人对自己的病情有充分的知觉能力，并能主动求医，有生活自理能力，社会适应能力和工作能力基本没有缺损。神经症在社会群众中广泛存在，小学教师表现的也较多。主要表现为：胃肠神经官能症、心脏神经官能症、强迫症、焦虑症、神经衰弱、恐怖症。

三、小学教师心理健康的维护

小学教师的心理健康教育工程是一项关系素质教育成败的重点工程。小学教师心理健康的维护和促进不仅需要小学教师本人的积极努力，同时也离不开学校和社会的协同支持。社会和学校应努力创造条件，充分发挥自己的作用来维护小学教师的心理健康。

(一)形成小学教师个体心理自助能力

在生活中,每个人都不可避免地要面对压力,而压力是造成身心疾病的重要原因之一,是影响小学教师心理健康的最主要因素之一。因此,我们必须正确认识压力,努力提高自己应对压力的技能技巧。

1. 培养正确的压力观

小学教师要正确认识压力,更好地应对压力,消除由压力产生的心理负荷。学校通过压力不可避免观、积极与消极影响并存的压力辩证观、压力可控观的培养,使小学教师勇敢地面对压力,接受压力的挑战。小学教师充分利用各种有利条件,是有效应对压力的先决条件。

2. 改善自我观念

小学教师要正确认识自我,对自己有清楚全面的认识,能够正确、客观地认识和评价自己。为克服自高自大、妄自菲薄等不良心态,处理好人际关系,小学教师应努力从多侧面、多渠道了解自己。要积极从周围的环境中提取有关自我的真实反馈,形成良好的自我认知。避免两种情况:一是过分地夸大自己的优点,用优点去掩盖缺点;二是过分地强调自己的劣势,看不到自己积极的一面,行动时因自卑而畏缩不前。这两种情况都是对自身实际心理状态的歪曲,都会对心理健康产生不良影响。

要确立良好的自我意象,还应无条件地接受和认同自己的小学教师身份、自己的职业。职业是个体社会性自我的有机组成部分,是个体自我价值充分实现的根本途径。因此,小学教师对自己所从事的职业的认同程度,会影响对自己的评价,从而影响自我意象。小学教师要热爱教师职业,从中获得成功的快乐,提高职业的满意度。

3. 正确应对挫折和压力

小学教师仅仅正确认识压力还不够,还必须学会驾驭压力的技术。只有这样,才能保持心理健康,适应瞬息万变的社会环境。小学教师要学会正确对待心理挫折,要有正确的态度和妥善的方法,这些方法包括:自我克制、情绪合理释放、升华、代偿、精神转移等。

4. 建立积极的思维方式和内在对话

自我内在对话是一种自己说、自己听的自我沟通过程,一个人对自己说的话决定了他要做的事。有着各种心理障碍的人所使用的自我对话通常是消极的、自我批判和自我毁灭的,如"不得了了""糟糕透了""没法活了"等,解决的办法是发展积极的内在对话。

在看到事物不利方面的同时,更应该看到它有利的方面。这种看问题的方式,容易使小学教师增强信心,振奋起来,并对事情做出积极的反应。当不良情绪已经发生的时候,除了通过行为上的改变加以调控,如尽情参加自己喜欢的文体活动,或找朋友尽情倾诉等,还可进行认知重建。

5. 采取合理有效的工作方式,学会休闲

小学教师在学校教育中所担负的是一种复杂的脑力劳动,必须采取科学有效的工作方式,才能使自己轻松愉快地工作和生活,以维护心理健康。一是小学教师要在工作中逐渐形成一种积极乐观的生活和工作态度。二是小学教师应掌握时间管理技巧。进行任务分析和时间的组织和预算,将目标分成轻重缓急等层次,建立一张科学可行的时间表,从而使工作、生活更有效率,减轻过重负荷。三是小学教师应当注意适度用脑,避免持续疲劳,同时还要注意饮食营养,关心大脑健康。此外,工作之余要学会休闲,根据自己的兴趣爱好参加各种文体活动,使业余生活丰富多彩,以此调节情绪,增进心理健康。

(二)优化小学教师心理健康的学校环境

1. 实行人性化管理,增强小学教师的职业满意感

学校环境是小学教师最经常、最重要、最直接的工作与生活场所,小学教师的教育活动主要是在学校中进行的。因此,要切实有效地改善小学教师的心理环境,还必须从改变不良的学校环境入手。人性化管理的主要措施有:①增强管理的民主意识。不断改进工作作风,不断强化小学教师是学校主人的意识;虚心听取小学教师对学校发展目标、各项考核制度的见解、意见,吸纳有建设性的意见或建议,鼓励小学教师以主人翁的姿态积极参与教育教学改革。②小学教师评价目标的人本化。要用发展性的标准评价小学教师,而不是以小学生的成绩或升学率"一刀切",所以对小学教师工作业绩的认定应该细化到知、情、意、行四个领域的实践中。③强化尊重小学教师的意识。尊重小学教师主体地位和个体的价值,公平、公正办事,为小学教师营造宽松和谐的工作氛围。④关心小学教师的疾苦,尽可能地帮助小学教师解决工作、学习、家庭中的实际困难。从生命关怀的角度做好学校人性化管理,能充分调动起小学教师的工作积极性;为小学教师创设温馨、和谐、舒适的环境,能不断增强小学教师的职业满意感。

2. 重视小学教师心理健康教育,增强小学教师的自我调适感

学校可以利用业余时间或寒暑假,通过邀请心理健康教育专家来校做专题讲座、组织部分小学教师外出参加专门的心理健康教育培训、定期为小学教师做心理健康辅导等形式,帮助小学教师了解心理科学知识,掌握一定的心理调节技术,运用应对职业压力的策略。小学教师遇到心理困扰和挫折时,要善于通过宣泄、激励、补偿、转移、升华、暗示等方法疏导自己的不良情绪,化压力为动力,促进本职工作。

3. 开展丰富多彩的活动,增强小学教师的人际和谐感

人类的心理适应,最重要的是对人际关系的适应。通过丰富多彩的活动,如小学教师的集体健身活动、文娱表演、书画比赛、校际联谊活动、外出参观旅游活动等,在工作之余给他们创造放松的机会,使他们乐于合群,主动交往,情绪乐观,善于与人相处,始终保持积极的生活态度,感受集体的和谐欢乐,从而让他们感受到工作的乐趣,增强他们的人际和谐感,进而维持并增进小学教师的心理健康。

4. 健全小学教师心理健康的校内保障系统

(1)制订和实施符合学校实际情况的小学教师心理辅导计划。学校应该把心理健康教育列入小学教师继续教育的内容之中。如上所述,通过开设专家讲座、观看录像、参加心理健康培训等继续教育形式,帮助小学教师掌握应对职业压力的策略和心理调适的方法,促进小学教师心理健康。学校还应为小学教师建立心理档案,使辅导工作能科学地进行。对建档中发现的心理健康问题较严重的小学教师,应联系综合医院的心理医生为其诊断,工作上也应给予照顾;对于中轻度心理障碍的小学教师,可请心理卫生专家定期为他们及其他需要的小学教师提供心理健康咨询和心理辅导,让他们的烦恼、郁闷心情有渠道宣泄和排遣,为维护他们的心理健康提供保障。

（2）学校领导要建立家、校沟通的交流机制。小学教师是家庭中的一员，既受家庭的影响，又影响着家庭。因此，要形成良好的家庭、学校相互沟通的机制。一方面，让家庭理解学校，理解小学教师的工作，并尽可能获得他们的大力支持和帮助，尽可能减轻小学教师的家庭负担，为小学教师营造一个轻松、温馨、快乐的家；另一方面，学校领导要了解小学教师的家庭，理解小学教师家庭的难处，尽可能配合家庭，为小学教师的家庭解决力所能及的问题，努力帮助小学教师消除家庭的后顾之忧，使他们能更轻松、更专心地工作。

能力训练

一、单项选择题

1. 小学教师的（　　）是小学教师在小学生心目中的威望和信誉，是一种可以使小学教师对小学生施加的影响产生积极效果的感召力和震撼力。

A. 权威　　B. 威信　　C. 角色　　D. 社会地位

2. 从本质上讲，小学教师威信是具有积极肯定意义的（　　）的反映。

A. 教学水平　　B. 科研成果　　C. 学历和才能　　D. 人际关系

3. 小学教师威信不包括（　　）。

A. 情感威信　　B. 学识威信　　C. 行为威信　　D. 情感威信

4. 小学教师的（　　）是认识能力的核心要素，是决定一个人的理解能力的关键。

A. 教学能力　　B. 创造能力　　C. 知觉能力　　D. 思维能力

5. 下列关于小学教师心理健康对小学生心理健康影响的论述不正确的一项是（　　）。

A. 小学教师不健康的心态必然导致小学生的心理障碍

B. 小学教师不健康的心态会影响正常的师生关系

C. 小学教师不健康的心态会影响学习态度和生活态度

D. 小学教师的心理健康程度是影响心理健康教育效果的一个关键因素

6.（　　）是一种由情绪低落、冷漠、悲观、失望等构成的一种复合性情绪。

A. 焦虑　　B. 恐惧　　C. 抑郁　　D. 神经衰弱

二、简答题

教师心理健康对学生的影响是什么？

三、论述题

结合实际情况分析小学教师如何维护自身心理健康。

参考文献

[1] 皮连生 . 教育心理学：第四版 [M]. 上海：上海教育出版社，2011.

[2] 张大均 . 教育心理学：第三版 [M]. 北京：人民教育出版社，2015.

[3] 陈琦，刘儒德 . 简明教育心理学 [M]. 北京：高等教育出版社，2019.

[4] 冯维 . 小学心理学 [M]. 重庆：西南师范大学出版社，2013.

[5] 许燕，张厚粲 . 小学生空间能力及其发展倾向的性别差异研究 [J]. 心理科学，2000（2）.

[6] 冯维 . 小学心理学 [M]. 重庆：西南师范大学出版社，2013.

[7] 伍新春 . 小学六年级学生写作构思策略培养的实验研究 [J]. 心理发展与教育，2001（4）.

[8] 安秋玲 . 儿童对权威关系的认知发展初步研究 [D]. 上海：华东师范大学，2001.

[9] 学习考试用书研发中心 . 小学教育心理学 [M]. 北京：清华大学出版社，2013.

[10] 唐卫海，刘希平 . 简明教育心理学 [M]. 天津：南开大学出版社，2005.

[11] 鲍尔·希尔加德 . 学习论：学习活动的规律探索 [M]. 邵瑞珍，皮连生，吴庆麟，等，译 . 上海：上海教育出版社，1987.

[12] 简妮·爱丽丝·奥姆罗德 . 学习心理学：第 6 版 [M]. 汪玲，李燕平，等，译 . 北京：中国人民大学出版社，2019.

[13] R M 加涅 . 学习的条件与教学理论 [M]. 皮连生，王映学，郑葳，等，译 . 上海：华东师范大学出版社，1999.

[14] 爱德华·桑代克 . 教育心理学简编 [M]. 张奇，译 . 北京：中国人民大学出版社，2015.

[15] B F 斯金纳 . 科学与人类行为 [M]. 谭力海，王翠翔，王工斌，译 . 北京：华夏出版社，1989.

[16] B S 布卢姆，等 . 教育目标分类学：第一分册 [M]. 罗黎辉，等，译 . 施良方，校 . 上海：华东师范大学出版社，1986.

[17] D P 奥苏贝尔，等 . 教育心理学：认知观点 [M]. 佘星南，宋均，译 . 邵瑞珍，皮连生，校 . 北京：人民教育出版社，1994.

[18] 冯忠良，等 . 教育心理学：第 2 版 [M]. 北京：人民教育出版社，2010.

[19] 布鲁纳 . 布鲁纳教育论著选 [M]. 邵瑞珍，张渭城，等，译 . 北京：人民教育出版社，1989.

[20] 阿尔伯特·班杜拉 . 社会学习理论 [M]. 陈欣银，李伯黍，译 . 北京：中国人民大学出版社，2015.

[21] 卡尔·罗杰斯 . 自由学习 [M]. 伍新春，管琳，贾容芳，译 . 北京：北京师范大学出版社，2006.

[22] 理查德·E 梅耶 . 应用学习科学：心理学大师给教师的建议 [M]. 盛群力，丁旭，钟丽佳，译 . 北京：轻工业出版社，2016.

[23] 钟以俊 . 现代学习原理与学法指导 [M]. 合肥：中国科学技术大学出版社，1995.

[24] 刘儒德 . 教育心理学：原理与应用 [M]. 北京：中国人民大学出版社，2019.

[25] 罗伯特·斯莱文 . 教育心理学：理论与实践 [M]. 吕红梅，等，译 . 北京：人民邮电出版社，2016.

[26] 张春兴 . 教育心理学 [M]. 杭州：浙江教育出版社，2005.

[27] 皮连生 . 学与教的心理学 [M]. 上海：华东师范大学出版社，2009.

[28] 王小明 . 教育心理学 [M]. 北京：北京大学出版社，2015.

[29] 姚梅林 . 学习心理学 [M]. 北京：北京师范大学出版社，2006.

[30] 章志光 . 小学教育心理学 [M]. 北京：中国人民大学出版社，1999.

[31] 屈晓兰，周正怀 . 小学教育心理学 [M]. 上海：华东师范大学出版社，2016.

[32] 阎江涛 . 小学教育心理学教程 [M]. 郑州：郑州大学出版社，2007.

[33] 张庆林，李艾丽莎 . 创造性培养与教学策略 [M]. 重庆：重庆出版社，2006.

[34]J 卡萝尔韦德，卡萝尔塔佛瑞斯 . 心理学的邀请：如何培养批判性思维和创造性思维 [M]. 白学军，译 . 北京：北京大学出版社，2014.

[35] Mervin D Lynch，Carole Ruth Harris . 培养中小学生的创造力：理论与实践 [M]. 胡清芬，陈桃，译 . 北京：北京中国轻工业出版社，2012.

[36] 廖洪玲 . 研究归因理论激发学习动机 [J]. 教育探索，2003，(6).

[37] 皮连生 . 学与教的心理学 [M]. 上海：华东师范大学出版社，2003.

[38] 李伯黍，燕国材 . 教育心理学：第三版 [M]. 上海：华东师范大学出版社，2010.

[39] 孟昭兰 . 情绪心理学 [M]，北京：北京大学出版社，2005.

[40] 何克抗，等 . 教学系统设计 [M]. 北京：北京师范大学出版社，2002.

[41] 皮连生 . 教学设计 [M]. 北京：高等教育出版社，2000.

[42] R M 加涅 . 教学设计原理 [M]. 上海：华东师范大学出版社，1999.

[43] 张祖忻，朱纯，胡颂华 . 教学设计 [M]. 上海：上海外语教育出版社，1992.

[44] 谢利民 . 教学设计 [M]. 北京：中央广播电视大学出版社，2004.

[45] 乌美娜 . 教学设计 [M]. 北京：高等教育出版社，1994.

[46] 盛群力 . 现代教学设计论 [M]. 杭州：浙江教育出版社，2010.

[47] 胡学增，沈勉荣，郭强 . 现代教学论基础研究 [M]. 西安：陕西人民教育出版社，1996.

[48] 魏宏森，曾国屏 . 系统论 [M]. 北京：世界图书出版公司，2009.

[49] 覃辉，鲍勤 . 建构主义教学策略实证研究 [M]. 昆明：云南大学出版社，2010.

[50] 胡中锋 . 教育评价学 [M]. 北京：中国人民大学出版社，2008.

[51] 杨向东，崔允漷 . 课堂评价：促进学生的学习和发展 [M]. 上海：华东师范大学出版社，2012.

[52] 王少非 . 促进学习的课堂评价 [M]. 上海：华东师范大学出版社，2019.

[53] 李康 . 论建构主义的教学设计观 [J]. 广州大学学报（社会科学版），2006（11）.

[54] 李斌，张琦 . 论认知学徒制教学模式 [J]. 江西教育科研，2007（3）.

[55] 邓栩 . 小学课堂管理 [M]. 北京：北京师范大学出版社，2015.

[56] 申继亮，辛涛 . 关于教师教学监控能力的培养研究 [J]. 北京师范大学学报（社会科学版），1996（1）.

[57] 李运华，曹汉斌 . 小学教师课堂教学监控能力提升策略 [J]. 中国教育学刊，2014（6）.

[58] 伊冯娜·金茨勒 . 新教师最佳实践指南 [M]. 贺红，译 . 上海：华东师范大学出版社，2009.

[59] 刘野 . 教育机智的内涵及其运用策略 [J]. 教育科学，2008（2）.

[62] 教育部师范教育司 . 教师专业化的理论与实践 [M]. 北京：人民教育出版社，2003.

[61] 郑肇桢 . 教师教育 [M]. 香港：香港中文大学出版社，1987.

[62] 蔡永红，申晓月，王莉 . 小学教师教学专长的构成研究 [J]. 教育学报，2015（1）.

[63] 叶澜，白益民 . 教师角色与教师发展新探 [M]. 北京：教育科学出版社，2001.

[64] 张晓峰，李英丽 . 怎样树立在学生中的威信 [M]. 合肥：安徽人民出版社，2012.

[65] 雷玲 . 教师生活：优秀教师的 8 种心理素质 [M]. 上海：华东师范大学出版社，2013.